Rostock
LA POLOGNE
l'Elbe
Berlin
Magdebourg
Cottbus
Leipzig
Dresde
Chemnitz
Prague
le Main
LA REPUBLIQUE TCHEQUE
Ratisbonne
le Danube
Linz
Munich
Salzbourg
L'AUTRICHE
LICHTENSTEIN
LA SLOVENIE
Ljubljana
Venise
la mer Adriatique
Florence
L'ITALIE
Rome
Hamb
Brême
Brême
Basse-Saxe
Hanovre
Berlin
Berlin
Potsdam
Magde-bourg
Brandebourg
Rhénanie du Nord-Westphalie
Düsseldorf
Saxe-Anhalt
Erfurt
Dresde
Thuringe
Saxe
Hesse
Rhénanie-Palatinat
Wiesbaden
Mayence
Sarre
Sarrebruck
Stuttgart
Bavière
Bade-Wurtemberg
Munich
L'ALLEMAGNE
LES LÄNDER
Lille
Nord-Pas-de-Calais
Champagne-Ardennes
Haute-Normandie
Rouen
Amiens
Picardie
Caen
Basse-Normandie
Lorraine
Metz
Alsace
Strasbourg
Ile-de-France
Paris
Châlons-en-Champagne
Rennes
Bretagne
Pays de la Loire
Nantes
Orléans
Centre
Franche-Comté
Besançon
Dijon
Bourgogne
Poitiers
Poitou-Charentes
Limousin
Limoges
Clermont-Ferrand
Auvergne
Lyon
Rhône-Alpes
Bordeaux
Aquitaine
Midi-Pyrénées
Languedoc-Roussillon
Provence-Alpes-Côte-d'Azur
Toulouse
Montpellier
Marseille
Corse
Ajaccio
LA FRANCE
LES REGIONS

Tous ensemble 4

für den schulischen Französischunterricht

Das Lehrbuch versteht sich als Gesamtangebot. Welche Texte und Aufgaben verpflichtend sind, wird durch die schulinternen Curricula festgelegt.

Zusatzmaterialien für Schülerinnen und Schüler

Cahier d'activités mit MP3-CD und Vokabeltrainer, Klett-Nr. 623637
Cahier d'activités mit MP3-CD, Klett-Nr. 623632
Grammatisches Beiheft, Klett-Nr. 623633

Symbole

Vidéo	Filme im Internet unter dem Code mw7bb7
CD 01	Hördokumente auf CD (MP3) im Cahier und im Internet unter dem Code mw7bb7, Track 1
CDA 4/1	Verweis auf das Cahier d'activités Seite 3/Übung 1
	Erwerb von Schlüsselkompetenzen
	Partnerarbeit
	Gruppenarbeit und kooperatives Lernen
	Individualisierung (offene Übung von leicht bis schwer)
○	leichtere Übung / Aufgabe
●	schwierigere Übung / Aufgabe
*	Zusätzliche Grammatik für besonders leistungsstarke Gruppen
	Portfolio-Ordner
M1	Zusatztexte für die Tâche
S1	Lernstrategie 1
G1	Grammatikkapitel 1

1. Auflage 1 5 4 3 2 1 | 20 19 18 17 16

Herausgeber: Falk Staub, Saarbrücken
Autorinnen und Autoren: Isabelle Darras, Lyon; Christine Philip, Frankfurt; Nicole Verger, Frankfurt
Weitere Mitarbeit: Michèle Giovanetti, Pelissanne; Ruth Kruse-Helming, Haan
Beratung: Bettina Brünger, Garbsen; Jens-Olaf Carl, Künzell; Marianne Fahlenbock, Gummersbach; Wolfgang Froese, Oldenburg; Ulrike Héraudeau, Essingen; Monika Hollah, Oldenburg; Ute Horf, Damflos; Ruth Kruse-Helming, Haan; Monika Pamperin, Bielefeld; Christine Philip, Frankfurt; Dr. Elke Philipp, Berlin; Inka Seyler, Konz; Sabine Stern, Frankfurt; Verena Weik, Tamm; Anja Welschmeier, Verl; Birgit Wilmes, Edewecht; Silke Zacher, Ronneburg

Redaktion: Frédéric Auvrai, Burgunde Niemczyk, Christine Séguret; Lektorat editoria: Cornelia Schaller (Vokabular)
Herstellung: Birgit Gaab

Umschlaggestaltung und Layout: know idea, Freiburg
Umschlagfoto: Ilka Kramer, Lausanne
Fotografen: Ilka Kramer, Lausanne
Illustrationen: Christian Dekelver, Weinstadt; Olivier Prime, Châteaudun; Myrtia Rockstroh, Berlin; Zanzim, Rennes
Karten: Christian Dekelver, Weinstadt
Satz: Beckers Büro, Claudia Becker, Stuttgart; media office gmbh, Kornwestheim
Reproduktion: Schwabenrepro GmbH, Stuttgart
Druck: DBM Druckhaus Berlin-Mitte GmbH, Berlin

Printed in Germany
978-3-12-623649-2

9 783126 236492

Herausgeber
Falk Staub

Tous ensemble

Ernst Klett Verlag
Stuttgart Leipzig

Inhalt

Inhalt

Inhalt

So findest du die Materialien

Liebe Schülerin, lieber Schüler,

alle Tondokumente und **Filme** zu den Tous ensemble Schulbüchern und Cahier d'activités stehen dir auf **www.klett.de** mit dem Code **mw7bb7** zur Verfügung. Wie das genau funktioniert, erfährst du hier.

1. www.klett.de
Rufe in deinem Internetbrowser die Adresse www.klett.de auf.

2. Code mw7bb7
Gib nun den Code in das Suchfeld oben rechts ein und drücke "Enter".

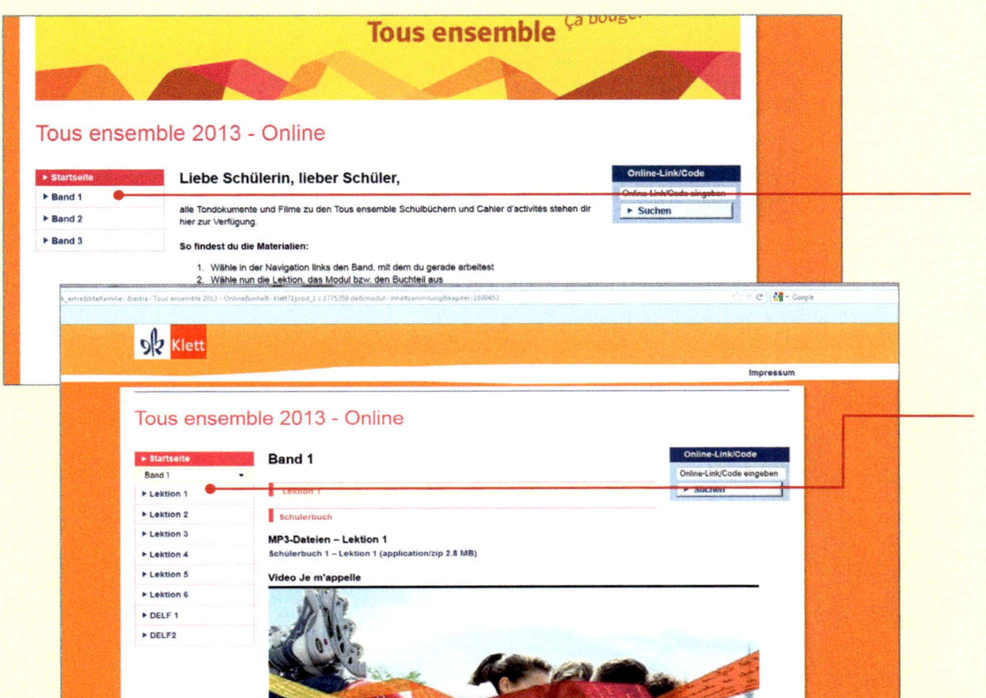

3. Schülerband auswählen
Wähle nun den Band aus, mit dem du gerade arbeitest.

4. Materialien nutzen
Jetzt Lektion, Modul bzw. Buchteil auswählen, zum Schülerbuch oder Cahier d'activités scrollen und die Tonaufnahmen als MP3 herunterladen oder die Filme direkt online anschauen.

So lernst du mit «Tous ensemble»

Leçons
Die Lektionen bestehen aus drei Teilen, die sich aufeinander beziehen.

Approche: Einstieg in das Thema.

Atelier: Lernwerkstatt.

Action
Tâche: Lernaufgabe.
Médiathèque: Dokumente zur Bearbeitung der Tâche

Modules
Module sind **fächerübergreifende Projekte** zu einem bestimmten Thema. Sie können in beliebiger Reihenfolge erarbeitet werden. Zu jedem Modul gibt es eine **Boîte à outils** mit Wortfeldern und Redemitteln.

Lire et écouter/Lire et regarder
Auszüge aus einem **Theaterstück**, einem **Spielfilm** und einem **Jugendroman**.

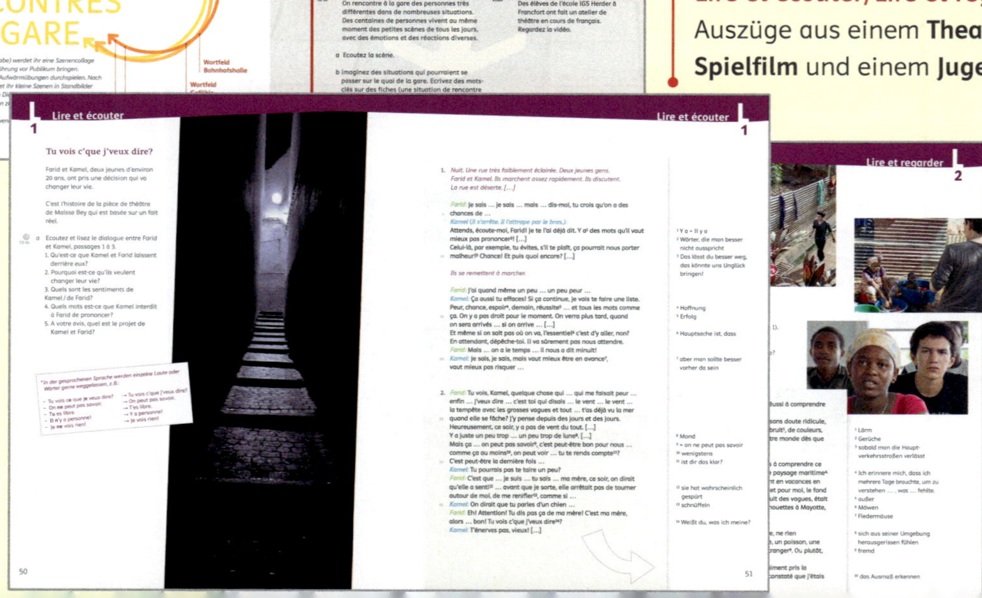

E wie Extra / Passerelle

- Drei *Passerelles* für lernstarke Gruppen **Zusatztexte** mit neuem Wortschatz und zusätzlicher Grammatik sowie passenden Übungen.

Révisions

Hier kannst du selbstständig trainieren.

DELF

- Hier kannst du dich auf die DELF-Prüfung vorbereiten.

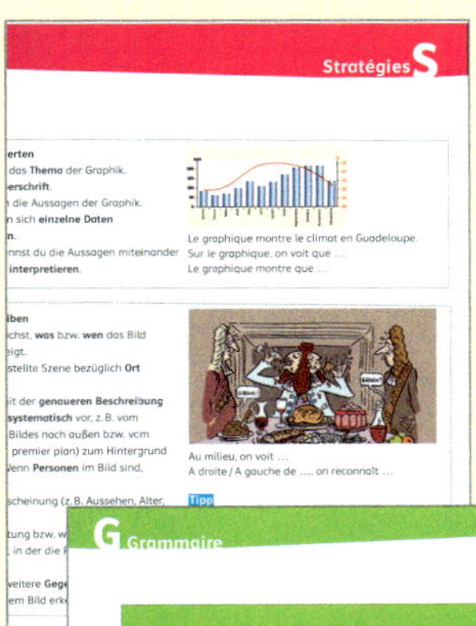

S wie Stratégies

Hier findest du **Techniken** und Methoden, die dir das Lernen erleichtern.

Mit **kooperativen Lernformen** könnt ihr eure Gruppenarbeit abwechslungsreich gestalten.

G wie Grammaire

Hier kannst du die **Grammatik der Bände 1-4** nachschlagen.

Mit **Grammatikübungen**

- ○ Je m'entraîne

leichtere Übungen

- ● En plus

schwerere Übungen

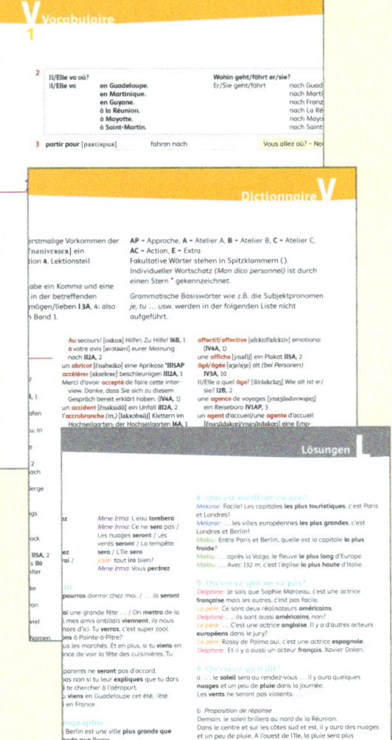

V wie Vocabulaire

Hier kannst du die neuen Wörter nachschlagen und lernen.

Mit "Dico personnel" kannst du deinen persönlichen Wortschatz erweitern.

Lösungen

Lösungen zu ausgewählten Teilen findest du ab Seite 235.

La France d'outre-mer

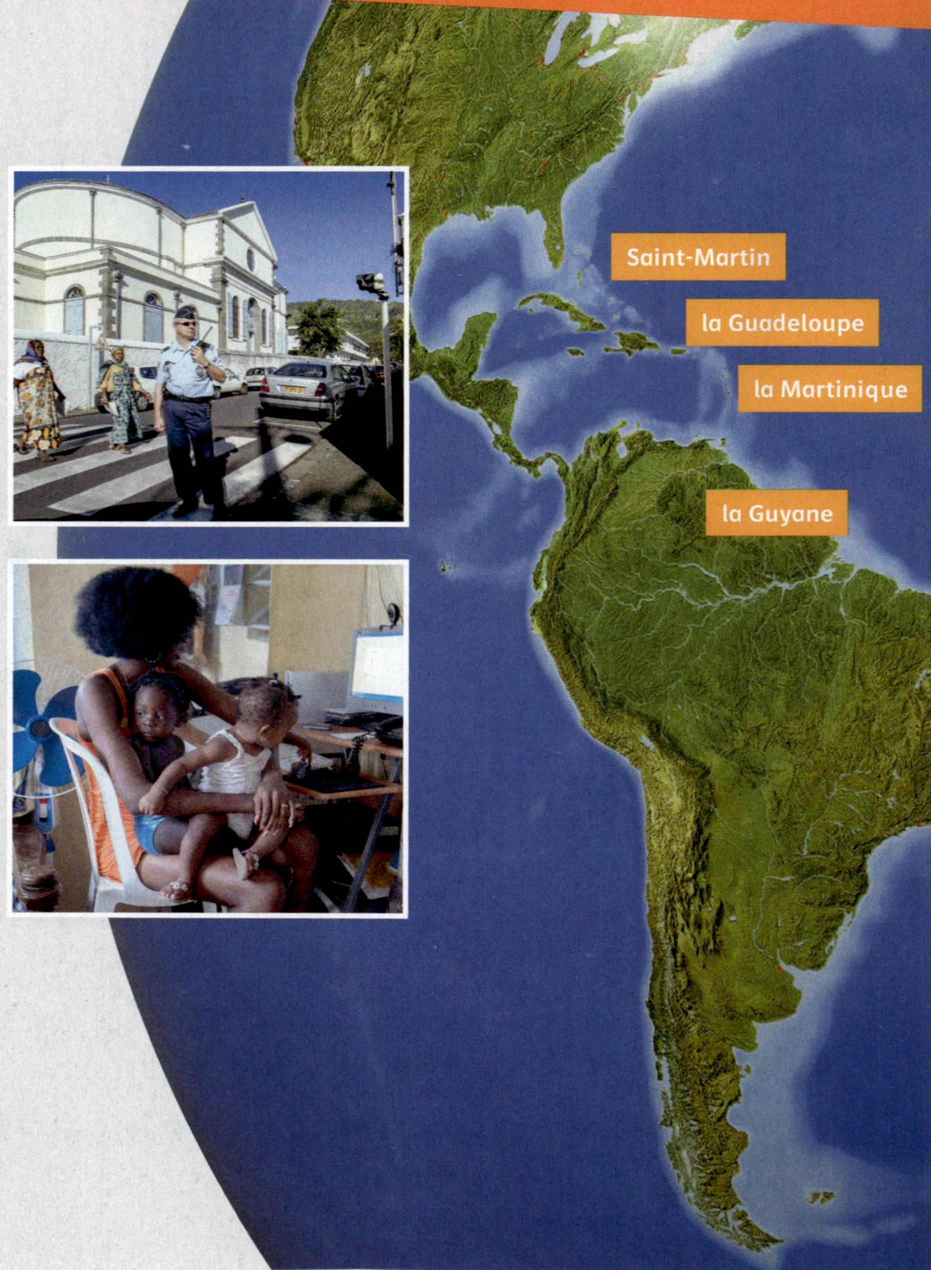

CD 01

La France, ce n'est pas seulement l'Hexagone. C'est aussi six régions qui se trouvent à des milliers de kilomètres de Paris. On y parle français et on y paie en euros. Les habitants sont français et font partie de l'Union européenne. Les élèves ont le même système scolaire que les jeunes de l'Hexagone. Les policiers portent le même uniforme que les policiers parisiens.

Pour aller de Paris à Saint-Denis de la Réunion, on prend un vol intérieur même si on doit parcourir 9 363 km.

Mais pourquoi?

Tout a commencé au XVIIe siècle à l'époque de la colonisation. Les Français, comme d'autres nations européennes, ont colonisé des territoires dans le monde entier. En 1946, quelques colonies françaises sont devenues des départements d'outre-mer.

1 lire Les DROM

Regardez la carte, puis lisez le texte. Quelles sont les particularités *(Besonderheiten)* des départements et régions d'outre-mer?

→ CDA 2/1

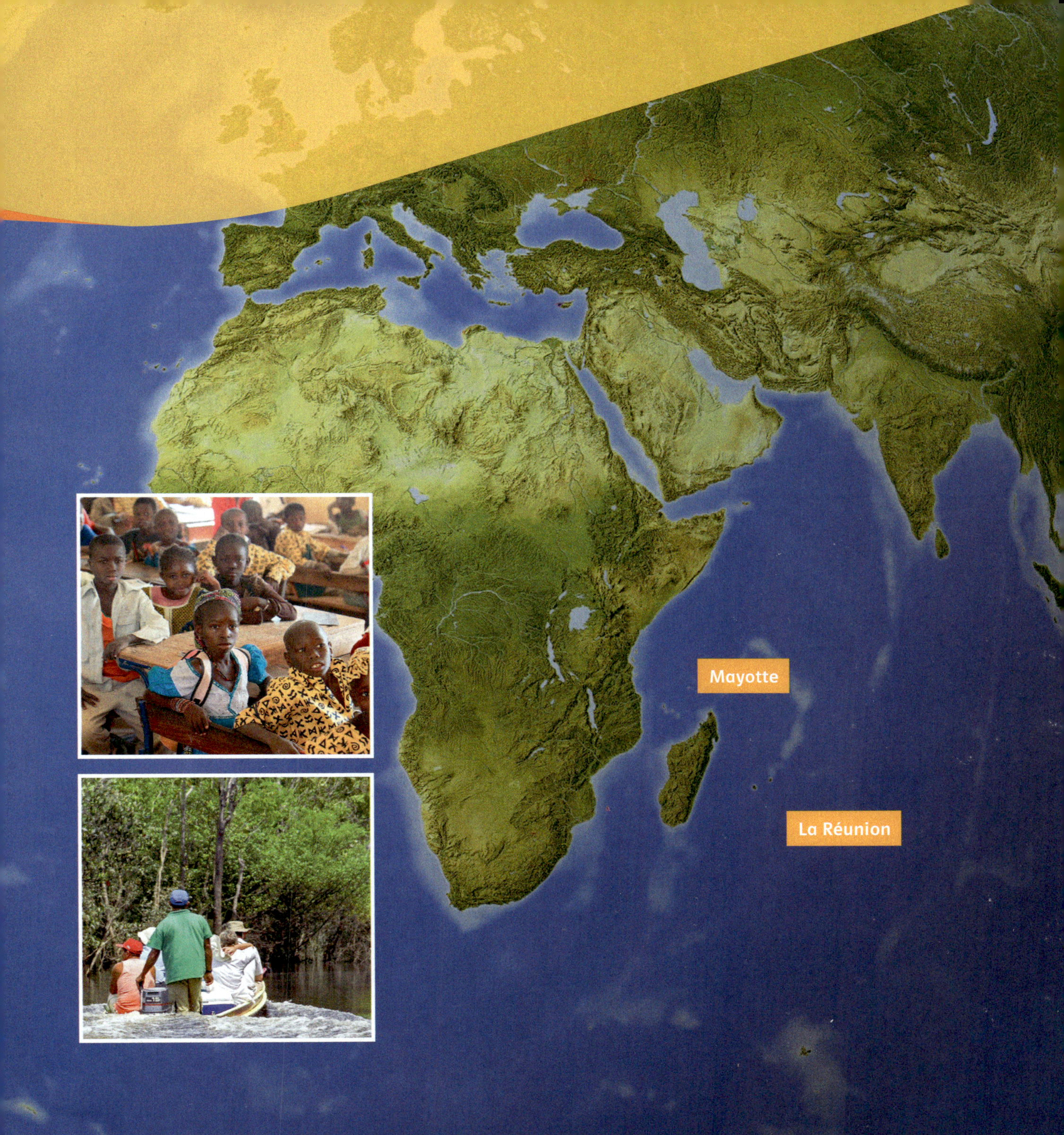

2 écouter Enquête à l'aéroport

CD 02

Un jeune fait une enquête auprès des passagers.
Ecoutez et faites une grille.
Qui va où et pourquoi?

→ CDA 3/2

3 parler Ils partent pour …

Choisissez deux passagers et dites ce que vous savez sur lui/elle.

Exemple:
Le premier passager part pour …

neuf

1 Un papillon dans l'océan

La Guadeloupe

A

CD 03-08

Vue d'avion, la Guadeloupe a la forme d'un grand papillon. Elle se trouve à 6 800 km de Paris et se situe entre l'océan Atlantique et la mer des Caraïbes.
La Guadeloupe est un archipel de cinq petites îles des Antilles françaises.

1 lire Fiche de géographie

Lisez les textes (pages 10 à 13), puis faites une fiche. Ecrivez des mots-clés. → S8/S10

La Guadeloupe
paysages:
climat:
animaux:
plantes:
économie:
fêtes:
langues:

→ CDA 4/1–5/2–6/3

2 Vis-à-vis

a Regardez le graphique et parlez.
Exemple: En janvier, il fait 25° (en moyenne), et il ne pleut pas beaucoup. → S11

b Consultez Météo-France sur Internet.
Quel temps fait-il aujourd'hui en Guadeloupe/à Paris? Et chez vous?

→ CDA 6/4

A la fin de la leçon, vous allez faire une présentation sur la Guadeloupe.

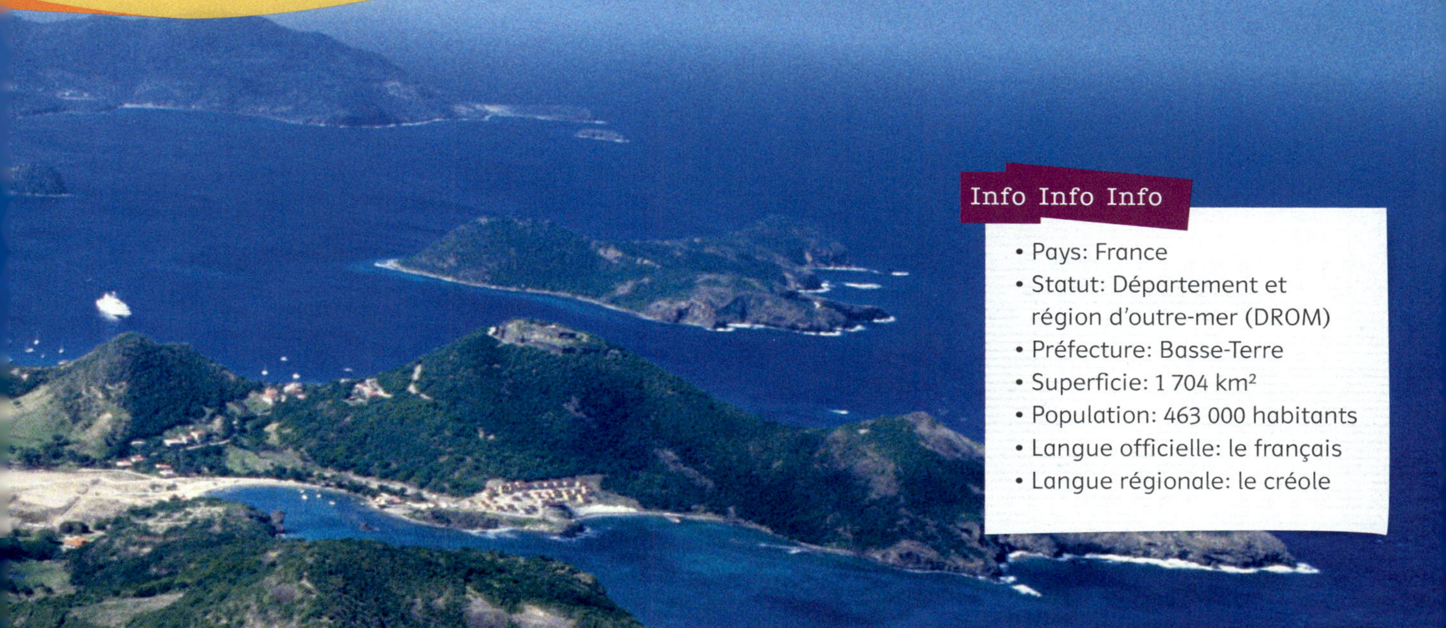

Info Info Info

- Pays: France
- Statut: Département et région d'outre-mer (DROM)
- Préfecture: Basse-Terre
- Superficie: 1 704 km²
- Population: 463 000 habitants
- Langue officielle: le français
- Langue régionale: le créole

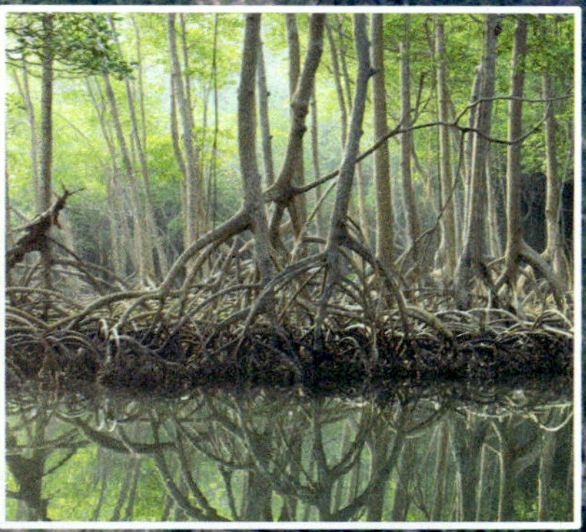

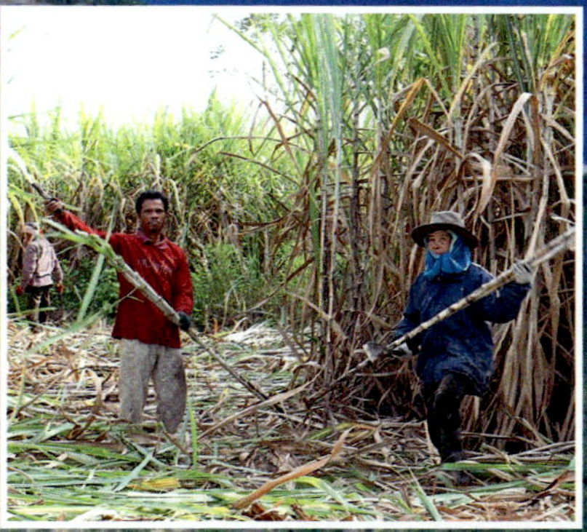

B

En Guadeloupe, on trouve une grande diversité de paysages: forêt tropicale, volcans, plantations de bananes et de canne à sucre, longues plages de sable blanc ou noir … Le long des côtes pousse la mangrove. On peut la visiter en bateau.

Précipitations et températures, Guadeloupe

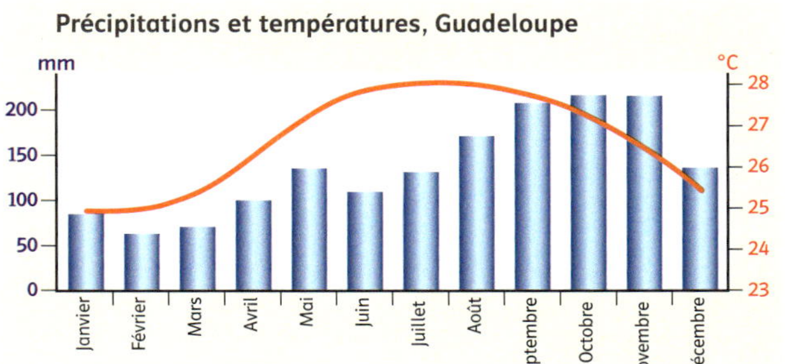

CD 09

3 écouter A l'agence de voyages

Lisez les questions, puis écoutez l'entretien. Répondez aux questions.

1. Où est-ce que le client veut partir?
2. Quelle saison propose l'employé de l'agence? Pourquoi?
3. Quand est-ce que le client peut partir?
4. Quelle activité est-ce qu'il va faire là-bas?

→ S1

C

Aux Antilles françaises, on aime faire la fête. Pendant la période du carnaval, les villes organisent des grands défilés. Tout le monde est dans la rue et danse au rythme des tambours. A Pâques, il y a une fête à la plage. Au mois d'août, les cuisinières organisent un immense buffet à Pointe-à-Pitre.

M1 M3

D

L'un des groupes de musique les plus connus de la Guadeloupe est Akiyo. Avec leurs tambours, percussions et guitares, les musiciens mettent beaucoup d'ambiance et entraînent les spectateurs à danser et à chanter (en créole!) avec eux. Le groupe a même fait un spectacle à l'Olýmpia, la plus grande salle de concert de Paris.

M2

4 écouter Chanson: I Alé

Ecoutez en classe la chanson du groupe Akiyo en langue créole ou regardez le clip sur Internet.

Est-ce que la chanson vous plaît? *(Gefällt euch das Lied?)* Pourquoi?

le rythme

la mélodie

les instruments

les chanteurs

5 regarder En Guadeloupe

Vidéo

a Regardez les photos, pages 10 à 13, et décrivez-les.

b Regardez le film. → S2
Dites ce qui vous plaît le plus.

E

En Guadeloupe, on cultive la banane, l'ananas, la canne à sucre, la noix de coco. La culture de la banane représente 75% des exportations antillaises dont les trois-quarts partent à destination de la France métropolitaine.
Le tourisme joue un rôle important dans l'économie.

F

Autour des îles, il y a un récif de corail qui protège les côtes contre les tempêtes et les cyclones. C'est le récif de corail le plus long des Antilles. Et dans la mer chaude à 28°C, on peut observer des tortues marines et des poissons exotiques.

M4 M5 M6 M7

6 On dit: Parler d'une île

La Guadeloupe	se trouve …
C'est une île/ un archipel	qui se trouve … où il pleut … où on cultive … où on peut observer … où il y a …

Autour de l'île, Dans la mer,	il y a … on peut voir/observer …
En Guadeloupe,	on parle … on fête … on cultive …

Racontez à votre partenaire ce que vous avez appris sur la Guadeloupe.
Utilisez la fiche de géographie. → S10

→ CDA 7/5

1 Quand le cyclone arrive ...

CD 10-11

A

Quand je me réveille, à six heures du matin, j'ai une seule question en tête: où est «Nicole»? Dehors, il y a un beau soleil et quelques nuages. Difficile d'imaginer que «Nicole», cyclone de catégorie 3, va arriver. Je vais vite consulter le dernier bulletin météo sur Internet. Dans la cuisine, mamie écoute les infos à la radio. Soudain, on entend:

– Vini! I pa bon![1]

Nous sommes en vigilance orange! Vigilance orange, ça veut dire que le cyclone arrive et qu'il faut se préparer.

Toute la famille se retrouve aussitôt autour de mamie: Papa, maman, Fanny, 11 ans, et moi, Gabriel, 15 ans. Mamie nous raconte ses souvenirs du 15 septembre 1989 quand Hugo, un terrible cyclone, est passé avec des vents à 230 km/h, et même 300. Le cyclone a tout emporté en une nuit: les toits, les maisons, les voitures, les bateaux. L'île était inondée sous 1,50 m d'eau. C'était la catastrophe. Comme 25 000 autres Guadeloupéens, la famille de ma grand-mère a perdu sa maison.

Moi, je n'ai jamais vécu un cyclone de catégorie 4 ou 5, il y en a un ou deux par siècle.

[1] **Vini! I pa bon!** (créole): Venez! C'est mauvais!

B

Toute la famille se prépare à l'arrivée du cyclone. Hier, papa a fait des provisions d'eau, le plein de la voiture et des réserves de nourriture et de médicaments. Il a acheté des bougies et des piles pour la radio et les lampes de poche. Moi, j'ai rechargé les appareils électroniques: ordinateur, tablette, téléphones portables. Maman a mis les documents importants sous plastique.

Maintenant, j'aide papa à ranger le jardin. On rentre tout ce qui peut s'envoler. On met des planches sur les fenêtres. A la cuisine, Fanny et mamie préparent des repas pour ce soir et demain. J'entends maman qui parle au téléphone avec sa sœur qui vit en métropole:

- Nous sommes prêts. Tout ira bien. On vous enverra des nouvelles.

Vers midi, c'est la tempête. Les vents deviennent violents et les arbres se couchent. Notre chat, Rouxy, ne bouge pas de mon lit. Il n'est pas sorti de la maison depuis hier. Le soir, on se retrouve tous ensemble autour de la table. J'allume des bougies. Papa coupe le gaz et l'électricité. La radio est allumée: on est en vigilance rouge. Ce soir, personne ne va se coucher.

→ S3

2 A propos du texte

Répondez aux questions.

1. Un cyclone peut provoquer quels dangers *(Gefahren verursachen)*? Notez-les.
2. Comment est-ce que la famille de Gabriel se prépare au cyclone? → S4

→ CDA 8/6-8/7

CD 12

3 L'histoire continue: Vigilance rouge

Ecoutez le bulletin météo et prenez des notes.

1. Où est le cyclone? Quand est-ce qu'il va arriver?
2. Quelles sont les conséquences pour les habitants? → S1

→ CDA 9/8

4 Bulletin météo → G17

a Dans les bulletins météo, on emploie souvent le futur simple. Lisez ce bulletin météo et trouvez les infinitifs des verbes réguliers. Pour les verbes irréguliers, le contexte vous aidera.

le futur simple du verbe arriver	
j'arriver**ai**	nous arriver**ons**
tu arriver**as**	vous arriver**ez**
il/elle/on arriver**a**	ils/elles arriver**ont**

«Voici maintenant le bulletin météo pour le week-end. Samedi matin, grand soleil. L'après-midi, les températures monteront jusqu'à trente degrés. Le soir, quelques nuages arriveront par l'ouest.
Dimanche matin, la pluie sera au rendez-vous. Dans l'après-midi, les vents seront très forts et le soir, il y aura une tempête sur les côtes.»

b Quel dessin correspond au bulletin météo de samedi/au bulletin météo de dimanche?

Exemple: Le dessin … correspond au bulletin météo de samedi. → CDA 10/10–11/11

5 Si on va en Guadeloupe … → G28

a Tu vas peut-être partir en Guadeloupe avec ta famille. Tu racontes à tes copains:

Si on va en Guadeloupe
on **fera** de la plongée, …
on **visitera** la mangrove, …
on **entendra** de la musique …
on **mangera** …
on **parlera** …
on …

b Choisissez un pays ou une région pour un voyage et dites ce que vous ferez là-bas.
Exemple: Si on va en Turquie, on visitera …

Sur la Côte d'Azur? En Turquie? En Angleterre? En Espagne? A la mer du Nord, en Allemagne? En Italie?

c Faites des dialogues.
Exemple: – Si tu vas sur la Côte d'Azur, qu'est-ce que tu feras?
– Je ferai de la plongée. → CDA 11/12

6 Une spécialité russe? → G9

Posez des questions.

Exemple: – Est-ce que vous connaissez une spécialité russe?
– Oui, les blinis.

une spécialité

un sportif/une sportive

un chanteur/une chanteuse

un acteur/une actrice

français(e)	allemand(e)	grec / grecque
guadeloupéen(ne)	américain(e)	italien(ne)
martiniquais(e)	anglais(e)	russe
antillais(e)	espagnol(e)	turc / turque

7 Experts en géographie → G10

a Lisez les phrases.

La Guadeloupe est **plus** grande **que** la Martinique.
L'Elbe est **moins** longue **que** le Danube.
Le Puy-de-Dôme est presque **aussi** haut **que** la Soufrière.

\+ **plus** grand/grande **que**
– **moins** long/longue **que**
= **aussi** haut/haute **que**

b Regardez le tableau et faites des phrases.

les îles	les fleuves	les montagnes	les volcans
la Corse: 8 680 km²	la Seine: 776 km	le ballon d'Alsace: 1237 m	la Soufrière: 1 467 m
la Guadeloupe: 1 704 km²	le Rhône: 812 km	le pic du Midi: 2 887 m	le Puy de Dôme: 1 464 m
la Martinique: 1 128 km²	le Rhin: 1 233 km	le mont d'Or: 1 463 m	la montagne Pelée: 1 397 m
l'île de Mayotte: 373 km²	l'Elbe: 1 165 km	le Feldberg: 1 493 m	
l'île de Rügen: 926 km²	le Danube: 2 850 km		

c Comparez le tableau avec les phrases suivantes.
C'est vrai ou faux?

– L'île la plus grande, c'est la Guadeloupe.
– Le volcan le plus haut, c'est la Soufrière.

Continuez.

l'île **la plus** grande
la montagne **la plus** haute
le fleuve **le plus** long

→ CDA 12/13–13/14

Zoom sur la Guadeloupe → CDA 15/17

Réalisez une présentation sur la Guadeloupe. → S16/S25

Vous pouvez faire
- une présentation sur votre ordinateur.
- une exposition murale.
- une dégustation de spécialités antillaises.
- …

Choisissez un thème qui vous intéresse particulièrement.
Dans la médiathèque (p 19-23), vous trouverez des informations:

M1 Fêtes

M2 Paroles et musique

M3 Desserts antillais

M4 Animaux des tropiques

M5 Récif de corail

M6 Les cyclones

M7 Les bons gestes

Savoir-faire
- Faites des recherches.
- Faites un plan de travail.
- Faites une introduction avec des informations générales.
- Préparez un texte.
- Illustrez-le (photos, cartes, graphiques).
- Faites un dictionnaire pour les autres groupes.
- Entraînez-vous à présenter.

Mon bilan: Je sais
- faire des recherches et structurer les informations,
- choisir un mode de présentation.

Evaluation:
Commentez la présentation des autres groupes. Est-ce que la présentation vous donne envie de visiter la Guadeloupe? Pourquoi? Discutez. → S17/S26

→ CDA 16-18/Bilan, Auto-contrôle

Ici, vous trouverez des informations supplémentaires pour faire la tâche (page 18).
Utilisez un dictionnaire pour les mots que vous ne pouvez pas deviner. → S6

M1 Fêtes

Pour la fête de Pâques, tout le monde se retrouve à la plage pour se baigner, jouer aux cartes, aux dominos ou au foot. Ce jour-là, les habitants préparent le fameux Matété, un plat à base de crabe.

Au mois d'août, les femmes défilent dans les rues de Pointe-à-Pitre. Elles portent des robes traditionnelles et des grands paniers remplis de plats typiques. La fête des cuisinières se termine bien sûr autour d'un grand buffet avec musique et danse.

M2 Paroles et musique

Bonjou!
Sa kay?
Wè, sa kay.
A dèmen!
Ovwa!

Aux Antilles françaises, on parle français et créole. La langue créole est née à l'époque de l'esclavage. C'est un mélange, ici, entre la langue française et les langues africaines et amérindiennes.

La musique traditionnelle de la Guadeloupe s'appelle le Gwoka. Les musiciens chantent en créole sur des rythmes de tambour et tout le monde danse. Aujourd'hui, le Gwoka influence les musiques pop de l'île, comme le Zouk.

M3 Desserts antillais

Verrines aux brochettes de fruits

Ingrédients
Pour la crème
4 bananes bien jaunes
1 citron vert
1/2 litre de crème liquide
1 sachet de gélatine en poudre
100 g de sucre roux
80 g de noix de coco râpée
de la vanille

200 g de chocolat noir
10 cl de crème liquide

Pour les brochettes
fruits en morceaux:
ananas
banane
fruit de la passion
mangue
sucre roux

Préparation
Mixez 4 bananes avec quelques gouttes de jus de citron.
Faites chauffer le demi-litre de crème avec la vanille et le sucre, la noix de coco. Puis, ajoutez la gélatine et la banane mixée.
Versez le mélange dans des petits verres et mettez-les au frigo pour quelques heures.

Faites fondre le chocolat avec la crème, versez le chocolat chaud sur la crème froide.

Réalisez des petites brochettes de fruits, caramélisez-les à la poêle dans le sucre roux.
Décorez les verrines avec les brochettes.

Flan coco

Ingrédients
4 œufs
400g de lait concentré sucré
400g de lait de coco
60 g de noix de coco râpée
caramel liquide

Préparation
Préchauffez le four à 180°C.
Versez une couche fine de caramel liquide dans un moule à cake. Dans un saladier, mélangez les œufs, le lait concentré, le lait de coco et la noix de coco. Versez le mélange dans le moule caramélisé, mettez au four pour 30 min. Quand le flan est doré, sortez-le du four et laissez-le refroidir. Démoulez-le sur une assiette.

vingt

M4 Des animaux des tropiques

La mer chaude des Caraïbes offre des conditions de vie favorables à de nombreux animaux, comme les tortues marines. Elles viennent pondre leurs œufs dans le sable de la plage où elles sont nées. La tortue verte ou «tôti soley» mesure entre 1 m et 1,5 m, elle peut peser de 100 à plus de 150 kg.

Le poisson lion a treize grandes épines venimeuses sur le dos. Depuis 2010, on le trouve de plus en plus souvent dans les récifs guadeloupéens. C'est un gros mangeur de petits poissons et il représente une grande menace pour la pêche et la biodiversité à la Guadeloupe.

Le gecko ou «mabouya» est capable de changer de couleur, comme les caméléons. Il grimpe facilement aux murs et entre parfois dans les maisons. Le jour, il se cache dans les bananiers, dans les rochers ou sous les pierres. Le soir, il sort pour chasser les insectes.

Le racoon ou raton laveur vit près des zones humides. En Guadeloupe, on le trouve dans la forêt tropicale, près des rivières. En effet, avant de manger, il trempe toujours sa nourriture dans l'eau. On le reconnaît bien à son masque noir et sa queue rayée en blanc et brun. Il est l'emblème de la Guadeloupe.

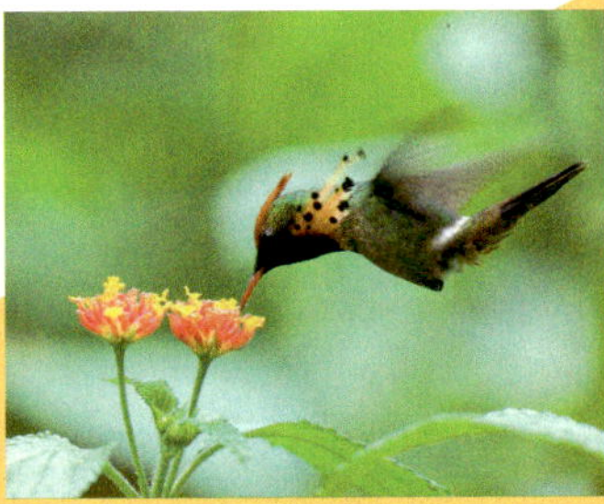

Le colibri huppé ou «fou-fou» est un tout petit oiseau. Il pèse seulement 3 à 4 grammes! Ses ailes peuvent battre 50 fois par seconde et il est capable de voler d'une île antillaise à l'autre. Il se nourrit de nectar de fleurs et de petits insectes.

On compte 13 espèces différentes de chauves-souris en Guadeloupe. Comme elles ont peur de la lumière, elles se cachent le jour, et la nuit, elles sortent de leur trou. Elles mangent des moustiques et d'autres insectes. Une chauve-souris peut en manger 600 en une nuit!

vingt et un

M5 Récif de corail

Le corail, qu'est-ce que c'est? C'est un animal minuscule, un polype, qui construit une sorte de squelette en calcaire autour de lui. La nuit, les polypes sortent pour se nourrir de plancton. Le plus grand récif de corail des Antilles se trouve le long de la côte guadeloupéenne. De nombreux poissons y vivent.

Le récif est une barrière qui protège les côtes contre les tempêtes, mais il est très fragile. En effet, le corail meurt si la mer est polluée, si la température de l'eau dépasse 29°, ou si un plongeur le casse avec ses palmes. Aux Antilles françaises, 80% des coraux sont déjà morts ou malades.

M6 Cyclones: les tourbillons meurtriers

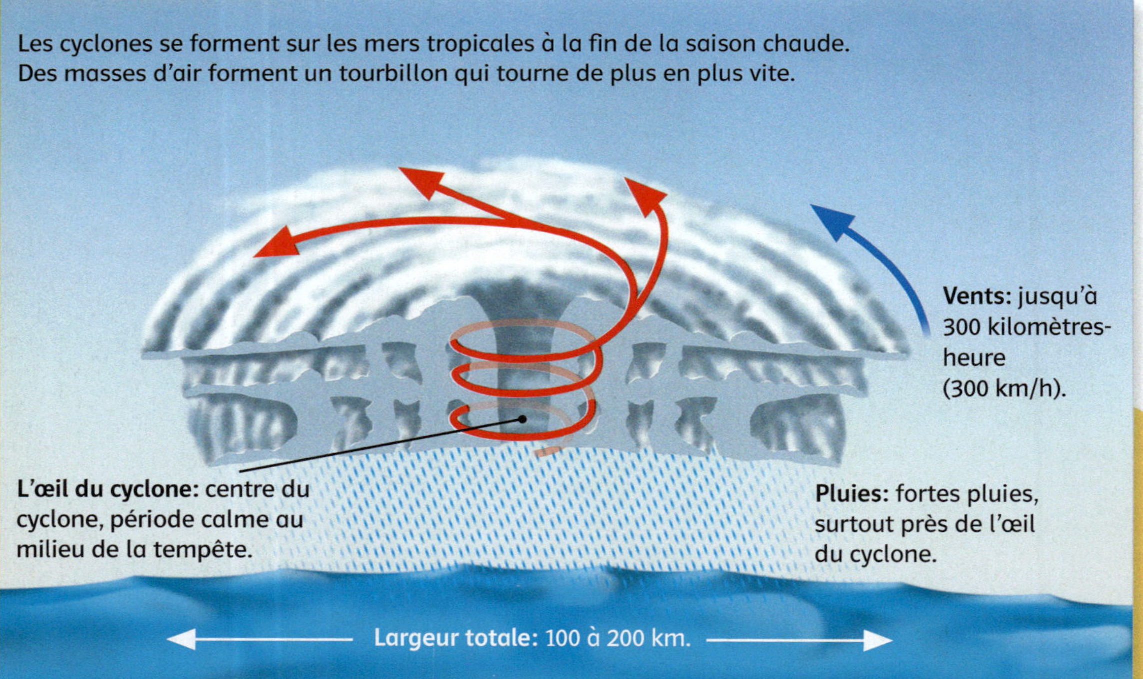
Les cyclones se forment sur les mers tropicales à la fin de la saison chaude.
Des masses d'air forment un tourbillon qui tourne de plus en plus vite.
Vents: jusqu'à 300 kilomètres-heure (300 km/h).
L'œil du cyclone: centre du cyclone, période calme au milieu de la tempête.
Pluies: fortes pluies, surtout près de l'œil du cyclone.
Largeur totale: 100 à 200 km.

vingt deux

Protégeons la nature!

La Guadeloupe

Pwotégé lan mé la, fé ça ban mwen

Nous sommes tous responsables de la nature

Les «bons gestes»

LA MANGROVE:
- Ne pas toucher aux arbres fragiles
- Ne pas détruire la mangrove

LA PLAGE:
- Observer les animaux sans les déranger
- Ne pas ramasser d'animaux vivants (étoiles de mer, coraux ...)
- Ne pas heurter les coraux avec ses palmes
- Ne pas laisser ses déchets sur la plage

LA POLLUTION:
- Ne pas jeter de déchets dans l'eau

LA PÊCHE:
- Ne pas pêcher dans les zones protégées

vingt trois

Die Lösungen findest du auf S. 233.

1 Un jour, … → G17

Mettez les verbes au futur.

Madame Irma: Un jour, vous ***(faire)*** un grand voyage.

Jade: Ah super! J'adore voyager! Je ***(aller)*** où?

Mme Irma: Je vois un grand bateau et une grande île.

Jade: Et moi je ***(être)*** sur le bateau, c'est ça? Pourquoi pas! Mais cette île, elle est où?

Mme Irma: Je vois une plage de sable blanc, des noix de coco.

Jade: Oh là, là, génial! Ce ***(être)*** dans une région où il fait chaud alors?

Mme Irma: Oui et vous ***(avoir)*** très chaud.

Jade: Chouette! Et je ***(faire)*** quoi sur cette île: du surf? De la plongée? Je rêve de voir des tortues. Je ***(voir)*** des tortues? Et l'eau, elle ***(être)*** comment: chaude, claire, …?

Mme Irma: L'eau ***(tomber)*** du ciel.

Jade: De la pluie? Mince, pas très marrant, la pluie en vacances! Mais bon, si c'est seulement une petite pluie … rien de grave.

Mme Irma: Ce ne ***(être)*** pas une petite pluie, mais un cyclone. Les nuages ***(être)*** noirs, très noirs. Les vents ***(être)*** très violents. La tempête ***(être)*** terrible! L'île ***(être)*** inondée.

Jade: Quoi? Mais tout ***(aller)*** bien?

Mme Irma: Non! Vous ***(perdre)*** tout! Je vois un hôpital, des médecins, des …

Jade: Eh, vous me faites peur là!

Mme Irma: Quand on a peur, on ne vient pas voir Madame Irma.

2 L'été prochain → G28.1

Présent ou futur? Conjuguez les verbes.

Olivia: Alors, quand est-ce que tu viens me voir en Guadeloupe?

Mathilde: Ben, je ne sais pas. L'avion, l'hôtel … c'est super cher!

Olivia: T'as pas besoin d'hôtel. Si tu ***(vouloir)***, tu ***(pouvoir)*** dormir chez moi. Mes parents t'aiment bien, tu sais, ils ***(être)*** d'accord.

Mathilde: Tu crois?

Olivia: Oui, pas de problème. Et pour fêter ton arrivée, je ***(organiser)*** une grande fête sur la plage. On ***(mettre)*** de la musique créole et, si mes amis antillais ***(venir)***, ils nous ***(apprendre)*** des danses d'ici. Tu ***(voir)***, c'est super cool.

Mathilde: Et nous ***(aller)*** à Pointe-à-Pitre?

Olivia: Bien sûr. On ***(visiter)*** tous les marchés. Et en plus, si tu ***(venir)*** en août, tu ***(avoir)*** la chance de voir la fête des cuisinières. Tu ***(voir)***, c'est génial!

Mathilde: Trop cool, comme programme! Mais mes parents ne ***(être)*** pas d'accord. C'est très loin!

Olivia: Ils ne ***(dire)*** pas non si tu leur ***(expliquer)*** que tu dors chez moi. Je ***(venir)*** te chercher à l'aéroport.

Mathilde: OK. Et je vais leur dire que tu me manques trop.
Olivia: Moi aussi, tu me manques. D'ailleurs, si tu ***(venir)*** en Guadeloupe cet été, l'été prochain, je ***(venir)*** en France. Promis*!

*promis – versprochen

3 Un peu de géographie → G10

	Berlin	Madrid	Paris	Rome	Londres
Superficie* → grand(e)	891 km²	608 km²	105 km²	1 285 km²	1 572 km²
Température en moyenne par an → chaud(e)	9,7°	14,6°	11,5°	15,5°	11,1°
Fleuve → long(ue)	La Sprée: 400 km	Le Manzanares: 92 km	La Seine: 776 km	Le Tibre: 405 km	La Tamise: 347 km
Eglise → haut(e)	Le Berliner Dom: 115 m	La cathédrale de l'Almudena: 73 m	La cathédrale Notre-Dame: 96 m	La basilique Saint-Pierre: 132 m	La cathédrale Saint-Paul: 111 m
Millions de touristes par an → touristique*	11,3 millions	5 millions	47 millions	12 millions	35 millions

*la superficie – die Fläche / touristique – touristisch

a Regardez le tableau et complétez le texte avec **plus que**, **moins que** et **aussi que** pour présenter Berlin.

Pour la superficie, Berlin est une ville ■ Paris, mais ■ Rome.
Pour la température, Berlin est ■ Londres.
La Sprée est ■ la Tamise, ■ la Seine et presque ■ le Tibre.
Le Berliner Dom est ■ Notre-Dame, ■ Saint-Paul, mais ■ Saint-Pierre.
Enfin pour le tourisme, Berlin est une ville ■ Londres, mais presque ■ Rome et ■ Madrid.

b Faites le même travail pour présenter Paris en comparant *(indem ihr vergleicht)* …

- sa superficie avec Berlin
- sa température avec Madrid, Londres et Berlin
- la Seine avec le Tibre et la Sprée
- la cathédrale Notre-Dame avec la cathédrale de Madrid, le Berliner Dom et la basilique Saint-Pierre
- son tourisme avec Londres

Paris est une ville …
Pour la température, Paris est …
La Seine est …
Notre-Dame est …
Paris est une ville …

c Pour chaque adjectif, trouvez la première ville, le premier fleuve ou la première église.
Exemple: La ville la plus chaude, c'est Madrid.

chaud(e) | grand(e) | haut(e) | long(ue) | touristique

4 Qui est le meilleur en géo? → G10.2

Complétez les phrases avec le superlatif des adjectifs suivants:

Malou, Mélanie et Sam font un petit jeu de géo.

Malou: Question numéro 1: quelles sont les deux grandes capitales européennes du tourisme?

Mélanie: Facile! Les capitales ■, c'est Paris et Londres!

Malou: Un point pour toi. Donnez les deux premières capitales européennes pour la superficie.

Mélanie: Moi, je sais: les villes européennes ■, c'est Londres et Berlin!

Malou: Correct! Question numéro 3, le climat maintenant. Entre* Paris et Berlin, quelle est la capitale ■?

Mélanie: Berlin!

Malou: Bravo, c'est ça! Question numéro 4. Ah, on parle des fleuves maintenant. Il fait 2860 km et c'est, après la Volga, le fleuve ■ d'Europe. C'est ...?

Sam: Le Rhin?

Mélanie: T'es nul! C'est le Danube!

Malou: Bien! Dernière question: Avec 132 m, c'est l'église ■ d'Italie. C'est ...?

Mélanie: C'est Saint Paulo à Rome, non?

Sam: Ah, là c'est toi qui es nulle! D'abord, c'est Saint-Paul, et c'est à Londres! La bonne réponse, c'est Saint-Pierre.

Mélanie: Oh, ça va Monsieur Je Sais Tout*!

Sam: Quoi!? C'est toi qui dis ça? J'hallucine!

*entre – zwischen / Monsieur Je Sais Tout – Klugschwätzer

5 Cannes, un festival de cinéma international → G9.1

Remplacez le nom du pays par l'adjectif de nationalité qui convient.

Joel & Ethan Coen – Présidents (réalisateurs*, scénaristes*)
Rossy de Palma (actrice)
Sophie Marceau (actrice, réalisatrice)
Sienna Miller (actrice)
Rokia Traoré (auteure, musicienne)
Guillermo del Toro (réalisateur, scénariste)
Xavier Dolan (réalisateur, scénariste, acteur)
Jake Gyllenhaal (acteur)
*réalisateur, (-trice) – Regisseur / scénariste(-) – Drehbuchautor

Delphine: Papa, je dois faire une présentation du jury du Festival de Cannes. Mais je ne connais pas tous les membres*. Tu peux m'aider?

Le père: Bien sûr.

Delphine: Je sais que Sophie Marceau, c'est une actrice ***(de France)*** mais les autres, c'est pas facile. Par exemple, les présidents du jury, c'est Joel et Ethan Coen. C'est qui?

Le père: Ah, les frères Coen! Ce sont deux

réalisateurs ***(des Etats-Unis)***. Très drôles d'ailleurs.
Delphine: Et Sienna Miller et Jake Gyllenhaal, ils sont aussi ***(des Etats-Unis)***, non?
Le père: Jake Gyllenhaal, oui, mais pas Sienna Miller. C'est une actrice ***(d'Angleterre)***. Il y a d'autres acteurs ***(d'Europe)*** dans le jury?
Delphine: Oui, je crois. Rossy de Palma et Guillermo del Toro.
Le père: Rossy de Palma oui, c'est une actrice ***(d'Espagne)***. Mais Guillermo del Toro vient du Mexique, lui.
Delphine: Et il y a aussi un acteur ***(de France)***, Xavier Dolan.
Le père: Ah non, Xavier Dolan est canadien*. Il y a qui d'autre?
Delphine: Rokia Traoré, une musicienne.
Le père: Ah, c'est une chanteuse malienne*. Sa musique est magnifique.

*membre – Mitglied / mexicain – Mexikaner / canadien, -ne – kanadisch / malien, -ne – aus Mali

6 La météo → G17

a Remplacez les images par des noms.

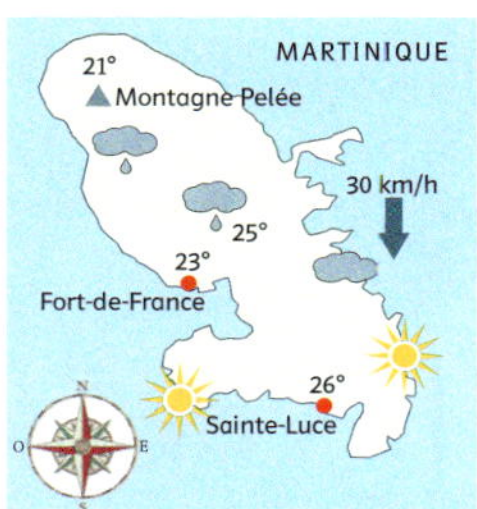

Demain, en Martinique, le sera au rendez-vous seulement au sud de l'île.
Dans le reste de l'île, il y aura quelques et un peu de dans la journée.
Les ne seront pas violents: 30 km/h en moyenne. Les seront chaudes: de 23° à 26° sur les côtes, 23° par exemple à Fort-de-France et 26° à Sainte-Luce. 25° dans le centre et 21° au nord, du côté de la montagne Pelée.

b Ecrivez le bulletin météo de demain à la Réunion.

Demain, à la Réunion …

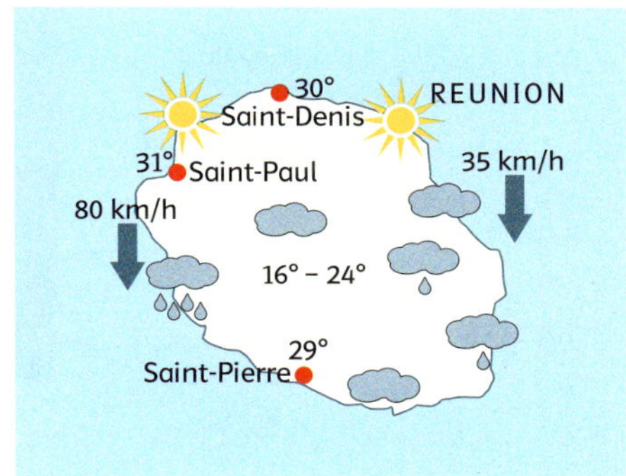

7 La Martinique, une île qui fascine → G27

Complétez avec **qui** ou **où**.

Envie de soleil et de sable chaud?
Venez découvrir la Martinique, une île ■ on parle français mais ■ se trouve à des milliers de kilomètres de Paris et de son ciel bien souvent trop gris.
Chez nous, en Martinique, il fait chaud toute l'année. A vous les magnifiques plages de sable chaud ■ vous poserez votre serviette à l'ombre des cocotiers*. A vous aussi l'océan Atlantique et la mer des Caraïbes ■ vous pourrez faire du kitesurf ou de la plongée pour observer les tortues ■ vivent toute l'année dans les récifs de corail.

Et puis, la Martinique, c'est une île ■ on aime la fête: la bonne cuisine, la musique, la danse … Alors faites comme les 620 000 touristes ■ ont visité la Martinique en 2012: **Venez nous voir!**

*à l'ombre des cocotiers – im Schatten der Kokospalmen

→ facultatif

1 écouter Compréhension de l'oral

CD 13

Les Touloulous, une tradition guyanaise – Répondez aux questions dans votre cahier.

Tipp *Sieh dir zuerst die Bilder an und lies die Fragen.*

Lies zu Delf die Strategie 20. Die Lösungen findest du ab S. 235.

1. Vous écoutez …
   - a un reportage sur la Guyane.
   - b une publicité pour la Guyane.
   - c une personne qui parle de ses vacances en Guyane.

2. On parle …
   - a d'une fête pour tout le monde.
   - b d'une fête privée.
   - c On ne sait pas.

3. Comment s'appelle cette fête?

4. Un/une Touloulou est …
   - a un homme.
   - b une femme.
   - c un homme ou une femme.

5. Les Touloulous invitent les personnes …
   - a à boire.
   - b à parler.
   - c à danser.

6. Les Touloulous ne connaissent pas les personnes avec qui elles dansent
   - a Vrai b Faux

7. Pourquoi cette tradition des Touloulous est une bonne chose? Justifiez votre réponse avec une ou deux phrases.

2 lire Compréhension de l'écrit.

Une bouteille à la mer – Lisez le document

Tipp *Du brauchst nicht alle Wörter zu kennen, um die Fragen zu beantworten.*

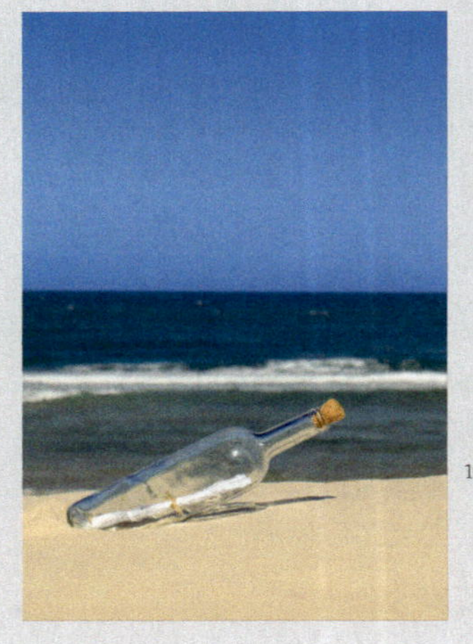

Un message dans une bouteille

[…] Alors qu'il se promène sur une plage proche de son village avec des amis, Osin, un jeune Irlandais de 9 ans, ramasse une bouteille en plastique contenant une lettre. Avec l'aide de sa mère, Osin arrive à traduire le texte, écrit en français. Il apprend que la bouteille a été envoyée depuis le Canada et a donc traversé tout l'Océan Atlantique, soit plus de 5000 km, avant d'arriver en Europe.

Le message a été écrit 8 ans auparavant, en 2004, par deux jeunes Canadiennes alors âgées de 12 ans qui voulaient faire comme dans un film. Ce sont elles qui contactent Osin en lisant dans les journaux que leur bouteille a été trouvée. Charlaine et Claudia qui ont aujourd'hui 20 ans, ont donc pu discuter avec Osin grâce à Internet et envisagent même d'aller en Irlande pour le rencontrer!

Répondez aux questions dans votre cahier.

1. Osin habite dans quel pays?
a En France.
b Au Canada.
c En Irlande.
d On ne sait pas.

2. Qu'est-ce qu'il a trouvé sur la plage?

3. Le message est en quelle langue?

4. Osin comprend le message tout de suite.
a Vrai b Faux
Justifiez votre réponse avec une phrase du texte.

5. Le message vient de quel pays?

6. Comment est-ce que les personnes qui ont écrit le message, ont appris sa découverte?
a Osin leur a téléphoné.
b Elles ont lu l'information dans le journal.
c Elles ont entendu l'information à la radio.

7. Après, qu'est-ce que ces personnes ont fait?
a Elles ont téléphoné à Osin.
b Elles ont communiqué avec Osin par Internet.
c Elles sont venues chez Osin.

3 écrire Production écrite

Une idée pour mes prochaines vacances? – Vous lisez ce message sur un forum de voyage. Vous décidez de répondre à Lilian. Vous lui proposez un endroit que vous connaissez bien et que vous aimez.

Vous expliquez pourquoi vous aimez cet endroit. Vous racontez où est cet endroit et vous le décrivez (climat, paysage, activités).
80 à 100 mots

Lilian, 11:43

Salut,
Avec mes parents, nous cherchons une destination pour nos prochaines vacances d'été.
On aime tout: la plage, la montagne, la ville, la campagne, les musées, le sport, etc … Avez-vous des propositions à nous faire?

Merci d'avance
Lilian

4 parler Production orale

Envie de plongée! – Vous êtes dans un hôtel en Guadeloupe. Vous voulez vous inscrire* au club de plongée de l'hôtel. Vous demandez des informations (horaires, prix, âge, transport, moniteur, nombre de personnes dans le groupe, animaux et plantes que l'on peut voir, …)
Votre partenaire joue le rôle du responsable du club de plongée.

* s'inscrire – sich anmelden

2 «J'y tiens, à ma double culture»

A Trappes

A CD 18-19

Autrefois, Trappes était un petit village. Dans les années 60, on y a construit des grands immeubles pour loger les immigrés d'origine algérienne, marocaine, portugaise …

B

Aziz, Mehdi et Ayoub ont grandi dans la cité de Trappes, dans une banlieue à l'ouest de Paris, près de Versailles. Dans leur quartier, la population est multiculturelle. Aziz et ses copains sont nés de parents immigrés, mais ils sont français.

Info Info Info

Quand un enfant naît en France de parents étrangers, il a automatiquement le droit de devenir français à 18 ans: c'est le «droit du sol».

1 lire Aziz et ses copains

a Lisez les textes page 30 et répondez aux questions.

1. Où se trouve Trappes?
2. Pourquoi est-ce que Aziz, Mehdi et Ayoub sont français?
3. Qu'est-ce qu'on a fait pour loger les travailleurs immigrés?

b Lisez page 31 l'avis des jeunes sur leur ville. Quels sont les côtés positifs et négatifs de la vie à Trappes?

→ CDA 19/1

2 parler La France multiculturelle

Quelle est l'origine des immigrés en France? Regardez le graphique et posez des questions à votre partenaire.

Exemple:
- Combien d'immigrés sont d'origine portugaise?
- 11% (onze pour cent).
- Combien d'immigrés viennent d'Italie?
- 5% (cinq pour cent).

A la fin de la leçon, vous allez présenter une personne célèbre qui a une double culture.

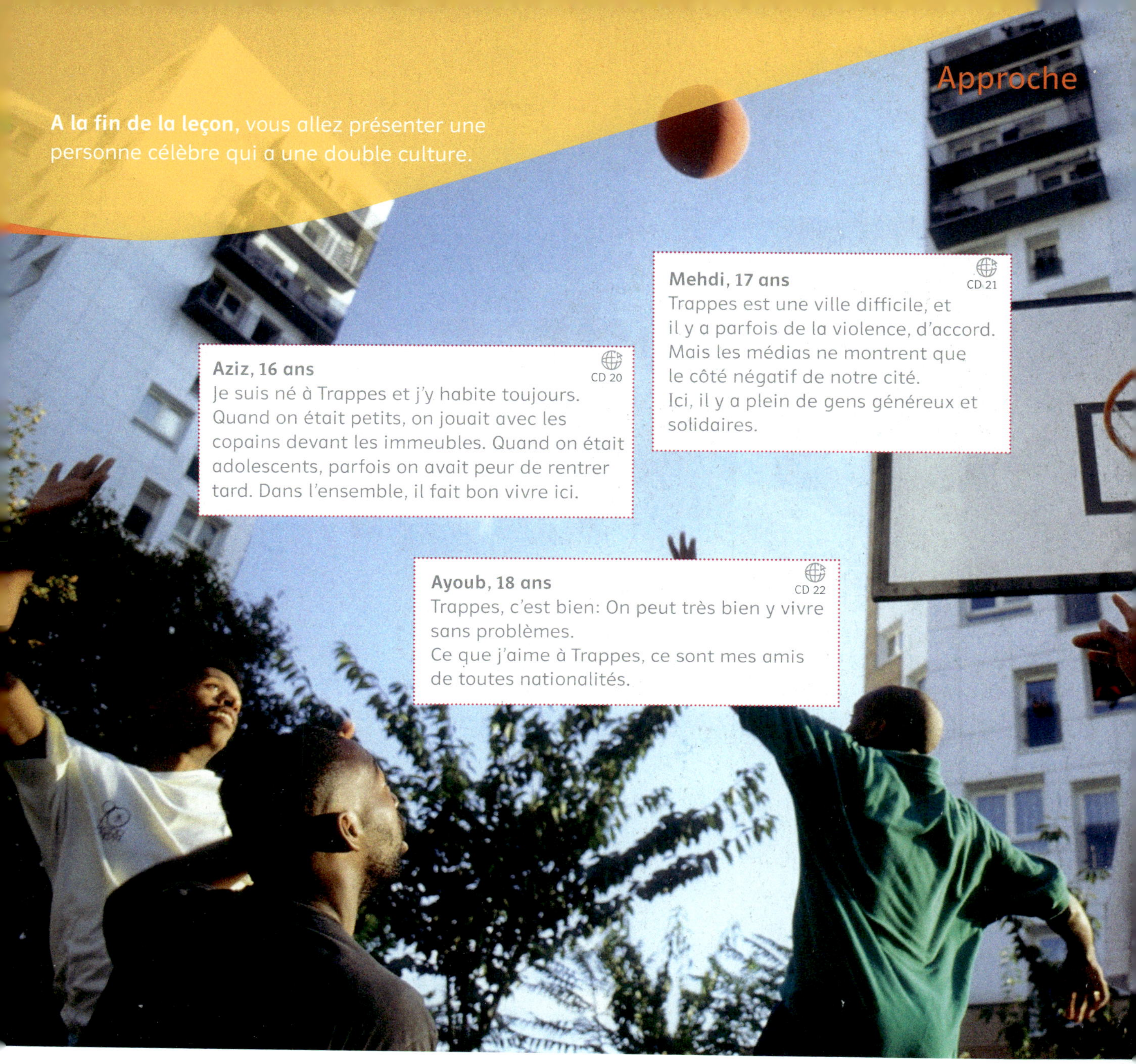

Aziz, 16 ans CD 20

Je suis né à Trappes et j'y habite toujours. Quand on était petits, on jouait avec les copains devant les immeubles. Quand on était adolescents, parfois on avait peur de rentrer tard. Dans l'ensemble, il fait bon vivre ici.

Mehdi, 17 ans CD 21

Trappes est une ville difficile, et il y a parfois de la violence, d'accord. Mais les médias ne montrent que le côté négatif de notre cité. Ici, il y a plein de gens généreux et solidaires.

Ayoub, 18 ans CD 22

Trappes, c'est bien: On peut très bien y vivre sans problèmes.
Ce que j'aime à Trappes, ce sont mes amis de toutes nationalités.

Répartition des immigrés par pays de naissance

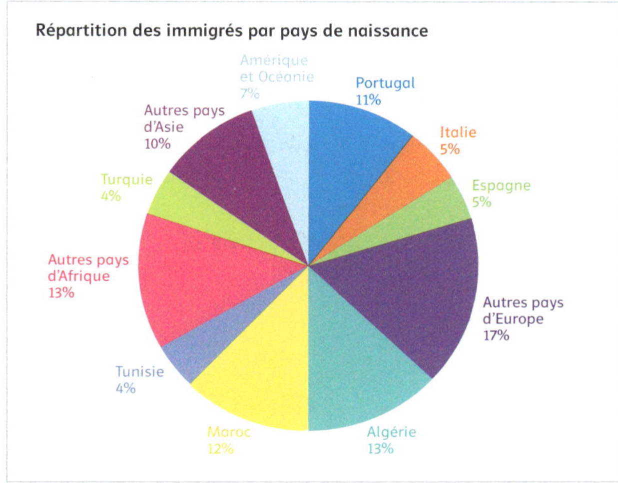

Ils sont d'origine	Ils viennent
• espagnole.	• d'Italie.
• italienne.	• d'autres pays d'Europe.
• portugaise.	• du Maroc.
• turque.	
• marocaine.	
• tunisienne.	
• algérienne.	

→ CDA 20/2

→ S11

D'après les données de l'INSEE – 2011

Ils ont fait carrière

CD 23-28

A

Kenza Farah, chanteuse (RnB et pop franco-algériens).

Elle est née en 1986 à Béjaïa, en Algérie. Plus tard, sa famille a déménagé dans une cité de Marseille. Adolescente, Farah se passionnait pour la musique, donnait des concerts dans le quartier et enregistrait déjà des chansons. Son 5e album est sorti en 2014. C'est un mélange de RnB, de hip-hop et de pop urbaine.

M1

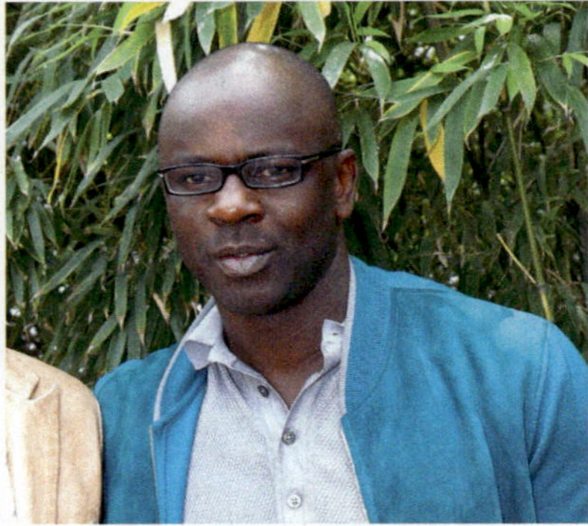

B

Lilian Thuram, ancien joueur de foot.

Il est né en Guadeloupe. Quand il avait 8 ans, sa mère est partie pour travailler en France métropolitaine. Un an après, elle a fait venir Lilian et ses frères et sœurs dans la région parisienne. Lilian a commencé sa carrière de footballeur professionnel à 18 ans dans le club de Monaco.

M2

C

Stromae, chanteur et compositeur.

Il est né en Belgique, d'un père rwandais et d'une mère belge qui l'élève seule. Il s'intéresse très jeune à la musique. A 11 ans, il suit des cours de batterie et à 17 ans, il crée même un groupe de rap. Sa carrière commence avec le single «Alors on danse» en 2010 et se poursuit en 2013 avec «Papaoutai», puis «Formidable».

M3

3 lire C'est qui?

a Lisez les textes (pages 32–33) et répondez aux questions. Parfois, il y a plusieurs personnes qui correspondent.

1. Qui a eu un grave accident?
2. Qui a fait carrière dans la politique?
3. Qui est d'origine algérienne?
4. Qui a passé son enfance en Guadeloupe?
5. Qui a grandi dans la cité de Trappes?
6. Qui a un père rwandais?
7. Qui a eu une enfance pauvre?
8. Qui a beaucoup d'humour? → S4

b Notez d'autres questions et posez-les à votre partenaire.

→ CDA 21/3–21/4

D

Najat Vallaud-Belkacem, politicienne.

Elle est née au Maroc dans une famille modeste qui est venue s'installer en France dans les années 80. Après des brillantes études en sciences politiques, elle entre dans la politique et devient à 36 ans ministre de l'éducation sous le président de la République François Hollande.

M4

E

Omar Sy, acteur.

Il a grandi à Trappes, une cité de la banlieue parisienne. Sa mère est mauritanienne et son père sénégalais.
Omar Sy est très drôle. Déjà petit, il aime faire rire.
A 17 ans, il fait des émissions de radio avec son ami Jamel Debbouze et découvre sa vocation de comédien.
Ensuite commence sa carrière au cinéma. Avec le film «Intouchables», il remporte un grand succès.

M5

F

Jamel Debbouze, acteur et humoriste.

Il a passé son adolescence à Trappes dans une famille pauvre. Ses parents sont d'origine marocaine. A 14 ans, il a eu un grave accident et depuis, il ne peut plus utiliser son bras droit. A 15 ans, il a découvert au collège sa passion pour le théâtre d'improvisation. Il a beaucoup d'humour et il fait rire tout le monde.

M6

CD 29

4 parler Parler d'une personne

a Ecoutez et devinez qui est la personne. → S1

b Choisissez une personne et faites-la deviner à votre partenaire.

Il est né en … / Elle est née en …
Il/Elle a grandi à …
Ses parents sont d'origine …
Il/Elle fait/a fait carrière en tant que/qu' …
Sa carrière de … a commencé en …

→ CDA 22/5-22/6

Vidéo

5 regarder «Liberté, égalité, improvisez!»

Regardez le film et répondez aux questions. → S2

1. Qui sont les jeunes dans le bus? De quelles villes est-ce qu'ils viennent?
2. Qu'est-ce qu'ils vont faire à Paris?
3. Qui va remettre la coupe au vainqueur *(dem Sieger)*?

CD 30

1 Entre deux cultures

Ce questionnaire est le résultat d'un projet franco-allemand entre un lycée lyonnais et un lycée de Brême sur le thème «Emigration et immigration».

Questions
Léo, 15 ans

1. **Est-ce que tu te sens plutôt français ou turc?**
   «Je me sens plus français que turc car je suis né en France et je vis ici.»

2. **Pourquoi est-ce que tes parents ont décidé d'émigrer?**
   «Mon père est français et ma mère turque. Elle est venue en France pour épouser mon père et fonder une famille.»

3. **Est-ce que tu te sens «tiraillé» entre ces deux cultures?**
   «Oui un petit peu … Même si je suis français, ma mère ne comprend pas pourquoi je ne pratique pas la religion musulmane comme elle.»

4. **Chez toi, la culture est plutôt française ou turque?**
   «La culture à la maison est plus française que turque car avec le temps on prend les habitudes, et on vit avec.»

2 A propos du texte

Répondez aux questions.

1. Quelles sont les origines de Léo?
2. Pourquoi est-ce que sa mère a décidé de venir en France?
3. Pourquoi est-ce qu'il se sent plus français que turc?

3 On dit: D'où je viens

Dans quel pays / Dans quelle ville est-ce que tu es né(e)?	Je suis né(e) en … Ma ville natale, c'est …
Depuis quand est-ce que tu habites ici?	J'habite ici depuis …
Ta famille vient d'où?	Ma famille est d'origine allemande/russe/ … Ma famille vient de …
Quelle langue est-ce que tu parles à la maison?	Dans ma famille, on parle …

a Faites des interviews dans votre classe, puis présentez une personne.

b Faites un graphique sur les pays d'origine des élèves de votre classe et commentez-le.

Exemple:
Dans notre groupe, il y a … élève(s) d'origine …

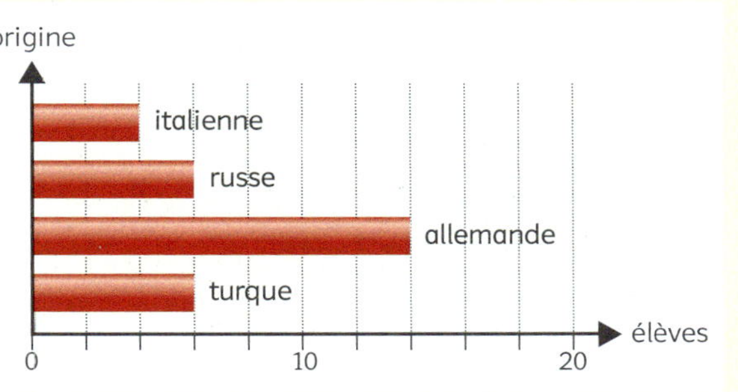

4 médiation Son père est russe

CD 31

Anna, 16 ans, vit à Brême. Elle est d'origine russe et allemande.
Elle a aussi participé au projet «Emigration et immigration».
Ecoutez et dites en français ce qu'elle a répondu. → S14 → CDA 24/8

5 On y va? → G8

Avec le pronom **y**, on peut éviter les répétitions *(Wiederholungen vermeiden)*.

- On va **à la piscine**?
- Oui, on **y** va à trois heures.

a Dans les dialogues, **y** remplace quels mots?

1. – Tu viens au cinéma avec nous?
   – Vous **y** allez à quelle heure?
   – A 19 heures.
   – D'accord.

2. – Vous allez au concert de Stromae?
   – Lisa **y** va, mais pas moi.

b **parler** Faites des dialogues. → CDA 24/9–24/10–25/11

Exemple: – Tu viens à la pizzeria avec nous?
– Vous y allez quand?/à quelle heure?

au cinéma | au match de … | au concert de … | à la piscine

CD 32

6 Quand ils étaient jeunes … → G13

a Ecoutez Kader, puis racontez.

Exemple: Quand les parents de Kader étaient jeunes, ils habitaient au Maroc.

l'imparfait du verbe habiter

j'habit**ais**	nous_habit**ions**
tu habit**ais**	vous_habit**iez**
il / elle / on_habit**ait**	ils / elles_habit**aient**

Kader ses parents son père	habiter au Maroc vivre à la campagne (n') avoir (pas) de travail vouloir partir en France (ne) vouloir (pas) quitter ses grands-parents et ses amis

b Renseignez-vous sur la vie de vos camarades de classe. → CDA 25/12–26/13–27/14

Exemple:
- Comment tu vivais quand tu avais … ans?
- A … ans, j'habitais … (ville/pays), j'allais … (école), je rêvais de devenir/faire/partir …

7 La fête interculturelle → G14

Regardez le tableau puis lisez le texte.
Quelles phrases sont à l'imparfait?
Quelles phrases sont au passé composé?
Pourquoi? Expliquez en allemand.

imparfait	passé composé
Il faisait beau. **C'était** super.	**Tout à coup, il a commencé** à pleuvoir.

1. A la fête interculturelle samedi dernier, toutes les familles du quartier étaient là. Il y avait un grand buffet avec des spécialités du monde entier. L'ambiance était super. Il faisait très chaud.

2. Tout à coup, il a commencé à pleuvoir. Les musiciens ont vite rangé leurs instruments et les autres ont protégé le buffet contre la pluie. Quand le soleil est revenu, la fête a continué dehors.

8 parler C'était cool!

Vous êtes allés à une fête. Racontez. → CDA 28/15

Quelle était la situation?	**Qu'est-ce qui s'est passé ce jour-là?**
C'était où? C'était quel jour / quel mois? Il faisait quel temps? Qu'est-ce qu'il y avait à manger et à boire?	Comment est-ce que vous êtes allés à la fête? Qu'est-ce que vous avez fait? Quand est-ce que vous êtes rentrés?

Une personne qui me fascine → CDA 30/18

Choisissez une personne qui a une double culture et présentez-la. → S15

Dans la médiathèque (pages 38–41), vous trouverez des informations sur:

- M1 Kenza Farah
- M2 Lilian Thuram
- M3 Stromae
- M4 Najat Vallaud-Belkacem
- M5 Omar Sy
- M6 Jamel Debbouze

Qu'est-ce qui vous intéresse?
Sa biographie / ses talents / ses difficultés / ses succès …

Cherchez aussi des informations actuelles sur Internet:
par exemple, les derniers succès. → S7

Dites pourquoi vous avez choisi cette personne.

Savoir-faire
- Choisissez une personne.
- Faites des recherches sur elle.
- Réalisez une fiche d'identité.
- Sur la base de la fiche, formulez des phrases pour votre exposé.
- Vous pouvez illustrer votre exposé avec des photos …

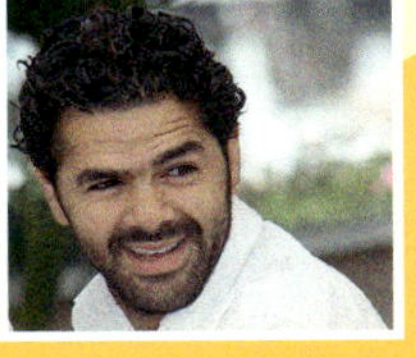

Mon bilan: Je sais
- faire un exposé sur une personne célèbre.

→ CDA 31–33/Bilan, Auto-contrôle

Ici vous trouverez des informations supplémentaires pour faire la tâche (page 37).
Utilisez un dictionnaire pour les mots que vous ne pouvez pas deviner. → S6

M1 Kenza Farah → CDA 30/19

Aux NRJ Music Awards 2013, Kenza Farah est nominée avec Soprano pour le «duo francophone de l'année».
En dehors de la musique, Kenza Farah est marraine de plusieurs associations qui soutiennent des projets en Afrique. Elle a aussi participé à l'enregistrement du titre «Kiss & Love» avec 120 autres artistes français pour la lutte contre le SIDA.
Dans sa chanson «Sous le ciel de Marseille», on apprend quel est son pays d'origine.

Sous le ciel de Marseille

[REFRAIN]:
Marseille, que l'on soit noir ou blanc
Nous couvrira du bleu de son ciel
Marseille, que tu sois riche ou pauvre
Nous protègera tous sous son aile

(passage en Kabyle)

Marseille, tu es comme une mère
Tu m'as reçue à bras ouverts
Marseille, mélange de couleurs
Console tous ceux qui ont souffert

[REFRAIN]:
Marseille, que l'on soit noir ou blanc
Nous couvrira du bleu de son ciel
Marseille, que tu sois riche ou pauvre
Nous protègera tous sous son aile

(passage en Kabyle)

Marseille, toi qui m'as vu grandir
Qui m'a aidée à me construire
Au fond de moi, je n'oublie pas
Mes premiers pas à Béjaïa

[Refrain]:
Marseille, que l'on soit noir ou blanc
Nous couvrira du bleu de son ciel
Marseille, que tu sois riche ou pauvre
Nous protégera tous sous son aile

Nanana heyyyyy

Lilian Thuram: footballeur engagé

A partir de 1994, il est défenseur dans l'équipe nationale de France. Avec les «Bleus», il devient champion du monde en 1998 et d'Europe en 2000. Il a été sélectionné 142 fois en équipe de France, un record!

J'ai grandi aux Antilles où 99 % de la population est noire. Donc je n'ai jamais eu de problèmes vis-à-vis de ma couleur.
Mais quand je suis arrivé dans la région parisienne, j'ai compris qu'il y avait un problème.

En 2008, il crée la «Fondation Lilian Thuram. Education contre le racisme». Il va dans les écoles pour en discuter avec les élèves.

En 2013, le président de la République, François Hollande, lui remet la légion d'honneur pour son engagement contre le racisme.
En 2014, Lilian Thuram écrit une BD sur l'histoire de sa famille et de l'esclavage aux Antilles.

Stromae au musée Grévin

Stromae a sa statue au musée Grévin, à Paris.

Nom de naissance: Paul Van Haver
Pseudonyme: Stromae

Date de naissance: le 12/03/1985
Lieu de naissance: Bruxelles
Pays: Belgique

Métier: auteur-compositeur-interprête
Ses débuts en musique: premiers cours de solfège et de batterie à 11 ans
Ses études: école de cinéma
Son premier tube: «Alors on danse»
Ses albums: «Cheese», «Racine carrée»

[Mon père et moi] on ne s'est vus que quelques fois. J'ai seulement une attache avec ma culture rwandaise à travers ma tante, la sœur de mon père.

 La carrière de Najat Vallaud-Belkacem

- Najat Vallaud-Belkacem est née en 1977 au Maroc, à Beni Chiker. A l'âge de 5 ans, avec sa mère et sa sœur, elle a rejoint son père qui travaillait déjà à Amiens. La famille s'est installée dans un quartier avec de grands immeubles tristes.
- Dans son enfance, Najat Vallaud-Belkacem s'ennuyait le week-end. Elle devait aider sa mère pour les tâches ménagères alors que «les garçons étaient plus libres de s'amuser, de draguer». Elle adorait l'école, car c'était sa seule activité en dehors de la maison. D'ailleurs elle était très bonne élève et a vite compris que les études seraient une chance pour elle. Après son bac, elle a fait des études de sciences politiques.
- En 2012, elle est ministre des Droits des Femmes dans le gouvernement de François Hollande et s'engage pour l'égalité entre les hommes et les femmes. Pour elle, la richesse d'un pays, ce sont les jeunes qui y vivent. Quand elle devient ministre de l'Education nationale, en 2014, elle veut aider les jeunes de tous les milieux sociaux à réussir à l'école, puis à s'intégrer dans la vie professionnelle.

 Omar, le magnifique

Omar Sy est devenu célèbre avec le film «Intouchables» dans lequel il a un rôle principal.

Titre du film: Intouchables
Histoire: Driss (un jeune de banlieue) est employé chez un homme très riche et handicapé. Driss doit s'occuper de lui. Comme il n'a pas appris le métier d'aide-soignant, il agit spontanément et de façon non conventionnelle. Peu à peu, Driss et son employeur deviennent complices.

Critique ***:** Film très réussi, qui traite de thèmes sérieux avec beaucoup d'humour. C'est une histoire vraie.

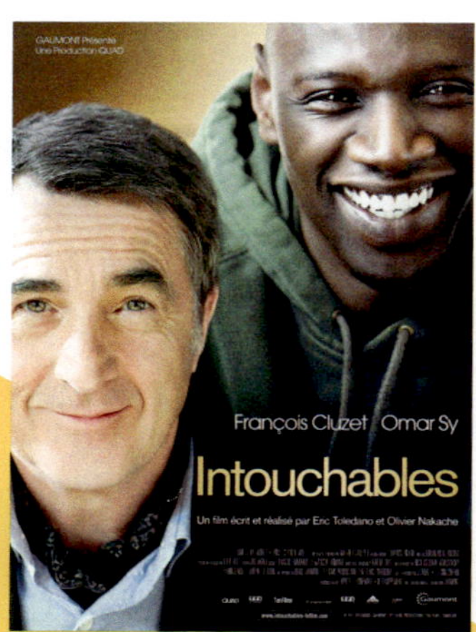

Dans «Samba», Omar joue le rôle d'un sans-papiers sénégalais en France.

M6 Jamel: «Serre les dents, ça passera»

Adolescence
Je rêvais de me cacher dans un trou. Quand je me retrouvais dans des situations inconfortables, je me disais: «Serre les dents, ça passera!» Et c'est passé! [...] Comme j'étais l'aîné, il fallait que je m'occupe de mes petits frères et que je trouve des solutions pour tous les problèmes de la vie quotidienne.

Fatima
La personne la plus drôle de la famille, ce n'est pas moi, c'est ma mère! Un vrai pitre! C'est grâce à elle (ou à cause d'elle) si je suis comme cela.

Papy
Alain Degois (Papy !) est le mec qui m'a sauvé la vie. Il dirigeait les ateliers de théâtre d'improvisation. Il est venu dans mon collège et m'a trouvé génial. A 15 ans, la seule chose qu'on me disait, c'était: «Dégage, t'es nul, t'es pas drôle!» Avec lui, au contraire, c'était: «T'es le bienvenu, t'es bon, viens nous faire rire!»

Improvisation
Je pratique cette technique de jeu tous les soirs. Je ne fais jamais deux fois le même spectacle. J'ai tout appris avec Papy et la troupe d'improvisation de Trappes, là où j'habitais.

Tâche
Entraînement
Boîte à outils

Eine Szenencollage entwickeln und aufführen

Aufwärmübungen / Standbilder

Wortfeld Theater

Wortfeld Bahnhofshalle

Wortfeld Gefühle

Redemittel: Theater spielen

Redemittel: Feedback geben

RENCONTRES À LA GARE

In dieser «Tâche» (Lernaufgabe) werdet ihr eine Szenencollage entwickeln und sie zur Aufführung vor Publikum bringen. Zunächst werdet ihr einige Aufwärmübungen durchspielen. Nach einer Ideensammlung werdet ihr kleine Szenen in Standbilder umsetzen und daraus einen Dialog entwickeln. Zum Schluss fügt ihr die verschiedenen Szenen zu einer Aufführung zusammen.

Nützliche Wörter und Redewendungen findet ihr in der «Boîte à outils» auf S. 48-49.

CD 58

1. À LA GARE

On rencontre à la gare des personnes très différentes dans de nombreuses situations. Des centaines de personnes vivent au même moment des petites scènes de tous les jours, avec des émotions et des réactions diverses.

a Ecoutez la scène.

b Imaginez des situations qui pourraient se passer sur le quai de la gare. Ecrivez des mots-clés sur des fiches (une situation de rencontre par fiche).

→ CDA 34/1 – 35/2

Eine Szenencollage entwickeln und aufführen

Vidéo

2. ET SI LA GARE ÉTAIT UN THÉÂTRE?

Des élèves de l'école IGS Herder à Francfort ont fait un atelier de théâtre en cours de français. Regardez la vidéo.

Envoyer des grimaces

- Commencez par faire des grimaces: une personne envoie une grimace à sa voisine / son voisin de droite qui la copie aussi exactement que possible et la fait passer à son tour. La grimace doit faire le tour du cercle rapidement.

- Amusez-vous à changer de grimace à chaque tour, à changer le sens, à envoyer une grimace différente vers la droite et vers la gauche. Vous pouvez aussi rajouter un son / un mot / une onomatopée (comme par exemple: Aïe!).

Vidéo

3. ÉCHAUFFEMENT

Faites les exercices d'échauffement A à D pour devenir une troupe de théâtre qui fonctionne bien.

Envoyer des mots

- Un / Une élève montre clairement un / une autre élève de l'autre côté du cercle et dit «Toi!». La personne choisie pose sa main sur la tête (pour montrer qu'elle n'est plus libre) et montre une troisième personne à son tour en disant «Toi!» … ainsi de suite, jusqu'à ce que tout le monde ait la main sur la tête. Attention! Rappelez-vous bien qui a choisi qui!

- Répétez l'enchaînement en disant «Toi!» mais cette fois sans les mains sur les têtes.

- Chaque élève choisit maintenant un mot et envoie ce mot au lieu de dire «Toi!».
Vous pouvez aussi répéter le mot reçu avant d'envoyer le vôtre.

Aufwärmübungen

Montrer quatre points

- Marchez, utilisez tout l'espace, observez bien tous les détails de la salle. Prenez votre temps. Chacun choisit quatre détails.
- Au signal, chaque élève montre ses quatre points, l'un après l'autre, en disant «Là!» et en se figeant une seconde à chaque fois. Recommencez plusieurs fois.
- Quelques élèves peuvent sortir de l'espace de jeu pour vérifier que les acteurs et actrices sont vraiment figés pendant une seconde.

Traverser le rideau invisible

- Formez deux rangées à chaque bout de la salle de classe. Au milieu de la salle, il y a un rideau magique invisible qui fait changer les émotions. A droite, c'est le bonheur, à gauche la colère.
- Traversez la salle en répétant «Terminus, tout le monde descend!» avec l'émotion donnée et changez d'émotion en traversant le rideau magique. Faites plusieurs aller-retours. Ensuite, changez les deux émotions (par ex. tristesse et peur). Observez votre démarche, votre voix, votre mimique.

→ CDA 36/3 – 36/4

l'information
le panneau
le départ
l'arrivée
les horaires

l'horloge
le quai
le train
le wagon
la place

le sac
la boisson
le sandwich
le magazine
le journal

le contrôleur
le billet
le voyageur
les bagages
la valise

- Reprenez les fiches sur lesquelles vous avez écrit des situations de rencontres (exercice 1b, page 43).
- Toutes les fiches sont dispersées dans la salle de classe (les doubles sont éliminées).
- Vous les lisez en silence.
- Puis, formez des groupes de quatre personnes et choisissez ensemble une des situations.

4. TABLEAUX VIVANTS

Maintenant, c'est à vous d'expérimenter, de décider, de répéter… et de présenter votre spectacle: «Rencontres à la gare». → CDA 37/5

- Préparez trois ou quatre tableaux vivants qui racontent votre situation. Faites des gestes précis.
- Pour chaque tableau, restez bien figés, sans parler.
- Entraînez-vous à changer de position rapidement d'un tableau à l'autre.
- Choisissez un signal pour les changements.

Chaque groupe présente sa rencontre à la gare en tableaux vivants.
Les autres doivent deviner l'histoire.

Standbilder

5. SAYNÈTES → CDA 37/6 – 38/7

- Développez un dialogue.
- Répétez-le bien.
- Jouez votre saynète avec la parole, les gestes, les mimiques et les émotions.
  Restez bien dans votre rôle et ne vous laissez pas distraire!
- Vos camarades vous donnent leurs impressions et leurs conseils pour améliorer votre représentation.

- Mettez-vous d'accord sur
  1. l'ordre des saynètes,
  2. un début et une fin clairs,
  3. les signaux visuels ou sonores (par ex. la voix qui annonce l'arrivée/le retard/ le départ du train),
  4. les accessoires, éventuellement les costumes,
  5. la position du public.
- Faites un plan avec vos résultats. Accrochez-le dans un endroit visible pour tous.
  Pensez aussi à répéter le salut final!

6. RÉPÉTITION GÉNÉRALE ET REPRÉSENTATION

Vous êtes prêts pour la répétition générale?
«Position – Rideau – Lumière»!
La générale se déroule toujours en costumes et avec tous les signaux sonores ou visuels.
On n'interrompt jamais une générale!

Les commentaires du public ou du metteur en scène se font après la représentation. Ce sont des observations de dernière minute pour améliorer votre jeu.
Chut… le public vous attend dans la salle…
En scène!

In der **«Boîte à outils»** findest du wichtige Wörter und Redemittel zu diesem «Module». Mache eine Liste von mindestens zehn Wörtern und Redemitteln und lerne sie auswendig.

→ CDA 39–40/Evaluation

Redemittel: Theater spielen

L'échauffement

Faites des grimaces.
Envoyez une grimace à votre voisin de droite.
Faites passer la grimace à votre voisin.

Changez de sens. Changez d'émotion.
Changez de position.
Restez figés dans une position.
Posez la main sur votre tête.

Marchez dans la salle. Traversez la salle.
Traversez le rideau invisible.
Utilisez tout l'espace.

Observez bien tous les détails de près.
Observez votre démarche / votre voix / votre mimique.
Prenez votre temps.

Wortfeld Gefühle

Les émotions des personnages

Dans cette saynète, je suis …

triste
en colère
content(e)
agressif, agressive
timide
stressé(e)
maladroit(e)
arrogant(e)
impatient(e)

sérieux, sérieuse
déçu(e)
nerveux, nerveuse
perdu(e) / désorienté(e)
amoureux, amoureuse

Wortfeld Bahnhofshalle

Actions à la gare

faire la queue (au bureau d'information)
chercher le quai
courir pour attraper son train

acheter un sandwich / une boisson
acheter son billet au distributeur
composter son billet

s'impatienter devant le panneau d'affichage
regarder l'horloge / sa montre
attendre le départ / l'arrivée du train

demander un renseignement à qn
tirer une petite / grosse valise
porter un sac lourd / léger
pousser un chariot

Wortfeld Theater

Au théâtre

L'acteur/l'actrice	**La scène**	**La technique**
le personnage	le rideau	le son
le rôle	les accessoires	le bruitage
la voix	le décor	la lumière
le geste	les costumes	
la mimique		

Donner un feedback

Je trouve que tu montres bien tes émotions.
Tu fais des gestes très précis.
Tu devrais parler plus fort / plus clairement.
Tu tournes souvent le dos au public.

Redemittel: Feedback geben

Tu vois c'que j'veux dire?

Farid et Kamel, deux jeunes d'environ 20 ans, ont pris une décision qui va changer leur vie.

C'est l'histoire de la pièce de théâtre de Maïssa Bey qui est basée une histoire vraie.

CD 61

a Ecoutez et lisez le dialogue entre Farid et Kamel, passages 1 à 3.

1. Qu'est-ce que Kamel et Farid laissent derrière eux?
2. Pourquoi est-ce qu'ils veulent changer leur vie?
3. Quels sont les sentiments de Kamel / de Farid?
4. Quels mots est-ce que Kamel interdit à Farid de prononcer?
5. A votre avis, quel est le projet de Kamel et Farid?

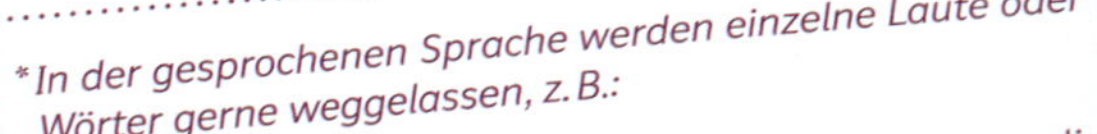

**In der gesprochenen Sprache werden einzelne Laute oder Wörter gerne weggelassen, z. B.:*

- Tu vois **ce** que **je** veux dire? → Tu vois c'que j'veux dire?
- On **ne** peut pas savoir. → On peut pas savoir.
- **Tu** es libre. → T'es libre.
- **Il n'**y a personne! → Y a personne!
- Je **ne** vois rien! → Je vois rien!

1. *Nuit. Une rue très faiblement éclairée. Deux jeunes gens. Farid et Kamel. Ils marchent assez rapidement. Ils discutent. La rue est déserte. […]*

Farid: Je sais … je sais … mais … dis-moi, tu crois qu'on a des chances de …

Kamel (Il s'arrête. Il l'attrape par le bras.):
Attends, écoute-moi, Farid! Je te l'ai déjà dit. Y a[1] des mots qu'il vaut mieux pas prononcer[2]! […]
Celui-là, par exemple, tu évites, s'il te plaît, ça pourrait nous porter malheur![3] Chance! Et puis quoi encore? […]

Ils se remettent à marcher.

Farid: J'ai quand même un peu … un peu peur …

Kamel: Ça aussi tu effaces! Si ça continue, je vais te faire une liste. Peur, chance, espoir[4], demain, réussite[5] … et tous les mots comme ça. On y a pas droit pour le moment. On verra plus tard, quand on sera arrivés … si on arrive … […]
Et même si on sait pas où on va, l'essentiel[6] c'est d'y aller, non? En attendant, dépêche-toi. Il va sûrement pas nous attendre.

Farid: Mais … on a le temps … il nous a dit minuit!

Kamel: Je sais, je sais, mais vaut mieux être en avance[7], vaut mieux pas risquer …

[1] Y a = Il y a
[2] Wörter, die man besser nicht ausspricht
[3] Das lässt du besser weg, das könnte uns Unglück bringen!
[4] Hoffnung
[5] Erfolg
[6] Hauptsache ist, dass
[7] aber man sollte besser vorher da sein

2. *Farid:* Tu vois, Kamel, quelque chose qui … qui me faisait peur … enfin … j'veux dire … c'est toi qui disais … le vent … le vent … la tempête avec les grosses vagues et tout … t'as déjà vu la mer quand elle se fâche? J'y pense depuis des jours et des jours. Heureusement, ce soir, y a pas de vent du tout. […]
Y a juste un peu trop … un peu trop de lune[8]. […]
Mais ça … on peut pas savoir[9], c'est peut-être bon pour nous … comme ça au moins[10], on peut voir … tu te rends compte[11]? C'est peut-être la dernière fois …

Kamel: Tu pourrais pas te taire un peu?

Farid: C'est que … je suis … tu sais … ma mère, ce soir, on dirait qu'elle a senti[12] … avant que je sorte, elle arrêtait pas de tourner autour de moi, de me renifler[13], comme si …

Kamel: On dirait que tu parles d'un chien …

Farid: Eh! Attention! Tu dis pas ça de ma mère! C'est ma mère, alors … bon! Tu vois c'que j'veux dire[14]?

Kamel: T'énerves pas, vieux! […]

[8] Mond
[9] = on ne peut pas savoir
[10] wenigstens
[11] ist dir das klar?
[12] sie hat wahrscheinlich gespürt
[13] schnüffeln
[14] Du weißt, was ich meine?

3. *Ils marchent en silence pendant quelques instants.*
Farid: T'es pas obligé d'aller aussi vite, j'arrive plus …
Kamel (Excédé): Ecoute, […] si tu continues à pleurnicher[15], on va se séparer[16] là, et tu te débrouilles. Si tu veux continuer de pourrir sur pied[17], sans travail, sans argent, sans avenir, rien … rien que les murs, partout des murs … t'es libre. […] Tu rentres chez toi. C'est simple. Un, tu décides, deux, tu t'arrêtes, là, maintenant, et trois, tu fais demi-tour! et hop! […] Chacun[18] fait ce qu'il veut! Et personne peut décider à ta place! Tu vois c'que j'veux dire? […]
Farid: Bon, ça va! Ça va! Tu me prends pour qui? Avec tout le mal qu'on s'est donné pour ramasser le fric[19]! des mois et des mois … Si on a pas le droit de … on dirait mon grand frère. Ah! celui-là …
Kamel: Ecoute-moi bien! On va se mettre d'accord, une fois pour toutes. Tu parles pas de ta mère, tu parles pas de ta sœur, tu parles pas de ton frère ni du cousin de la belle-sœur de ton oncle! Ta famille, tu la laisses là où elle est, tu te retournes pas, ni maintenant ni jamais … et on continue. Sinon …
Farid: Ça va, ça va … toi aussi tu t'énerves pour rien …

Silence. Ils continuent à marcher. […]

[15] jammern
[16] sich trennen
[17] Wenn du weiter verkümmern willst
[18] Jeder
[19] Wo wir uns so viel Mühe gegeben haben, die Kohle zusammen zu kriegen!

b Lisez maintenant à haute voix les passages 1 à 3 en essayant de bien exprimer les sentiments des deux protagonistes.

CD 62

c Continuez votre lecture (passages 4 et 5).

1. Où sont maintenant Farid et Kamel?
2. Trouvez des indications supplémentaires sur leur projet. Trouvez les adjectifs qui pourraient correspondre.

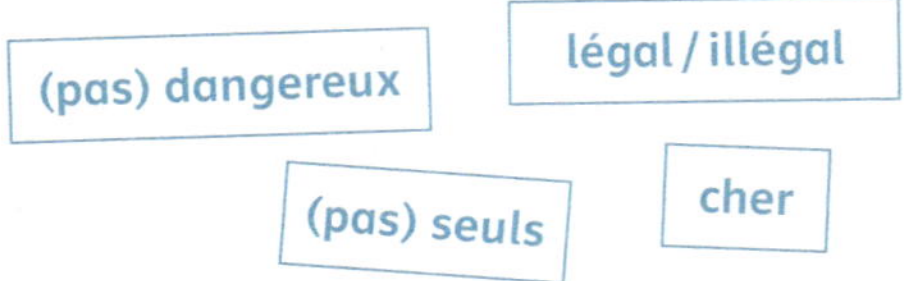

3. A un moment, Kamel ne peut plus cacher sa peur. Qu'est-ce qui s'est passé?

4. *Ils marchent quelques instants en silence. Ils s'arrêtent.*

Kamel: Là, ça y est. C'est là. Il y a personne encore. Bon, on va se mettre là. Dans le coin. Il va pas tarder[1], c'est sûr.

Ils s'accroupissent dans un recoin sombre, à l'angle de deux rues.

Farid: Y a personne! Je t'avais dit … tu crois[2] qu'il viendra? On avait rendez-vous à minuit. Il est … il est quelle heure d'après toi?
Kamel: On a encore dix minutes.
Farid: Et tu crois … tu crois vraiment qu'il viendra?
Kamel: Y a intérêt! Je le lâcherais pas, il le sait[3]! […]
Farid: … c'est où qu'il doit venir nous chercher?
Kamel: Je te l'ai déjà dit, là-bas, près du hangar[4]. A minuit pile.
Farid: Ça? Là-bas? T'es sûr? C'est pas un hangar, c'est des containers.
Kamel: Et ben oui, à côté, je veux dire derrière, derrière les containers. Ça fait des semaines que j'étudie le coin! Comme ça on se fait pas repérer[5]. C'est ce qu'il a dit.
Farid: Tu as l'argent?
Kamel: D'après toi[6]?
Farid: Je disais ça parce que …
Kamel: Je sais, pour dire quelque chose, pour alimenter la conversation[7] …
Farid: Ça fait … ça fait des années que je te connais et … tu ne changeras pas. Je sais pas en quoi tu es fait.
Kamel: Moi non plus! Je sais pas trop … Du fer[8] ou du béton peut-être. […]

5. *Kamel:* […] Attends … tu vois là-bas?

On entend un bruit de moteur de voiture, des voix, des lumières balayent la rue.

Farid: Où ça? Je vois rien!
Kamel: Y a du monde qui arrive[9]! C'était pas prévu ça[10]! Je crois bien … Le salopard! Il a dû prévenir les flics[11], c'est sûr! On va se faire embarquer[12]!
Farid (Il s'accroche à Kamel[13].): Tu disais qu'on pouvait lui faire confiance … tu disais … qu'est-ce qu'on fait? On peut pas … […]
Kamel (Il le plaque violemment contre le mur[14].): Tais-toi! On dirait qu'ils approchent[15] …

On entend un crissement de pneus[16], le bruit d'une course et des cris. Puis le calme[17] revient.

[1] Er wird bald kommen.
[2] glaubst du, dass …?
[3] Aber sicher! Er weiß, dass ich ihn nicht in Ruhe lassen würde!
[4] Lagerhalle
[5] So können sie uns nicht erwischen.
[6] Was denkst du denn?
[7] um das Gespräch in Gang zu halten
[8] Eisen
[9] Da kommt jemand.
[10] Das war nicht vorgesehen
[11] = informer la police
[12] Sie werden uns schnappen!
[13] Er klammert sich an K.
[14] Er drückt ihn heftig gegen die Mauer.
[15] Sie scheinen zu kommen.
[16] Reifenquietschen
[17] Stille

Farid: Ça y est, ils sont partis. Ils ont dû les avoir[18], tu crois pas? … Momo, ça fait deux fois qu'il se fait prendre[19]! On a bien fait d'en parler à personne. […]
… je sais pas toi, mais moi, tu vois, avant même de monter sur le bateau, j'ai le mal de mer[20] … j'ai … j'ai comme une boule, là, dans le ventre … ça me fait tout drôle d'être là, avec toi, à attendre de partir pour toujours. J'ai jamais fait de voyage! Sauf … Sauf quand on … tu vois c'que j'veux dire! Mais là, c'est pas pareil … En plus … je te l'ai pas dit, mais je sais pas bien nager[21] … j'aime pas trop la mer … tu crois que …

Kamel (Sur un ton plus hésitant): Et tu crois que j'ai pas peur, moi? Tu le crois vraiment? C'est comme si tu étais au bord d'un grand trou, tellement noir, tellement profond[22] que tu peux pas voir le fond. […] Mais … mais comme derrière toi c'est encore plus noir et plus profond, t'es obligé de sauter[23], même les yeux fermés. Le grand saut, sans parachute[24] …

Farid: Un saut … un grand saut sans parachute … le fond[25] … noir, tout noir … dis, tu veux pas …? Et si …?

Kamel (Il se reprend et continue d'un ton plus ferme):
Je vais te dire: si ça marche pas cette fois-ci, je recommencerai. […] Avec ou sans toi. […] J'ai rien, j'ai rien à perdre, moi! […]
Il se redresse brusquement.
Le type qui marche, là, tu le vois?
Je crois bien que … attends! Ne bouge pas, j'y vais!

Il se lève et va vers le fond de la scène. Il disparaît quelques secondes puis revient.

[18] Sie haben sie bestimmt gefasst.
[19] Momo hat sich zweimal erwischen lassen.
[20] ich bin schon seekrank, bevor ich aufs Schiff gehe
[21] aber ich kann nicht gut schwimmen
[22] tief
[23] du musst springen
[24] Sprung ohne Fallschirm
[25] Tiefe

CD 63

d Lisez le passage 6 pour savoir si le projet de Farid et Kamel va réussir.

6. *Zamel:* Ben non, c'est pas lui! C'est un gars[1] comme nous, un autre clandestin[2]. Le même bateau, paraît-il[3] … il attend lui aussi …

Farid: Mais … il sait, lui? Il connaît la destination du bateau?

Kamel: Rien du tout … tu penses … il sait rien du tout … mais qu'est-ce qu'on en a à foutre[4]! *(sur un ton ironique)* la destination! Rien que ça! Tu vas remplir une fiche? Ce qui compte c'est d'y arriver, de foutre le camp[5] d'ici. Tu crois pas? Il connaît juste le nom du gars. Comme nous. Ah! Tiens, le voilà … c'est notre gars, le passeur[6] … lui, là-bas … oui c'est lui, il nous fait signe[7]! Allez, vite, on y va … ezzedma! fonce, fonce … y a que ça qui sauve[8]!
Ils se mettent à courir.

[1] = un garçon
[2] blinder Passagier
[3] anscheinend
[4] aber was kümmert uns das?
[5] abhauen
[6] Schleuser
[7] er gibt uns ein Zeichen
[8] Auf, los, lauf: nur das kann uns retten!

Farid: Demande-lui, demande-lui où … avant de monter! Juste comme ça, pour savoir…

Kamel: Putain[9], tu peux pas te taire! Faut toujours que … cours … vite … oui, c'est ça … on y est presque … Ah! tu les vois, là-bas … c'est les portes du paradis … Accroche-toi avant qu'elles se referment[10]! On va y arriver …

Pendant qu'ils courent, les lumières s'éteignent et s'élève une voix off:

CD 64

août 2002: Les journaux[11] algériens rapportent l'histoire d'un passager clandestin retrouvé après 40 heures passées en mer.
Trois jeunes gens d'environ 20 ans s'étaient embarqués[12] clandestinement, dans la nuit du 14 au 15 août, sur un bateau chinois dans le port d'Oran[13]. Le lendemain, l'équipage du bateau les a découverts puis jetés[14] en haute mer.
Le jeune qui a raconté leur aventure est le seul à avoir survécu[15].

Maïssa Bey: Tu vois c'que j'veux dire?, Editions Chèvrefeuille étoilée, 2013

[9] Verdammt noch mal

[10] Häng dich dran, bevor sie wieder zugehen!

[11] Zeitungen

[12] hatten sich eingeschifft

[13] *algerische Hafenstadt*

[14] geworfen

[15] hat als Einziger überlebt

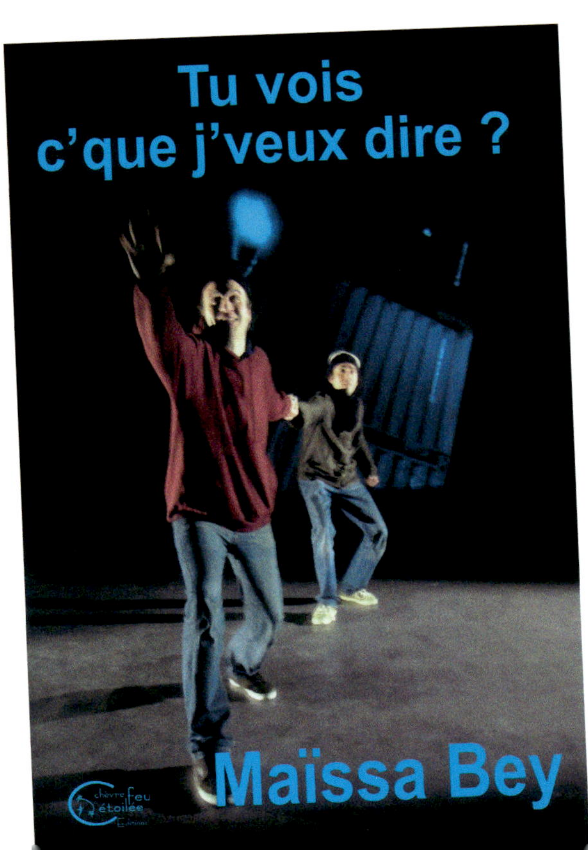

3 Louis XIV, le Roi-Soleil

Un roi ambitieux

A CD 38-39

Louis XIV a marqué l'histoire de France. C'est un roi très ambitieux qui veut faire de la France un grand pays. A 22 ans, il décide de gouverner seul: «L'Etat, c'est moi!». Pour montrer sa puissance et la richesse de son pays, Louis XIV entreprend d'immenses constructions comme le château de Versailles.

Il choisit de s'appeler le Roi-Soleil et fait décorer toutes les portes de Versailles d'un soleil. On admire Versailles dans l'Europe entière et on copie le château dans beaucoup de pays: en Allemagne, en Autriche, en Russie, en Espagne… A cette époque, le français devient la langue à la mode dans toute l'Europe.

1 regarder Le château de Versailles

Sur le site officiel *(offizielle Website)* du château de Versailles, vous trouverez des vidéos du château et des jardins. Faites une visite virtuelle et découvrez l'endroit.

2 Vis-à-vis

a Est-ce qu'il y a des châteaux dans votre région? Lesquels?

b Est-ce que vous connaissez un château qui ressemble *(ähnelt)* au château de Versailles? Faites des recherches sur Internet. → S7

1638 Naissance du futur Louis XIV.

1643 Mort de son père. Sa mère, Anne d'Autriche, gouverne à sa place.

1660 Mariage avec Marie-Thérèse, fille du roi d'Espagne.

A la fin de la leçon, vous allez réaliser un musée sur l'époque de Louis XIV.

B

Au château de Versailles, le roi donnait des réceptions dans la galerie des Glaces pour les courtisans. Il faisait aussi organiser des fêtes qui duraient plusieurs jours avec des grands buffets, des bals masqués, des concerts, du théâtre et de la danse.

M2

Pour ces spectacles, le roi faisait venir la troupe de théâtre du comédien et écrivain Molière. Le musicien Lully composait la musique des ballets et des comédies. Louis XIV dansait très bien et prenait parfois le rôle du soleil dans ces ballets. Il portait alors un costume doré et brillant.

M1

3 lire Un roi ambitieux

a Trouvez dans le texte (pages 56–57) des mots qu'on peut comprendre grâce à l'anglais ou l'allemand. Vérifiez *(Prüft nach)* dans un dictionnaire.
→ S5

b Répondez et trouvez des justifications *(Beweise)* dans le texte.
1. Louis XIV est ambitieux. Comment est-ce qu'il montre sa puissance?
2. Le roi aime l'art et les loisirs. Quels sont les loisirs à Versailles? → CDA 41/1

1661	Louis XIV gouverne la France. Début de la construction de Versailles.
1682	Le roi et la cour quittent le Louvre et s'installent dans le château de Versailles.
1715	Mort de Louis XIV.

3 Approche

A CD 40-41

Jamais seul! Louis XIV est le centre de la vie du château. Il a un emploi du temps très strict et la cour doit suivre son rythme.

Tous les matins, le roi se lève à 8 heures. Une demi-heure plus tard, une centaine de personnes vient assister à la cérémonie du Grand Lever: les valets habillent et maquillent le roi.

Avant d'aller à la messe, Louis XIV traverse la galerie des Glaces où des courtisans l'attendent. C'est le seul moment de la journée où ils ont le droit de s'adresser au roi.

A 11 heures, Louis XIV réunit ses ministres. Il écoute leurs propositions et discute avec eux des affaires de l'Etat, comme par exemple des finances ou de la guerre. Mais à la fin, c'est lui qui prend toutes les décisions.

Le roi prend son repas à 13 heures. On installe une table dans sa chambre, car les salles à manger n'existent pas. Au menu, il y a des soupes, cinq à sept plats de viande ou de poisson et des desserts.

4 parler La journée de Louis XIV

a Faites une fiche avec l'emploi du temps du roi.

b Dites pourquoi Louis XIV n'avait pas de vie privée *(Privatleben)*. → **S10**

→ CDA 42/2 – 42/3

5 parler La vie d'une célébrité

Aimeriez-vous vivre comme Louis XIV vivait? Dites pourquoi.

Exemple: J'aimerais / Je n'aimerais pas vivre dans un château parce que …

→ CDA 43/5

B

L'après-midi, le roi aime partir à la chasse ou se promener dans les jardins avec des dames de la cour. Tout le monde peut entrer dans les jardins à condition d'être bien habillé.

A partir de 19 heures, on s'amuse au château. Le roi joue au billard ou aux cartes avec les courtisans. Certains perdent beaucoup d'argent aux jeux. Souvent, le roi assiste à un concert de Lully ou regarde une pièce de théâtre.

A 22 heures, c'est le souper. Le roi mange en famille avec la reine et leurs enfants. Mais ils ne sont pas seuls: une foule de visiteurs vient assister à ce spectacle.

Même la nuit, Louis XIV n'est jamais seul. Il y a toujours un valet qui dort dans la chambre du roi.

6 écouter Musique

Ecoutez en classe ce morceau de musique baroque *(Barockmusik)* de Lully. Quels instruments est-ce que vous reconnaissez *(erkennt ihr)*?

- la guitare
- la flûte
- la percussion
- le violon
- le clavecin[1]

[1] Cembalo

1 La vie à la cour → G11.2

Décrivez la vie à la cour.

→ CDA 44/5

se lever	
je **me** lève	nous **nous** levons
tu **te** lèves	vous **vous** levez
il / elle / on **se** lève	ils / elles **se** lèvent

Le roi	se lever	à 8 heures.
La reine	s'amuser	aux bals masqués.
Les courtisans	se promener	dans les jardins.
Les courtisanes	s'habiller	avec des robes longues.
	se mettre	des perruques.

2 Ma journée

Faites des dialogues.

Exemple:
- Quand est-ce que tu te lèves le matin?
- Ça dépend. Pendant la semaine, je me lève à … heures.
  Mais le week-end, je dors jusqu'à midi!

1. Quand est-ce que tu te réveilles / tu te lèves?
2. Est-ce que tu te maquilles le matin?
3. Est-ce que tu te mets du gel dans les cheveux?
4. A quelle heure est-ce que tu pars le matin pour aller au collège?
5. Quand est-ce que tu rentres chez toi?
6. A quelle heure est-ce que tu te couches?

→ CDA 44/6

pendant la semaine

le week-end

pendant les vacances

3 Versailles, c'est beau! → G9

a Lisez le texte et trouvez les formes des adjectifs **beau**, **nouveau** et **vieux**.

Versailles, c'est un vieux château que 7 millions de personnes visitent chaque année.
A l'entrée se trouve un bel escalier et à l'étage, il y a une belle galerie des Glaces. Dans les chambres, on peut voir des très vieux meubles.
Depuis 2009, le château a une nouvelle façade et des nouvelles statues.
Dans l'immense jardin à la française, il y a des belles fontaines et des vieux arbres.

b Complétez les formes qui manquent dans le tableau.

→ CDA 45/7

un **beau** château	un **nouveau** parc	un ■ château
un ■ escalier	un **nouvel** appartement	un **vieil** appartement
une ■ galerie	une ■ façade	une **vieille** chambre
des **beaux** meubles	des **nouveaux** arbres	des ■ meubles
des ■ fontaines	des **nouvelles** statues	des **vieilles** statues

CD 42

4 Le danger est partout

Paris, le 15 janvier 1657. Quand François se réveille, à 5 h du matin, il fait encore nuit. Il s'habille dans le froid, puis va dans les vieilles rues étroites. Il habite à Paris depuis six mois déjà. Mais il n'arrive pas à s'habituer à cette ville qui n'est pas belle et qui sent très mauvais.

François a 13 ans et il vient de la campagne. Maintenant, il habite chez son oncle. François est apprenti chez un artisan pâtissier-traiteur. La pâtisserie n'est pas très loin, mais le chemin pour y aller est une aventure!

Comme les habitants n'ont ni poubelles ni toilettes, ils jettent tout par la fenêtre. Il faut donc regarder où on pose les pieds, mais aussi voir ce qui se passe en haut. Si quelqu'un crie: «Gare à l'eau!», il faut vite se déplacer pour se protéger.

François avance difficilement entre les chiens, les volailles, les chevaux, les chaises à porteurs. Même très tôt le matin, les rues sont pleines de gens et de marchands ambulants. Hier, un cheval lui a donné un coup de sabot. Un autre jour, François s'est trouvé au milieu d'une bagarre entre deux marchands.

François arrive enfin devant la pâtisserie. Il travaille jusqu'à seize heures par jour. Mais il aime être dans ce vieil atelier. Il y fait chaud et ça sent bon. Son maître a déjà fait un grand feu pour faire cuire la viande. Car le pâtissier-traiteur ne fait pas seulement les desserts. Il prépare également les volailles et le gibier. François aimerait parfois en manger, mais la viande est un luxe pour le peuple. Chez son oncle, il y a toujours le même menu: soupe matin, midi et soir avec un peu de pain.

Le soir, lorsque François sort de la pâtisserie, il fait nuit et il n'y a plus personne dans les rues. François voudrait se reposer, mais c'est le seul moment où les apprentis peuvent gagner un peu d'argent. Avec des restes de pâte, ils ont préparé des gâteaux qu'on appelle «les oublies». Pour les vendre, ils crient devant les maisons «Voilà le plaisir!». Mais la ville est dangereuse à cette heure-ci. François et ses copains se font souvent attaquer et on leur vole leur argent. La nuit, les rues de Paris deviennent le territoire des voleurs.

→ S3

5 A propos du texte

Vrai ou faux? Corrigez les phrases fausses.

→ CDA 46/8 – 46/9 – 47/10 – 52/11

1. François a passé son enfance à Paris.
2. A 13 ans, il était apprenti dans la pâtisserie de son oncle.
3. Paris sentait mauvais parce que les habitants jetaient tout par la fenêtre.
4. Le matin, ce n'était pas facile d'avancer dans les rues parce qu'il y avait beaucoup de monde et aussi des animaux.
5. A cette époque, les apprentis travaillaient de 6 h à 16 h.
6. Chez l'oncle de François, on mangeait souvent de la viande.
7. Après le travail, François vendait des gâteaux pour gagner de l'argent.
8. La nuit, c'était dangereux de se promener dans les rues à cause des voleurs.

6 Les rêves de François → G18

a Lisez les phrases 1 à 5 et trouvez les verbes au conditionnel.

b Comment est-ce que vous traduiriez *(Wie würdet ihr übersetzen)* ces phrases en allemand?

le conditionnel du verbe aimer

j'aimer**ais**	nous aimer**ions**
tu aimer**ais**	vous aimer**iez**
il / elle / on aimer**ait**	ils / elles aimer**aient**
je voudr**ais**	
…	

1. François travaille à Paris, mais il n'aime pas trop cette ville. Il voudrait retourner à la campagne.
2. Il a 13 ans et il doit beaucoup travailler. Il aimerait s'amuser avec ses copains.
3. Dans la maison de son oncle, il fait froid. François aimerait avoir plus chaud quand il se lève.
4. François voudrait manger de la viande, mais il n'a pas d'argent.
5. Vendre des gâteaux la nuit, c'est dangereux. François et ses copains aimeraient rentrer plus tôt chez eux.

7 Comment vivrait-il aujourd'hui? → G35

a Complétez les phrases.

Louis XIV ■ une Rolls Royce dorée. (avoir)
Il ■ danseur. (être)
Il ■ dans un château magnifique. (habiter)
Il ■ une île. (acheter)

le conditionnel des verbes irréguliers

être	avoir	faire	aller
je ser**ais**	j'aur**ais**	je fer**ais**	j'ir**ais**
tu ser**ais**	…	…	…
il ser**ait**			
…			

b Posez des questions et répondez.

- Il aurait quel métier? – Il serait …
- Il habiterait où?
- Il s'habillerait comment? – Il porterait …
- Il écouterait quelle musique?
- Il irait où en vacances?
- Il ferait quel sport?

→ CDA 53/12 – 53/13

8 Si tu avais mille euros … → G28

a Faites des interviews dans la classe.

– Si tu avais mille euros, qu'est-ce que tu ferais?
– Si j'avais mille euros, je ferais un grand voyage.
j'irais manger au restaurant.
j'achèterais …

si-Satz

Si j'avais mille euros, **je ferais** un voyage.
↓ **imparfait** ↓ **conditionnel**

b Répondez aux questions. → CDA 54/14

1. Si tu avais six mois de vacances, où est-ce que tu irais?
2. Si tu étais une star, tu serais qui?
3. Si tu étais chanteur / chanteuse, avec quel groupe est-ce que tu chanterais?
4. Si tu pouvais rencontrer une star, tu choisirais qui?

9 Si j'étais une star, je serais … → G28

Imaginez des réponses et jouez.

Exemple:
– Si tu étais un objet, tu serais quel objet?
– Je serais un jean à la mode.

une star · un vêtement · un objet · une voiture · un animal

10 On dit: Description d'un tableau

Sur le tableau, on voit Sur le dessin,	un homme. une femme. un enfant. …	C'est	le roi … / la reine … un courtisan / une courtisane / un valet.
Il / Elle est	riche / pauvre. (très) beau / belle. jeune / (très) âgé(e).	Il / Elle porte	une perruque brune. un grand chapeau. un long manteau. une belle robe.
Il / Elle a les yeux	bleus / verts. marron (!).	Il / Elle a les cheveux	blonds / bruns / châtains / blancs. longs / courts.
Il / Elle est debout. assis(e)	sur une chaise / dans un fauteuil.	Il / Elle joue	de la flûte. aux cartes / au billard.
Ils sont assis	autour d'une table. par terre.	Dans sa main, il / elle tient	une fleur / un verre de vin …
Sur la table, Sur le sol, Au mur,	il y a une assiette, … il y a … il y a …	Il / Elle a l'air	content(e) / triste.

Choisissez un dessin ou un tableau de la leçon et décrivez-le.
Votre partenaire devine. → S12 → CDA 54/15

Réalisation d'un musée → CDA 56/19

Faites un musée sur l'époque de Louis XIV et enregistrez un audioguide pour les visiteurs.
→ S16

Choisissez un thème qui vous intéresse particulièrement.
Dans la médiathèque (p 65-69), vous trouverez des informations sur:

 Musique et théâtre

 Le château de Versailles en chiffres

 La mode à la cour

 Les conditions de vie du peuple

CD 43

Ecoutez l'audioguide pour ce tableau.

Savoir-faire
- Choisissez un thème.
- Qu'est-ce que vous voulez montrer aux visiteurs du musée?
- Trouvez des illustrations ou des objets pour le musée.
- Ecrivez une légende pour vos objets.
- Ecrivez un petit texte pour l'audioguide et enregistrez-le.
- Faites une visite du musée.

Anne d'Autriche, la mère de Louis XIV (d'après Pierre Paul Rubens).

Mon bilan: Je sais
- formuler un texte pour l'audioguide d'un musée.

Evaluation:
Qu'est-ce qui vous plaît dans le musée? Pourquoi?
→ CDA 57–59/Bilan, Auto-contrôle

Ici vous trouverez des informations supplémentaires pour faire la tâche (page 64).
Utilisez un dictionnaire pour les mots que vous ne pouvez pas deviner. → S6

M1 Musique et théâtre

Les journées du roi sont accompagnées par les «Vingt-quatre violons du roi». Cet orchestre joue les musiques que Lully a composées pour le roi. En effet, Louis XIV a choisi ce compositeur d'origine italienne pour écrire la nouvelle musique baroque de la cour. Les musiciens jouent au lever du roi, à la messe du matin, au retour de la chasse, au souper du roi et pendant les soirées et les bals de la cour. A Versailles, la musique accompagne aussi les spectacles de danse et les pièces de théâtre, comme par exemple «Le Bourgeois gentilhomme» de Molière.

Représentation de la pièce de théâtre de Molière: «Le Bourgeois gentilhomme»

Partition d'une musique de Lully

Le château de Versailles en chiffres

Versailles a été construit sur un immense terrain marécageux. Les travaux ont duré 53 ans. Plus de 20 000 ouvriers travaillaient jour et nuit sur le chantier. Il y a eu de nombreux accidents avec des blessés et plus de 3000 morts.

A l'époque de Louis XIV, il y avait à Versailles:

- 700 pièces, mais pas de toilettes
- 357 miroirs dans la galerie des Glaces, longue de 73 m et haute de 12,30 m
- des milliers de bougies pour éclairer les pièces, les escaliers et les couloirs du château
- 352 cheminées pour chauffer le château
- 800 hectares de parc avec des bois pour la chasse et des jardins géométriques «à la française»
- plus de 200 statues de marbre blanc
- environ 50 fontaines
- un grand jardin potager avec beaucoup de sortes de légumes et une immense orangerie avec des arbres fruitiers
- de nombreux animaux:
  - des chevaux pour tirer les voitures et pour aller à la chasse,
  - des porcs, des brebis, des volailles,
  - des animaux exotiques, comme un éléphant, des tigres, des panthères

M3 La mode à la cour

Au XVIIe siècle, on ne se lavait pas avec de l'eau. Pour ne pas sentir mauvais, les courtisans se parfumaient et ils changeaient de vêtements plusieurs fois par jour: on parlait de «toilette sèche». Pour Louis XIV, l'apparence était importante. Ainsi à l'âge de 30 ans, comme il avait perdu ses cheveux, il a fait fabriquer des perruques.

La cour devait suivre les modes des vêtements et des coiffures lancées par le roi.
Les hommes portaient des chemises avec de la dentelle, un justaucorps, des bas et des chaussures à talons. Ils mettaient des perruques et se maquillaient le visage de poudre blanche.
Les femmes portaient des robes longues avec un grand décolleté, de la dentelle et des rubans.
Elles se maquillaient en dessinant des mouches sur leur visage. Leurs coiffures étaient compliquées et les modes changeaient chaque année.

M4 Les conditions de vie du peuple

Famille de paysans dans un intérieur (Le Nain)

A l'époque de Louis XIV, il y avait 20 millions d'habitants en France. C'était le pays le plus peuplé d'Europe.

Les conditions de vie étaient difficiles, la médecine était peu avancée et il y avait des épidémies de peste. Un enfant sur deux mourait avant l'âge d'un an. Seulement un enfant sur quatre atteignait l'âge de vingt ans.

Le peuple était pauvre et devait payer beaucoup d'impôts pour financer le clergé, la noblesse et les grands projets du roi. Certaines années, quand les récoltes étaient mauvaises, des milliers de personnes mouraient de faim, comme en 1702 où les températures sont descendues jusqu'à –25°C.

A cette époque, Paris comptait 500 000 habitants, dont 40 000 mendiants. La vie était dangereuse, surtout la nuit. Les rues étaient mal éclairées et on risquait de se faire voler. En 1642, il y a même eu 342 assassinats à Paris.

Die Lösungen findest du auf S. 234.

1 On y va? → G8

a Mettez les mots dans l'ordre.

Nathan: Au Stade de France, dimanche après-midi, c'est ça? / ton frère et toi, vous / allez / y.

Nicolas: Non, y / va / on / soir. / samedi.

Nathan: Samedi, il y a le spectacle de Jamel Debbouze à l'Olympia* et j' / avec / père. / y / vais / mon.

Nicolas: Tu vas à l'Olympia voir Jamel? Quelle chance! Moi, / jamais / j' / allé. / y / suis.

Nathan: Ouais, mais toi, tu es déjà allé à un concert de Stromae.

Nicolas: Oui et bien / y / voudrais / je / retourner.

Nathan: Normal!

*l'Olympia: nom d'une salle de spectacle à Paris

b Remplacez les mots soulignés par **Y** pour éviter les répétitions.

Nathan: Bonjour. Je voudrais deux places pour le spectacle de Jamel Debbouze à l'Olympia.

La vendeuse: Bien sûr. Vous voulez aller au spectacle quand? Vendredi ou samedi soir?

Nathan: Samedi soir. C'est possible?

La vendeuse: Je vais voir. Ah non, désolée, vous ne pouvez pas aller au spectacle samedi, c'est complet.

Nathan: Et on peut aller au spectacle vendredi?

La vendeuse: Oui, vendredi c'est bon. Vous êtes déjà allé à l'Olympia? Vous connaissez la salle?

Nathan: Non, je ne suis jamais allé à l'Olympia. C'est la première fois. Pourquoi?

La vendeuse: C'est pour choisir vos places. Regardez …

2 C'était comment avant? Marco raconte … → G13

Mettez les verbes à l'imparfait.

J'ai des origines italiennes. Mes grands-parents maternels* sont italiens. Quand elle ***(être)*** jeune, ma grand-mère ***(habiter)*** à la campagne. Sa famille ***(être)*** très pauvre. Elle ***(aider)*** beaucoup ses parents et elle ***(ne pas aller)*** tous les jours à l'école.

Mon grand-père ***(vivre)*** dans une petite ville. Son père ***(travailler)*** dans une boulangerie. Ses parents ***(ne pas avoir)*** beaucoup d'argent. En 1975, après leur mariage*, mes grands-parents sont venus s'installer à Thionville, en Lorraine, parce qu'à l'époque, c'***(être)*** plus facile de trouver du travail en France.

Quand nous ***(être)*** petits, ma sœur et moi, nous ***(adorer)*** aller chez mes grands-parents. Quand on ***(arriver)***, ma grand-mère nous ***(donner)*** toujours des bonbons, du chocolat … Elle ***(préparer)*** aussi des pâtes et des pizzas délicieuses. C'***(être)*** super!

Mon grand-père ***(parler)*** beaucoup de l'Italie. Il ***(rêver)*** de retourner vivre dans la ville de son enfance. Mais ma grand-mère ***(ne pas avoir)*** envie de quitter la France. Elle ***(aimer)*** bien la Lorraine et elle ***(avoir)*** peur de nous voir moins souvent s'ils ***(retourner)*** vivre là-bas. Et moi, j'***(être)*** bien content de les avoir près de moi.

Ils ne sont plus là aujourd'hui mais j'ai vraiment beaucoup de bons souvenirs de cette période.

*maternel(le) – mütterlicherseits / le mariage – Hochzeit

3 Ce serait grave! → G28.2

Mettez les verbes au conditionnel.

13 messages Page 1 sur 1

JB2001:	Aujourd'hui, mon prof de sciences nous a expliqué que le climat ***(être)*** de plus en plus chaud dans les prochaines années. C'est terrible!
Ninou:	Ouais mais imagine comme ça ***(pouvoir)*** être sympa d'être toujours en été ☺.
Luc3:	Oh oui, super! Il ne ***(faire)*** plus jamais froid! Adieu les gros blousons!
Bobby:	Ouais, mais il n'y ***(avoir)*** plus de neige et nous ne ***(faire)*** plus de ski!
Cat:	Ben, tu ***(aller)*** faire de la plongée. Imagine: il y ***(avoir)*** des tortues marines à côté de chez toi.
Clo:	Et tu ***(pouvoir)*** nager avec elles.
Fady:	Waouh! Trop cool!
Ti'lou:	Et les noix de cocos ***(pousser)*** dans ton jardin.
Lala07:	Haha! Moi, je ***(préférer)*** des bananes. Je ***(préparer)*** des super gâteaux coco-banane.
Cat:	Tu nous ***(inviter)*** à manger, bien sûr?
Lala07:	Il faut voir … pourquoi pas.
Mimi:	Faut pas rigoler avec ça! JB2001 a raison. Ce ***(être)*** terrible! Beaucoup d'îles ***(être)*** inondées et beaucoup de personnes ***(perdre)*** leur maison.
Sim:	Tu as raison et on est tous d'accord. Il faut protéger la nature! Mais l'ironie, tu connais? ☺

4 Ah, si seulement! → G28.2

Associez les phrases et conjuguez.

1. Si je ***(devoir)*** choisir une ville où habiter aux USA, …
2. Si on ***(aller)*** en Afrique, …
3. Si mon meilleur pote et moi ***(partir)*** en vacances en Martinique, …
4. Si vous ***(venir)*** à Paris cet été, …
5. Si certaines îles des Antilles ***(ne pas être)*** françaises, …

on (faire) de la plongée tous les jours. (a)

je vous (montrer) la tour Eiffel. (b)

tu (vouloir) visiter quels pays? (c)

on (ne pas parler) français en Guadeloupe. (d)

ce (être) San Francisco. (e)

5 Vieux peut-être, mais beau et nouveau aussi! → G9.2

Trouvez les bonnes formes des adjectifs.

Vous visitez Paris? Alors, venez visiter le Louvre!

Comme Versailles, le Louvre est un v■ château où les rois de France habitaient avant de s'installer* à Versailles.

Aujourd'hui, le Louvre est un b■ musée où on peut découvrir l'Histoire et les arts plastiques. L'entrée du musée se trouve dans la n■ Pyramide du Louvre, au centre de la cour Napoléon. Ce n■ monument date de 1983.

Au début de votre visite, vous découvrirez la plus v■ partie* du château. Puis, vous pourrez visiter au rez-de-chaussée et au premier étage les salles sur l'Egypte, où vous pourrez voir par exemple de très v■ meubles. Promenez-vous ensuite dans les b■ galeries où vous pourrez admirer beaucoup de b■ tableaux – comme La Joconde *(Mona Lisa)* – et des v■ statues antiques.

Le Louvre est un musée qui vit et qui évolue* avec son temps. Ainsi, très souvent, le Louvre propose un n■ évènement* ou de n■ visites spécialement organisées pour les familles et les enfants.

Le Louvre, c'est vraiment un b■ endroit, à découvrir seul, entre amis ou en famille.

*une partie – Teil / avant de s'installer à Versailles – *hier:* bevor sie ins Schloss Versailles gezogen sind / évoluer – sich entwickeln / un évènement – Event

6 Des reines et des rois de France

a Lisez les descriptions et retrouvez les deux personnes.

Reine A

Reine B

Roi A

Roi B

Description 1: C'est une personne âgée. Cette personne …
- porte un foulard blanc.
- a les cheveux longs et blancs.
- porte une robe grise et blanche.

C'est Marie-Thérèse d'Autriche. Louis XIV l'a épousée en 1660.

Description 2: C'est une personne âgée. Cette personne …
- ne porte pas de chapeau.
- ne porte pas de perruque.
- a les cheveux courts.
- a les cheveux gris.

C'est Henri IV, le grand-père de Louis XIV.

b Décrivez les deux autres personnes.
Madame de Maintenon. Louis XIV l'a épousée en 1683.
Louis XIII est le père de Louis XIV.

7 La vie de Molière, une vie d'artiste → G11.2

Mettez les verbes au présent.

Tous les matins, Molière ***(se réveiller)*** tôt. Il ***(se lever)*** tout de suite. Après le petit-déjeuner, il s'installe* à son bureau pour écrire. Louis XIV et les courtisans aiment beaucoup cet artiste. Quand ils regardent ses pièces de théâtre, ils ***(s'amuser)*** beaucoup. Au début de l'après-midi, Molière ***(se reposer)*** un peu. Parfois, Lully et lui ***(se retrouver)*** pour organiser un grand spectacle pour le roi à Versailles. Alors, pendant plusieurs jours, avec les autres artistes, ils ***(se rencontrer)*** pour apprendre le texte et les danses de la nouvelle pièce. C'est beaucoup de travail et Molière ***(se coucher)*** souvent très tard. Quand le spectacle est prêt, ils vont tous au château et ***(se préparer)***: ils ***(se maquiller)***, ils ***(se mettre)*** des perruques et ***(s'habiller)*** avec leurs costumes de scène. A la fin du spectacle, Molière ***(s'adresser)*** parfois au roi: «Je ***(s'adresser)*** à Sa Majesté le Roi pour le remercier de son aide. Nous ***(s'excuser)*** si le spectacle de ce soir n'était pas parfait». Mais les artistes partent toujours sous les bravos du public. Après le souper, le roi, les invités et les artistes ***(se promener)*** dans les jardins du château et admirent le spectacle des fontaines.

*s'installer – *hier:* sich hinsetzen

D 2 DELF → facultatif

Lies zu Delf die Strategie 20. Die Lösungen findest du ab S. 235.

CD 44

1 écouter Compréhension de l'oral

Jeff Koons à Versailles – Répondez aux questions dans votre cahier.

Tipp *Achte beim Hören auf die Stimmen der Sprecher und ihren Tonfall.*

1. La journaliste est à Versailles parce qu'il y a …
   a un grand concert.
   b une nouvelle exposition.*
   c un spectacle de théâtre.

2. Quelle est la nationalité de l'artiste?

3. Quel est l'avis des professionnels, de Martine, de Pierre et d'Erika sur l'exposition*?

4. Jeff Koons est un artiste connu …
   a seulement en France.
   b dans toute l'Europe.
   c dans le monde entier.

*une exposition – Ausstellung

5. Pour Erika, pourquoi Louis XIV adorerait Jeff Koons?
   a Parce qu'il est américain.
   b Parce qu'il est très cher.
   c Parce que Louis XIV aimait les animaux.

2 lire Compréhension de l'écrit

Un film, une vie – Lisez le document

Tipp *Sieh dir zuerst das Bild an. Viele Wörter kannst du auch aus dem Zusammenhang erschließen.*

Un film, une vie … Philippe Pozzo di Borgo.

Le destin hors du commun de Philippe Pozzo di Borgo a inspiré le film «Intouchables». «Si vous faites ce film, il faut qu'il soit drôle». Voilà ce que Pozzo di Borgo a dit aux réalisateurs Éric Toledano et Olivier Nakache qui voulaient raconter son histoire au cinéma.

L'histoire de sa vie avait d'ailleurs très bien commencé. Descendant d'une grande famille corse, il était marié, père de deux enfants et directeur délégué des champagnes Pommery.

En 1993, un accident de parapente a changé sa vie. Il a perdu l'usage de ses bras et de ses jambes. Il avait alors 42 ans et a dû s'habituer à se déplacer dans un fauteuil électrique. Trois ans plus tard, son épouse est décédée*, emportée par une maladie.

Philippe Pozzo di Borgo a raconté ces épreuves dans *Le Second Souffle* (Éditions Bayard), un livre qu'il a «écrit» au magnétophone*.

Pour reconstruire sa vie, Abdel, un jeune beur* insupportable, est devenu son homme à tout faire, et au fil du temps, un ami aussi. Abdel avait la moitié de son âge et a passé dix ans à ses côtés. Philippe Pozzo di Borgo s'est installé à Essaouira, au Maroc, et s'est remarié. Il a même revolé en parapente avec son fauteuil roulant.

Il a adoré François Cluzet qui joue son rôle dans le film, qui campe* un tétraplégique plus vrai que nature. Abdel, interprété* par Omar Sy et son immense sourire*, est, selon lui, un peu plus gentil que le «vrai» Abdel.

*décédé(e) – verstorben / un magnétophone – Tonbandgerät / un(e) beur(e) *(fam)* – in Frankreich geborenes Kind maghrebinischer Herkunft / camper – *(hier)* spielen / interpréter – *hier:* spielen / un sourire – Lächeln

Répondez aux questions dans votre cahier.

1. Philippe Pozzo di Borgo est …
a un acteur de cinéma.
b une personne qui existe vraiment.
c un personnage de roman.

2. Comment s'appelle le film qui parle de cet homme?

3. Qu'est-ce qu'il a vraiment voulu pour ce film?
a Un film plein d'humour.
b Des bons acteurs.
c Participer au film.

4. Quel était un des loisirs préférés de cet homme?

5. Pourquoi a-t-il arrêté?
a Parce qu'il a eu un grave accident.
b Parce qu'il n'avait plus d'argent.
c Parce qu'il a eu des enfants.

6. Il a recommencé à pratiquer son sport préféré?
a Vrai b Faux
Justifiez votre réponse avec une phrase du texte.

7. Qui va aider cet homme à vivre et à aimer à nouveau la vie?
a Une personne de sa famille.
b Un homme plus vieux que lui.
c Un homme plus pauvre que lui.

8. Que pense Philippe Pozzo di Borgo du film?
a Il aime bien les deux acteurs.
b Il n'aime pas François Cluzet.
c Il n'aime pas Omar Sy.

3 écrire Production écrite

Une enquête sur Internet – Vous participez à une enquête sur Internet. Vous répondez aux questions posées par le magazine.

80 à 100 mots

Nous aimerions mieux connaître les goûts de nos lecteurs sur le cinéma.
Participez à notre enquête et donnez-nous votre avis. En mai, le Festival de Cannes présente plus de 1000 films du monde entier. Et toi, est-ce que tu vas souvent au cinéma? Tu y vas avec qui? Quels films est-ce que tu préfères? Quels films est-ce que tu n'aimes pas? Pourquoi?

CD 45

4 parler Production orale

Une rencontre sympa – Vous êtes dans un train et vous rencontrez un jeune Français qui ne parle pas allemand. Vous commencez à parler avec lui et vous répondez à ses questions. Ecoutez et répondez aux questions du jeune Français.

4 Strasbourg, capitale européenne

Zoom sur Strasbourg

A CD 49-52

Strasbourg se situe dans le nord-est de la France, au bord du Rhin, tout près de la frontière allemande. Au cours des siècles, la ville alsacienne est passée plusieurs fois de la France à l'Allemagne et vice-versa, tiraillée entre deux pays, deux langues, deux cultures.
Depuis 2004, la «passerelle des deux Rives» relie Strasbourg à Kehl. Elle permet de traverser le Rhin à pied ou à vélo. Grâce à l'Union européenne, on peut passer cette frontière sans devoir montrer ses papiers. Et de nombreuses personnes le font quotidiennement pour aller travailler dans le pays voisin. Ces personnes sont d'ailleurs souvent bilingues.

1 lire / parler Zoom sur Strasbourg

Lisez les textes (pages 76–79) et faites une carte mentale. Puis, parlez de Strasbourg.
→ S10 → CDA 60/1 - 60/2 - 61/3

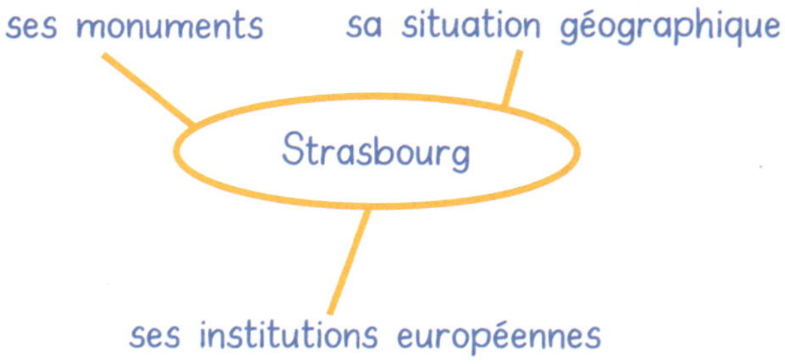

ses monuments
sa situation géographique
Strasbourg
ses institutions européennes

A la fin de la leçon, vous allez organiser un programme pour une visite de Strasbourg.

B

A Strasbourg se trouvent entre autres le Conseil de l'Europe et le Parlement européen.
Le Conseil de l'Europe a été créé après la Deuxième Guerre mondiale, en 1949. Pour son siège, les pays membres ont choisi Strasbourg qui est devenue une ville symbole de la réconciliation et de l'amitié franco-allemande. Le rôle du Conseil de l'Europe est de renforcer la démocratie et de protéger les droits de l'homme.

Le Parlement européen est une institution de l'Union européenne (l'UE). On y vote des lois qui sont valables pour tous les pays membres. Il est ouvert au public et on peut le visiter et y rencontrer des députés.

M1

Vidéo

2 regarder Strasbourg au fil de l'eau

Après avoir regardé le film, racontez ce que vous avez vu. → S2

3 Pays membres

Faites des recherches sur Internet et répondez aux questions.

1. Combien y a-t-il de pays membres de l'Union européenne? Citez-en au moins dix.
2. Dans quels pays paie-t-on en euros?

→ S7 → CDA 62/4 – 62/5

C

La gare est un point de départ idéal pour découvrir la ville. C'est un monument historique construit par les Allemands en 1883 et modernisé en 2007. Vue de la Place de la Gare, la nouvelle construction ressemble à un TGV. Aujourd'hui, Strasbourg attire beaucoup de touristes avec sa cathédrale gothique, les vieilles maisons de la Petite France et ses nombreux canaux. On peut visiter la Grande Île en bateau.

4 Vis-à-vis

Où se trouvent ces villes frontalières *(Grenzstädte)*?

Exemple:
Aix-la-Chapelle, c'est une ville allemande qui se trouve près de la Belgique et des Pays-Bas.

→ CDA 63/6

Bâle
Aix-la-Chapelle
Kehl
Genève
Lille
Salzbourg
Sarrebruck
Flensburg
Görlitz

D

Les studios de la chaîne de télévision franco-allemande ARTE sont installés dans des bâtiments modernes situés au bord de l'Ill. Toute une équipe de journalistes et de traducteurs y travaillent. Sur cette chaîne, on peut voir toutes les émissions en allemand et en français.

5 médiation Que faire à Strasbourg?

Regardez le site Internet de l'office de tourisme. Qu'est-ce qu'on peut faire à Strasbourg?

Choisissez une activité ou un spectacle que la ville propose et racontez (Quoi? Où? Quand?).
→ S7/S14

6 Découvrir ARTE

Regardez le programme d'ARTE de cette semaine. Qu'est-ce qu'il y a comme films et comme documentaires?

Exemple:
Samedi prochain, on peut voir l'émission Yourope à 14 heures. A 19h45, il y a ARTE Journal. L'émission Tracks passe à 23h25.

→ CDA 64/7 – 64/8

1 A deux pas de l'Allemagne

CD 53

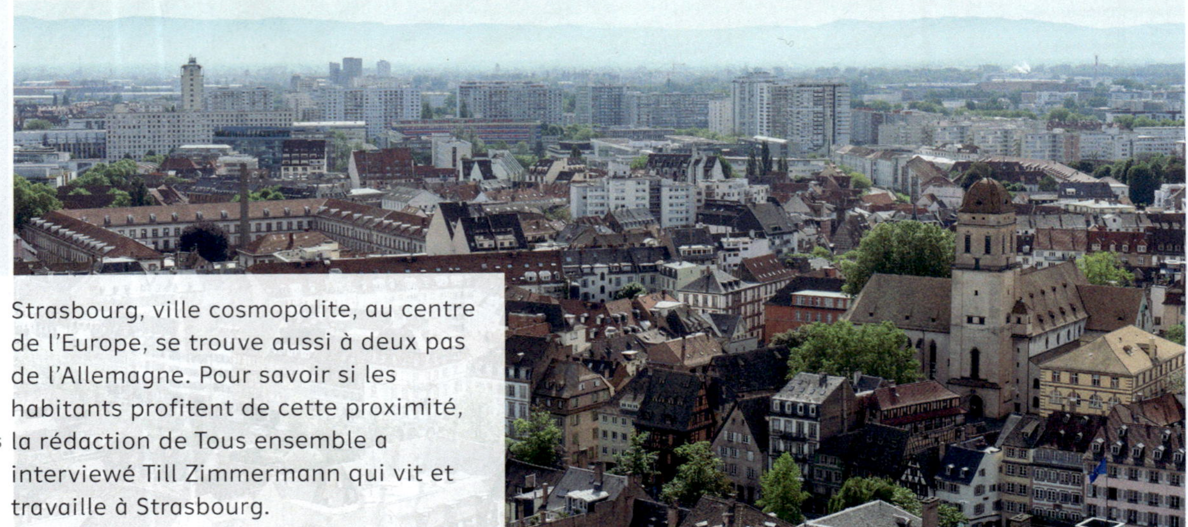

Strasbourg, ville cosmopolite, au centre de l'Europe, se trouve aussi à deux pas de l'Allemagne. Pour savoir si les habitants profitent de cette proximité, la rédaction de Tous ensemble a interviewé Till Zimmermann qui vit et travaille à Strasbourg.

Merci, Till Zimmermann, d'avoir accepté de faire cette interview avec nous. Vous habitez à Strasbourg et vous êtes traducteur, entre autres pour ARTE.
Oui, je fais la traduction de l'allemand vers le français.

Pour quelles émissions traduisez-vous?
Je traduis un peu tout ce que l'on me propose. Je travaille par exemple sur des émissions régulières comme Tracks … En ce qui concerne mon travail pour ARTE, ce sont essentiellement des films documentaires.

Ce n'est pas un hasard, si ARTE est à Strasbourg …
Strasbourg est le symbole de beaucoup de choses entre la France et l'Allemagne. C'était le siège rêvé pour une chaîne franco-allemande!

Vous habitez à Strasbourg depuis longtemps? Vous avez aussi vécu en Allemagne peut-être?
J'ai vécu en Allemagne, à Francfort, jusqu'à mes dix ans. A dix ans, j'ai déménagé à Luxembourg où j'ai fait toute ma scolarité secondaire. Après mon bac, en 1992, je suis allé à Strasbourg pour mes études. Je ne suis plus reparti depuis!

Dans quelle langue vous sentez-vous le mieux?
C'est difficile à dire … Ma langue maternelle, c'est le français, mais ma langue maternelle «affective», c'est l'allemand … J'ai quand même grandi en Allemagne! C'est vraiment en arrivant à Strasbourg que ça a basculé et que le français est devenu ma langue principale.

Vous allez parfois en Allemagne?
Je vais en Allemagne pour rendre visite à ma famille à Francfort et en vacances évidemment. Sinon, comme de très nombreux Strasbourgeois, je vais en Allemagne pour faire une partie de mes courses! Certains produits y sont jusqu'à 30 % moins chers.
L'Allemagne est un peu à la mode en France depuis quelques années. Les Français se rendent compte que l'Allemagne, et surtout Berlin, peut être cool! En tout cas, de plus en plus de Strasbourgeois vont passer leurs vacances en Forêt-Noire. D'ailleurs j'en reviens!

Nous vous remercions pour toutes ces informations et vous souhaitons une excellente journée.

2 A propos du texte

a Répondez aux questions. → S4

Dans quel pays est-ce que Till | est né? / est allé au lycée? / a fait ses études?

Quel est son métier? Racontez.
Est-ce qu'il va souvent en Allemagne? Pourquoi?

b Selon Till, pourquoi est-ce que de plus en plus de Français vont en Allemagne?

→ CDA 65/9

3 C'est vraiment super! → G33

Trouvez le mot qui pourrait correspondre.

vraiment · complètement · tranquillement · difficilement · seulement · heureusement · normalement · bêtement

1. – Dépêchez-vous, on va arriver en retard.
   – Mais non. Le train est à 9 heures et il est ■ 8 heures moins le quart!
2. – A quelle heure on arrive à Strasbourg?
   – ■, on devrait arriver à midi. Mais le train a du retard.
3. – Elise ne peut pas participer au voyage de classe?
   – Non, elle est tombée ■ en cours d'EPS. Elle s'est cassé la jambe.
   – Elle n'a ■ pas de chance.
4. – Je suis ■ crevé.
   – Tu as trop fait la fête!
5. – Allez, viens vite, on va faire un tour dans les magasins.
   – Mais attend, laisse-moi finir de manger ■.

→ CDA 65/10

4 Questions à l'office de tourisme → G30

a Il y a plusieurs manières *(mehrere Arten)* de poser une question. Comparez.

Vous pouvez Est-ce que vous pouvez **Pouvez-vous**	m'aider?

b Trouvez la bonne réponse aux questions suivantes.

1. – **Avez-vous** un plan de la ville?
2. – **Pouvez-vous** me dire où se trouve la Fnac?
3. – **Savez-vous** si le Musée Alsacien est ouvert aujourd'hui?
4. – **Y a-t-il** une location de vélos près d'ici?
5. – **Connaissez-vous** un restaurant avec des spécialités alsaciennes?

- Oui, il y a une station Vél'hop à la gare. (a)
- Il y a plein de restaurants dans la Petite France. (b)
- Vous allez tout droit, puis vous prenez à droite la rue des Grandes Arcades. (c)
- Bien sûr. Tenez. (d)
- Le mardi, il est toujours fermé. (e)

5 Est-ce que vous savez ... ? → G35

Trouvez les bonnes formes du verbe **savoir**.

1. – Tu ■ à quelle heure nous arrivons à Strasbourg?
   – Non, mais demande aux profs, ils le ■ peut-être.
2. – Est-ce que vous ■ si le train a du retard?
   – Il est à l'heure, il arrive dans cinq minutes.
3. – Est-ce que vous ■ où se trouve l'office de tourisme?
   – Désolé, je ne ■ pas. Je ne suis pas d'ici.
4. – Max peut acheter les billets. Il ■ utiliser le distributeur automatique. → CDA 66/11

6 On dit: Se déplacer en ville

– Est-ce qu'il y a une **station de tram** près d'ici?	– Oui, traversez la place et c'est dans la rue à votre gauche.
– Où se trouve **l'arrêt du bus** pour aller au Parlement européen?	– Désolé(e), je ne suis pas d'ici. / Je ne sais pas.
– Où se trouve le **départ des bateaux** promenade?	– Devant le Palais Rohan.
– S'il vous plaît, Madame, comment je peux aller au Conseil de l'Europe?	– Vous pouvez prendre le tram, ligne E.
– Savez-vous où est-ce qu'on peut acheter les tickets?	– Au distributeur automatique à la station de tram / dans le bus.

Regardez le plan de Strasbourg pages 86/87, choisissez un endroit et faites un dialogue. → CDA 67/12

7 Grâce à Vél'hop ...

Complétez les phrases avec **à cause de** ou **grâce à**.

grâce	à / au / à la / à l' / aux
à cause	de / du / de la / de l' / des

1. On peut facilement visiter Strasbourg et la région ■ vélos de location.
2. On a trouvé la rue ■ mon GPS.
3. On n'a pas pu faire tout le circuit ■ mauvais temps.
4. Margaux est tombée ■ trous dans la rue.
5. Si nous sommes en retard, c'est ■ Margaux.

8 J'aimerais qu'on fasse une balade à vélo → G19

a Lisez ces phrases. Quel infinitif correspond à quel **verbe**?

prendre | aller | avoir | visiter | faire | être

1. Vite, **il faut que** nous **soyons** dans une heure à la gare.
2. **Je propose qu'**on **prenne** le tramway.
3. **Il est important que** vous **ayez** vos papiers pour la visite du Parlement européen.
4. **J'aimerais que** nous **allions** à la Petite France cet après-midi.
5. **Je préfère qu'**on **fasse** une balade à vélo.
6. Moi, **je voudrais qu'**on **visite** la cathédrale.

CD 54

b Après **les expressions en orange** *(Ausdrücken)*, on emploie *(verwendet man)* **le subjonctif**. C'est une forme particulière *(besondere Form)* du verbe. Ecoutez et faites attention à la prononciation *(Aussprache)*.

c Regardez au **G19**, pages 140–141, et trouvez les formes des verbes qui manquent.

le subjonctif

Il faut que	j'**aille** chez le coiffeur.	**Il faut que**	nous **soyons** prêts à 10 heures.
	je ■ à l'heure.		nous ■ les courses.
	je ■ le bus.		nous ■ assez d'argent.
	j'**aie** un ticket valable.		nous ■ d'abord à la boulangerie.
	je **fasse** les courses après.		nous **achetions** dix croissants.
	j' ■ des fruits et des légumes.		nous **prenions** aussi deux baguettes.

9 Un après-midi à Strasbourg

a Faites des propositions *(Vorschläge)*.

Exemple:
– Qu'est-ce qu'on fait maintenant?
– Je propose qu'on aille au centre-ville.

		visite …
– Je propose		aille …
– Je préfère		prenne …
– Moi, j'aimerais	qu'on	fasse …
– Je voudrais		mange …

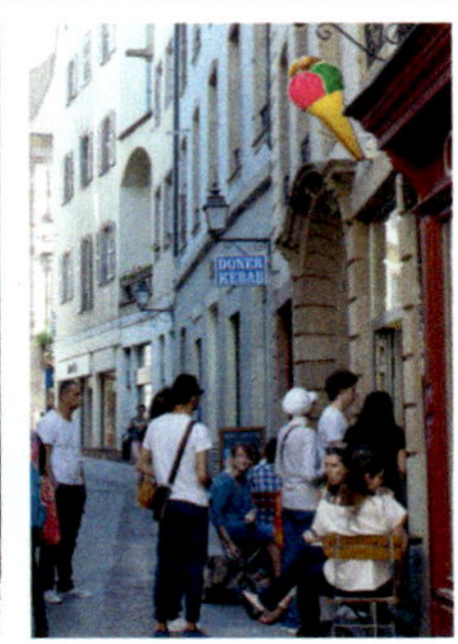

b Proposez d'autres activités. → CDA 67/13

Voyage de classe → CDA 70/17

Votre classe prévoit un voyage de deux jours à Strasbourg.
Faites un programme et proposez des visites. → S16

Dans la médiathèque (pages 85 à 89), vous trouverez des informations:

- M1 Visiter le Parlement européen
-  M2 Toute la ville en poche
-  M3 Visitez plus, dépensez moins!
-  M4 Gratuit avec le Strasbourg Pass

Chaque groupe présente son idée de séjour.

Savoir-faire

- Regardez le plan de Strasbourg et prévoyez un circuit avec le moyen de transport qui convient (tram, bus, bateau, à pied ...).
- Faites des recherches sur les heures d'ouverture, les réservations, les prix d'entrée et des tickets de transport.
- N'oubliez pas les pauses repas et un peu de temps libre.
- Calculez un budget pour votre programme.

Mon bilan: Je sais

- organiser le programme de visite d'une ville en tenant compte du budget.

Evaluation:

Discutez en classe. Quel voyage est-ce que vous voudriez faire?

→ CDA 71–73/Bilan, Auto-contrôle

Ici vous trouverez des informations supplémentaires pour faire la tâche (page 84).
Utilisez un dictionnaire pour les mots que vous ne pouvez pas deviner. → S6

M1 Visiter le Parlement européen → CDA 68/15

DÉVELOPPEMENT & RAYONNEMENT ˅ VIE QUOTIDIENNE ˅ ENVIRONNEMENT & QUALITÉ DE VIE ˅

STRASBOURG

Strasbourg est le siège officiel du Parlement européen. Chaque mois, les députés s'y réunissent pendant quatre jours pour voter et débattre dans le cadre de réunions appelées séances plénières.

Vous pouvez visiter le Parlement européen à Strasbourg pendant les semaines de session ou en dehors. Les présentations et les visites de groupe sont organisées pour des groupes de 20 à 45 personnes. Les visiteurs doivent être âgés d'au moins 14 ans.

Les visites guidées sont gratuites mais doivent être réservées à l'avance.

Les demandes étant nombreuses, nous vous recommandons d'effectuer vos réservations deux à trois mois avant votre visite. Les demandes de visite sont toujours traitées sous réserve de disponibilité.
Les demandes de visite de groupe sont à adresser à: Bureau d'information du Parlement européen à Strasbourg.

CONTACTEZ-NOUS

Bureau d'Information du Parlement
européen à Strasbourg
Allée du Printemps
Bâtiment Louise Weiss
BP 1024/F
F-67070 Strasbourg Cedex
epstrasbourg@europarl.europa.eu
(Tel) +33/(0)3 88 17 40 01
(Fax) +33/(0)3 88 17 51 84

Sécurité
N'oubliez pas de prendre une pièce d'identité (carte d'identité, passeport, permis de conduire), elle vous sera demandée pour entrer dans le Parlement. Elle sera contrôlée à l'entrée, vos bagages seront vérifiés par scanner et vous serez invités à passer au point de contrôle.

Toute la ville en poche

Toute la ville en poche...

...c'est un concentré de conseils malins et d'informations pratiques pour découvrir Strasbourg selon vos goûts et votre humeur tout au long de l'année. Bonne visite!

1. Départ promenade sur l'Ill
2. Cathédrale
3. Eglise protestante St-Pierre-le-Jeune
4. Eglise protestante St-Thomas
5. Petite France
6. Ponts Couverts
7. Barrage Vauban
8. Conseil de l'Europe
9. Parlement européen
10. Lieu d'Europe
11. Parc de l'Orangerie
12. Cave historique des Hospices de Strasbourg
13. Planétarium
14. Jardin Botanique
15. Le Vaisseau
16. Musée "Les secrets du chocolat"
17. Château Vodou
18. Musée d'Art Moderne et Contemporain
19. Palais Rohan
20. Musée Alsacien
21. Musée de l'Œuvre Notre-Dame
22. Musée Zoologique
23. Musée Historique
24. Musée Tomi Ungerer
25. L'Aubette
26. Marché aux livres
27. Brocante
28. Marché des producteurs
29. Marché de la montagne

Zone piétonne

Tramway
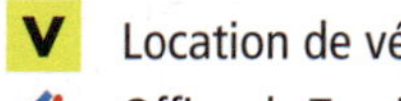
Location de vélos
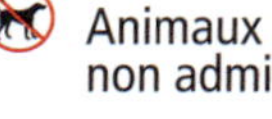
Animaux non admis
Office de Tourisme

Label national tourisme et handicap :

Handicap moteur
Handicap visuel
Handicap mental
Handicap auditif

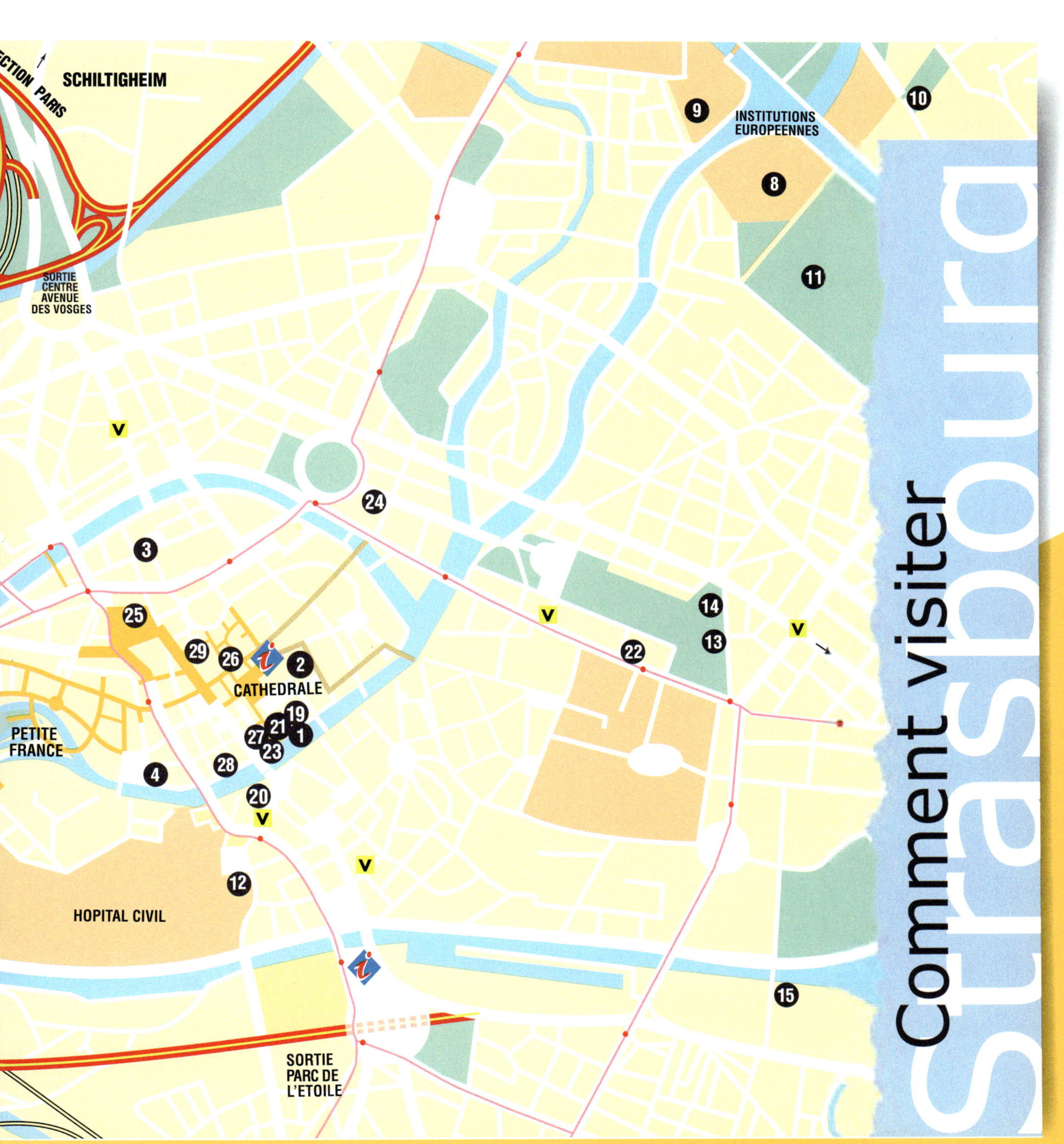
SCHILTIGHEIM
SORTIE CENTRE AVENUE DES VOSGES
INSTITUTIONS EUROPEENNES
CATHEDRALE
PETITE FRANCE
HOPITAL CIVIL
SORTIE PARC DE L'ETOILE
Comment visiter
Strasbourg

Visitez plus, dépensez moins!

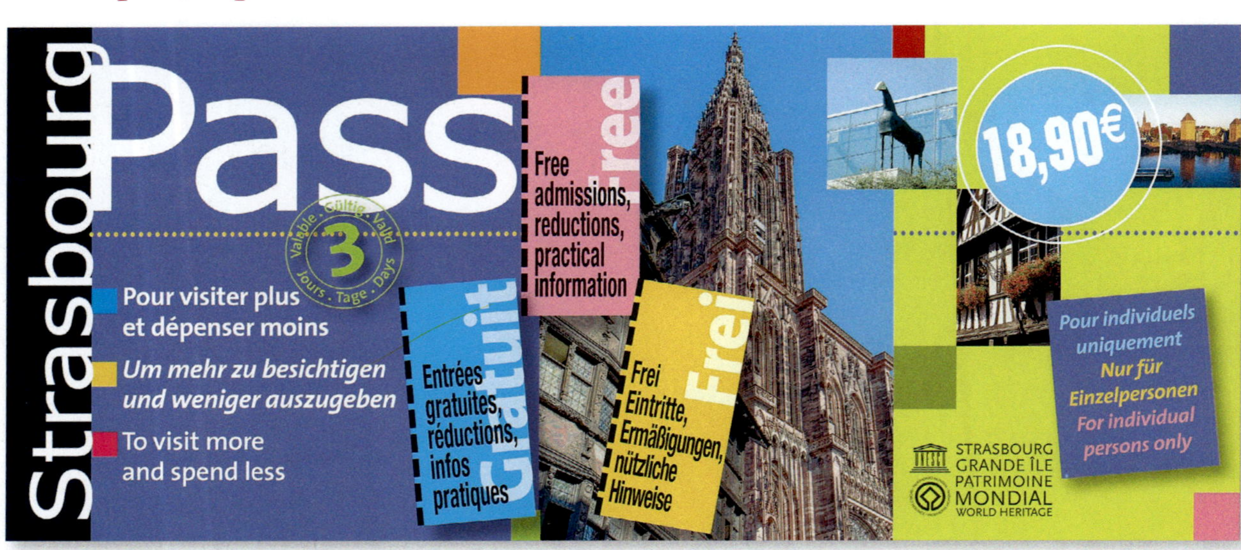

Des prestations gratuites ...

• La visite d'un musée au choix	~~6,50€~~	0,00€
• La montée sur la plate-forme de la cathédrale	~~5,00€~~	0,00€
• La mise à disposition d'un vélo pour une 1/2 journée	~~5,00€~~	0,00€
• Une promenade en bateau dans Strasbourg	~~12,50€~~	0,00€
• La découverte de l'Horloge Astronomique de la cathédrale	~~2,00€~~	0,00€

Des prestations à moitié prix ...

• La visite d'un deuxième musée	~~6,50€~~	3,25€
• Une promenade en mini-train (d'avril à octobre)	~~7,00€~~	3,50€
• Une visite guidée à pied (d'avril à octobre)	~~6,80€~~	3,40€
• La visite du Vaisseau	~~8,00€~~	4,00€
• La visite de la vieille ville avec un audio-guide	~~5,50€~~	2,75€
• La découverte insolite de Strasbourg en Segway	~~40,00€~~	20,00€

Et + encore ...

• La visite du Planétarium	~~6,00€~~	4,00€
• 30% de réduction sur certains produits de la boutique		
• Réduction sur une découverte insolite de Strasbourg en Segway		
• La visite du musée «Les secrets du chocolat»	~~9,50€~~	7,50€

M4 Gratuit avec le Strasbourg Pass

La cathédrale

2 C'est l'un des monuments les plus importants du Moyen-Age (11e/15e siècle). Sa flèche haute de 142 mètres, achevée en 1439, fut la plus élevée de tout l'Occident jusqu'au 19e siècle.

Situation : place de la Cathédrale

Horaires d'ouverture :
Tous les jours : 7h/11h20 - 12h40/19h - Dimanche matin et jours fériés réservés aux offices - Entrée libre

www.cathedrale-strasbourg.fr

L'horloge astronomique

GRATUIT avec le Strasbourg Pass

12h : projection d'un film *(sauf dimanches et jours fériés)* sur l'horloge astronomique - 12h30 : défilé des 12 Apôtres

Tickets en vente au stand de cartes postales : 9h30/11h et à la caisse du portail St-Michel (sud) : 11h30/12h

! **Pas de réservation**
Prévente pour le jour même uniquement

Tarif : 2€- **Tarif réduit :** 1,50 € groupes à partir de 12 personnes, enfants 6-18 ans
Gratuit : enfants < 6 ans et le dimanche pour tout public

E-mail: intendance-cathe@orange.fr

La montée sur la plate-forme

332 marches.

GRATUIT avec le Strasbourg Pass

Horaires d'ouverture :
Avril à septembre : tous les jours : 9h30/20h
Octobre à mars : tous les jours : 10h/18h
Dernière montée 30 min. avant la fermeture
Fermée les 01/05, 25/12 et 01/01

Tarif : 5 € - **Tarif réduit :** 3,60 € groupes à partir de 20 personnes - 2,50 € jeunes < 18 ans, étudiants < 25 ans
Gratuit : enfants < 5 ans

Renseignements : 03 88 43 60 32

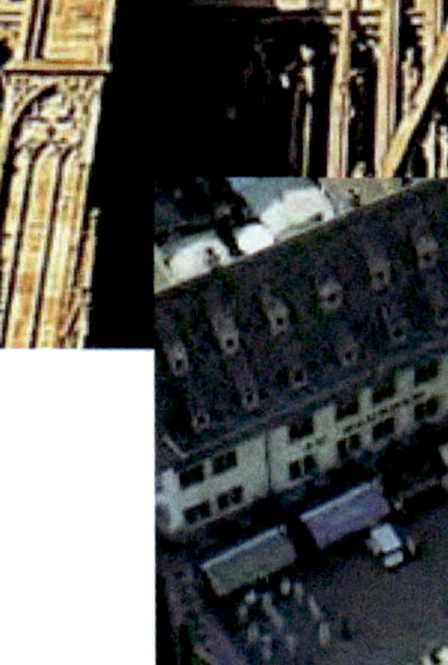

! **Entrée gratuite le 1er dimanche de chaque mois.**

«Tock» kennenlernen und spielen

Spielregeln verstehen und erklären ein Spielbrett basteln

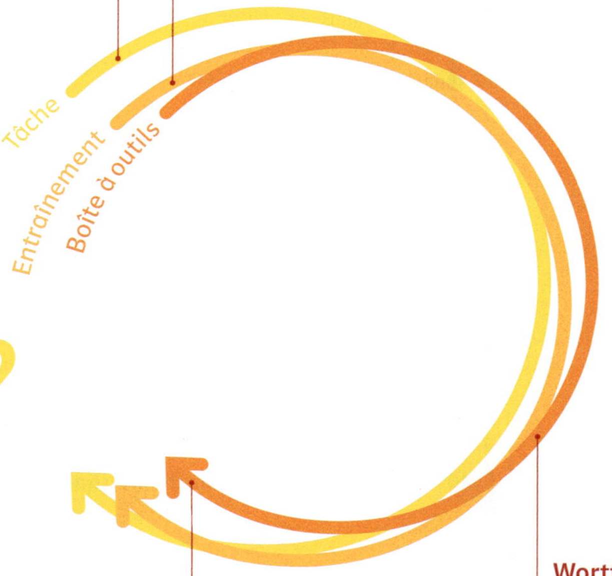

Tâche

Entraînement

Boîte à outils

ON JOUE AU TOCK?

In dieser «Tâche» werdet ihr «Tock» kennenlernen und spielen. Zunächst werdet ihr erfahren, woher das Spiel kommt und wo es gespielt wird. Dann werdet ihr die Regeln kennenlernen. Wenn ihr wollt, könnt ihr ein Spielbrett gestalten.

Nützliche Wörter und Redewendungen findet ihr in der «Boîte à outils» auf S. 97.

Wortfeld Kartenspiel / Brettspiel

Redemittel: gemeinsam spielen

«Tock» kennenlernen

1. LES JEUX DE SOCIÉTÉ

Est-ce que vous connaissez ces jeux? Est-ce qu'ils existent en Allemagne? Sous quel nom?

les Dames

les Petits chevaux

le Jeu de l'oie

les Echecs

le Scrabble

2. UN JEU BIEN CONNU AU QUÉBEC

Le Tock est un jeu de société qui se joue avec un plateau et des cartes. Au 17e siècle, des colons français se sont installés au Québec et y ont apporté leurs habitudes, leur langue et leurs jeux, comme par exemple le Tock. Au fil du temps, ce jeu a disparu en France, alors qu'il est devenu un classique au Québec.

a D'où vient le Tock? Expliquez.

b On trouve aussi ce jeu en Europe sous différents noms. Faites des recherches sur Internet pour trouver comment on appelle ce jeu aux Pays-Bas, en Allemagne ou en Suisse.

3. LE TOCK → CDA 74/1 – 74/2
Il existe plusieurs variantes pour les règles du jeu. En voici une.

«Tock» kennenlernen

Pour jouer, il faut:
- un plateau de jeu
- 4 pions par joueur
- un jeu de 54 cartes (sans les jokers)

Le Tock se joue en 2 équipes de 2 joueurs. Les coéquipiers sont assis l'un en face de l'autre. Chaque joueur possède quatre pions d'une couleur.

Le but du jeu est de rentrer les pions des coéquipiers dans leur maison.

4. **AVANT DE COMMENCER**
Apprenez d'abord le rôle des cartes. → CDA 75/3

- **L'as** fait avancer un pion d'une case.
- **Le roi** fait avancer un pion de 13 cases.
- **Le roi** ou **l'as** permettent de sortir un pion de la zone de départ.
- **La dame** fait avancer un pion de 12 cases.

- **Le valet** permet d'échanger deux pions au choix (amis ou adversaires) qui sont sur le parcours. Un joueur peut même échanger deux de ses propres pions pour ne rien changer au jeu!
- Avec **le 7,** un joueur peut avancer de 7 cases réparties sur différents pions: par exemple 3 cases avec un pion et 4 cases avec un autre. C'est particulièrement intéressant quand un pion se trouve juste avant sa maison.
- Avec **le 5,** un joueur doit faire avancer un pion de l'adversaire de 5 cases.

- Avec **le 4,** le joueur doit faire reculer un de ses pions de 4 cases. Si un pion se trouve sur la case départ, il peut le reculer de 4 cases, et au prochain coup rentrer directement dans sa maison!
- **Toutes les autres cartes** font avancer un pion de leur valeur: **un 10** permet d'avancer de 10 cases, etc …

5. LE DÉROULEMENT DU JEU

a Formez des groupes de quatre. Lisez les règles du jeu et expliquez en allemand comment on joue au Tock.

b Ensuite, jouez. → CDA 76/4 – 76/5

1

Au début du jeu, chaque joueur place ses pions dans sa zone de départ. On distribue cinq cartes à chaque joueur au 1er tour (4 cartes au 2e et au 3e tour).

2

Après chaque distribution de cartes, les deux joueurs d'une équipe échangent une carte de leur jeu, sans la montrer et sans se parler.

3

Ensuite, dans le sens des aiguilles d'une montre, chaque joueur, tour à tour, pose une carte au centre du plateau et avance l'un de ses pions.

Spielregeln verstehen und erklären

4

Quand un pion arrive sur une case occupée par un autre pion, ce dernier est «pris» et doit retourner dans sa zone de départ. Attention, on n'a pas le droit de doubler un autre pion!

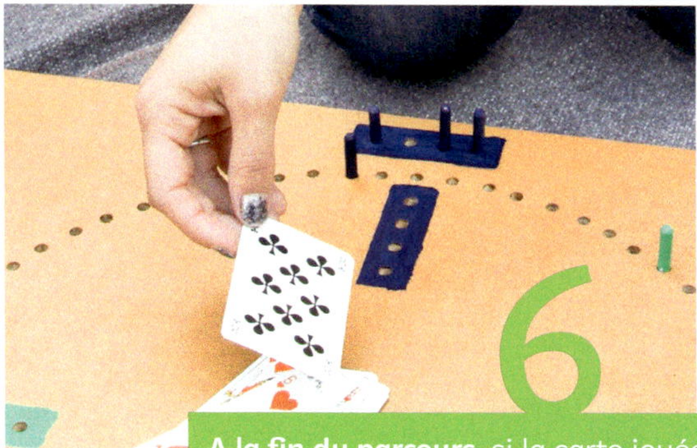

Quand un joueur ne peut pas jouer, il pose quand même une carte au centre du plateau.

5

6

A la fin du parcours, si la carte jouée ne permet pas de faire entrer un pion dans sa maison, le pion doit repartir pour un deuxième tour! Un pion rentré peut continuer à avancer à l'intérieur de sa maison, par exemple avec un as ou un 2.

7

Quand un joueur a rentré tous ses pions dans sa maison, il continue à jouer pour faire avancer les pions de son coéquipier. Un joueur doit toujours jouer une de ses cartes, même si cela le désavantage.

8

Nous vous proposons une règle supplémentaire: Si un joueur parle en allemand pendant le jeu, il doit poser une carte au centre du plateau sans la jouer.

6. **FABRIQUER LE PLATEAU DE TOCK**

Les fans de Tock fabriquent souvent leur plateau de jeu eux-mêmes. Si vous aimez bricoler, lisez les instructions. Sur Internet, vous trouverez plein d'idées pour décorer votre plateau.

Si par contre, vous n'aimez pas le bricolage, téléchargez un plateau de jeu sur Internet: Sur le site www.klett.de, tapez le code mw7bb7.

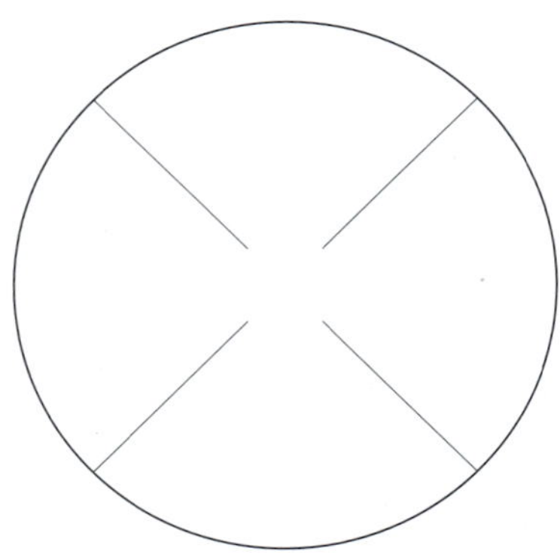

- Prenez une planche de bois ou une feuille de carton d'environ 40 cm sur 40 cm.
- Dessinez un grand cercle avec un compas.
- Marquez le point de chaque quart de cercle: c'est le point de départ de chaque joueur.

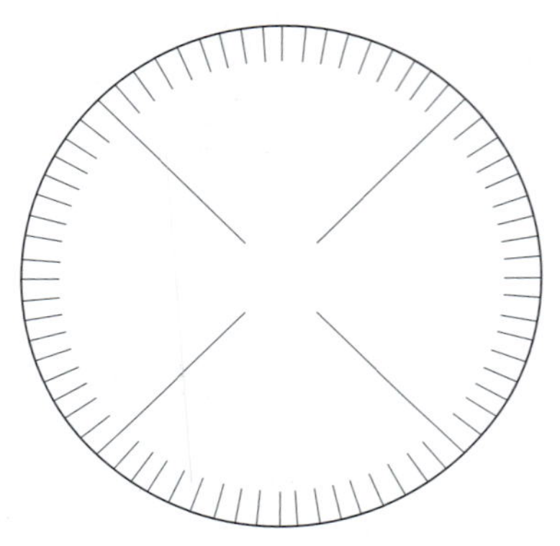

- Ensuite, dessinez 17 points entre chaque point de départ. Pour un tour complet, il faut donc dessiner 72 points (18 x 4).
- A la fin, dessinez la zone de départ (4 points) et la zone d'arrivée (4 points) de chaque joueur.

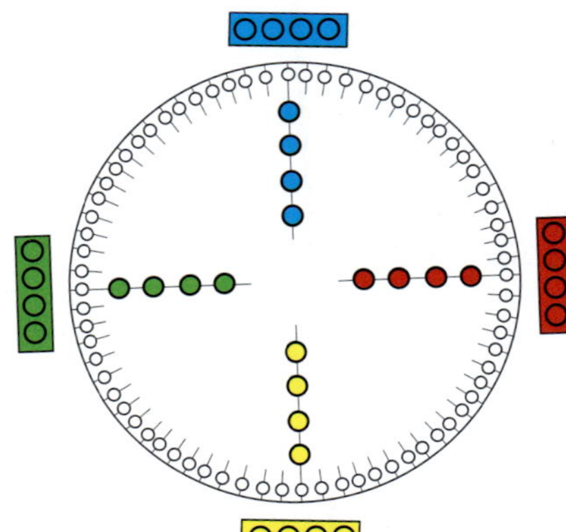

- Pour dessiner le parcours, vous pouvez être très créatifs, inventer d'autres formes, décorer avec des motifs de mandalas et peindre le plateau. Si vous avez une planche de bois, vous pouvez percer des trous pour les pions. A vous de choisir!

In der **«Boîte à outils»** findest du wichtige Wörter und Redemittel zu diesem «Module».
Mache eine Liste von mindestens zehn Wörtern und Redemitteln und lerne sie auswendig.
→ CDA 77–78 / Evaluation

Les couleurs des cartes:

le pique le trèfle le carreau le cœur

le valet la dame le roi l'as

Les cartes
Tu peux
- battre les cartes.
- distribuer 5 cartes à chaque joueur.
- commencer à jouer.
- échanger une carte avec ton coéquipier.
- poser une carte.

Les pions
Tu peux / Tu dois
- jouer dans le sens des aiguilles d'une montre.
- sortir un pion de ta maison.
- avancer le pion de 6 cases.
- reculer le pion de 4 cases.
- échanger le pion vert et le pion bleu.
- prendre / manger un pion.
- être pris.
- repartir pour un deuxième tour.
- rentrer un pion dans la zone d'arrivée.

Wortfeld Kartenspiel / Brettspiel

Pour jouer ensemble
- Tu choisis quelle couleur?
- Vert. Et toi?

- Qui commence?
- J'ai distribué, donc c'est à toi.

- C'est à qui de distribuer les cartes?
- C'est à moi.

- C'est à toi de jouer?
- Non, c'est à toi!

- Tu poses une carte?
- Attends, je réfléchis.

- Je ne sais plus comment on avance avec un valet.

- Tu peux regarder la règle.

- Tu triches. Tu n'as pas le droit de faire ça!
- Si!
- Mais non, tu dois avancer avec un autre pion.

- Tu ne peux pas prendre mon pion.
- Alors, je ne peux pas jouer. Je pose une carte. Tant pis!
- On a gagné!

Redemittel: gemeinsam spielen

Paradis amers

Le film
Hugo n'attendait pas cette nouvelle. Le jour où ses parents (professeurs de collège) lui annoncent qu'ils ont obtenu un poste à Mayotte, tout va changer pour lui.

a Regardez les photos et entrez dans l'ambiance de l'histoire.

b Regardez en classe le début du film «Paradis amers» de Mikaël Ollivier. Que fait Hugo? Quels sont ses sentiments?

c Regardez la carte à la fin du livre. Où se trouve l'île de Mayotte?

Le roman
Le film «Paradis amers» est une adaptation du roman jeunesse «Tout doit disparaître» de Mikaël Ollivier. C'est l'auteur, lui-même, qui a écrit le scénario du film.

Hugo apprend la nouvelle.

Lydie cherche Mayotte sur un globe.

La famille arrive à l'aéroport de Pamandzi.

Ils prennent le bateau à destination de Mamoudzou.

d Lisez la suite de l'histoire (paragraphe 1).
1. Pourquoi est-ce que la ville de Mamoudzou fait peur à Hugo?
2. Qu'est-ce qui est différent à Mayotte?

1. En dix jours à Mamoudzou, je n'ai pas réussi à comprendre cette ville. […]
En fait, cette ville me faisait peur. C'est sans doute ridicule, mais c'est vrai. Trop de monde, trop de bruit[1], de couleurs, d'odeurs[2], de cris, de musique, et un autre monde dès que l'on quitte les grandes artères[3]. […]

Je me souviens avoir mis plusieurs jours à comprendre ce qui, depuis notre arrivée, manquait à ce paysage maritime[4]. Avec mes parents, nous partions souvent en vacances en baie de Somme ou même en Bretagne, et pour moi, le fond sonore d'un paysage marin, outre[5] le bruit des vagues, était le cri des mouettes[6]. Or, il n'y a pas de mouettes à Mayotte, mais d'énormes chauves-souris[7]. […]

C'est ça, être dépaysé[8], ne rien connaître, ne rien reconnaître. Pas un oiseau, pas un arbre, un poisson, une fleur. Tout était nouveau, tout m'était étranger[9]. Ou plutôt, j'étais étranger à tout.
C'est le jour de la rentrée que j'en ai vraiment pris la mesure[10], quand, à la fin de l'appel, j'ai constaté que j'étais le seul blanc de ma classe. […]

[1] Lärm
[2] Gerüche
[3] sobald man die Hauptverkehrsstraßen verlässt
[4] Ich erinnere mich, dass ich mehrere Tage brauchte, um zu verstehen … , was … fehlte.
[5] außer
[6] Schrei der Möwen
[7] Fledermäuse
[8] sich aus seiner Umgebung herausgerissen fühlen
[9] fremd
[10] das Ausmaß erkennen

e Quelle est la différence entre la vie des enfants et des adolescents à Mayotte et en Métropole?

2. J'avais toujours été protégé[1], choyé[2], épaulé[3], et je ne connaissais rien de la vie.
Jusqu'à ce qu'ils sachent marcher[4], les enfants, à Mayotte, ne touchent pas le sol et ne quittent[5] pas les bras de leur mère. Mais ensuite, brusquement, ils sont livrés à eux-mêmes[6] et doivent se débrouiller seuls.
A un âge où, en métropole, l'on met des casques aux enfants pour leur apprendre à faire du vélo ou des sécurités[7] pour les empêcher d'ouvrir le tiroir[8] de la cuisine dans lequel on range les couteaux, j'ai vu des petits Mahorais[9] aller seuls dans la forêt avec des machettes[10] plus grandes qu'eux pour couper les feuilles de bananier qui manquaient sur le toit de la case[11] familiale. Et en 6e, les filles me donnaient l'impression d'être des femmes, les garçons des hommes, et moi un bébé à qui sortirait du lait si on lui appuyait sur le nez[12]. […]

[1] behütet
[2] umsorgt
[3] unterstützt
[4] Bis sie laufen können
[5] verlassen
[6] sich selbst überlassen bleiben
[7] Sicherheitsvorkehrungen
[8] Schublade
[9] Einwohner von Mayotte
[10] Buschmesser
[11] einfache Hütte
[12] auf die Nase drücken

f Est-ce qu'Hugo s'habitue à sa vie à Mayotte? Trouvez des preuves dans le passage 3.

3. Chemises à manches longues[13] et tongs[14], indéniablement, je commençais à m'intégrer.
J'ai fait mon baptême de plongée, avec l'impression enivrante de nager dans un aquarium tant il y avait des poissons de toutes les couleurs. […] Mes parents, ma sœur et moi, sommes devenus des habitués du Barfly[15] […]. Le temps passait, les semaines, les mois, et la vie nouvelle à Mayotte devenait ma vie. Déjà je m'habituais à ce qui m'avait choqué à notre arrivée, je traversais sans plus les voir les quartiers de Mamoudzou, je ne faisais plus attention aux amas de détritus[16], je n'avais plus peur des insectes, même pas des araignées[17] jaune et bleu grosses comme une main […].
Je m'habituais, je m'acclimatais, à l'image de mon père et de Lydie qui semblaient très à leur aise[18], alors que maman, elle, était de plus en plus crispée[19]. […]

[13] mit langen Ärmeln
[14] Sandalen mit Zehenriemchen
[15] wurden Stammgäste von Barfly (Name der Bar)
[16] Müllhaufen
[17] Spinnen
[18] schienen sich wohl zu fühlen
[19] wurde immer angespannter

g Et vous, est-ce que vous auriez le courage de partir vivre dans un autre pays pour plusieurs années, comme Hugo?

Le français dans le monde

1 Avant la lecture

Vous connaissez déjà quelques pays dans lesquels on parle le français. Citez-les.
Pour en savoir plus sur le français dans le monde, lisez ces pages du magazine «Okapi».

Vous allez découvrir pourquoi le français joue un rôle important dans de nombreux pays.

Le français, on le cause partout!

Il suffit de faire un petit tour du monde pour se rendre compte que notre langue est parlée sur tous les continents!

Le français n'est pas la propriété des Français! Il sert aussi aux Belges, aux Québécois et à plein d'autres peuples. Les francophones (ceux qui parlent français) sont plus de 220 millions, répartis dans au moins 177 États. La raison est historique: dans le passé, la France a conquis de nombreux pays, en leur imposant sa culture et sa langue. C'est ce qu'on appelle «la colonisation». Ces territoires ne sont plus français (sauf les «territoires d'outre-mer», comme la Guadeloupe ou la Réunion), mais on continue à y parler français.
Le nombre de francophones dans le monde pourrait bien tripler d'ici à 2050, en passant de 220 millions à plus de 700 millions de personnes. Cela s'explique par la croissance rapide de la population en Afrique, qui compte beaucoup de pays francophones.

2 A propos du texte

a Regardez la carte «La francophonie» (à la fin du livre).
Dans quels pays est-ce qu'on parle français?
Quelles régions francophones font partie de la France?

b Vrai ou faux? Corrigez les phrases fausses.
1. On parle français en Belgique et au Québec.
2. Dans le passé, la France a colonisé beaucoup de pays.
3. Tous les territoires francophones sont français.
4. Aujourd'hui, 700 millions de personnes parlent français dans le monde.

Algérie

Un passé qui pèse

L'Algérie a été un département français: jusqu'aux années 1960, des milliers de Français y vivaient aux côtés de la population locale.

Mais les Algériens se sont révoltés et ont obtenu leur indépendance en 1962. Les Français ont fui le pays et les Algériens ont reconstruit leur identité: l'arabe a remplacé le français dans les écoles et les documents officiels. Et pourtant, l'Algérie reste l'un des plus grands pays francophones du monde. La langue française y est considérée comme un atout pour voyager, faire des affaires, réussir sa vie professionnelle. Le français parlé en Algérie est souvent mélangé à des mots d'arabe. À l'inverse, de nombreux mots ou expressions algériennes sont entrés dans le vocabulaire des jeunes Français, comme le «bled» ou la «smala».

République démocratique du Congo

Le lien entre les ethnies

La République démocratique du Congo (RDC) est le pays francophone le plus peuplé du monde.

Dans ce grand pays, le français reste une langue officielle, parlée par près de la moitié de la population. Le français a été introduit en RDC par … les Belges. En effet, la RDC a été colonisée par la Belgique. Comme dans de nombreux pays d'Afrique, le français sert à des populations qui parlent des langues différentes pour communiquer entre elles. En RDC, où il existe plus de 200 langues différentes, le français est la langue enseignée à l'école et sert de langue administrative, c'est-à-dire utilisée dans les documents officiels.

Côte d'Ivoire

Un argot différent

Au 19e siècle, la France a colonisé le nord et l'ouest de l'Afrique, tandis que la Grande-Bretagne s'appropriait l'est et le sud du continent.

Plus d'un siècle après, les peuples de la région ont reconquis leur indépendance. Mais le français et l'anglais restent deux langues très parlées en Afrique. La Côte d'Ivoire fait partie des pays d'Afrique de l'ouest où le français reste la langue officielle. De nombreux habitants d'Abidjan, plus grande ville du pays, parlent français. Ils ont même créé leur propre version du français appelé «nouchi». Le nouchi était d'abord la langue des jeunes. Mais il s'est répandu, un peu comme l'argot des banlieues françaises.

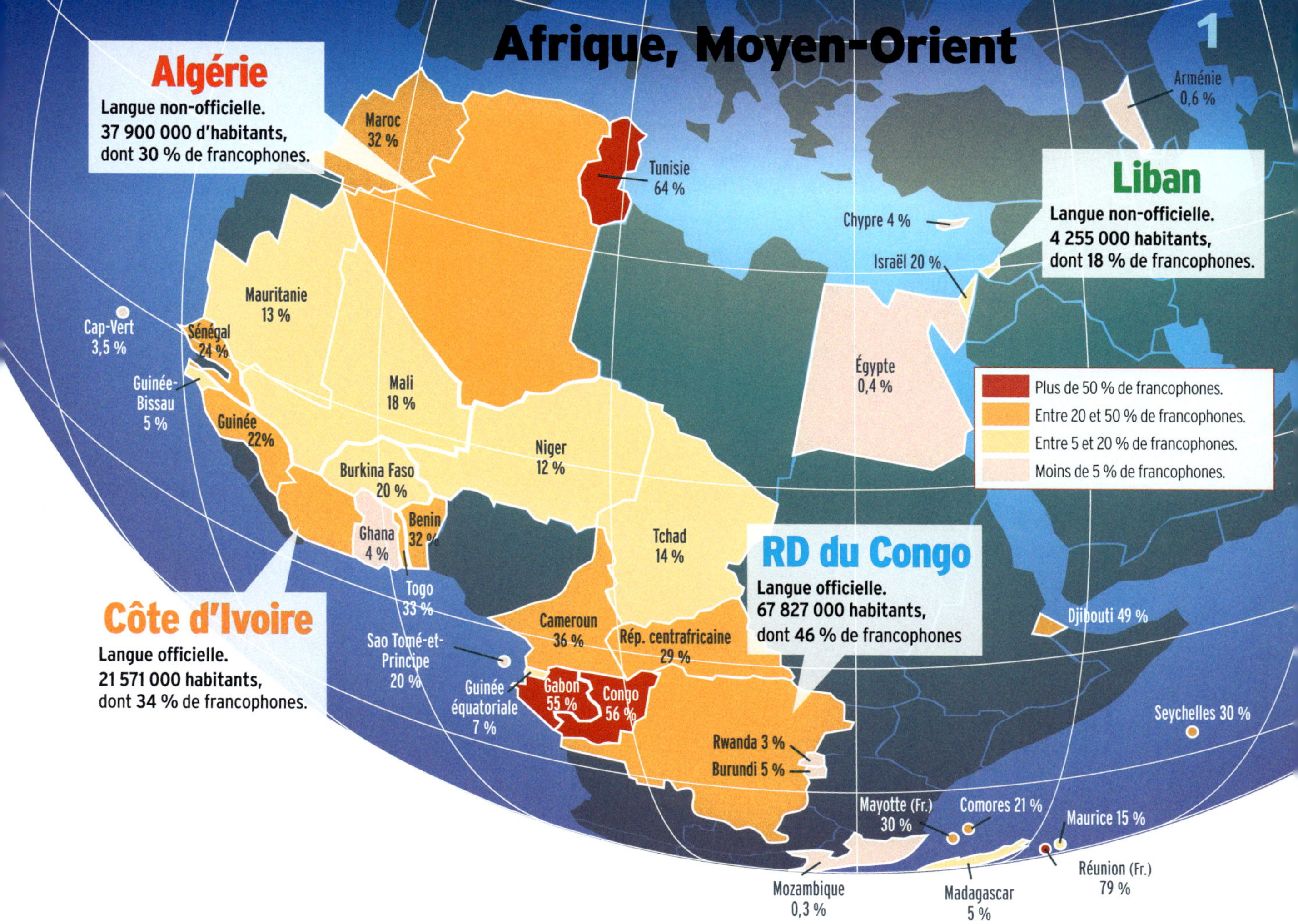

Afrique, Moyen-Orient

Algérie
Langue non-officielle.
37 900 000 d'habitants,
dont 30 % de francophones.

Liban
Langue non-officielle.
4 255 000 habitants,
dont 18 % de francophones.

Côte d'Ivoire
Langue officielle.
21 571 000 habitants,
dont 34 % de francophones.

RD du Congo
Langue officielle.
67 827 000 habitants,
dont 46 % de francophones

Maroc 32 %
Tunisie 64 %
Arménie 0,6 %
Chypre 4 %
Israël 20 %
Égypte 0,4 %
Mauritanie 13 %
Cap-Vert 3,5 %
Sénégal 24 %
Guinée-Bissau 5 %
Guinée 22%
Mali 18 %
Niger 12 %
Burkina Faso 20 %
Ghana 4 %
Benin 32 %
Togo 33 %
Tchad 14 %
Cameroun 36 %
Rép. centrafricaine 29 %
Sao Tomé-et-Principe 20 %
Guinée équatoriale 7 %
Gabon 55 %
Congo 56 %
Rwanda 3 %
Burundi 5 %
Djibouti 49 %
Seychelles 30 %
Mayotte (Fr.) 30 %
Comores 21 %
Maurice 15 %
Réunion (Fr.) 79 %
Mozambique 0,3 %
Madagascar 5 %

Plus de 50 % de francophones.
Entre 20 et 50 % de francophones.
Entre 5 et 20 % de francophones.
Moins de 5 % de francophones.

Liban

La langue des commerçants
Le Liban a toujours été très ouvert sur le monde: pendant longtemps, des commerçants venus de nombreux pays y faisaient des affaires en parlant toutes les langues.

Au début du 20e siècle, le Liban a été placé sous la tutelle de la France, avant de devenir indépendant. C'est pourquoi le français y est aujourd'hui la langue étrangère la plus parlée, devant l'anglais.

3 Le rôle du français

Chaque groupe choisit un pays et cherche des mots-clés. Rassemblez vos résultats et faites une fiche sur le thème «Le rôle du français dans le monde». → S8 / S10

 4 médiation On y parle français

Expliquez en allemand pourquoi on parle français dans ces pays. N'oubliez pas de regarder la carte ci-dessus pour pouvoir donner des chiffres.

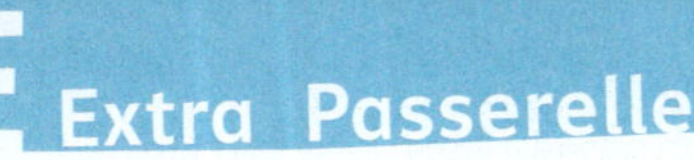

1

→ facultatif, nach L1

5 L'indépendance, c'est …

Trouvez le mot qui correspond à la définition.

1. C'est quelqu'un qui parle français:
2. C'est quelqu'un qui achète ou vend des produits:
3. C'est quand un pays impose sa culture et sa langue à un autre pays:
4. C'est quand un pays devient libre:

un habitant
l'indépendance
un / une francophone
la population
la colonisation
un / une commerçant(e)

6 Un peu d'arabe …

Dans ces bulles, trouvez les quatre mots d'origine arabe.
Quelle est leur signification?

1.
– Où est-ce que tu vas en vacances?
– En Belgique, dans un bled perdu où habitent mes grands-parents.

2.
– Tu veux un caoua?
– Oui, je veux bien.
Tu as du sucre?

3.
– Mon petit frère et ma petite sœur veulent venir avec nous. Mais, je n'ai pas envie d'aller à la piscine avec toute la smala.

4.
– Tu as vu la voisine?
Elle promène son clebs.
– Oui, il est vraiment moche.

7 Le français, une langue importante → G32

a Regardez le tableau. Comparez les phrases, puis expliquez en allemand.

b Trouvez la forme active de ces phrases.
Exemple: Le français **est parlé** dans 177 pays.
On parle français dans 177 pays.

1. Le français est enseigné dans les écoles.
2. La langue française est utilisée dans les documents officiels.
3. Le français a été introduit au Rwanda par les Belges.
4. L'Afrique du nord a été colonisée au 19e siècle par les Français.

La forme passive
1. Le français **est parlé** en Belgique.
On parle français en Belgique.

2. La RDC **a été colonisée par** les Belges.
Les Belges ont colonisé la RDC.

c Répondez aux questions.

la France | le Québec | la Belgique | l'Algérie | le Ghana | la Martinique

1. Le français / L'anglais est parlé dans quel pays / dans quelle région?
2. La canne à sucre / La banane est cultivée dans quel pays / dans quelle région?
3. Dans quel pays est-ce que le français / l'anglais est utilisé dans les documents officiels?

8 Petite histoire de la Guadeloupe → G32

Trouvez la bonne fin de la phrase.

1. Les Antilles
2. Puis, la Guadeloupe
3. La culture de la canne à sucre y
4. Pour ce travail, des esclaves africains

a été introduite en 1654.
ont été découvertes par Christophe Colomb.
a été colonisée au 17e siècle par les Français.
ont été transportés aux Antilles.

9 Ils discutent en marchant → G22

a Qu'est-ce que vous faites en même temps?
Faites trois phrases en utilisant le gérondif.
Exemple:
Je regarde la télé en mangeant une pomme.

en regardant | en mangeant | en faisant | en apprenant | en lisant | en écoutant

le gérondif
Qu'est-ce qu'ils font **en même temps**?
Ils discutent **et** ils march**ent**.
↓
Ils discutent **en** march**ant**.

b Dites comment vous faites.
Exemple:
– Comment est-ce que tu apprends le français?
– En écoutant des chansons françaises.

lire des BD | chatter | écouter | chanter | suivre des cours

– **Comment** est-ce que tu apprends le français?
– J'apprends le français **en écoutant** de la musique française.
– Je l'apprends **en lisant** des BD.

Un lieu symbolique

Vous allez écrire un commentaire sur un mémorial.

1 Avec une chaîne autour du cou

a Regardez cette sculpture et choisissez trois mots qui pourraient décrire les sentiments de ces personnes. → S6

Slave Chain with Four Yokes, œuvre présentée au Memorial ACTe, à Pointe-à-Pitre, en Guadeloupe.

dignité colère résignation souffrance malheur agression tristesse

b Qu'est-ce que vous ressentez en regardant cette sculpture? Est-ce que cela vous touche / vous choque ou …?

CD 33 c La sculpture du Mémorial ACTe représente des esclaves, comme il y en a eu beaucoup aux Antilles et en Amérique du Nord. Ecoutez comment les esclaves sont arrivés en Guadeloupe. Expliquez comment fonctionnait le commerce triangulaire.

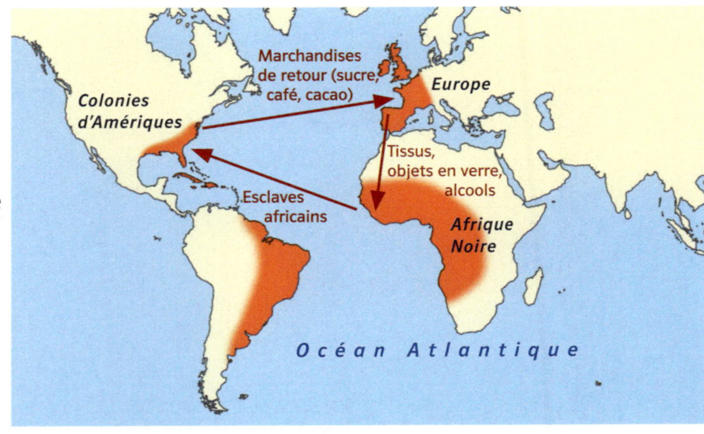

CD 34

2 Inauguration du Mémorial ACTe

Pointe-à-Pitre, 10 mai 2015

Ce 10 mai, journée commémorative de l'abolition de l'esclavage en France, François Hollande vient d'inaugurer le Mémorial ACTe: centre caribéen d'expressions et de mémoire de la traite et de l'esclavage.

Ce bâtiment ultramoderne est situé à Pointe-à-Pitre, sur le site d'une ancienne usine de sucre où on pratiquait, encore au 19e siècle, le travail forcé. Date symbolique, lieu symbolique. Une trentaine de chefs d'Etat, dont ceux du Sénégal, du Mali, du Bénin et d'Haïti étaient venus pour se souvenir.

A la fin de la cérémonie, le président de la République a signé le Livre d'or: «C'est avec émotion que j'ai inauguré le mémorial ACTe. Le souvenir des femmes, hommes, enfants victimes de la traite, nous font obligation de ne rien oublier et de lutter encore aujourd'hui pour la dignité humaine».

Auparavant, le chef de l'Etat avait visité les salles d'exposition. Il était aussi passé devant la sculpture géante qui représente un arbre métallique, symbole des racines des habitants de l'île.

Le Mémorial ACTe raconte l'esclavage dans sa globalité, de l'antiquité à nos jours. Lilian Thuram, ancien champion de football, était lui aussi venu pour l'inauguration. Selon lui, «Ce mémorial est un cadeau pour les générations futures». En effet, voici la réaction d'une jeune fille après sa visite du mémorial: «J'ai tapé le nom de famille de mon père et directement, je l'ai trouvé dans la base de données. Quand on voit qu'ils étaient des anciens esclaves, on comprend mieux et on apprend à vivre avec.»

Seul point critiqué, le coût très élevé de ce mémorial (83 millions d'euros), alors que la Guadeloupe enregistre 25 % de chômage et aurait bien besoin de finances pour améliorer son économie en crise.

3 A propos du texte

Lisez l'article et répondez.

1. Où se trouve le mémorial? Pourquoi est-ce qu'on a choisi ce lieu?
2. Pourquoi est-ce que plusieurs chefs d'Etat se sont retrouvés en Guadeloupe?
3. Pourquoi est-ce que le Président dit qu'il faut lutter pour la dignité humaine encore aujourd'hui?
4. Pourquoi est-ce que Lilian Thuram dit que c'est un cadeau pour les jeunes?
5. Certaines personnes critiquent le projet. Pourquoi?

4 médiation Les commentaires des lecteurs

Résumez en allemand les arguments des lecteurs.

5 messages Page 1 sur 1

boubasrio:	Encore un truc qui sert à rien, il fallait investir dans un hôpital en mémoire de ces gens, cela aurait servi à quelque chose, mais là c'est notre argent foutu en l'air.
Artur 03:	83 millions d'euros! On pouvait sans doute faire beaucoup moins cher et consacrer l'argent à des choses plus utiles sur le plan économique.
Etac:	Belle idée, belle réalisation. Bien sûr on peut considérer le coût trop élevé, mais les souffrances des esclaves méritent un monument exceptionnel.
Là-bas:	Qui va aller visiter ce truc ? Des touristes qui sont venus pour les plages et les palmiers ? Et toujours 50 % des jeunes guadeloupéens sans travail …
Louisa:	Coupe du monde 2022 : des «esclaves» népalais morts au Qatar sur les chantiers ?

5 On dit: Donner son avis

Le Mémorial ACTe	
est un monument pour se souvenir	des victimes de l'esclavage / de l'histoire.
Il aide les visiteurs	à comprendre le passé / à réfléchir sur …
Il est important	pour les générations ….
D'une part, on ne doit pas oublier	qu'il faut lutter pour … , encore aujourd'hui.
D'autre part, avec l'argent on aurait pu	faire autre chose / lutter contre … / construire … pour les habitants.
A mon avis,	c'est un monument important parce que …
Selon moi,	le mémorial a coûté / coûte trop cher.
Je trouve qu'	il est inutile, il ne sert à rien.
	il (n') intéresse (pas) les jeunes / les touristes.
En conclusion, je trouve qu'	on a eu raison / tort de construire le mémorial.

Ecrivez votre propre commentaire sur le Mémorial ACTe.

6 Ah, ces touristes! → G15

Le plus-que-parfait
Ils sont allés en Guadeloupe parce qu'ils **avaient gagné** un voyage.
n'**étaient** jamais **allés** aux Antilles.

a Regardez le tableau. Comment est-ce qu'on construit le plus-que-parfait?

b Faites des phrases en utilisant le plus-que-parfait.

1. En arrivant, ils étaient fatigués		(rester) tout l'après-midi au soleil.
2. Ils sont allés au mémorial		(lire) un article intéressant.
3. A la plage, elle n'a pas pu aller dans l'eau		(voyager) toute la nuit.
4. Le soir, elle avait mal à la tête	parce que	(acheter) plein de souvenirs.
5. Son mari est allé chez le médecin		(oublier) son maillot de bain.
6. Au retour, ils n'avaient plus d'argent		(tomber) dans les rochers.

7 C'est fini ou pas? → G23

Il est en train de faire de la plongée.

Elle vient de faire de la plongée.

 Décrivez les dessins. Ecrivez deux phrases par dessin.

Outre-Rhin

Vous allez décrire et commenter le clip d'une chanson.

1 Grenzgänger / Frontaliers

a Regardez en classe ou sur le blog du groupe **Zweierpasch** le clip «Grenzgänger/Frontaliers» et répondez aux questions.

1. Est-ce que vous reconnaissez l'endroit où les chanteurs ont tourné le clip?
2. Dans quelles langues est-ce qu'ils chantent?
3. Est-ce que vous pensez qu'ils sont Français?

b Faites des recherches sur le groupe **Zweierpasch**.

c Lisez le premier couplet de la chanson.

1. Quel est le message de la chanson?
2. Quelle est la passion des deux chanteurs?
3. Pourquoi est-ce qu'ils chantent dans les deux langues?

REFRAIN

Wir überschreiten Grenzen, grenzenlos über Grenzen
On dépasse les frontières, on fait tomber les barrières
Grenzgänger, on est des frontaliers
Le rap, le langage, les mots, les bagages

STROPHE 1

Ich bin Grenzgänger – Frequenz auf zwei Sendern
Grenzüberschreitend geerdet in zwei Ländern
Durch meine Wurzeln geprägt – Gefühl von Heimat
Doch stetem Hang zum frankophilen Einschlag
Etant jeune, grand voyageur, j'ai exploré
Une grande passion: la France m'a vraiment fasciné
Attiré par l'altérité de l'étranger
J'ai commencé à osciller comme un frontalier
~
Wir überschreiten Grenzen wie Caesar damals den Rubikon
Mentale Mauern bekämpfen wir mit dem Lexikon
Und der Rap-Musik – Texte auf fetten Beats
Oft auf Französisch und Deutsch, weil das den Flavour gibt
La langue me facilite l'accès aux deux pays
Et franchement grâce à la musique je réfléchis
Sur la vie et les frontières à dépasser
Le passé m'a donné l'esprit d'un transfrontalier
[...]

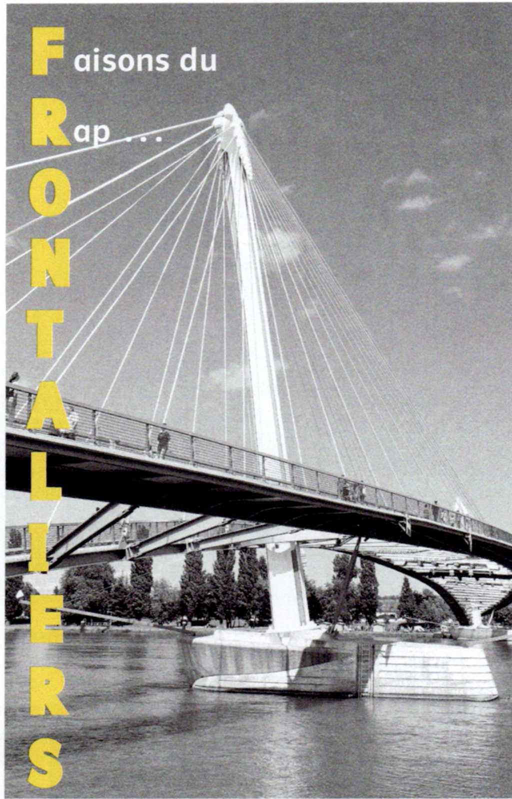

Faites un acrostiche avec FRONTALIERS ou un autre mot de la chanson.

1939 – 1945 Deuxième Guerre mondiale
1940 Le Général de Gaulle part en exil à Londres pour organiser la Résistance contre l'Allemagne nazie.
1940-1944 La France est occupée par l'armée allemande.
1944 La France est libérée par l'armée américaine.
1958 Charles de Gaulle devient président de la République française.
1963 Konrad Adenauer (le premier chancelier de la République Fédérale d'Allemagne) et Charles de Gaulle signent le Traité de l'Elysée: coopération franco-allemande.

2 Un peu d'histoire

Regardez la photo, puis lisez les informations. Quels sont les hommes politiques sur la photo? Qu'est-ce qu'ils font?

3 On dit: Parler d'un clip

La description du clip:	**Mon avis sur:**
Les personnes? / Le lieu? / Qu'est-ce qu'ils font?	Le thème / La musique / La réalisation
Dans le clip,	il y a / on voit … / j'ai vu / reconnu …
Le clip a été tourné	à … / sur …
Les chanteurs parlent de …	
Le clip / la musique / (ne) me plaît (pas)	parce que …
Les paroles (ne) me plaisent (pas)	car …
Je trouve que le clip	est réussi / n'est pas réussi.
Je (ne) suis (pas) d'accord avec les chanteurs	parce que …

Décrivez le clip de **Zweierpasch**, puis écrivez un commentaire.

4 On en parle souvent → G8

a Regardez le tableau. Le pronom **«en»** remplace quels mots? Où est-il placé dans la phrase?

b Faites des phrases avec **«en»**.
1. Il a passé trois semaines en France. Il est revenu **de France** hier.
2. Elle adore faire du sport. Elle fait **du sport** tous les jours.
3. Elle aime les chips. Mais sa mère n'achète jamais **de chips**.

c On utilise aussi «en» dans ces expressions. Traduisez-les.
1. – J'ai ramené des macarons de France. Tu **en** veux? – Oui, volontiers.
2. – Je voudrais travailler cet été dans un restaurant français. Qu'est-ce que tu **en** penses?
3. – Elle a trouvé un job en Allemagne? – Je n'**en** sais rien. Demande-lui.

– Tu joues **du piano**?	– J'**en** joue tous les jours.
– Il parle **de ses vacances**?	– Non, il n'**en** parle pas.
– Tu es revenu **de Paris**!	– J'**en** suis revenu hier.

Hören, sehen und verstehen

1 **Hören und verstehen im Dreischritt**

Avant l'écoute:
Bereite dich auf das Hören vor: Lies die **Überschrift** und die **Aufgabenstellung** durch und schau dir die **Bilder** ganz genau an. Worum könnte es gehen? Was weißt du schon zu diesem Thema? Gibt es einen Hörauftrag? Wie lautet er?

Qui? (Wer spricht mit wem?)
Où? (Wo befinden sich die Personen?)
Quand? (Wann findet die Handlung statt?)
Quoi? (Worum geht es?)

Pendant l'écoute:
Erstes Hören: Wer spricht (mit wem)? **Wo? In welcher Situation** befinden sich die Personen? **Worum könnte es gehen?** Achte auf die **Stimmen** der Personen und **Hintergrundgeräusche**. Wie ist die **Stimmung**? Hierzu kannst du dir **Notizen** machen.

Zweites Hören: Überprüfe deine Vermutungen über den Inhalt. Versuche noch mehr zu verstehen und ergänze deine Notizen.

Après l'écoute:
Vervollständige und ordne deine Notizen.

2 **Einen Film verstehen**

Schau dir Filme oder Filmszenen **mehrmals** an. Wenn ihr zu zweit seid, tauscht euch über euren Verständnisstand aus. Ein Film enthält zahlreiche Zusatzinformationen, die dir beim Verstehen der Situation helfen.

Spielfilme:
Achte auf **Gestik**, **Mimik** und **Tonlage** der handelnden Personen und beziehe den **Handlungsort**, die **Atmosphäre**, **Situation** und **Hintergrundmusik** ein, um die Handlung zu verstehen.

Dokumentarfilme:
Konzentriere dich darauf, dem Film **Informationen** zu entnehmen. Um welches **Thema** geht es? Höre **Schlüsselwörter** heraus und beziehe die **Zusatzinformationen der Bilder** mit ein.
Mach dazu ein Experiment: Schau dir den Film zunächst ohne Ton an und sammle Informationen, die dir der „Stummfilm" liefert. Formuliere **Vermutungen** über den Film und schalte beim zweiten Anschauen den Ton dazu.

Tipp
Viele französische Filme gibt es auf DVD mit französischen **Untertiteln.**

Lesen und verstehen

3

Lesen und verstehen im Dreischritt

Avant la lecture:

Oft erkennst du an der äußeren Form, um welche Textsorte es sich handelt: Geschichte, Dialog, Sachtext, Internetseite, Poster, Prospekt, Zeitungsartikel, Comic etc. Die **Textsorte weckt** automatisch **Erwartungen** in dir, welche Informationen du im Text finden wirst. **Gebrauchstexte** z. B. Bewerbungsbriefe, haben oft eine **vorgeschriebene Form** und verwenden **bestimmte Redewendungen**.

Erste Hinweise auf den Inhalt eines Textes erhältst du z. B. durch den **Titel**, die **Gestaltung** oder die **Bilder** (Personen, Gegenstände, Ort).

Pendant la lecture:

Finde beim **ersten Lesen** heraus, worum es in dem Text geht (Globalverständnis). Wo sind **Schlüsselwörter** zu finden? Welche **Sätze** sind besonders wichtig? Teile den Text evtl. in **Sinnabschnitte** ein und finde Teilüberschriften.

Versuche **unbekannte Wörter** zu **erschließen** (→ S5) oder schlage sie in einem (digitalen) Wörterbuch nach. Kläre Textstellen, die du nicht verstehst.

Adolescence
Je rêvais de me cacher dans un trou. Quand je me retrouvais dans des situations inconfortables, je me disais: «Serre les dents, ça passera!» Et c'est passé! […] Comme j'étais l'aîné, il fallait que je m'occupe de mes petits frères et que je trouve des solutions pour tous les problèmes de la vie quotidienne.

Fatima
La personne la plus drôle de la famille, ce n'est pas moi, c'est ma mère! Un vrai pitre! C'est grâce à elle (ou à cause d'elle) si je suis comme cela.

Papy
Alain Degois (Papy !) est le mec qui m'a sauvé la vie. Il dirigeait les ateliers de théâtre d'improvisation. Il est venu dans mon collège et m'a trouvé génial. A 15 ans, la seule chose qu'on me disait, c'était: «Dégage, t'es nul, t'es pas drôle!» Avec lui, au contraire, c'était: «T'es le bienvenu, t'es bon, viens nous faire rire!»

Improvisation
Je pratique cette technique de jeu tous les soirs. Je ne fais jamais deux fois le même spectacle. J'ai tout appris avec Papy et la troupe d'improvisation de Trappes, là où j'habitais.

Après la lecture:

Beantworte die Fragen zum Text oder bearbeite die Aufgaben. Dabei hilft dir die **Lesetechnik scanning** (→ S4) weiter. **Komplexere Texte** lassen sich gut in einer **Lesekonferenz** erarbeiten (→ S21).

4

Unterschiedliche Lesetechniken nutzen

Scanning: gezielt nach Informationen in einem Text suchen

Beim Scanning erhältst du vor dem Lesen einen Auftrag und suchst gezielt nach Informationen im Text (Personen, Orte, Ereignisse etc.). Die gesuchten Begriffe springen dir besser ins Auge, wenn du mit dem Finger von unten nach oben oder in Schlangenlinien über den Text gehst.

Skimming: einen Text überfliegen

Beim Skimming versuchst du, dir rasch einen **Überblick über den Textinhalt** zu verschaffen. Dadurch kannst du feststellen, ob ein Text z. B. für ein Referat geeignet ist. Die Technik eignet sich auch, um erste Eindrücke von einer Geschichte zu bekommen oder um zu prüfen, ob ein Internettext die gewünschten Informationen enthält. Lies dabei besonders die **Überschrift, hervorgehobene Wörter** oder **Sätze** und **Zwischenüberschriften**. Schau dir beigefügte **Bilder** und **Grafiken** an.

5

Wörter erschließen

Du kannst die Bedeutung unbekannter Wörter oft herausfinden, ohne ein Wörterbuch zu benutzen.
Viele Wörter werden auch in deiner **Muttersprache** oder **anderen Sprachen** verwendet.
Häufig stecken in Wörtern **Teile von Wörtern**, die du bereits kennst, z. B.: **ami**tié, **dessin**er …
Manchmal hilft dir auch der **Zusammenhang**, in dem das Wort steht. Lies dazu den Satz (und evtl. auch den vorherigen und den nächsten Satz) noch einmal genau durch und überprüfe, ob die Bedeutung passen könnte.

histoire – history

le musicien – la musique

6

Wörter nachschlagen / Ein zweisprachiges Wörterbuch benutzen

Du möchtest die Bedeutung eines französischen Wortes nachschlagen?
Du sollst einen französischen Text schreiben und dir fehlt ein Wort oder ein Ausdruck?
In diesen Fällen hilft dir ein zweisprachiges oder ein digitales Wörterbuch.

Beachte die folgenden Hinweise:

1. Gib bei Verben immer den **Infinitiv** ein.
2. Viele Wörter haben **mehrere Bedeutungen** oder **Übersetzungsmöglichkeiten**. Diese sind durch fettgedruckte Zahlen voneinander getrennt.
3. **Überlege genau**, ob die gefundene Bedeutung in den Textzusammenhang passt.

① ②
amoureux[1], amoureuse [amuʀø, amuʀøz]
③ verliebt; **être amoureux <u>de</u> quelqu'un** in jemanden verliebt sein; **tomber amoureux <u>de</u> quelqu'un** sich in jemanden verlieben

Zu jedem Eintrag gibt es folgende Angaben:
① **die Schreibweise** (l'orthographe)
② **die Aussprache** (la prononciation)
③ **die Übersetzungsmöglichkeiten**
Im Wörterbuch stehen in der Regel auch Wortverbindungen, Beispielsätze und Redewendungen.

Tipp
Wenn du nicht sicher bist, ob du die richtige Übersetzung gefunden hast, gibst du das deutsche bzw. französische Wort ein und machst auf diese Weise die ***Gegenprüfung***.

7

Internetrecherche

Wenn du gezielt nach Informationen im Internet suchst, gib ein treffendes **Stichwort** in eine französische Suchmaschine ein. Sie endet mit **.fr** (anstelle von .de). Oft ist es sinnvoll, eine **Kombination** von mehreren Stichwörtern einzugeben (z. B. Omar Sy film). Die Lesetechniken **skimming** und **scanning** (→ S4) helfen dir dabei, die Internetseiten schnell auf ihren Informationsgehalt zu prüfen. Mit den Buttons der Hauptseiten kannst du Untermenüs öffnen und dort gezielt weitere spezielle Informationen finden. Achte darauf, ob deine Quelle **zuverlässig** ist und bevorzuge offizielle Seiten **(sites officiels)**. Wenn du Informationen aus dem Internet für eigene Präsentationen verwendest, gib immer die **Quelle** an.

8

Sachtexte auswerten

Wenn du einem Text Informationen entnehmen sollst, suche zunächst die **Oberbegriffe** bzw. **Themen**, über die er Auskunft gibt. Teile längere Texte dazu in **Sinnabschnitte** ein und **markiere wichtige Wörter** im Text. Du kannst auch eine **«carte mentale»** mit diesen Wörtern beginnen (→ S10) und dann die Nebeninformationen geordnet dazuschreiben.
Überlege, welche Informationen du weiter verwenden willst. Setze eigene Schwerpunkte.

Sich ausdrücken: sprechen und schreiben

9 **Wortschatz aufbauen und individuell erweitern: mon dico personnel**

Lege ein Spiralheft an und sammle auf jeweils einer Seite Wörter, die zu einem bestimmten **Sachgebiet** gehören und die dir wichtig sind. Schreibe den **Oberbegriff** in die **Mitte** und ordne deine Wörter in **Vokabelnetzen** an. Lass nach außen hin ausreichend Platz, so dass du die Netze später mit weiteren Wörtern ergänzen kannst.

Anregungen für Vokabelnetze findest du im Lernvokabular unter der Rubrik **«Mon dico personnel»**

10 **Carte mentale bzw. Fiche erstellen und versprachlichen**

Wenn du die Inhalte eines Textes in eigenen Worten wiedergeben sollst, notiere dir zunächst **Oberbegriffe**, zu denen du Informationen hast. Sie geben deinem späteren Vortrag eine Struktur.
Sammle dann Informationen zu diesen Oberbegriffen und schreibe sie in Form von **Schlüsselwörtern (mots-clés)** dazu.

Übe nun (z. B. gemeinsam mit einem Mitschüler / einer Mitschülerin) anhand deiner Fiche bzw. Carte mentale **frei** über den Sachverhalt **zu erzählen**. Bilde **einfache eigene Sätze** und benutze Wörter, die deine Mitschüler verstehen können. Wenn du Fachwörter benutzt, erkläre sie kurz auf Deutsch.

Bei umfangreichen Informationen kannst du deinen Vortrag mit **Redemitteln aus S25 strukturieren**.

11 Grafiken auswerten

Nenne zunächst das **Thema** der Grafik.
Lies dazu die **Überschrift**.
Beschreibe dann die Aussagen der Grafik.
Manchmal lassen sich **einzelne Daten zusammenfassen**.
Abschließend kannst du die Aussagen miteinander **vergleichen und interpretieren**.

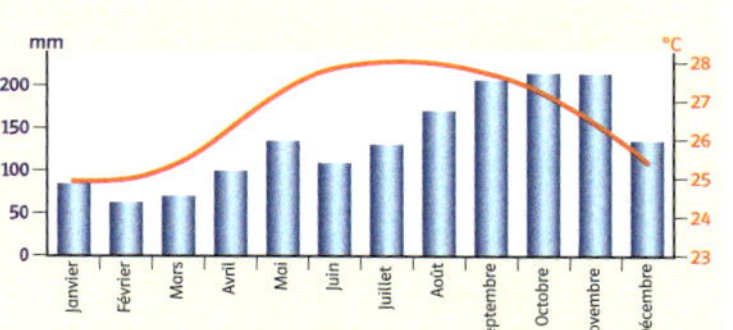

Le graphique montre le climat en Guadeloupe.
Sur le graphique, on voit que …
Le graphique montre que …

12 Ein Bild beschreiben

Beschreibe zunächst, **was** bzw. **wen** das Bild **hauptsächlich** zeigt.
Ordne die dargestellte Szene bezüglich **Ort und Zeit** ein.
Beginne dann mit der **genaueren Beschreibung** und gehe dabei **systematisch** vor, z. B. vom Mittelpunkt des Bildes nach außen bzw. vom Vordergrund **(au premier plan)** zum Hintergrund **(dans le fond)**. Wenn **Personen** im Bild sind, beschreibe:

- ihre äußere Erscheinung (z. B. Aussehen, Alter, Kleidung, …),
- ihre Körperhaltung bzw. was sie tun,
- die Beziehung, in der die Personen zueinander stehen.

Gehe dann auf weitere **Gegenstände** und **Details** ein, die du auf dem Bild erkennen kannst.

Au milieu, on voit …
A droite / A gauche de …, on reconnaît …

Tipp
Deine Beschreibung sollte so genau und detailliert sein, dass eine andere Person sich das Bild genau vorstellen kann.
Weitere Redemittel zur Beschreibung von Personen findest du auf S. 190.

13 Résumé

Ein **résumé** ist die **kurze, sachliche Zusammenfassung** eines Textes im **Präsens**.
Finde zunächst die wichtigsten Informationen heraus, indem du zu jedem Abschnitt **Schlüsselwörter** notierst:

- Zeit **(Quand?)**
- handelnde Personen **(Qui?)**
- Handlung **(Quoi?)**
- Ort **(Où?)**

Bilde jetzt aus diesen Informationen Sätze und verbinde diese durch Satzeinleitungen wie **d'abord, puis, ensuite, tout à coup, à la fin**.

Tipp
Ein gutes **résumé** ist ***viel kürzer*** als der Ausgangstext. Das Schreiben funktioniert oft am besten, wenn du nur deine Schlüsselwörter vor Augen hast und den Text beiseite legst.

14 Médiation

Bei der Sprachmittlung geht es nicht darum, alles wortwörtlich zu übersetzen, sondern darum, die **wesentlichen Inhalte** wiederzugeben.

Im Gespräch
Überlege, was für deinen Gesprächspartner / deine Gesprächspartnerin wichtig ist.
Fasse den Inhalt der Aussage kurz auf Deutsch oder auf Französisch zusammen.

Du erklärst auf Deutsch
Erkläre die Situation.
Nenne das Thema.
Überprüfe, ob du verstanden wurdest.
Antworte auf Rückfragen.

Du erklärst auf Französisch
Versuche, die wichtigsten Punkte zu benennen.
Setze Gestik und Mimik ein.
Du kannst auch Skizzen anfertigen oder Symbole verwenden.

Informationen aus Texten
Hier solltest du zusätzlich sagen, um welchen Text es sich handelt und wichtige (Detail-)Informationen berücksichtigen.

15 Eine Persönlichkeit präsentieren

1. **Suche Informationen** zur Person im Internet. (→ S4, S7)
2. Welche **Aspekte** findest du an dieser Person **interessant**? Erstelle eine **carte d'identité**.
3. Notiere **wichtige Informationen** in Form von **Schlüsselwörtern** und bilde damit einfache und verständliche Sätze. **Übe deine Präsentation** vor einem Mitschüler / einer Mitschülerin und lass dir ein **Feedback** geben. (→ S26)
4. Aussagekräftige **Fotos** zu deinen Schwerpunkten machen deinen Vortrag anschaulich. Du kannst sie auch elektronisch präsentieren.
5. **Begründe** in einem letzten zusammenfassenden Satz kurz, warum du diese Person gewählt hast und **was du** an ihr **beeindruckend findest**.

Nom de naissance: Paul Van Haver
Pseudonyme: Stromae

Date de naissance: le 12/03/1985
Lieu de naissance: Bruxelles
Pays: Belgique

Métier: auteur-compositeur-interprète
Ses débuts en musique: premiers cours de solfège et de batterie à 11 ans
Ses études: école de cinéma
Son premier tube: «Alors on danse»
Ses albums: «Cheese», «Racine carrée»

… me fascine beaucoup parce que…
Je trouve que … est fascinant(e) parce que …

16

Eine Präsentation vorbereiten und durchführen

Informationen sammeln

Wähle ein **Thema**, das du persönlich **interessant** findest und suche dazu **Informationen**, die dir **wichtig** erscheinen. (→ S7) Setze also **eigene Schwerpunkte**, verliere dich nicht in Details und wähle Zahlendaten nur sparsam und ganz gezielt aus.

Erstelle eine **carte mentale** mit **Schlüsselwörtern** (→ S10) und gib deinem Thema somit eine eigene Struktur.

Informationen weitergeben

Bilde nun anhand der carte mentale **eigene einfache und verständliche Sätze** mit Wörtern, die deine Mitschüler/innen kennen und gliedere deine Präsentation mit den unten angegebenen Redemitteln. → S25

Erkläre schwierige Wörter und **veranschauliche** deinen Vortrag mit **passenden Abbildungen**. Denke an eine **Einleitung** und einen **Schlussteil**.

Übe deine Präsentation und versuche möglichst **frei**, **deutlich** und **laut** zu sprechen. Karteikarten mit Schlüsselwörtern helfen dir, den roten Faden nicht zu verlieren.

17

Feedback geben – fair und konstruktiv!

Mit der Tipp-Top-Methode könnt ihr euch gegenseitig fair und konstruktiv eine **Rückmeldung zu mündlichen Präsentationen** geben.

Besprecht **vor** der mündlichen Präsentation in der Klasse die Kriterien, die einen guten mündlichen Vortrag auszeichnen. Haltet die Kriterien stichwortartig als **Checkliste** (z. B. an der Tafel oder im Heft) fest.

Nach dem Vortrag nennt ihr zunächst in einer **Top-Runde** alles, was euch gut gefallen hat.

In einer anschließenden **Tipp-Runde** macht ihr **Verbesserungsvorschläge** zu Punkten, die nicht so gut gelungen sind.

18 Bewerbungsbrief / Lettre de motivation

Die folgenden Tipps helfen dir, einen Bewerbungsbrief **knapp** und **präzise**, **höflich** und **korrekt** zu formulieren:
Schreibe Bewerbungsschreiben immer mit dem **Computer** und achte auf eine **neutrale Schrift** und eine **gut lesbare Schriftgröße**.
Ein Bewerbungsschreiben sollte auf eine DIN-A4-Seite passen.

Adresse des Absenders	Virginie Collier 27 rue de Provence 84000 AVIGNON
Adresse des Empfängers	Restaurant Le Zinzolin A l'attention de Madame Moretti Rue Galante 84000 AVIGNON
Betreff	Objet: Candidature pour un poste de serveur/serveuse
Ort, Datum	Avignon, le 5 juin 2018
Anrede	Madame,
Großbuchstabe	Suite à votre annonce sur Internet, je vous adresse ma candidature pour un poste de serveuse.
Interesse am Stellenangebot	Après mon Brevet Professionnel restaurant, j'ai travaillé pendant plusieurs années dans un restaurant africain. J'aime le contact avec les gens … Je reste à votre disposition pour un entretien.
Schlussformel	Dans l'attente de votre réponse, veuillez agréer, Madame, l'expression de mes salutations distinguées.
Name, Unterschrift	Virginie Collier *Collier*
Verweis auf Anlagen (Pièces jointes)	P.J.: Curriculum vitae

Die **Anrede** deines Briefes lautet **Madame** oder **Monsieur** (ohne den Nachnamen) oder **Mesdames, Messieurs**, wenn du den Adressaten nicht kennst. In der **Schlussformel** wiederholst du die Anrede (**Madame, Monsieur** oder **Mesdames, Messieurs**).
Ein Bewerbungsschreiben sollte **fehlerfrei** sein. Verwende daher die Funktion **Rechtschreibprüfung Französisch**. Lies den Brief anschließend noch einmal sehr sorgfältig durch und achte dabei auf **Rechtschreibung**, **Zeichensetzung** und **Grammatik**.

19 Lebenslauf / Curriculum vitae (CV) – Dein Leben auf einem Blatt Papier

Dein Lebenslauf gibt stichwortartig Auskunft über die **wichtigsten Stationen** deines Lebens und enthält Informationen über deine **persönlichen Daten**, **Fähigkeiten** und **Erfahrungen**. Er sollte am Computer geschrieben, **übersichtlich gestaltet** und **gegliedert** sein und auf eine DIN-A4-Seite passen.

Name	Julie Moretti		(Photo facultative)
Kontaktdaten	Rue Galante		
	Avignon		
	Tél. 05....		
	E-mail: Julie.moretti@mail.fr		
Geburtsdatum	Née le 5 avril 2002		
Schulbildung	**FORMATION**		
	2014–2017	Collège Honoré de Balzac, Paris XVe	
berufliche Erfahrungen	**EXPERIENCE PROFESSIONNELLE**		
	2017	Job au restaurant Le Zinzolin, Avignon	
	Juin 2017	Stage de découverte à la Poste, Paris XVe	
	2015–2016	Aide dans la crêperie Moretti, Paris	
spezielle Kenntnisse	**LANGUES – INFORMATIQUE**		
	Anglais	Depuis la sixième, niveau A2	
	Allemand	Depuis la sixième, niveau A2	
	Logiciels	Word, PowerPoint	
Interessen	**CENTRES D'INTERET**		
	Sports	Equitation, canoë, hip-hop	
	Voyages	Berlin, chez ma correspondante, Suisse	
	Loisirs	Faire la cuisine, lire	
	Autre	Baby-sitting	

Deine Fremdsprachenkenntnisse führst du unter dem Punkt **«Langues»** auf.
Hier kannst / solltest du die Niveaus des internationalen Referenzrahmens (z. B. A2, B1) hinzufügen und auf eventuell erworbene Sprachenzertifikate (DELF A2) verweisen.
Unter dem Punkt **«Centres d'intérêt»** kannst du persönliche Interessen und Hobbys hinzufügen; besonders, wenn sie für die Bewerbung interessant sind.
Der französische Lebenslauf enthält **kein Datum** und wird auch **nicht unterschrieben**.

Tipps zum Umgang mit DELF

20

Besonderheiten bei DELF
DELF ist eine Prüfung mit vier Übungsformaten. Diese kennst du bereits von den DELF-Seiten. Hier ein paar Tipps, wie du vorgehen kannst.

Compréhension de l'oral

Vor dem ersten Hören ist es wichtig, dass du dir die Aufgaben genau durchliest und überlegst, worum es in dem Hördokument gehen könnte und welche Antworten logisch wären.

Auch Bilder oder der Titel des Hörtextes können dir dabei behilflich sein.
Achte beim Hören auch auf die Stimmen der Sprecher, ihren Tonfall und Geräusche. Sie können dir helfen, die Situation richtig einzuschätzen und Zusammenhänge besser zu verstehen.

Solltest du beim ersten Anhören nicht sofort alle Fragen beantworten können, ist dies nicht schlimm. Es gibt noch **einen zweiten Durchgang**.

Versuche grundsätzlich **auf alle Fragen** eine Antwort zu geben, auch wenn du dir nicht sicher bist.

Compréhension de l'écrit

Bei der Beantwortung von Fragen darfst du **Aussagen aus dem Text wörtlich übernehmen** und musst keine eigenen Sätze neu formulieren.

Versuche grundsätzlich **auf alle Fragen** eine Antwort zu geben, auch wenn du dir nicht sicher bist.

Production orale

Gehe auf die Frage deines Prüfers ein.
Du sollst in einem Gespräch mit dem Prüfer zeigen, dass du über dich und dein Umfeld sprechen kannst.
Hast du eine Frage nicht verstanden, frage auf Französisch nach.
Bei Verständnisschwierigkeiten können dir diese Formulierungen helfen:
Pardon, je n'ai pas bien compris.
Vous pouvez répéter, s'il vous plaît?

Production écrite

In diesem Teil musst du einen Text mit einer bestimmten Anzahl von Wörtern verfassen. Beim Wörterzählen sparst du dir Zeit, wenn du **die Wörter einer Zeile** zählst und diese Zahl **mit der Anzahl von Zeilen** deines Textes **multiplizierst**.

Tipp
Gehe im Internet auf die Seite ***www.klett.de/delf***. Dort kannst du dich kostenlos testen.

Kooperative Lernformen

21 **Lesekonferenz**

Teilt euch die Arbeit in der Gruppe auf. Klärt zunächst den Arbeitsauftrag. Dann liest jeder den Text einmal für sich. Tauscht euch anschließend aus: Wer hat was verstanden? Stellt fest, wo ihr Verständnislücken oder unterschiedliche Ergebnisse habt. Jeder übernimmt nun eine Rolle:

A schlägt unbekannte Wörter nach,
B sucht Informationen aus, die für die Aufgabenstellung wichtig sind,
C dokumentiert die Ergebnisse,
D überprüft die richtige Aussprache und präsentiert die Ergebnisse.

22 **Schreibkonferenz**

Bei einer Schreibkonferenz geht es darum, eure selbst geschriebenen Texte gegenseitig zu korrigieren und Verbesserungsvorschläge zu machen.
Erstellt zuerst gemeinsam mit eurem Lehrer eine **Checkliste,** in der ihr festlegt, was einen guten Text ausmacht:

- **Inhalt** (logische Reihenfolge, Vollständigkeit, Verständlichkeit),
- Genauigkeit der **Sprache** (Wortschatz, Rechtschreibung),
- **Grammatik** (Zeiten, Verb-Endungen, Satzbau),
- **äußere Form** (z. B. Überschrift, Einleitung, Schluss, Anrede bei Briefen).

Setzt euch dann in Gruppen zu viert zusammen. Jeder ist Experte für einen dieser vier Bereiche. Lest die Texte nacheinander durch und macht (entweder in der Checkliste oder am Blattrand) Notizen in Form von Smileys oder Symbolen. Ihr könnt auch konkrete Verbesserungsvorschläge machen. Danach liest jeder Schüler / jede Schülerin alle Kommentare zum eigenen Text durch und überarbeitet ihn nach Bedarf.

23 Szenisches Lesen

Dialoge eignen sich besonders gut für das szenische Lesen. Wie im **Theater** werden die Personen durch das **Spielen** mit verteilten Rollen **lebendig** und erhalten einen Charakter.

Verteilt die **Rollen** oder lost sie aus.

Lest zunächst eure Rolle **leise** vor euch hin. Versetzt euch in die Person und überlegt, in welcher **Stimmung** sie ist. Versucht diese über **Gestik**, **Mimik** und **Stimme** umzusetzen.

Klärt anschließend (in der Gruppe oder mit eurem Lehrer) **Fragen** zum **Textverständnis** und zur **Aussprache**.

Probt jetzt gemeinsam eure Szene, bis sie gut genug für die Aufführung ist.

Tipp
Im Theater gibt es bei jedem Stück einen Souffleur / eine Souffleuse. Er / Sie hat den gesamten Text vor sich, liest mit und hilft den Darstellern, wenn sie steckenbleiben.

24 Fehler vermeiden

Überprüft eure geschriebenen Texte, indem ihr euch folgende Fragen stellt:

Stimmt der **Begleiter** mit dem **Nomen** überein?
ce village – **cette** ville

Stimmt das **Adjektiv** mit dem **Nomen** überein?
le**s** petit**s** village**s** – la grand**e** ville

Stimmt die **Verbform** mit dem **Subjekt** des Satzes überein?
Haben die **Verben** die richtige Endung?
elle prend / elle**s** prenn**ent**

Ist die **Endung des Partizips** beim **Passé composé** mit **être** an das Subjekt angepasst?
Il est part**i**. Ils sont part**is**. Elles sont part**ies**.

Achtet auch auf **Akzente**, **Apostrophe** und **Zeichensetzung**:
Trappes**,** c**'**est une ville ou un village**?**
C**'**est la ville o**ù** Omar Sy est n**é**.

Redemittel für eine Präsentation

25 **Eine Präsentation durchführen**

Introduction	**Einleitung**
Je vais vous parler de …	Ich möchte über … sprechen.
J'ai choisi ce sujet parce que …	Ich habe dieses Thema gewählt, weil …
Structurer la présentation	**Die Präsentation strukturieren**
Dans ma présentation, je vais traiter les points / thèmes / aspects suivants …	In meiner Präsentation werde ich folgende Punkte / Themen / Aspekte behandeln …
Ma présentation est composée de … parties: Premièrement, … deuxièmement, …	Meine Präsentation besteht aus X Teilen: erstens …, zweitens …
Je termine par …	Ich ende mit …
Utiliser des médias	**Auf Medien verweisen**
Voici le plan de ma présentation.	Hier ist der Plan meiner Präsentation.
Sur la photo, vous pouvez voir …	Auf dem Foto könnt ihr … sehen.
J'ai préparé une fiche/un transparent sur …	Ich habe ein Handout / eine Folie zu … vorbereitet.
Entrer en contact avec les auditeurs	**Kontakt zu den Zuhörern herstellen**
Vous avez des questions ou des remarques?	Habt ihr Fragen oder Anmerkungen?
Je vais distribuer les fiches après ma présentation.	Ich werde die Handouts nach meiner Präsentation verteilen.
Faites passer les documents dans la classe, s'il vous plaît.	Gebt die Dokumente bitte in der Klasse herum.
Expliquer des mots difficiles	**Schwierige Wörter erklären**
…, c'est / ça veut dire / ça signifie … en allemand.	… bedeutet auf Deutsch ….
Finir la présentation	**Die Präsentation beenden**
En conclusion, je voudrais souligner que …	Abschließend möchte ich unterstreichen, dass …
Merci de votre attention!	Danke für eure Aufmerksamkeit!

26 Feedback geben

1. Tu as parlé clairement / un peu trop vite. J'ai tout compris. / Je (n)'ai (pas) tout compris. Tu as bien expliqué les mots difficiles.	1. Du hast deutlich / ein bisschen zu schnell gesprochen. Ich habe (nicht) alles verstanden. Du hast die schwierigen Wörter gut erklärt.
2. J'ai appris plein de choses. Tu as donné des bons exemples. La présentation était très vivante.	2. Ich habe viel gelernt. Du hast gute Beispiele gegeben. Die Präsentation war sehr lebendig.
3. L'affiche illustre bien ton exposé. Tu as bien choisi les photos.	3. Deine Präsentation wird durch das Plakat gut veranschaulicht. Du hast die Fotos gut gewählt.
4. Je trouve que ta présentation était très réussie.	4. Ich finde deine Präsentation sehr gelungen.

27 On travaille ensemble

Qui cherche des informations / des photos sur …?	Wer sucht Informationen / Fotos über …?
Qui écrit le texte?	Wer schreibt den Text?
Je veux bien commenter le graphique.	Ich möchte gern die Grafik kommentieren.
Moi, je m'occupe des enregistrements / des illustrations. Tu peux m'aider?	Ich kümmere mich um die Tonaufnahmen / die Bilder. Kannst du mir helfen?
Tu veux bien écrire le texte avec moi?	Möchtest du den Text mit mir schreiben?
Je lis le texte et je surligne les mots importants.	Ich lese den Text und markiere die wichtigen Wörter.
Pour notre saynète, je voudrais prendre le rôle de … Vous êtes d'accord?	Für unsere Szene hätte ich gerne die Rolle von … Seid ihr damit einverstanden?
Je ne suis pas d'accord avec toi / avec vous.	Ich bin nicht mit dir / mit euch einverstanden.
On s'entraîne pour la présentation?	Wollen wir die Präsentation üben?
Je présente l'introduction et le chapitre deux. Tu te charges du chapitre 1 et de la conclusion?	Ich präsentiere die Einleitung und Kapitel 2. Übernimmst du Kapitel 1 und den Schluss?
On n'a plus que 5 minutes.	Wir haben nur noch 5 Minuten Zeit.
Attention, il y a une faute ici.	Pass auf, hier ist ein Fehler.

Hier kannst du die Grammatik der Bände 1–4 nachschlagen. Passende Übungen findest du ab Seite 159: Je m'entraîne / En plus.

Inhaltsübersicht

* für besonders leistungsstarke Gruppen

Nomen und Begleiter

G1 un ami / des amis – Nomen und Artikel

un‿ami ↘	une amie ↙	l'ami ↘	l'amie ↙
des‿amis		les‿amis	

Plural auf -x

un château	des châteaux	le corail	les coraux
un réseau	des réseaux	le travail	les travaux
un jeu	des jeux	un animal	des animaux

Männlich oder weiblich?

m.

-age	-ment	-eur	-in	-al
le voyage	le département	le spectateur	le jardin	le carnaval
le paysage	le parlement	l'ordinateur	le matin	le canal
le nuage	le monument	le traducteur		
le village				

aber: la plage, la page, l'image

f.

-ion	-tion	-ité	-ie
la région	la nation	la nationalité	la vie
l'émission	la plantation	la diversité	la géographie
la télévision	la population	l'électricité	la copie
	la construction	la cité	
aber: l'avion	la station		

Berufsbezeichnungen

m. / f.	m. / f.
un acteur / une actrice	un chanteur / une chanteuse
un cuisinier / une cuisinière	un médecin / une médecin
un boulanger / une boulangère	un professeur / une professeur(e)

Nationalitäten

m. / f.	m. / f.
un Français / une Française	un Guadeloupéen / une Guadeloupéenne
un Allemand / une Allemande	un Algérien / une Algérienne
un Autrichien / une Autrichienne	un Tunisien / une Tunisienne
un Suisse / une Suisse	un Marocain / une Marocaine

G2 mon, ton, son … – Die Possessivbegleiter

Mit den Possessivbegleitern kannst du Beziehungen zwischen Personen und Besitzverhältnissen beschreiben.

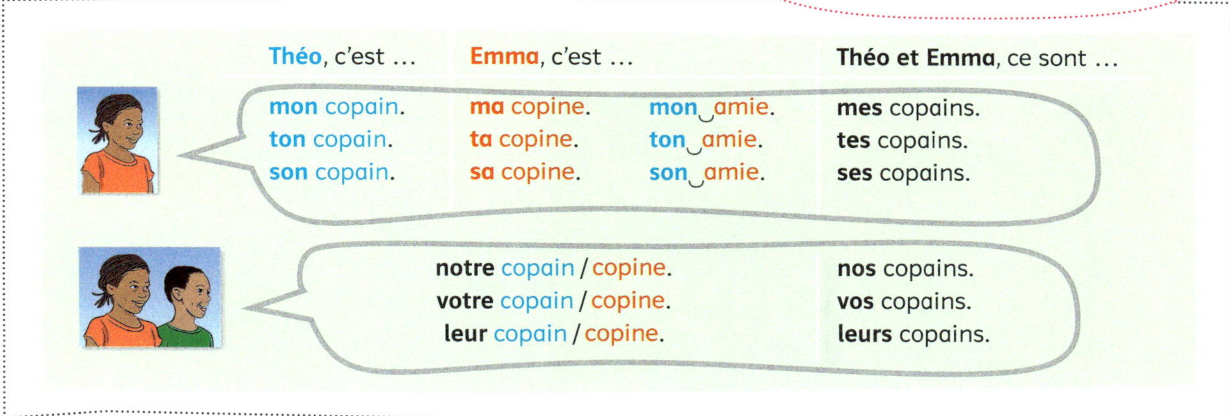

Théo, c'est …	Emma, c'est …		Théo et Emma, ce sont …
mon copain.	ma copine.	mon‿amie.	mes copains.
ton copain.	ta copine.	ton‿amie.	tes copains.
son copain.	sa copine.	son‿amie.	ses copains.
notre copain / copine.			nos copains.
votre copain / copine.			vos copains.
leur copain / copine.			leurs copains.

G3 ce / cet / cette / ces … – Die Demonstrativbegleiter

Du willst ausdrücken, dass du etwas ganz Bestimmtes meinst.

m.	f.	pl.
ce volcan *dieser Vulkan*	**cette** forêt *dieser Wald*	**ces** volcans *diese Vulkane*
cet archipel *diese Inselgruppe*	**cette** île *diese Insel*	**ces** plages *diese Strände*

Merke dir diese Ausdrücke:

ce matin	*heute Morgen*	ce soir	*heute Abend*
cet après-midi	*heute Nachmitag*	cette nuit	*heute Nacht*

G4 tout le … / toute la … – Die Indefinitbegleiter

Singular m.	Singular f.	Plural m.	Plural f.
tout le pays	**toute la** population	**tous les** habitants	**toutes les** personnes
das ganze Land	*die gesamte Bevölkerung*	*alle Einwohner*	*alle Personen*
	toute l'équipe		
	das gesamte Team		

*Mit dem Begleiter **tout** kannst du auf eine Gesamtheit von Menschen oder Gegenständen hinweisen.*

Merke dir diese Ausdrücke:

toute la journée	*den ganzen Tag*	tous les jours	*jeden Tag*
toute la nuit	*die ganze Nacht*	tout le temps	*die ganze Zeit*
toute la semaine	*die ganze Woche*	tout le monde	*alle (Leute) / jeder*

Pronomen

G5 Die unverbundenen Personalpronomen

C'est le stress **avec eux.** Ils pédalent comme des fous.

Nach einer Präposition verwendest du ein unverbundenes Personalpronomen:
Tu fais du VTT **avec nous?**

à	**moi**
avec	**toi**
chez	**lui / elle**
derrière	**nous**
devant	**vous**
pour	**eux / elles**

G6 Die indirekten Objektpronomen

"Je peux **vous** expliquer comment ça marche!"

Il **lui**	montre raconte propose explique donne dit	quelque chose.

Le vendeur montre la tablette **au client.**
→ Le vendeur **lui** montre la tablette.

Le vendeur montre la tablette **à la cliente.**
→ Le vendeur **lui** montre la tablette.

Le vendeur montre la tablette **aux clients.**
→ Le vendeur **leur** montre la tablette.

Le vendeur	**me** **te** **lui** **nous** **vous** **leur**	montre la tablette et il	**m'** **t'** **lui** **nous** **vous** **leur**	explique tout.	*mir* *dir* *ihm / ihr* *uns* *euch / Ihnen* *ihnen*

G7 Die direkten Objektpronomen

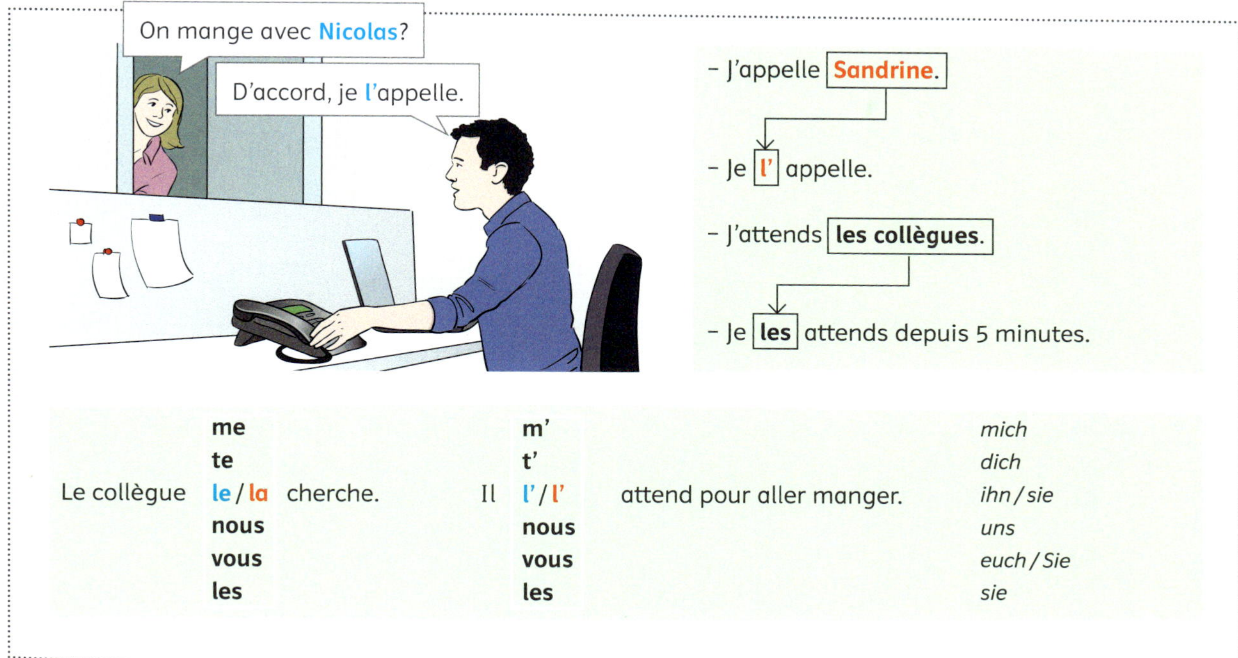
On mange avec Nicolas?
D'accord, je l'appelle.
– J'appelle Sandrine.
– Je l' appelle.
– J'attends les collègues.
– Je les attends depuis 5 minutes.

	me			**m'**		*mich*
	te			**t'**		*dich*
Le collègue	**le / la**	cherche.	Il	**l' / l'**	attend pour aller manger.	*ihn / sie*
	nous			**nous**		*uns*
	vous			**vous**		*euch / Sie*
	les			**les**		*sie*

G8 Die Pronomen *y* und **en*

→ Leçon 2 / Passerelle 3

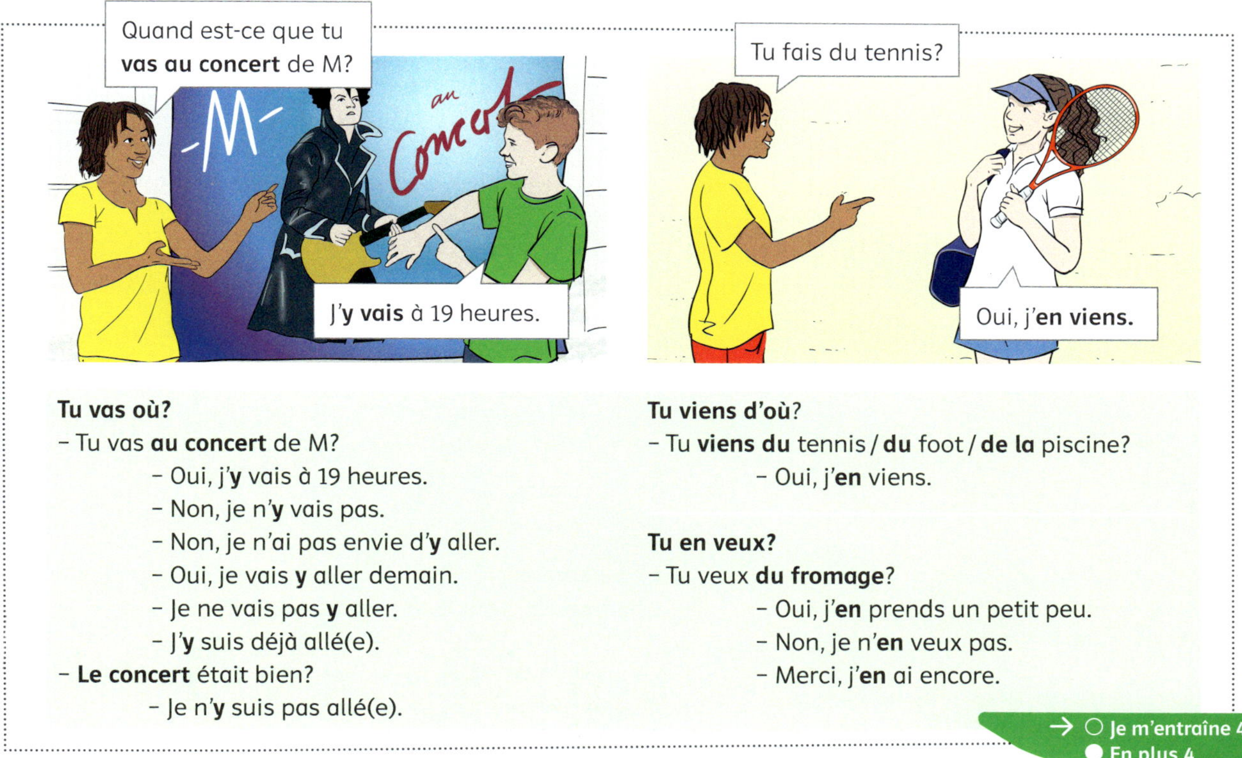
Quand est-ce que tu vas au concert de M?
-M-
au Concert
J'y vais à 19 heures.
Tu fais du tennis?
Oui, j'en viens.

Tu vas où?

– Tu vas **au concert** de M?
- – Oui, j'**y** vais à 19 heures.
- – Non, je n'**y** vais pas.
- – Non, je n'ai pas envie d'**y** aller.
- – Oui, je vais **y** aller demain.
- – Je ne vais pas **y** aller.
- – J'**y** suis déjà allé(e).

– **Le concert** était bien?
- – Je n'**y** suis pas allé(e).

Tu viens d'où?

– Tu **viens du** tennis / **du** foot / **de la** piscine?
- – Oui, j'**en** viens.

Tu en veux?

– Tu veux **du fromage**?
- – Oui, j'**en** prends un petit peu.
- – Non, je n'**en** veux pas.
- – Merci, j'**en** ai encore.

→ ○ Je m'entraîne 4
● En plus 4

Adjektive

G9 Die Adjektive → Leçon 1 / Leçon 2 / Leçon 3

Mit Adjektiven kannst du **Personen** *und* **Dinge** *näher beschreiben.*

1. Die Angleichung der Adjektive

Singular		**Plural**	
m.	**f.**	**m.**	**f.**
grand	grand**e**	grand**s**	grand**es**
long	long**ue**	long**s**	long**ues**
haut	haut**e**	haut**s**	haut**es**
bon	bon**ne**	bon**s**	bon**nes**
fatigué	fatigué**e**	fatigué**s**	fatigué**es**
ambiti**eux**	ambiti**euse**	ambiti**eux**	ambiti**euses**
jal**oux**	jal**ouse**	jal**oux**	jal**ouses**
sport**if**	sport**ive**	sport**ifs**	sport**ives**
portug**ais**	portug**aise**	portug**ais**	portug**aises**
ital**ien**	ital**ienne**	ital**iens**	ital**iennes**
allemand	allemand**e**	allemand**s**	allemand**es**

Beachte: Aïcha est **f**rançaise. *être* + Adjektiv → Kleinschreibung
C'est une **F**rançaise. *un / une* + Nomen → Großschreibung

2. *beau / nouveau / vieux*

Singular		**Plural**	
m.	**f.**	**m.**	**f.**
un **beau** jardin	une **belle** statue	des **beaux** jardins	des **belles** statues
un **bel** arbre		des **beaux**‿arbres	
un **nouveau** parc	une **nouvelle** maison	des **nouveaux** parcs	des **nouvelles** maisons
un **nouvel** hôtel		des **nouveaux**‿hôtels	
un **vieux** monsieur	une **vieille** dame	des **vieux** messieurs	des **vieilles** dames
un **vieil** ami		des **vieux**‿amis	

3. Die Stellung der Adjektive

Un **vieux** château.
Un château **magnifique**.
Un **vieux** château **magnifique**.

Un **grand** château **blanc**.
Une **grande** ville **allemande**.

Vor dem Nomen stehen einige häufig gebrauchte Adjektive wie **bon**, **grand**, **petit**, **beau**, **nouveau**, **vieux.**

Die meisten **Adjektive** stehen **nach dem Nomen,** insbesondere **Farbadjektive** und **Länderadjektive.**

G10 Die Steigerung der Adjektive → Leçon 1

→ ○ Je m'entraîne 3
● En plus 3

1. Der Komparativ

le mont Cervin
4 478 m

la Zugspitze
2 962 m

le pic Carlit
2 921 m

le mont Blanc
4 810 m

Le mont Blanc est **plus haut que** le mont Cervin.	*höher als*	↑
Le pic Carlit est (presque) **aussi haut que** la Zugspitze.	*(fast) so hoch wie*	↔
La Zugspitze est **moins haute que** le mont Cervin.	*weniger hoch / niedriger als*	↓

2. Der Superlativ

En France, le pont **le plus connu**, c'est le Pont du Gard.	*die bekannteste Brücke*
la ville **la plus grande**, c'est Paris.	*die größte Stadt*
les fleuves **les plus longs** sont la Loire et la Seine.	*die längsten Flüsse*
la montagne **la moins touristique** est le Massif central.	*das am wenigsten touristische Gebirge*

* 3. Die Steigerung des Adjektivs *bon*

La confiture de cerise est bonne, mais la confiture de fraise est **meilleure**.

C'est **ma meilleure** amie.

		Komparativ	Superlativ
	gut	*besser*	*der / die beste*
Sg.	**bon / bonne**	**meilleur / meilleure**	**le meilleur / la meilleure**
Pl.	**bons / bonnes**	**meilleurs / meilleures**	**les meilleurs / les meilleures**

Verben und Zeiten

passé — présent — futur

avant le passé	dans le passé	maintenant	dans le futur
Avant-hier, **on avait fait** du skate. *plus-que-parfait	Hier, **on est allés** au cinéma. passé composé	**On regarde** la télé. présent	Demain, **on va aller** à la piscine. futur composé
	Le film **était** génial. imparfait		Il **fera** beau. futur simple

G11 Je sors avec les copains – Das Präsens

présent

*Mit dem Präsens schilderst du **Ereignisse** oder **Situationen**, die in der **Gegenwart** stattfinden.*

1. Die Verben auf *-er*

chercher *suchen*		
Je	cherch**e**	du travail.
Tu	cherch**es**	
Il / Elle / On	cherch**e**	
Nous	cherch**ons**	
Vous	cherch**ez**	
Ils / Elles	cherch**ent**	

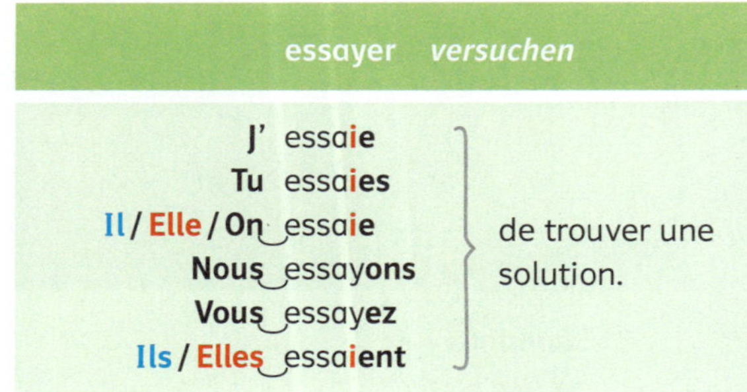

essayer *versuchen*		
J'	essai**e**	de trouver une solution.
Tu	essai**es**	
Il / Elle / On	essai**e**	
Nous	essay**ons**	
Vous	essay**ez**	
Ils / Elles	essai**ent**	

Du findest die **Verben** auf **-er** mit Besonderheiten (Schreibweise und Aussprache) in der Verbtabelle → G35.
Dazu gehören: **essayer**, **acheter**, **préférer**, **manger**, **appeler**, **payer.**

Endungen:
-e, **-es**, **-e**, **-ons**, **-ez**, **-ent**

→

2. Die reflexiven Verben → Leçon 3

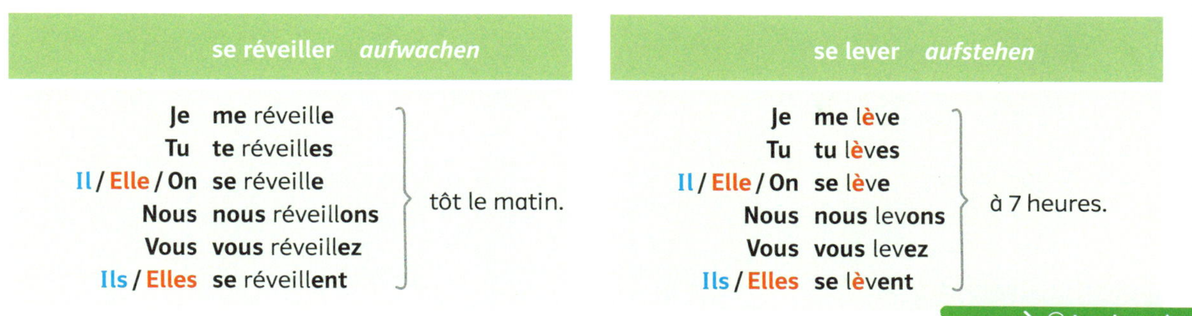

se réveiller *aufwachen*		
Je	**me** réveill**e**	tôt le matin.
Tu	**te** réveill**es**	
Il / Elle / On	**se** réveill**e**	
Nous	**nous** réveill**ons**	
Vous	**vous** réveill**ez**	
Ils / Elles	**se** réveill**ent**	

se lever *aufstehen*		
Je	**me** lèv**e**	à 7 heures.
Tu	**tu** lèv**es**	
Il / Elle / On	**se** lèv**e**	
Nous	**nous** lev**ons**	
Vous	**vous** lev**ez**	
Ils / Elles	**se** lèv**ent**	

→ ○ Je m'entraîne 9
● En plus 9

- *Bei der* ***Verneinung*** *umschließt* ne … pas *das Reflexivpronomen und das Verb.*

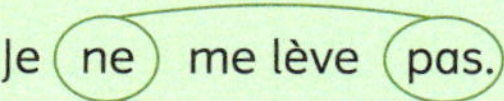

Je ne me lève pas.

3. Die Verben auf *-dre*

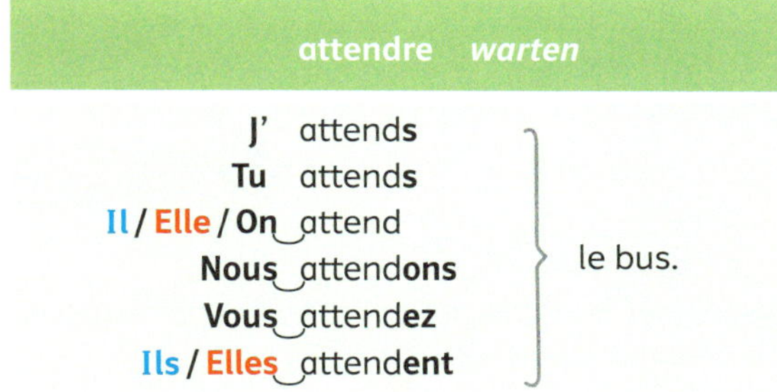

attendre *warten*		
J'	attend**s**	le bus.
Tu	attend**s**	
Il / Elle / On	attend	
Nous	attend**ons**	
Vous	attend**ez**	
Ils / Elles	attend**ent**	

ebenso: **répondre** *(antworten)* – **entendre** *(hören)* – **perdre** *(verlieren)* – **rendre** *(zurückgeben)* – **vendre** *(verkaufen)*

4. Die Verben auf *-ir*

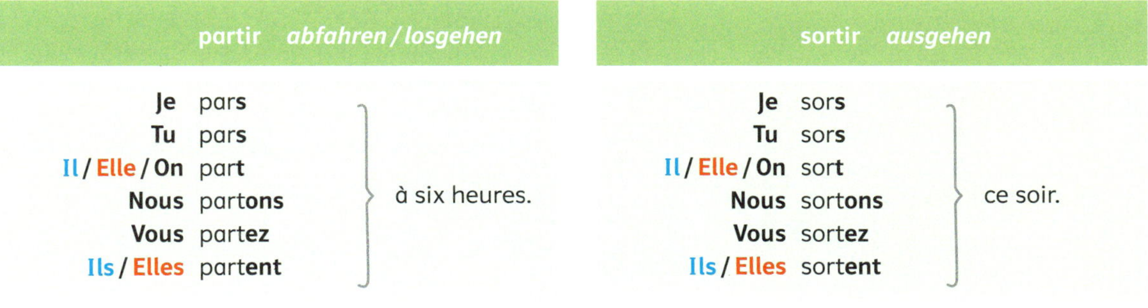

partir *abfahren / losgehen*		
Je	par**s**	à six heures.
Tu	par**s**	
Il / Elle / On	par**t**	
Nous	part**ons**	
Vous	part**ez**	
Ils / Elles	part**ent**	

sortir *ausgehen*		
Je	sor**s**	ce soir.
Tu	sor**s**	
Il / Elle / On	sor**t**	
Nous	sort**ons**	
Vous	sort**ez**	
Ils / Elles	sort**ent**	

ebenso: **dormir** *(schlafen)*: je dor**s**, nous dorm**ons** – **servir** *(servieren)*: je ser**s**, nous serv**ons**

→

5. Die Verben auf *-ir* mit Stamm-Erweiterung

finir *beenden*		
Je	finis	le match.
Tu	finis	
Il / Elle / On	finit	
Nous	fini**ssons**	
Vous	fini**ssez**	
Ils / Elles	fini**ssent**	

choisir *(aus)wählen*		
Je	choisis	un menu.
Tu	choisis	
Il / Elle / On	choisit	
Nous	choisi**ssons**	
Vous	choisi**ssez**	
Ils / Elles	choisi**ssent**	

ebenso: **réagir** *(reagieren)*: je réagi**s**, nous réagi**ssons** – **remplir** *(füllen)*: je rempli**s**, **nous** rempli**ssons**

6. Unregelmäßige Verben

Du findest die unregelmäßigen Verben in der Verbtabelle → G35.
Dazu gehören: **avoir**, **être**, **aller**, **boire**, **connaître**, **construire**, **devoir**, **dire**, **écrire**, **envoyer**, **faire**, **lire**, **mettre**, **offrir**, **ouvrir**, **pouvoir**, **prendre**, **recevoir**, **savoir**, **venir**, **vivre**, **voir** und **vouloir.**

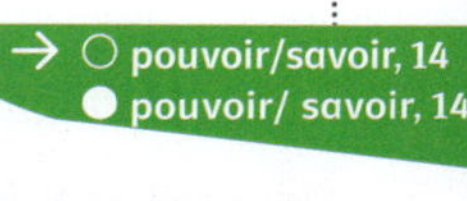

G12 Qu'est-ce que tu as fait hier? – Das passé composé

passé

Das **passé composé** verwendest du, um über **Ereignisse** oder **Handlungen** zu sprechen, die **vergangen** sind. Typische **Signalwörter** bei aufeinander folgenden Ereignissen sind:

d'abord ... ensuite ... puis ... tout à coup ...

Super! **J'ai reçu** un nouveau portable pour mon anniversaire.

1. Das passé composé mit *avoir*

Pour son anniversaire, Emma **a eu** un portable.

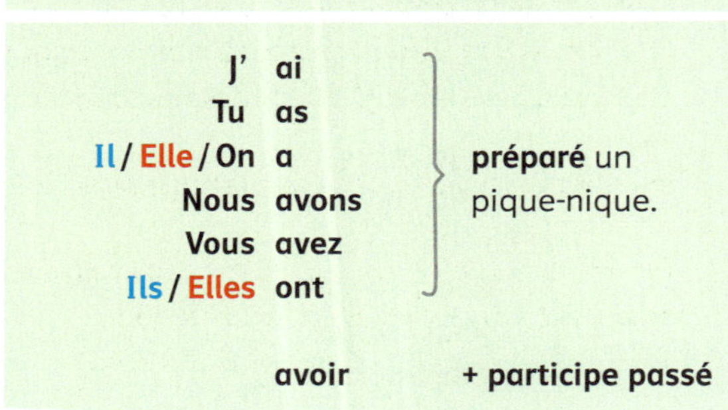

J'	**ai**	**préparé** un pique-nique.
Tu	**as**	
Il / Elle / On	**a**	
Nous	**avons**	
Vous	**avez**	
Ils / Elles	**ont**	
	avoir	**+ participe passé**

Die meisten Verben bilden das **passé composé** mit **avoir + participe passé.**

Die Verneinung des **passé composé** findest du in → G24.

avoir → **j'ai eu**	**j'ai** perdu	**j'ai lu**	**j'ai pris**	**j'ai fait**	**j'ai ouvert**
être → **j'ai été**	**j'ai** vendu	**j'ai reçu**	**j'ai mis**	**j'ai dit**	**j'ai offert**

Weitere Formen findest du in der Konjugationstabelle → G35.

→

2. Das passé composé mit *être*

Dimanche matin, Lina et Emma **sont allées** à un lac en VTT.
A midi, Farid et Théo **sont arrivés**.
Emma **est allée** dans l'eau.
Les autres **sont restés** sur la plage.

Einige wenige Verben bilden das **passé composé** mit **être** + **participe passé**:
aller, arriver, entrer, rentrer, rester, monter, tomber, partir, sortir, venir.
Bei diesen Verben wird das **participe passé** an das Subjekt **angepasst.**

je suis allé
tu es allé
il est allé

je suis allée
tu es allée
elle est allée

on est allés

nous sommes allés
vous êtes allés
ils sont allés

on est allées

nous sommes allées
vous êtes allées
elles sont allées

G13 C'était super! – Das imparfait → Leçon 2

En vacances, **je faisais** du vélo tous les jours. Comme **il faisait** beau, **j'allais** souvent à la mer avec les copains. Sur la plage, **on jouait** au beach-volley. **Il y avait** une super ambiance. **C'était** génial.

jouer *spielen*		
Je	jou**ais**	au beach-volley.
Tu	jou**ais**	
Il / Elle / On	jou**ait**	
nous	jou**ions**	
vous	jou**iez**	
Ils / Elles	jou**aient**	

Das **imparfait** ist eine Zeitform der **Vergangenheit**, die du verwendest,
- um **Zustände** und **Gefühle** zu schildern,
- um **Gewohnheiten** oder **wiederholte Handlungen** zu beschreiben. Typische **Signalwörter** sind:

souvent, tous les jours, tous les samedis ...

Das **imparfait** wird von der 1. Pers Pl. Präsens abgeleitet: nous av-**ons** → nous av-**ions**
nous fais-**ons** → nous fais-**ions**

Endungen:
-ais, **-ais**, **-ait**, **-ions**, **-iez**, **-aient**

→ ○ Je m'entraîne 5
● En plus 5

G14 Ils sont allés au lac. C'était super! – Passé composé und imparfait → Leçon 2

Hier, Emma et Lina **sont allées** au lac à vélo. → action → **passé composé**

Il **faisait** très chaud.

Emma **est allée** dans l'eau. → situation → **imparfait**

Mais l'eau **était** froide,

alors elle **est** vite **sortie**.

Ensuite, les deux copines **ont fait** du badminton.

Tout à coup, il **a commencé** à pleuvoir.

Alors, elles **ont** vite **rangé** leurs affaires.

→ ○ Je m'entraîne 6,
● En plus 6, 7

*G15 J'avais oublié de réserver des places. – Das plus-que-parfait → Passerelle 2

Mit dem **plus-que-parfait** beschreibst du ein Geschehen, das zeitlich **vor** einem anderen Geschehen **in der Vergangenheit** liegt.

Avant d'aller au cinéma,

j' avais	
tu avais	
il/elle/on avait	**regardé** le programme.
nous avions	**lu** les critiques.
vous aviez	**réservé** des places.
ils/elles avaient	

j' étais		
tu étais	**allé**	
il/elle était	**allée**	**au restaurant.**
on était		
nous étions	**allés**	**dans un café.**
vous étiez	**allées**	
ils/elles étaient		

Das **plus-que-parfait** bildest du mit der **Imparfait**-Form von **avoir** bzw. **être** und dem **participe passé**.

G16 Qu'est-ce que tu vas faire demain? – Das futur composé

futur

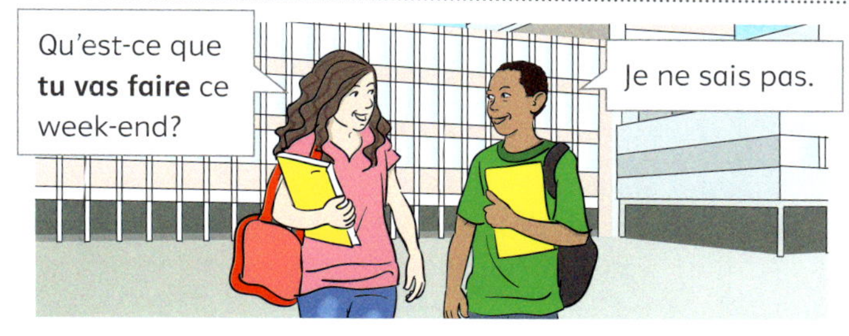

Qu'est-ce que tu vas faire ce week-end?
Je ne sais pas.

Das **futur composé** verwendest du, wenn du sagen willst, was du demnächst vorhast.

Je	**vais**	**faire** la fête avec des copains.
Tu	**vas**	
Il / Elle / On	**va**	
Nous	**allons**	
Vous	**allez**	
Ils / Elles	**vont**	
	aller	+ **infinitif**

Das **futur composé** bildest du mit Formen von **aller + Infinitiv.**

Il **ne** va **pas** faire la fête.

Die **Verneinung** des **futur composé** findest du in → G24.

G17 Il fera beau – Das futur simple → Leçon 1

Je	prendr**ai**	des photos.
Tu	prendr**as**	
Il / Elle / On	prendr**a**	
Nous	prendr**ons**	
Vous	prendr**ez**	
Ils / Elles	prendr**ont**	

Das **futur simple** verwendet man eher in der geschriebenen oder in der offiziellen Sprache, z. B. im Wetterbericht.

Bildung:
Das **futur simple** wird bei regelmäßigen Verben vom Infinitiv abgeleitet. Da es aber viele Besonderheiten gibt, solltest du in der Konjugationstabelle nachschlagen.

Endungen:
-ai, **-as**, **a**, **-ons**, **-ez**, **-ont**

Unregelmäßige Verben

avoir	être	faire	aller	venir
il aura	elle sera	on fera	elle ira	il viendra

Weitere Formen findest du in der Konjugationstabelle → G35.

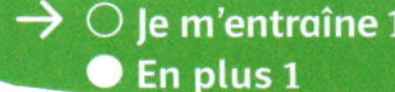

G18 Je voudrais … – Das conditionnel → Leçon 3

BUS

Das **conditionnel** verwendet man, um einen **Wunsch** oder eine **Vermutung** zu äußern.

Bildung:
Das **conditionel** wird bei regelmäßigen Verben vom Infinitiv abgeleitet. Da es aber viele Besonderheiten gibt, solltest du in der Konjugationstabelle nachschlagen.

Das **conditionnel** hat dieselben Endungen wie das **imparfait:**

-ais, **-ais**, **ait**, **-ions**, **-iez**, **-aient**

Je	voudr**ais**	partir loin.
Tu	voudr**ais**	
Il / Elle / On	voudr**ait**	
Nous	voudr**ions**	
Vous	voudr**iez**	
Ils / Elles	voudr**aient**	

J'	aimer**ais**	aller à la mer.
Tu	aimer**ais**	
Il / Elle / On	aimer**ait**	
Nous	aimer**ions**	
Vous	aimer**iez**	
Ils / Elles	aimer**aient**	

→ ○ Je m'entraîne 10
● En plus 10

G19 Il faut que tu partes – Der subjonctif → Leçon 4

Nach diesen Ausdrücken **muss immer** der **subjonctif** stehen:

Je voudrais que / qu' …
J'aimerais que / qu' …
Je préfère que / qu' …
Il faut que / qu' …
Il est important que / qu' …
Je propose que / qu' …

Il faut que j'aille
chez le coiffeur.

	partir
Il faut	que je part**e**.
	que tu part**es**.
	qu'il / elle / on part**e**.
	que nous parti**ons**.
	que vous parti**ez**.
	qu'ils / elles part**ent**.

Bildung:
Der **subjonctif** wird in der Regel von der 3. Pers. Pl. Präsens abgeleitet:
ils partent → il faut que **je parte**

Endungen:
-e, **-es**, **-e**, **-ions**, **-iez**, **-ent**

Unregelmäßige Verben!

- **Il faut que j'aille** chez le médecin.
- **Il est important que tu sois** à l'heure.

avoir	être	aller	faire	prendre
j'aie	je sois	j'aille	je fasse	je prenne
tu aies	tu sois	tu ailles	tu fasses	tu prennes
il / elle / on ait	il / elle / on soit	il / elle / on aille	il / elle / on fasse	il / elle / on prenne
nous ayons	nous soyons	nous allions	nous fassions	nous prenions
vous ayez	vous soyez	vous alliez	vous fassiez	vous preniez
ils / elles aient	ils / elles soient	ils / elles aillent	ils / elles fassent	ils / elles prennent

Weitere Formen findest du in der Konjugationstabelle → G35.

→ ○ Je m'entraîne 16, 17
● En plus 16, 17

G20 Ecoutez – Der Imperativ

*Mit dem **Imperativ** kannst du jemanden **auffordern**, etwas zu tun oder zu lassen, oder einen* **Vorschlag machen**.

Excusez-moi.

Ne **fermez** pas la porte.

Prenons le bus.

Laisse-moi!

Passe-moi le pain.

Donne-moi l'assiette.

Ecoute.

Ecoutez.

Ecoutons.

Vergleiche:

Regardez les photos.
Regardez-les.
Ne regardez **pas** les photos.
Ne les regardez **pas.**

Montre-lui les photos.
Montre-les-lui.
Ne lui montre **pas** les photos.
Ne les lui montre **pas**.

Weitere Formen findest du in der Konjugationstabelle → G35.

G21 Verben mit Infinitivergänzung

– Qu'est-ce que **vous aimeriez faire**?	– *Was möchtet ihr machen?*
– **J'ai envie de faire** une balade à vélo.	– *Ich habe Lust auf eine Fahrradtour.*
– Moi, **je préfère aller** à la piscine.	– *Ich möchte lieber ins Schwimmbad gehen.*
– Regardez, **il commence à pleuvoir**. **Je propose d'aller** au cinéma.	– *Seht mal, es fängt an zu regnen. Ich schlage vor, ins Kino zu gehen.*
– **Je dois rentrer** à dix heures.	– *Ich muss um 10 Uhr zu Hause sein.*
– **Tu sais jouer** de la guitare?	– *Kannst du Gitarre spielen?*
– Non, mais **je veux apprendre**.	– *Nein, aber ich möchte es lernen.*
– **Je** n'**arrive** pas **à réparer** mon vélo. **Tu peux** m'**aider**?	– *Es gelingt mir nicht, mein Fahrrad zu reparieren. Kannst du mir helfen?*
– **Laisse**-moi **faire**.	– *Lass mich mal machen.*
– C'est un humoriste, **il fait rire** tout le monde. **On va essayer d'avoir** des bonnes places.	– *Er ist ein Komiker, er bringt alle zum Lachen. Wir werden versuchen, gute Plätze zu bekommen.*
– **Il est permis de prendre** des photos?	– *Ist es erlaubt zu fotografieren?*
– Non.	– *Nein.*

aimer préférer devoir pouvoir savoir vouloir faire laisser	**+ infinitif**	avoir envie **de** essayer **de** permettre **de** proposer **de**	**+ infinitif**	arriver **à** commencer **à**	**+ infinitif**

*G22 En attendant - Das gérondif → Passerelle 1

Du verwendest das **gérondif**, wenn **zwei Handlungen gleichzeitig** stattfinden, oder um zu erklären, **wie** etwas geschieht.

Il regarde la télévision **en mangeant** des cacahouètes.
J'apprends l'anglais **en lisant** des textes ou **en regardant** des films.

Das **gérondif** wird von der 1. Pers. Pl. Präsens abgeleitet:
nous regardons -> **en** regard**ant**
nous lisons -> **en** lis**ant**
nous mangeons -> **en** mange**ant**

*G23 Elles sont en train de faire du sport. → Passerelle 2

Elle sont en train de faire du jogging

Elles viennent de faire du jogging

Die Verneinung

G24 Non, je ne veux pas – Die Verneinung in verschiedenen Zeiten

*Auf eine verneinte Frage antwortest du mit «**si**».*

présent

– Tu	ne	**joues**	plus			au tennis?
– Non, je	n'	**ai**	plus			envie,
mais je	ne	**dis**	rien			à mes parents.
– Tu	ne	**veux**	pas	leur	**parler**?	
– Non, je	ne	**parle**	ni	à mon père	ni	à ma mère.

passé composé

– Tu	n'	**as**	jamais	**fait**	de théâtre?
– Si, mais je	n'	**ai**	pas encore	**participé**	à un stage.
Je	n'	**ai**	rien	**trouvé**	près de chez moi.

futur composé

Il	ne	**va**	plus	**jouer**	au tennis
et il	ne	**va**	rien	**dire**	à ses parents.
Ils	ne	**vont**	pas	**comprendre**.	

ne … pas	*nicht*	**ne … jamais**	*nie*
ne … pas encore	*noch nicht*	***ne … personne**	*niemanden*
ne … rien	*nichts*		
ne … plus	*nicht mehr*	**ne … ni … ni**	*weder … noch*

→ ○ Je m'entraîne 8
● En plus 8

Der Satz

G25 Der einfache Satz

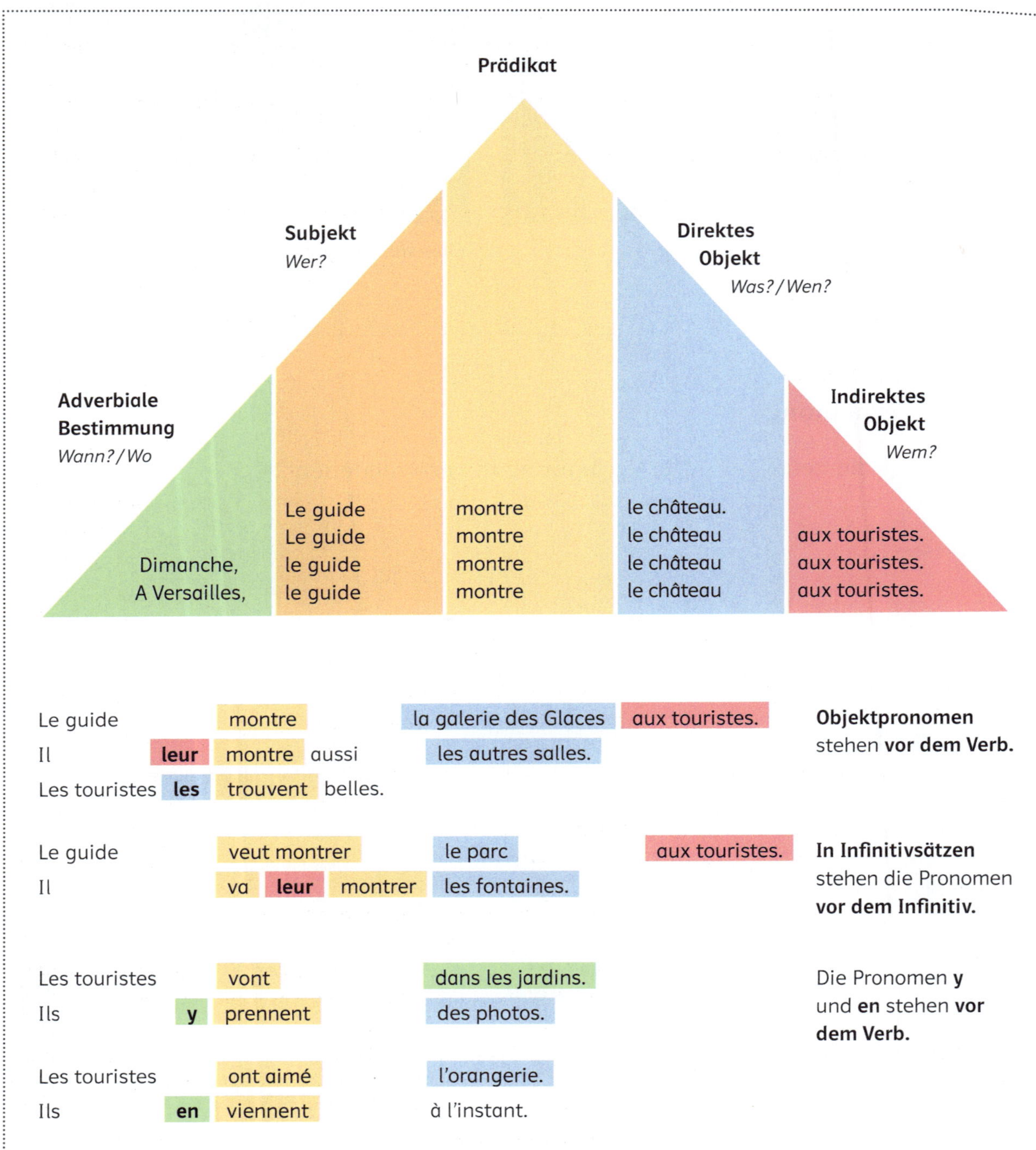

Le guide		montre	la galerie des Glaces	aux touristes.	**Objektpronomen** stehen **vor dem Verb.**
Il	leur	montre aussi	les autres salles.		
Les touristes	les	trouvent belles.			
Le guide		veut montrer	le parc	aux touristes.	**In Infinitivsätzen** stehen die Pronomen **vor dem Infinitiv.**
Il		va leur montrer	les fontaines.		
Les touristes		vont	dans les jardins.		Die Pronomen **y** und **en** stehen **vor dem Verb.**
Ils	y	prennent	des photos.		
Les touristes		ont aimé	l'orangerie.		
Ils	en	viennent	à l'instant.		

G26 Der komplexe Satz → Leçon 2

Elle est française **et** elle vit en France.	**et**	*und*
Elle est née de parents immigrés, **mais** elle est française.	**mais**	*aber*
Quand un enfant naît en France, il a le droit de devenir français.	**quand / lorsque**	*wenn*
Elle est française **parce qu'**elle est née en France.	**parce que**	*weil*
Il se sent plus français que turc **car** il vit en France depuis longtemps.	**car**	*denn*
Comme il a eu un grave accident, il ne peut plus utiliser son bras droit.	**comme**	*da*
Quand il était petit, il jouait devant les immeubles avec ses copains.	**quand**	*als*
Si tu pouvais choisir, tu vivrais dans quel pays?	**si**	*falls*

G27 Der Relativsatz → Leçon 1

*Um zwei Hauptsätze oder einen Haupt- und Nebensatz miteinander zu verbinden, benutzt man eine **Konjunktion** oder ein **Relativpronomen**.*

La Guadeloupe est une île. **Elle** se trouve dans l'océan Atlantique.
↓
La Guadeloupe est une île **qui** se trouve dans l'océan Atlantique. — **qui**
*… eine Insel, **die** sich im Atlantischen Ozean befindet.*

La Guadeloupe est une île. **En Guadeloupe** on cultive des bananes.
↓
La Guadeloupe est une île **où** on cultive des bananes. — **où**
*… eine Insel, **auf der / wo** man Bananen anpflanzt.*

La mangrove est une forêt. Les touristes peuvent visiter **la mangrove** en bateau.
↓
La mangrove est une forêt **que** les touristes peuvent visiter en bateau. — ***que**
*… ein Wald, **den** die Touristen vom Boot aus besichtigen können.*

Les Antilles sont des îles tropicales. On a parlé **de ces îles** hier à la radio.
↓
Les Antilles sont des îles tropicales **dont** on a parlé hier à la radio. — ***dont**
*… tropische Inseln, **über die** gestern im Radio gesprochen wurde.*

G28 *si*-Sätze → Leçon 1 / Leçon 2

1. Erfüllbare Bedingung

Si on **va** en Guadeloupe,	on **visitera** la mangrove.
Si + présent	**futur simple**

Vergleiche:
If we **go** to Guadeloupe, we **will visit** the mangrove.

→ ○ Je m'entraîne 2
● En plus 2

2. Nicht erfüllbare Bedingung

Si Louis XIV **vivait** aujourd'hui,	**il** n'**aurait** pas de château.
Si + imparfait	**conditionnel**

If Louis XIV **lived** today, he **wouldn't have** a palace.

→ ○ Je m'entraîne 11
● En plus 11

G29 Indirekte Rede / Indirekte Frage

Indirekte Frage

Vous êtes née en France?

Vous avez des projets de réforme?

Le journaliste **veut savoir si** Najat Vallaud-Belkacem est née en France.

Il **demande si** elle a des projets de réforme.

Indirekte Rede

Je suis née au Maroc.

J'habite en France depuis les années 80.

Je veux m'engager pour les jeunes.

Najat Vallaud-Belkacem **dit qu**'elle est née au Maroc.

Elle **raconte qu**'elle habite en France depuis les années 80.

Elle **explique qu**'elle veut s'engager pour les jeunes.

G30 Der Fragesatz

1. Frageformen

– C'est **qui?** ***Wer** ist das?*	– C'est Louis XIV.
– **Comment est-ce qu'**on l'appelle. ***Wie** nennt man ihn?*	– On l'appelle le Roi-Soleil.
– **Quand est-ce qu'**il est né? ***Wann** ist er geboren?*	– En 1638.
– **Où est-ce qu'**il a vécu? ***Wo** hat er gelebt?*	– Au Louvre, puis au château de Versailles.
– **Pourquoi est-ce qu'**on admire Versailles? ***Warum** bewundert man V.?*	– Parce que c'est un château magnifique.
– **Est-ce que Louis XIV** était puissant? *War Ludwig XIV. mächtig?*	– Oui. C'était le roi le plus puissant d'Europe.
– **A quelle heure est-ce que** le roi se levait le matin? ***Um wie viel Uhr** stand der König morgens auf?*	– A 8 heures.
– **Qu'est-ce qu'il y avait** comme menu? ***Was** gab es zu essen?*	– Des soupes, des plats de viande et de poisson …
– **Qu'est-ce que** le roi faisait l'après-midi? ***Was** machte der König am Nachmittag?*	– Il se promenait dans les jardins.
– **Quel** rôle jouait Lully à la cour? ***Welche** Rolle spielte Lully bei Hof?*	– Il composait de la musique pour le roi.

Verschiedene Formen, eine Frage zu stellen:

• **Est-ce que vous avez** un plan de la ville?	**Est-ce qu'il habite** à Paris?	• Frage mit **est-ce que**
• **Vous avez** un plan de la ville?	**Il habite** à Paris?	• **Intonationsfrage**
• **Avez-vous** un plan de la ville?	**Habite-t-il** à Paris?	• **Inversionsfrage**

• **Est-ce qu'il y a** un parc près d'ici?
• **Il y a** un parc près d'ici?
• **Y a-t-il** un parc près d'ici?

Bei der **Inversionsfrage** steht ein **Bindestrich** zwischen Verb und Personalpronomen. Folgen **zwei Vokale** aufeinander, muss ein **-t-** eingeschoben werden.

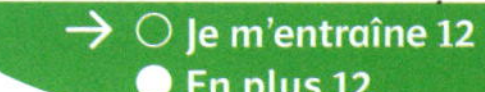
→ ○ Je m'entraîne 12
● En plus 12

Vergleiche:

Standardsprache:	**Où est-ce que** tu habites?
Umgangssprache:	Tu habites **où**?
Gehobene Sprache:	**Où** habites-tu?

2. quel / quelle

m.	
quel	Quel rôle jouait Lully à la cour?
quels	Quels vêtements portaient les courtisans?

f.	
quelle	Quelle musique aimait Louis XIV?
quelles	Quelles robes étaient à la mode au 17e siècle?

G31 Der Infinitivsatz → Leçon 4

Pour aller à Strasbourg, on peut prendre le train ou le bus.	***Um** nach Straßburg **zu** fahren, …*
On ne peut pas visiter le Parlement européen **sans réserver** à l'avance.	*…, **ohne** im voraus **zu** reservieren.*

*G32 Der Passivsatz → Passerelle 1

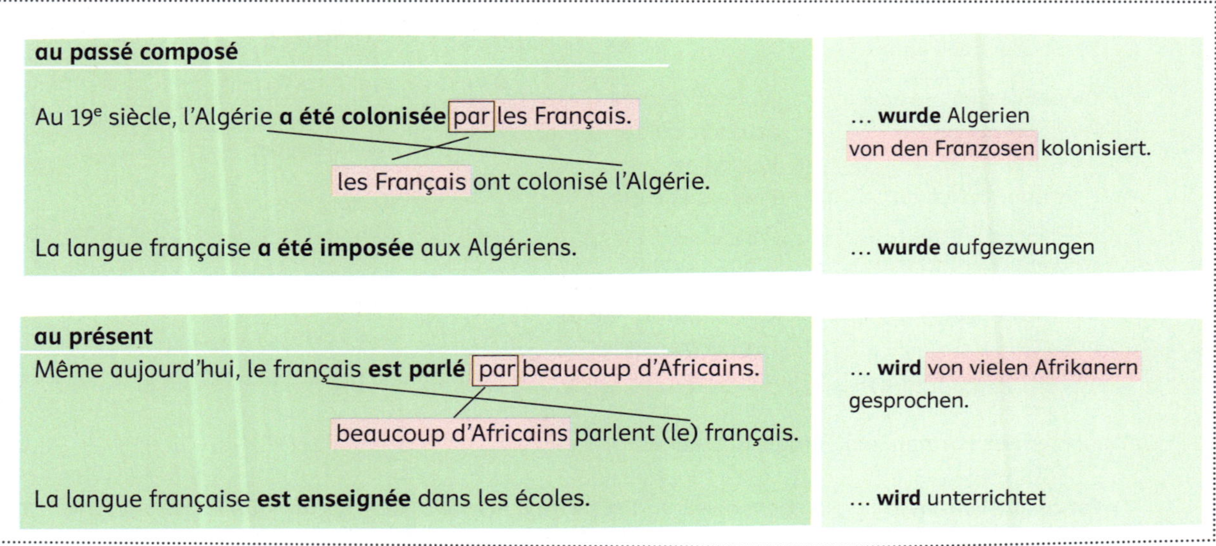

au passé composé

Au 19e siècle, l'Algérie **a été colonisée** par les Français.	… **wurde** Algerien von den Franzosen kolonisiert.
les Français ont colonisé l'Algérie.	
La langue française **a été imposée** aux Algériens.	… **wurde** aufgezwungen

au présent

Même aujourd'hui, le français **est parlé** par beaucoup d'Africains.	… **wird** von vielen Afrikanern gesprochen.
beaucoup d'Africains parlent (le) français.	
La langue française **est enseignée** dans les écoles.	… **wird** unterrichtet

Adverbien

G33 Die Adverbien

1. Ursprüngliche Adverbien

- **Hier**, j'ai **beaucoup** travaillé et je suis rentré **tard**.
- Tu travailles **trop**.
- Tu es **encore là**? Il est **déjà** huit heures.
- J'ai **trop** mangé. C'était **très** bon.

Mit **Adverbien** kannst du genauer ausdrücken, **wo, wann** und **wie** etwas geschieht oder **wie umfangreich** etwas ist.

Où?	ici, là
Quand?	maintenant, aujourd'hui, hier, demain, souvent, tard, déjà, encore
Comment?	bien, mal, vite
Combien?	très, trop, beaucoup, moins

→

2. Adverbien auf *-ment* → Leçon 4

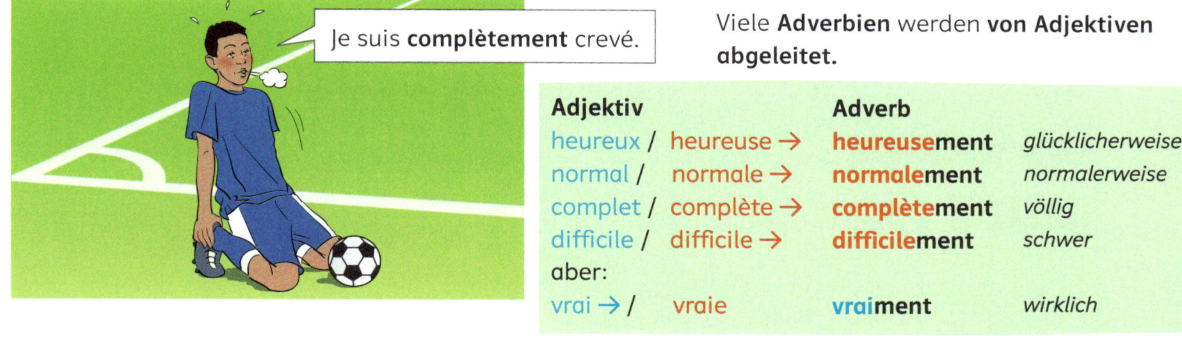
Je suis **complètement** crevé.

Viele **Adverbien** werden **von Adjektiven abgeleitet.**

Adjektiv		Adverb	
heureux /	heureuse →	**heureusement**	*glücklicherweise*
normal /	normale →	**normalement**	*normalerweise*
complet /	complète →	**complètement**	*völlig*
difficile /	difficile →	**difficilement**	*schwer*
aber:			
vrai → /	vraie	**vraiment**	*wirklich*

L'adverbe peut se rapporter

à un **adjectif:**	Le film est **complètement nul.**
à un **verbe:**	Il **va souvent** à Strasbourg.
ou à une **phrase:**	**Normalement, il n'y a pas de problème.**

→ ○ Je m'entraîne 13, 15
● En plus 13, 15

Mengen

G34 Tu bois du lait? – Mengenangaben

1. Unbestimmte Mengen

Au petit-déjeuner, je bois **du** lait avec **du** cacao, ou **de l'**eau.
Je mange un croissant avec **de la** confiture.

aber:

J'ai mis	**trop de** sucre	sur la crêpe.
	beaucoup de lait	dans le café.
Il **n'**y a	**pas de** beurre	dans le frigo.
	plus de lait.	

2. Bestimmte Mengen

Dans le frigo, il y a	une bouteille **d'**eau,	1 litre **d'**eau,
	un paquet **de** beurre,	250 grammes **de** beurre,
		1 kilo **de** pommes.
Sur la table, il y a	un verre **de** vin,	
	un plateau **de** fromage.	

G35 Konjugations-Tabelle

1. Verben auf *-er*

infinitif … passé comp.	présent … imparfait°	futur simple	conditionnel	subjonctif … impératif
chercher *suchen* ……… j'**ai** cherché	je cherch**e** tu cherch**es** il / elle / on cherch**e** nous cherch**ons** vous cherch**ez** ils / elles cherch**ent** ……… je cherch**ais** nous cherch**ions**	je chercher**ai** tu chercher**as** il / elle / on chercher**a** nous chercher**ons** vous chercher**ez** ils / elles chercher**ont**	je chercher**ais** tu chercher**ais** il / elle / on chercher**ait** nous chercher**ions** vous chercher**iez** ils / elles chercher**aient**	que je cherch**e** que tu cherch**es** qu'il / elle / on cherch**e** que nous cherch**ions** que vous cherch**iez** qu'ils / elles cherch**ent** ……… Cherche … Cherchez

ebenso: alle regelmäßigen Verben auf ***-er***, die mit Konsonant beginnen, z. B. **regarder, parler** …

infinitif … passé comp.	présent … imparfait°	futur simple	conditionnel	subjonctif … impératif
écouter *hören, zuhören* ……… j'**ai** écouté	j'écout**e** tu écout**es** il / elle / on écout**e** nous écout**ons** vous écout**ez** ils / elles écout**ent** ……… j'écout**ais** nous écout**ions**	j'écouter**ai** tu écouter**as** il / elle / on écouter**a** nous écouter**ons** vous écouter**ez** ils / elles écouter**ont**	j'écouter**ais** tu écouter**ais** il / elle / on écouter**ait** nous écouter**ions** vous écouter**iez** ils / elles écouter**aient**	que j'écout**e** que tu écout**es** qu'il / elle / on écout**e** que nous écout**ions** que vous écout**iez** qu'ils / elles écout**ent** ……… Ecoute. Ecoutez.

ebenso: alle regelmäßigen Verben auf ***-er***, die **mit Vokal** oder **stummem h** beginnen, z. B. **adorer, aimer** …

Verben auf *-er* mit Besonderheiten

infinitif … passé comp.	présent … imparfait°	futur simple	conditionnel	subjonctif … impératif
acheter *kaufen* ……… j'**ai** acheté	j'ach**è**t**e** tu ach**è**t**es** il / elle / on ach**è**t**e** nous achet**ons** vous achet**ez** ils / elles ach**è**t**ent** ……… j'achet**ais** nous achet**ions**	j'ach**è**ter**ai** tu ach**è**ter**as** il / elle / on ach**è**ter**a** nous ach**è**ter**ons** vous ach**è**ter**ez** ils / elles ach**è**ter**ont**	j'ach**è**ter**ais** tu ach**è**ter**ais** il / elle / on ach**è**ter**ait** nous ach**è**ter**ions** vous ach**è**ter**iez** ils / elles ach**è**ter**aient**	que j'ach**è**t**e** que tu ach**è**t**es** qu'il / elle / on ach**è**t**e** que nous achet**ions** que vous achet**iez** qu'ils / elles ach**è**t**ent** ……… Achète … Achetez …

° Die Verben im **imparfait** haben **dieselben Endungen** wie im **conditionnel**.

infinitif … passé comp.	présent … imparfait°	futur simple	conditionnel	subjonctif … impératif
préférer *vorziehen, lieber mögen* ……… j'**ai** préféré	je préfè**re** tu préfè**res** il / elle / on préfè**re** nous préfér**ons** vous préfér**ez** ils / elles préfè**rent** ……… je préfér**ais** nous préfér**ions**	je préfèrer**ai** tu préfèrer**as** il / elle / on préfèrer**a** nous préfèrer**ons** vous préfèrer**ez** ils / elles préfèrer**ont**	je préfèrer**ais** tu préfèrer**ais** il / elle / on préfèrer**ait** nous préfèrer**ions** vous préfèrer**iez** ils / elles préfèrer**aient**	que je préfè**re** que tu préfè**res** qu'il / elle / on préfè**re** que nous préfér**ions** que vous préfér**iez** qu'ils / elles préfè**rent** ………

ebenso: **compléter** (vervollständigen), **protéger** (schützen), **répéter** (wiederholen)

infinitif … passé comp.	présent … imparfait°	futur simple	conditionnel	subjonctif … impératif
manger *essen* ……… j'**ai** mangé	je mang**e** tu mang**es** il / elle / on mang**e** nous mange**ons** vous mang**ez** ils / elles mang**ent** ……… je mange**ais** nous mang**ions**	je manger**ai** tu manger**as** il / elle / on manger**a** nous manger**ons** vous manger**ez** ils / elles manger**ont**	je manger**ais** tu manger**ais** il / elle / on manger**ait** nous manger**ions** vous manger**iez** ils / elles manger**aient**	que je mang**e** que tu mang**es** qu'il / elle / on mang**e** que nous mang**ions** que vous mang**iez** qu'ils / elles mang**ent** ……… Mange. Mang**e**ons. Mangez.

ebenso: **bouger** (sich bewegen): je bouge, nous boug**e**ons (présent); je boug**e**ais, nous bougions (imparfait)
changer (wechseln, ändern): je change, nous chang**e**ons (présent); je chang**e**ais, nous changions (imparfait)
corriger (korrigieren): je corrige, nous corrig**e**ons (présent); je corrig**e**ais, nous corrigions (imparfait)
déménager (umziehen): je déménage, nous déménag**e**ons (présent); je déménag**e**ais, nous déménagions (imparfait)
nager (schwimmen): je nage, nous nag**e**ons (présent); je nag**e**ais, nous nagions (imparfait)
ranger (aufräumen): je range, nous rang**e**ons (présent); je rang**e**ais, nous rangions (imparfait)

beachte auch: **commencer** (anfangen, beginnen): je commence, nous commen**ç**ons (présent);
je commen**ç**ais, nous commencions (imparfait)

infinitif … passé comp.	présent … imparfait°	futur simple	conditionnel	subjonctif … impératif
appeler *anrufen, rufen* ……… j'**ai** appelé	j'appel**le** tu appel**les** il / elle / on appel**le** nous appel**ons** vous appel**ez** ils / elles appel**lent** ……… j'appel**ais** nous appel**ions**	j'appeller**ai** tu appeller**as** il / elle / on appeller**a** nous appeller**ons** vous appeller**ez** ils / elles appeller**ont**	j'appeller**ais** tu appeller**ais** il / elle / on appeller**ait** nous appeller**ions** vous appeller**iez** ils / elles appeller**aient**	que j'appel**le** que tu appel**les** qu'il / elle / on appel**le** que nous appel**ions** que vous appel**iez** qu'ils / elles appel**lent** ……… Appelle … Appelez

ebenso: **s'appeler** (heißen): je m'appelle

° Die Verben im **imparfait** haben **dieselben Endungen** wie im **conditionnel**.

infinitif … passé comp.	présent … imparfait°	futur simple	conditionnel	subjonctif … impératif
payer *zahlen, bezahlen*	je paie tu paies il / elle / on paie nous payons vous payez ils / elles paient	je paierai tu paieras il / elle / on paiera nous paierons vous paierez ils / elles paieront	je paierais tu paierais il / elle / on paierait nous paierions vous paieriez ils / elles paieraient	que je paie que tu paies qu'il / elle / on paie que nous payions que vous payiez qu'ils / elles paient
……… j'ai payé	……… je payais nous payions			……… Paie. Payez.

ebenso: **essayer** (versuchen): j'essaie, nous essayons

2. Verben auf *-dre*

infinitif … passé comp.	présent … imparfait°	futur simple	conditionnel	subjonctif … impératif
répondre *antworten*	je réponds tu réponds il / elle / on répond nous répondons vous répondez ils / elles répondent	je répondrai tu répondras il / elle / on répondra nous répondrons vous répondrez ils / elles répondront	je répondrais tu répondrais il / elle / on répondrait nous répondrions vous répondriez ils / elles répondraient	que je réponde que tu répondes qu'il / elle / on réponde que nous répondions que vous répondiez qu'ils / elles répondent
……… j'ai répondu	……… je répondais nous répondions			……… Réponds. Répondez.

ebenso: **attendre** (warten), **entendre** (hören), **perdre** (verlieren), **rendre** (zurückgeben), **vendre** (verkaufen)

3. Verben auf *-ir*

infinitif … passé comp.	présent … imparfait°	futur simple	conditionnel	subjonctif … impératif
partir *abfahren, wegfahren, weggehen*	je pars tu pars il / elle / on part nous partons vous partez ils / elles partent	je partirai tu partiras il / elle / on partira nous partirons vous partirez ils / elles partiront	je partirais tu partirais il / elle / on partirait nous partirions vous partiriez ils / elles partiraient	que je parte que tu partes qu'il / elle / on parte que nous partions que vous partiez qu'ils / elles partent
……… je suis parti je suis partie	……… je partais nous partions			……… Pars. Partons. Partez.

ebenso: **dormir** (schlafen): je dors, nous dormons – **servir** (servieren): je sers, nous servons – **sortir** (ausgehen, mit jdm. gehen): je sors, nous sortons

° Die Verben im **imparfait** haben **dieselben Endungen** wie im **conditionnel**.

Verben auf *-ir* mit Stamm-Erweiterung

infinitif … passé comp.	présent … imparfait°	futur simple	conditionnel	subjonctif … impératif
choisir *(aus)wählen* ……… **j'ai choisi**	je choisis tu choisis il / elle / on choisit nous choisissons vous choisissez ils / elles choisissent ……… je choisissais nous choisissions	je choisirai tu choisiras il / elle / on choisira nous choisirons vous choisirez ils / elles choisiront	je choisirais tu choisirais il / elle / on choisirait nous choisirions vous choisiriez ils / elles choisiraient	que je choisisse que tu choisisses qu'il / elle / on choisisse que nous choisissions que vous choisissiez qu'ils / elles choisissent ……… Choisis. Choisissez.

ebenso: **finir** (beenden): je finis, nous finissons; **réagir** (reagieren): je réagis, nous réagissons

4. Reflexive Verben

infinitif … passé comp.	présent … imparfait°	futur simple	conditionnel	subjonctif … impératif
se préparer *sich vorbereiten* ……… je me **suis** préparé je me **suis** préparée	je me prépare tu te prépares il / elle / on se prépare nous nous préparons vous vous préparez ils / elles se préparent ……… je me préparais nous nous préparions	je me préparerai tu te prépareras il / elle / on se préparera nous nous préparerons vous vous préparerez ils / elles se prépareront	je me préparerais tu te préparerais il / elle / on se préparerait nous nous préparerions vous vous prépareriez ils / elles se prépareraient	que je me prépare que tu te prépares qu'il / elle / on se prépare que nous nous préparions que vous vous prépariez qu'ils / elles se préparent ……… Prépare-toi. Préparez-vous.

ebenso: **se débrouiller** (zurechtkommen), **se dépêcher** (sich beeilen), **se réveiller** (aufwachen), …

infinitif … passé comp.	présent … imparfait°	futur simple	conditionnel	subjonctif … impératif
se lever *aufstehen* ……… je me **suis** levé je me **suis** levée	je me lève tu te lèves il / elle / on se lève nous nous levons vous vous levez ils / elles se lèvent ……… je me levais nous nous levions	je me lèverai tu te lèveras il / elle / on se lèvera nous nous lèverons vous vous lèverez ils / elles se lèveront	je me lèverais tu te lèverais il / elle / on se lèverait nous nous lèverions vous vous lèveriez ils / elles se lèveraient	que je me lève que tu te lèves qu'il / elle / on se lève que nous nous levions que vous vous leviez qu'ils / elles se lèvent ……… Lève-toi. Levez-vous.

→ ○ Je m'entraîne 9
● En plus 9

° Die Verben im **imparfait** haben **dieselben Endungen** wie im **conditionnel**.

5. Unregelmäßige Verben

infinitif … passé comp.	présent … imparfait°	futur simple	conditionnel	subjonctif … impératif
avoir *haben* ……… **j'ai eu**	j'ai tu **as** il / elle / on **a** nous **avons** vous **avez** ils / elles **ont** ……… j'**avais** nous **avions**	j'**aurai** tu **auras** il / elle / on **aura** nous **aurons** vous **aurez** ils / elles **auront**	j'**aurais** tu **aurais** il / elle / on **aurait** nous **aurions** vous **auriez** ils / elles **auraient**	que j'**aie** que tu **aies** qu'il / elle / on **ait** que nous **ayons** que vous **ayez** qu'ils / elles **aient** ……… **Aie** … **Ayez** …
être *sein* ……… **j'ai été**	je **suis** tu **es** il / elle / on **est** nous **sommes** vous **êtes** ils / elles **sont** ……… j'**étais** nous **étions**	je **serai** tu **seras** il / elle / on **sera** nous **serons** vous **serez** ils / elles **seront**	je **serais** tu **serais** il / elle / on **serait** nous **serions** vous **seriez** ils / elles **seraient**	que je **sois** que tu **sois** qu'il / elle / on **soit** que nous **soyons** que vous **soyez** qu'ils / elles **soient** ……… **Sois** … **Soyez** …
aller *gehen, fahren* ……… **je suis allé** **je suis allée**	je **vais** tu **vas** il / elle / on **va** nous all**ons** vous all**ez** ils / elles **vont** ……… j'all**ais** nous all**ions**	j'**irai** tu **iras** il / elle / on **ira** nous **irons** vous **irez** ils / elles **iront**	j'**irais** tu **irais** il / elle / on **irait** nous **irions** vous **iriez** ils / elles **iraient**	que j'**aille** que tu **ailles** qu'il / elle / on **aille** que nous all**ions** que vous all**iez** qu'ils / elles **aillent** ……… **Va** … Allez …
boire *trinken* ……… j'ai **bu**	je **bois** nous **buvons** ils / elles **boivent** ……… je **buvais** nous **buvions**	je boir**ai** nous boir**ons** ils / elles boir**ont**	je boir**ais** nous boir**ions** ils / elles boir**aient**	que je **boive** que nous **buvions** qu'ils / elles **boivent** ……… Bois. Buvez.
connaître *kennen* ……… j'ai **connu**	je **connais** nous **connaissons** ils / elles **connaissent** ……… je **connaissais** nous **connaissions**	je connaîtr**ai** nous connaîtr**ons** ils / elles connaîtr**ont**	je connaîtr**ais** nous connaîtr**ions** ils / elles connaîtr**aient**	que je connaiss**e** que nous connaiss**ions** qu'ils / elles connaiss**ent** ………

° Die Verben im **imparfait** haben **dieselben Endungen** wie im **conditionnel**.

infinitif … passé comp.	présent … imparfait°	futur simple	conditionnel	subjonctif … impératif
construire *bauen* ……… j'ai **construit**	je construi**s** nous construis**ons** ils / elles construis**ent** ……… je construis**ais** nous construis**ions**	je construir**ai** nous construir**ons** ils / elles construir**ont**	je construir**ais** nous construir**ions** ils / elles construir**aient**	que je construis**e** que nous construis**ions** qu'ils / elles construis**ent** ……… Construis … Construisez …
devoir *müssen, sollen* ……… j'ai **dû**	je **dois** nous **dev**ons ils / elles **doivent** ……… je **dev**ais nous **dev**ions	je devr**ai** nous devr**ons** ils / elles devr**ont**	je devr**ais** nous devr**ions** ils / elles devr**aient**	que je **doive** que nous **dev**ions qu'ils / elles **doivent** ………
dire *sagen* ……… j'ai **dit**	je **dis** tu **dis** il / elle / on **dit** nous **dis**ons vous **dites** ils / elles **disent** ……… je **dis**ais nous **dis**ions	je dir**ai** tu dir**as** il / elle / on dir**a** nous dir**ons** vous dir**ez** ils / elles dir**ont**	je dir**ais** tu dir**ais** il / elle / on dir**ait** nous dir**ions** vous dir**iez** ils / elles dir**aient**	que je dis**e** que tu dis**es** qu'il / elle / on dis**e** que nous dis**ions** que vous dis**iez** qu'ils / elles dis**ent** ……… Dis. Dites.
écrire *schreiben* ……… j'ai **écrit**	j'écri**s** nous écriv**ons** ils / elles écriv**ent** ……… j'écriv**ais** nous écriv**ions**	j'écrir**ai** nous écrir**ons** ils / elles écrir**ont**	j'écrir**ais** nous écrir**ions** ils / elles écrir**aient**	que j'écriv**e** que nous écriv**ions** qu'ils / elles écriv**ent** ……… Ecris … Ecrivez…
envoyer *schicken* ……… j'ai envoy**é**	j'envoi**e** nous envoy**ons** ils envoi**ent** ……… j'envoy**ais** nous envoy**ions**	j'**enverrai** nous **enverrons** ils / elles **enverron**t	j'**enverr**ais nous **enverr**ions ils / elles **enverr**aient	que j'envoi**e** que nous envoy**ions** qu'ils / elles envoi**ent** ……… Envoie… Envoyez…

° Die Verben im **imparfait** haben **dieselben Endungen** wie im **conditionnel**.

infinitif … passé comp.	présent … imparfait°	futur simple	conditionnel	subjonctif … impératif
faire *machen* ……… j'ai **fait**	je **fais** tu **fais** il / elle / on **fait** nous **faisons** vous **faites** ils / elles **font** ……… je **faisais** nous **faisions**	je **ferai** tu **feras** il / elle / on **fera** nous **ferons** vous **ferez** ils / elles **feront**	je **ferais** tu **ferais** il / elle / on **ferait** nous **ferions** vous **feriez** ils / elles **feraient**	que je **fasse** que tu **fasses** qu'il / elle / on **fasse** que nous **fassions** que vous **fassiez** qu'ils / elles **fassent** ……… Fais … Faites …
lire *lesen* ……… j'ai **lu**	je lis nous lisons ils / elles lisent ……… je lisais nous lisions	je lirai nous lirons ils / elles liront	je lirais nous lirions ils / elles liraient	que je lise que nous lisions qu'ils / elles lisent ……… Lis … Lisez …
mettre *setzen, stellen, legen* ……… j'ai **mis**	je **mets** nous mettons ils / elles mettent ……… je mettais nous mettions	je mettrai nous mettrons ils / elles mettront	je mettrais nous mettrions ils / elles mettraient	que je mette que nous mettions qu'ils / elles mettent ……… Mets … Mettez …
offrir *anbieten, schenken* ……… j'ai **offert**	j'offre nous‿offrons ils / elles‿offrent ……… j'offrais nous‿offrions	j'offrirai nous‿offrirons ils / elles‿offriront	j'offrirais nous‿offririons ils / elles‿offriraient	que j'offre que nous‿offrions qu'ils / elles‿offrent ……… Offre … Offrez …
ouvrir *öffnen, eröffnen* ……… j'ai **ouvert**	j'ouvre nous‿ouvrons ils / elles‿ouvrent ……… j'ouvrais nous‿ouvrions	j'ouvrirai nous‿ouvrirons ils / elles‿ouvriront	j'ouvrirais nous‿ouvririons ils / elles‿ouvriraient	que j'ouvre que nous‿ouvrions qu'ils / elles‿ouvrent ……… Ouvre … Ouvrez …
pouvoir *können* ……… j'ai **pu**	je **peux** nous **pouvons** ils / elles **peuvent** ……… je **pouvais** nous **pouvions**	je **pourrai** nous **pourrons** ils / elles **pourront**	je **pourrais** nous **pourrions** ils / elles **pourraient**	que je **puisse** que nous **puissions** qu'ils / elles **puissent** ………

→ ○ pouvoir/savoir, 14
● pouvoir/ savoir, 14

° Die Verben im **imparfait** haben **dieselben Endungen** wie im **conditionnel**.

infinitif … passé comp.	présent … imparfait°	futur simple	conditionnel	subjonctif … impératif
prendre *nehmen* ……… j'ai **pris**	je prend**s** nous **prenons** ils / elles **prennent** ……… je pren**ais** nous pren**ions**	je prendr**ai** nous prendr**ons** ils / elles prendr**ont**	je prendr**ais** nous prendr**ions** ils / elles prendr**aient**	que je **prenne** que nous pren**ions** qu'ils / elles **prennent** ……… Prends … Prenez …

ebenso: **apprendre** (lernen), **comprendre** (verstehen)

infinitif … passé comp.	présent … imparfait°	futur simple	conditionnel	subjonctif … impératif
recevoir *erhalten, empfangen* ……… **j'ai reçu**	je **reçois** nous recev**ons** ils / elles **reçoivent** ……… je recev**ais** nous recev**ions**	je recevr**ai** nous recevr**ons** ils / elles recevr**ont**	je recevr**ais** nous recevr**ions** ils / elles recevr**aient**	que je **reçoive** que nous recev**ions** qu'ils / elles **reçoivent** ……… **Reçois**… Recevez…
savoir *wissen, können* ………	je sais nous sav**ons** ils / elles savent ……… je sav**ais** nous sav**ions**	je **saurai** nous **saurons** ils / elles **sauront**	je saur**ais** nous saur**ions** ils / elles saur**aient**	que je **sache** que nous **sachions** qu'ils / elles **sachent** ……… **Sache** … / **Sachez** …
tenir *halten* ……… **j'ai tenu**	je **tiens** nous ten**ons** ils / elles **tiennent** ……… je ten**ais** nous ten**ions**	je **tiendrai** nous **tiendrons** ils / elles **tiendront**	je **tiendrais** nous **tiendrions** ils / elles **tiendraient**	que je **tienne** que nous ten**ions** qu'ils / elles **tiennent** ……… **Tiens.** Tenez.
venir *kommen* ……… **je suis** venu **je suis** venue	je **viens** nous ven**ons** ils / elles **viennent** ……… je ven**ais** nous ven**ions**	je **viendrai** nous **viendrons** ils / elles **viendront**	je **viendrais** nous **viendrions** ils / elles **viendraient**	que je **vienne** que nous ven**ions** qu'ils / elles **viennent** ……… **Viens.** Venez.

ebenso: **revenir** (zurückkommen)

→ ○ pouvoir/savoir, 14
● pouvoir/ savoir, 14

° Die Verben im **imparfait** haben **dieselben Endungen** wie im **conditionnel**.

infinitif … passé comp.	présent … imparfait°	futur simple	conditionnel	subjonctif … impératif
vivre *leben* ……… j'ai **vécu**	je **vis** nous vivons ils / elles vivent ……… je vivais nous vivions	je vivrai nous vivrons ils / elles vivront	je vivrais nous vivrions ils / elles vivraient	que je vive que nous vivions qu'ils / elles vivent ……… Vis … Vivez …
voir *sehen* ……… j'ai **vu**	je **vois** nous **voyons** ils / elles **voient** ……… je voyais nous voyions	je **verrai** nous **verrons** ils / elles **verront**	je **verrais** nous **verrions** ils / elles **verraient**	que je **voie** que nous voyions qu'ils / elles **voient** ………
vouloir *wollen* ……… j'ai **voulu**	je **veux** nous voulons ils / elles **veulent** ……… je voulais nous voulions	je **voudrai** nous **voudrons** ils / elles **voudront**	je **voudrais** nous **voudrions** ils / elles **voudraient**	que je **veuille** que nous voulions qu'ils / elles **veuillent** ………

° Die Verben im **imparfait** haben **dieselben Endungen** wie im **conditionnel**.

Die Lösungen findest du ab S. 237

Je m'entraîne → différenciation

1 Informations sur le voyage → G17

Mettez les verbes au futur simple.

Voyage des 4e C

Chers parents,

Notre voyage approche et voici quelques informations sur le programme:

- Lundi matin, le bus nous ***(attendre)*** devant le collège vers 7 heures 30. Nous ***(partir)*** à 8 heures. Merci de ne pas être en retard.
- Nous ***(faire)*** une pause vers midi pour manger. La cantine du collège ***(préparer)*** un pique-nique pour chaque élève.
- A l'arrivée, les élèves ***(rencontrer)*** leurs correspondants et ***(aller)*** tout de suite dans les familles.
- Les élèves ***(prendre)*** le petit-déjeuner et le repas du soir dans les familles. Le midi, nous ***(acheter)*** des sandwichs ou des salades en ville.
- On ***(visiter)*** la ville mardi et mercredi (monuments, parcs, musées, etc …). Jeudi, nous ***(faire)*** une sortie avec les correspondants. Et jeudi soir, avant notre départ, le collège ***(organiser)*** une petite fête.
- Tous les soirs, vous ***(pouvoir)*** lire des résumés de la journée et voir des photos sur notre blog: www.collegebrassens/notrevoyage.fr
- Vendredi, nous ***(arriver)*** vers 18 heures au collège.

Pour les autres détails, vous pouvez me poser des questions directement sur le blog ou par mail.

Jean Martin, professeur d'allemand (Jean.martin@college-brassens.fr)

2 Il y a toujours une réponse → G28.1

Présent ou futur? Choisissez le bon verbe.

La 4e C part bientôt en voyage. Sur le blog collegebrassens/notrevoyage.fr, un professeur répond aux questions des élèves et des parents.

- Il faut prendre quels vêtements? Il fait froid?
  → Difficile de répondre. Cela dépend de la météo. S'il ***(faire)*** froid, tu ***(avoir)*** besoin d'un sweat-shirt, mais s'il ***(faire)*** chaud, un T-shirt, ce ***(être)*** bien. Alors, si tu ***(prendre)*** les deux, ce ***(être)*** parfait!

auras | fait | sera | prends | fait | sera

- Est-ce que les élèves vont être parfois seuls en ville? Et il faut leur donner combien d'argent pour les repas du midi?
  → Oui, les élèves ***(être)*** parfois seuls en ville. Mais ils ***(avoir)*** mon numéro de téléphone s'ils ***(avoir)*** un problème. En moyenne, il faut donner 5 euros par repas. Mais si votre enfant n'***(avoir)*** pas assez d'argent, je ***(payer)*** pour lui et vous me ***(donner)*** l'argent au retour.

ont | auront | paierai | a | seront | donnerez

- Est-ce qu'on peut téléphoner dans les familles d'accueil? C'est très important, mon fils est allergique. Alors, comment prévenir la famille?
  → Oui, si vous ***(vouloir)*** parler à votre enfant ou à la famille d'accueil, vous ***(pouvoir)*** téléphoner le soir. Si vous ***(expliquer)*** les problèmes d'allergie de votre fils à la famille, elle ***(faire)*** très attention. Ne vous inquiétez pas!

voulez | pourrez | expliquez | fera

3 Tous différents! → G10.1

a Accordez les adjectifs.

Baptiste est triste■, mais Anne-Sophie et Mourad sont content■. Alex et Anne-Sophie sont petit■, mais Lucille est grand■. Les pantalons de Baptiste et de Béatrix sont long■. Les yeux de Lucille sont bleu■, mais les yeux de Mourad sont noir■. Les chaussettes de Lucille sont long■, mais les chaussettes d'Alex sont court■. Dans ce groupe, tout le monde a le même âge: toutes les personnes sont jeune■.

(Illustration: Yuio, Wépion)

b Utilisez l'adjectif proposé et comparez avec ***plus que / qu'***, ***moins que / qu'*** ou ***aussi que / qu'***.

content → Baptiste, Anne-Sophie et Mourad.
grand → Anne-Sophie et Lucille.
long → Les pantalons de Baptiste et de Béatrix.
noir → Les yeux de Mourad et de Lucille.
court → Les chaussettes de Lucille et d'Alex.
jeune → Les filles et les garçons.

4 Tu y vas? → G8

Ecrivez les réponses dans l'ordre.

Nora: Ce week-end, tu vas à l'anniversaire de Patou? *Colas:* Non, … / vais / n' / je / pas. / y
Nora: Pourquoi tu ne viens pas? Tu ne veux pas? *Colas:* Si, mais … / peux / je / y / aller. / ne / pas
Nora: Pourquoi? Tu as autre chose à faire? Tu vas chez ton père à Montpellier? *Colas:* Oui, … / vais / une / y / semaine. / j'.
Nora: Quelle chance! Tu vas partir comment? Ton père vient te chercher? *Colas:* Non, … / y / en / je / train. / aller / vais
Nora: Et là-bas, tu vas aller à la plage? *Colas:* Bien sûr, … je / aller / tous / y / vais / jours. / les

5 Le saviez-vous? → G13

Mettez les verbes à l'imparfait.

En France, il y a 150 ans …
Les gens ***(vivre)*** plutôt à la campagne. Ils ***(travailler)*** beaucoup avec leurs mains et ne ***(partir)*** jamais en vacances. Ils n'***(avoir)*** pas de voiture et dans les rues, il y ***(avoir)*** beaucoup de chevaux. Beaucoup d'enfants n'***(aller)*** pas à l'école. Il n'y ***(avoir)*** que les personnes riches qui ***(apprendre)*** à lire et à écrire.

Pour aller de Paris à Marseille, on ***(passer)*** plusieurs jours dans le train. Et comme c'***(être)*** très cher, les Français ne ***(faire)*** pas beaucoup de voyages.

A Paris, il n'y ***(avoir)*** pas de métro et des millions de touristes ne ***(venir)*** pas encore visiter la capitale française chaque année.

○ Je m'entraîne → différenciation

○ 6 Entre amis – Enzo raconte → G14

Racontez l'histoire au passé. Les verbes en rouge décrivent les situations.
Les verbes en bleu décrivent les actions, ce qui s'est passé *(was geschah)*.

Hier, c'*(être)* samedi. Il n'y *(avoir)* pas d'école. Il *(faire)* beau et j'*(être)* avec Noémie. On *(traîner)* dans la rue.

Il *(être)* midi et on *(avoir)* un peu faim. Alors, quand nous *(passer)* devant une boulangerie, on *(avoir)* envie d'acheter quelque chose à manger.

On *(prendre)* des gâteaux et on *(les manger)* dans la rue. C'*(être)* super bon! Tout à coup, le téléphone de Noémie *(sonner)*.

C'*(être)* Julie qui *(passer)* le week-end à Paris, chez sa tante. Elle nous *(proposer)* de venir la voir. Noémie *(être)* super contente de revoir Julie. Mais moi, je *(ne pas pouvoir)*, j'*(avoir)* encore des devoirs à faire.

Noémie *(attendre)* le bus avec moi. Quand mon bus *(arriver)*, je *(dire)* au revoir à Noémie et je *(rentrer)* chez moi.

A 17 heures, Lucas *(passer)* chez la tante de Julie. Noémie *(les laisser)* seuls et *(me téléphoner)*.

On s'est retrouvés un peu plus tard et on *(aller)* au marché. Il *(faire)* encore très chaud.

A 20 heures, on *(rentrer)*. C'*(être)* vraiment une super journée et j'*(être)* vraiment heureux d'être avec Noémie.

○ Je m'entraîne → différenciation

○ 7 Tu sais pas quoi? → G14

a Mettez le texte au passé. Les verbes en rouge décrivent les situations.
Les verbes en bleu décrivent les actions, ce qui s'est passé *(was geschah)*.

e-mail

Salut Caro,

J'ai un truc pas possible à te raconter!
Tu sais, le week-end dernier, je ***(être)*** à Bruxelles avec mes parents. Quand on ***(être)*** dans le centre-ville, je ***(voir)*** un magasin de CD. Alors je ***(entrer)*** parce que je ***(vouloir)*** acheter un CD de Stromae. Je ***(trouver)*** ça marrant d'acheter un CD de Stromae dans la ville où il vit. Je ***(sortir)*** du magasin un peu vite parce que mes parents m'***(attendre)*** dans la rue. Alors, je ***(pousser)***, sans le faire exprès*, un homme qui ***(être)*** devant la porte. Bien sûr, je ***(vouloir)*** dire pardon tout de suite et - surprise! - je ***(avoir)*** Stromae devant moi. Quand il ***(voir)*** mon CD, il ***(proposer)*** d'écrire quelques mots sur le CD. Et maintenant, j'ai un CD signé par Stromae. C'est trop cool!
Des bises
Clem

*sans [le] faire exprès – ohne Absicht

b Mettez les verbes à l'imparfait ou au passé composé.

e-mail

Salut Clem,

Ça alors! Quelle chance!
Mais quand tu ***(rencontrer)*** Stromae, il ***(être)*** seul? Et il ***(avoir)*** le même look que dans la vidéo de «Papaoutai»?
Et quand tu ***(voir)*** que c'***(être)*** Stromae, tu lui ***(dire)*** quoi?
Et tu lui ***(faire)*** la bise?
Raconte vite!
Caro

○ 8 Il n'y a rien dans cette boulangerie! → G24

Choisissez la bonne réponse.

Clémence: Bonjour, je voudrais un croissant, s'il vous plaît.
La vendeuse: **a** Désolée, nous n'avons pas encore de croissants. On a tout vendu.
b Désolée, nous n'avons plus de croissants. On a tout vendu.

Clémence: Alors un pain au chocolat.
La vendeuse: **a** Il n'y a pas de pains au chocolat aujourd'hui.
b Il n'y a jamais de pains au chocolat aujourd'hui.

○ **Je m'entraîne → différenciation**

Clémence: Et vous avez du pain? Un pain complet par exemple. Ou une baguette.
La vendeuse: **a** Non, il n'y a ni pain complet ni baguette. Le four* est cassé.
b Non, il n'y a jamais de pain complet, jamais de baguette. Le four est cassé.

Clémence: Bon, ben un sandwich alors.
La vendeuse: **a** Il est seulement 10 heures. Les sandwichs ne sont plus prêts.
b Il est seulement 10 heures. Les sandwichs ne sont pas encore prêts.

Clémence: Alors, vous avez quoi?
La vendeuse: **a** Ben, c'est simple, nous n'avons rien.
b Ben, c'est simple, nous n'avons personne.

*un four – Backofen

○ 9 La vie des ados → G11.2 / G35.4

Complétez avec les pronoms proposés.

se vous

Le rythme des ados.

L'INSEE a fait une enquête sur la vie des ados.
Voici les résultats.

1/ En semaine, vous ■ réveillez tôt et vous ■ couchez tard.
Les jeunes ■ lèvent en moyenne vers 7 h. Les garçons ■ réveillent souvent plus tôt que les filles mais ils ■ couchent plus tard car ils ■ amusent sur Internet.
Le week-end, c'est un peu différent: vous ■ reposez et vous dormez beaucoup plus longtemps, parfois même jusqu'à midi.

2/ La journée, vous n'êtes presque jamais à la maison.
Vous n'êtes pas chez vous en moyenne de 8 h à 17 h. Pour aller au collège, vous ■ déplacez plutôt en bus mais aussi à vélo.
Le week-end, c'est plus cool. Vous ■ promenez souvent à pied entre amis.

3/ Vous faites attention à votre look.
Filles ou garçons, vous avez tous répondu: «Nous ■ habillons en respectant les codes de la mode». Les filles ne ■ maquillent pas tous les jours mais les garçons ■ mettent souvent du gel dans les cheveux.

REAGISSEZ - 3 commentaires
Lulu: Moi, je ne ■ lève jamais à midi le week-end.
Jeff: C'est bien vrai pour la mode. Si tu ne ■ habilles pas comme les autres ou si tu ne ■ mets pas de gel, on dit que tu n'es pas cool.
Ryan: Une fille qui ■ maquille trop, c'est moche. J'aime pas ça!

Je m'entraîne → différenciation

10 Le pays de mes rêves → G18

Mettez les verbes au conditionnel.

12 messages Page 1 sur 1

Kat13:	En géographie, on doit présenter un pays où on ***(aimer)*** habiter. C'est difficile. Vous ***(avoir)*** des idées?
Domi:	Ben moi, je ***(choisir)*** l'Australie.
Kat13:	Pourquoi?
Domi:	Ce ***(être)*** super! Je ***(pouvoir)*** faire du surf tous les jours. Et je ***(voir)*** d'autres animaux qu'ici.
Benji:	Comme les moutons* par exemple! Haha!
Domi:	Il y ***(avoir)*** aussi des kangourous*.
Kat13:	Et peut-être des alligators qui ***(avoir)*** envie de te manger.
Benji:	Moi, je ***(vouloir)*** vivre au Canada, dans le nord.
Kat13:	Oh là, mais tu ***(avoir)*** froid tout le temps. Et tu ***(faire)*** quoi là-bas?
Benji:	En été, du kayak. Et en hiver, je ***(faire)*** un igloo*. J'***(inviter)*** mes potes et nous y ***(passer)*** la nuit.
Domi:	Et là, le danger, ce ***(ne pas être)*** les alligators, mais les ours!
Kat13:	Mais non, les ours, en hiver, ça dort!

*un mouton – Schaf / un kangourou – Känguru / un igloo – Iglu

11 Le Parlement européen des jeunes → G28.2

Mettez les verbes au **conditionnel** ou à **l'imparfait**.

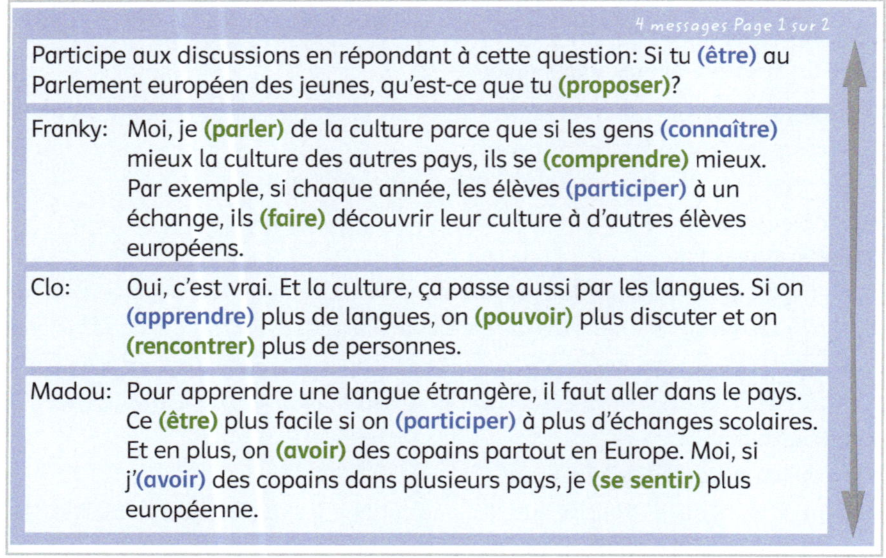
4 messages Page 1 sur 2

Participe aux discussions en répondant à cette question: Si tu **(être)** au Parlement européen des jeunes, qu'est-ce que tu **(proposer)**?	
Franky:	Moi, je **(parler)** de la culture parce que si les gens **(connaître)** mieux la culture des autres pays, ils se **(comprendre)** mieux. Par exemple, si chaque année, les élèves **(participer)** à un échange, ils **(faire)** découvrir leur culture à d'autres élèves européens.
Clo:	Oui, c'est vrai. Et la culture, ça passe aussi par les langues. Si on **(apprendre)** plus de langues, on **(pouvoir)** plus discuter et on **(rencontrer)** plus de personnes.
Madou:	Pour apprendre une langue étrangère, il faut aller dans le pays. Ce **(être)** plus facile si on **(participer)** à plus d'échanges scolaires. Et en plus, on **(avoir)** des copains partout en Europe. Moi, si j'**(avoir)** des copains dans plusieurs pays, je **(se sentir)** plus européenne.

Je m'entraîne → différenciation

2 messages Page 2 sur 2

Kari:	Vous avez tous raison. Mais pour faire plus d'échanges, on a besoin de moyens de transport plus efficaces*. Si les voyages **(être)** moins chers et plus efficaces, les jeunes **(bouger)** beaucoup plus.
Steph:	On peut aussi bouger pour travailler. Moi, je trouve que si l'Europe **(organiser)** plus de stages à l'étranger, ça nous **(aider)** à mieux comprendre le monde du travail dans d'autres pays.

*moyens de transport plus efficaces – effizientere Verkehrsmittel

12 Offre d'emploi → G30

Mettez les mots des questions dans l'ordre. Pensez aux traits d'union.

e-mail

Bonjour,

Je vous écris au sujet de votre offre d'emploi de livreur de pizza. J'aurais en effet encore quelques questions.

- Faut / avoir / il / plus / 16 / de / ans?
- d'un / vous / Avez / tous / jours? / besoin / les / livreur
- scooter / pizzeria? / un / Y / a / t / il / la / à
- vous / à / heure / arrête / Savez / on /le / quelle / travail?
- dire / quelle / rémunération? / vous / Pouvez / la / me / est

Merci pour votre réponse.
Cordialement
Quentin

13 Gaëtan pourra difficilement venir → G33

Formez les adverbes correspondant aux adjectifs.

Sylvain: Demain, c'est à quelle heure le match?
Joachim: ***(normal)***, c'est toujours à 14 h. Mais je vais vérifier.

Sylvain: Ok. Tu viens avec Gaëtan et Théo?
Joachim: Non, Gaëtan ne peut pas. Je viens ***(seul)*** avec Théo.

Sylvain: Gaëtan ne vient pas! Pourquoi?
Joachim: Il est malade et il est ***(complet)*** crevé.

Sylvain: Mince. C'est bête!
Joachim: Ouais. ***(heureux)***, on est en vacances. Il va pouvoir se reposer.

Sylvain: Yes! Deux semaines de vacances! C'est trop cool!
Joachim: Tu as raison, c'est ***(vrai)*** cool!

G Grammaire

Je m'entraîne → différenciation

14 A la gare des bus → G35.5

a Complétez avec ***pouvoir*** au présent.

La prof: Venez, on part bientôt*. Nous ▲ déjà aller attendre devant l'arrêt.
Emilie: Mais Madame, il fait chaud dehors. On ▲ pas rester assis ici plutôt?
La prof: Vous allez être assis dans le bus les 3 prochaines heures. Vous ▲ bien attendre debout quelques minutes, non?
Nadia: Madame, je ▲ aller aux toilettes?
Carine: Moi aussi Madame!
La prof: Oui mais vite! Ah, c'est dingue ça, ils ne ▲ pas rester tranquillement ensemble plus de 5 minutes!

*bientôt – bald

b Complétez avec ***savoir*** au présent.

Carine: Bon, tu ■ où sont les toilettes?
Nadia: Ben non mais on va demander. Pardon Monsieur, vous ■ où sont les toilettes?
L'homme: Non, désolé, je ne ■ pas.
Carine: Et la prof, tu penses qu'elle ■?
Nadia: Pas sûr! Mais je crois qu'au bureau d'informations, là-bas, ils ■ ça. Viens, on y va.

c Complétez avec ***pouvoir*** ▲ ou ***savoir*** ■ au présent.

Thibault: Madame, c'est quel bus pour Nice? Vous ■?
La prof: Non, je ne ■ pas. Mais il y a un chauffeur là-bas. Nous ▲ lui demander. Il le ■ sûrement*, lui.
Thibault: Mais c'est un bus qui vient de Grèce!
La prof: Et alors?
Thibault: Je ne ■ pas parler grec, moi!
La prof: Mais le chauffeur, il ■ sûrement parler anglais ou français, lui!
Thibault: On ▲ aussi aller demander au bureau d'informations. C'est sûr qu'ils ■, eux!
La prof: Bonne idée. Tu ▲ aller leur demander, s'il te plaît?
Thibault: Karim et Noah ▲ venir avec moi?
La prof: D'accord. Mais revenez vite.

*sûrement – sicher

15 Adverbes ou noms? → G33

Trouvez les 2 adverbes dans chaque liste.

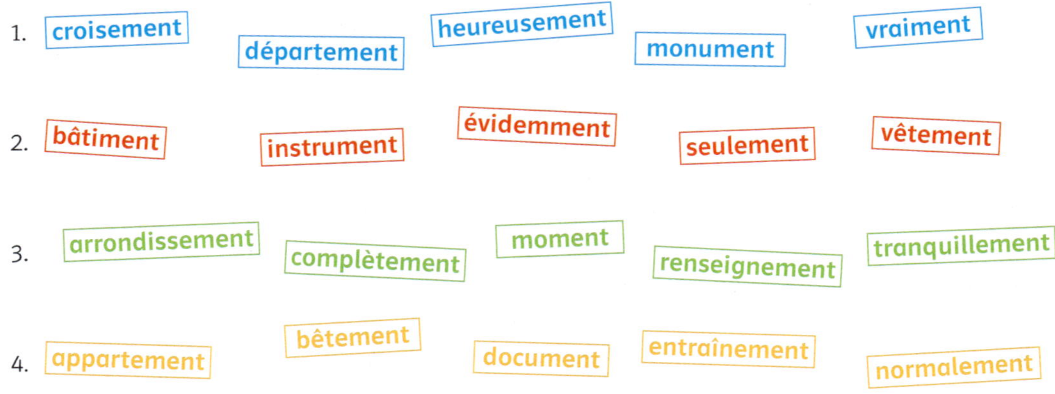

○ Je m'entraîne → différenciation

○ 16 Dernières questions avant le départ → G19

Une classe visite demain le Parlement européen à Strasbourg.
Complétez les réponses du prof avec les verbes au subjonctif.

Judith: Monsieur, il faut être à quelle heure à la gare?

Le prof: Il faut que nous ***(être)*** dans le train à 9 h. Donc il faut que vous ***(être)*** à la gare 30 minutes avant.

Carmen: Il faut venir avec ses parents?

Le prof: Oui, il faut qu'ils ***(venir)*** aussi, il faut qu'ils ***(signer)*** un document.

Damien: Le matin, il faut aller au collège avant?

Le prof: Non, il ne faut pas que vous ***(aller)*** au collège. Allez tout de suite à la gare.

Alice: Et il faut prendre quels papiers?

Le prof: Il faut que vous ***(prendre)*** votre passeport ou votre carte d'identité* pour entrer au Parlement.

Victor: Il faut avoir quoi comme sac?

Le prof: Il faut que tu ***(prendre)*** un sac à dos. C'est plus pratique*.

Inès: Il faut préparer un pique-nique pour la route?

Le prof: Oui, il faut que tu ***(avoir)*** ton pique-nique avec toi!

*une carte d'identité – Personalausweis / pratique – praktisch

○ 17 Adieu Martin! → G19

Choisissez le bon verbe.

achète
aille
danse
écoute
écrive
fasse
invite
organisions
parlions
prennes
soit
offrions

Bob: Vous savez que Martin va déménager cet été. Je voudrais que nous ■ une fête pour son départ.

Fiona: Ben oui, et il faut que ce ■ une belle fête parce qu'il est trop sympa, Martin.

Bob: Je propose qu'on ■ tout le monde chez moi, qu'on ■ de la musique et qu'on ■ toute la nuit. Il faut que nous en ■ vite aux autres.

Luc: Je préfère qu'on ■ passer une soirée sur la plage, qu'on ■ un grand feu et que tu ■ ta guitare, Bob.

Fiona: Oh oui, génial! Mais Bob a raison: c'est important qu'on ■ vite à tout le monde pour les inviter.

Bob: J'aimerais aussi que nous lui ■ un cadeau en souvenir du Sud. Je propose qu'on lui ■ un CD de Massilia Sound System. Il adore! Vous êtes d'accord?

Fiona et Luc: Ça marche!

En plus → différenciation

Die Lösungen findest du ab S. 237.

1 Informations sur le voyage → G17

Complétez le texte au futur.

acheter – aller – attendre – faire x 2 – organiser – prendre – pouvoir – préparer – rencontrer – arriver – visiter – partir

Voyage des 4e C

Chers parents,
Notre voyage approche et voici quelques informations sur le programme:

- Lundi matin, le bus nous ■ devant le collège vers 7 heures 30. Nous ■ à 8 heures. Merci de ne pas être en retard.
- Nous ■ une pause vers midi pour manger. La cantine du collège ■ un pique-nique pour chaque élève.
- A l'arrivée, les élèves ■ leurs correspondants et ■ tout de suite dans les familles.
- Les élèves ■ le petit-déjeuner et le repas du soir dans les familles. A midi, nous ■ des sandwichs ou des salades en ville. Les élèves devront donc avoir de l'argent avec eux.
- On ■ la ville mardi et mercredi (monuments, parcs, musées, etc.). Jeudi, nous ■ une sortie avec les correspondants. Et jeudi soir, avant notre départ, le collège ■ une petite fête.
- Tous les soirs, vous ■ lire des résumés de la journée et voir des photos sur notre blog: www.collegebrassens/notrevoyage.fr
- Au retour, vendredi, nous ■ vers 18 heures devant le collège.

Pour les autres détails, vous pouvez me poser des questions sur le blog ou par mail.

Jean Martin, professeur d'allemand (Jean.martin@college-brassens.fr)

2 Il y a toujours une réponse → G28.1

Mettez les verbes au présent ou au futur simple.
La 4e C part bientôt en voyage. Sur le blog collegebrassens/notrevoyage.fr, un professeur répond aux questions des élèves et des parents.

- Il faut prendre quels vêtements? Il fait froid?
  → Difficile de répondre. Cela dépend de la météo. S'il ***(faire)*** froid, tu ***(avoir)*** besoin d'un sweat-shirt, mais s'il ***(faire)*** chaud, un T-shirt, ce ***(être)*** bien. Alors, si tu ***(prendre)*** les deux, ce ***(être)*** parfait!
- Est-ce que les élèves vont être parfois seuls en ville? Et il faut leur donner combien d'argent pour les repas de midi?
  → Oui, les élèves ***(être)*** parfois seuls en ville. Mais ils ***(avoir)*** mon numéro de téléphone s'ils ***(avoir)*** un problème. En moyenne, il faut donner 5 euros par repas. Mais si votre enfant ***(ne pas avoir)*** assez d'argent,
  je ***(payer)*** pour lui et vous me ***(donner)*** l'argent au retour.
- Est-ce qu'on peut téléphoner dans les familles d'accueil? C'est très important, mon fils est allergique. Alors, comment prévenir la famille?
  → Oui, si vous ***(vouloir)*** parler à votre enfant ou à la famille d'accueil, vous ***(pouvoir)*** téléphoner le soir. Si vous ***(expliquer)*** les problèmes d'allergie de votre fils à la famille, elle ***(faire)*** très attention. Ne vous inquiétez pas!

En plus → différenciation

3 Tous différents! → G10.1

Utilisez les informations données pour comparer.
Exemple: timide (+) → Baptiste ■ Mourad → Baptiste *est plus timide que* Mourad.

petit (+)	Alex ■ Mourad.
vert (-)	Les yeux de Lucille ■ les yeux d'Anne-Sophie.
grand (=)	Béatrix ■ Anne-Sophie.
court (+)	Les cheveux d'Alex ■ les cheveux de Baptiste.
triste (-)	Anne-Sophie et Mourad ■ Baptiste.
jeune (=)	Dans le groupe, tout le monde a le même âge: les filles ■ les garçons.

(Illustration: Yuio, Wépion)

4 Tu y vas? → G8

Dans les réponses, utilisez ***Y*** pour remplacer la partie soulignée.

Nora: Ce week-end, tu vas à l'anniversaire de Patou?
Colas: Non, je ne vais pas à l'anniversaire de Patou.

Nora: Pourquoi tu ne viens pas? Tu ne veux pas?
Colas: Si, mais je ne peux pas aller à sa fête.

Nora: Pourquoi? Tu as autre chose à faire? Tu vas chez ton père à Montpellier?
Colas: Oui, je vais chez mon père à Montpellier une semaine.

Nora: Quelle chance! Tu vas partir comment? Ton père vient te chercher?
Colas: Non, je vais aller chez mon père à Montpellier en train.

Nora: Et là-bas, tu vas aller à la plage?
Colas: Bien sûr, je vais aller à la plage tous les jours.

5 Le saviez-vous? → G13

Complétez le texte à l'imparfait.

aller · apprendre · avoir x 4 · être · faire · partir · passer · venir · travailler · vivre

En France, il y a 150 ans…
Les gens ■ plutôt à la campagne. Ils ■ beaucoup avec leurs mains et ne ■ jamais en vacances. Ils n'■ pas de voiture et dans les rues, il y ■ beaucoup de chevaux.
Beaucoup d'enfants n'■ pas à l'école. Il n'y ■ que les personnes riches qui ■ à lire et à écrire.
Pour aller de Paris à Marseille, on ■ plusieurs jours dans le train. Et comme c'■ très cher, les Français ne ■ pas beaucoup de voyages.
A Paris, il n'y ■ pas de métro et des millions de touristes ne ■ pas encore visiter la capitale française chaque année.

6 Entre amis – Enzo raconte → G14

Racontez l'histoire au passé en utilisant l'imparfait ou le passé composé.

Hier, c'**(être)** samedi. Il n'y **(avoir)** pas d'école. Il **(faire)** beau et j'**(être)** avec Noémie. On **(traîner)** dans la rue.

Il **(être)** midi et on **(avoir)** un peu faim. Alors, quand nous **(passer)** devant une boulangerie, on **(avoir)** envie d'acheter quelque chose à manger.

On **(prendre)** des gâteaux et on **(les manger)** dans la rue. C'**(être)** super bon! Tout à coup, le téléphone de Noémie **(sonner)**.

C'**(être)** Julie qui **(passer)** le week-end à Paris, chez sa tante. Elle nous **(proposer)** de venir la voir. Noémie **(être)** super contente de revoir Julie. Mais moi, je **(ne pas pouvoir)**, j'**(avoir)** encore des devoirs à faire.

Noémie **(attendre)** le bus avec moi. Quand mon bus **(arriver)**, je **(dire)** au revoir à Noémie et je **(rentrer)** chez moi.

A 17 heures, Lucas **(passer)** chez la tante de Julie. Noémie **(les laisser)** seuls et **(me téléphoner)**.

On **(se retrouver)** un peu plus tard et on **(aller)** au marché. Il **(faire)** encore très chaud.

A 20 heures, on **(rentrer)**. C'**(être)** vraiment une super journée et j'**(être)** vraiment heureux d'être avec Noémie.

7 Tu sais pas quoi? → G14

a Mettez le texte au passé en utilisant l'imparfait ou le passé composé.

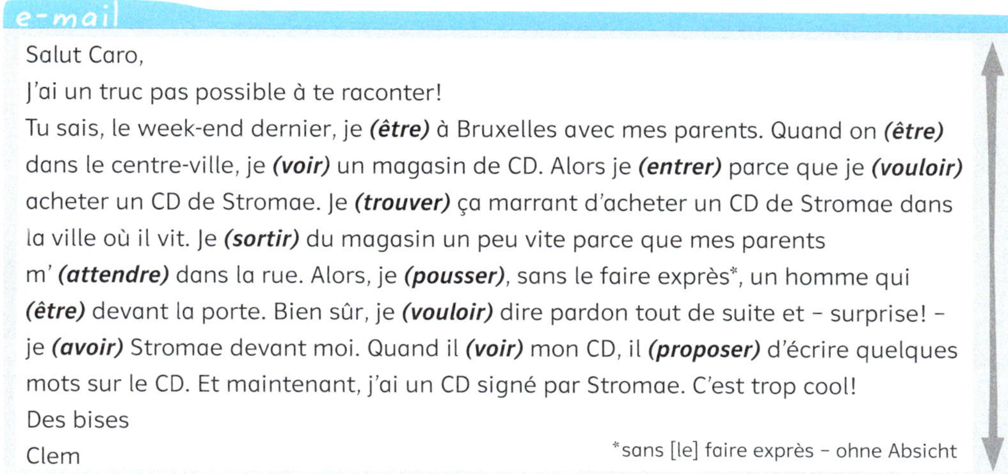
e-mail

Salut Caro,
J'ai un truc pas possible à te raconter!
Tu sais, le week-end dernier, je ***(être)*** à Bruxelles avec mes parents. Quand on ***(être)*** dans le centre-ville, je ***(voir)*** un magasin de CD. Alors je ***(entrer)*** parce que je ***(vouloir)*** acheter un CD de Stromae. Je ***(trouver)*** ça marrant d'acheter un CD de Stromae dans la ville où il vit. Je ***(sortir)*** du magasin un peu vite parce que mes parents m' ***(attendre)*** dans la rue. Alors, je ***(pousser)***, sans le faire exprès*, un homme qui ***(être)*** devant la porte. Bien sûr, je ***(vouloir)*** dire pardon tout de suite et – surprise! – je ***(avoir)*** Stromae devant moi. Quand il ***(voir)*** mon CD, il ***(proposer)*** d'écrire quelques mots sur le CD. Et maintenant, j'ai un CD signé par Stromae. C'est trop cool!
Des bises
Clem

*sans [le] faire exprès – ohne Absicht

b Mettez les verbes à l'imparfait ou au passé composé.

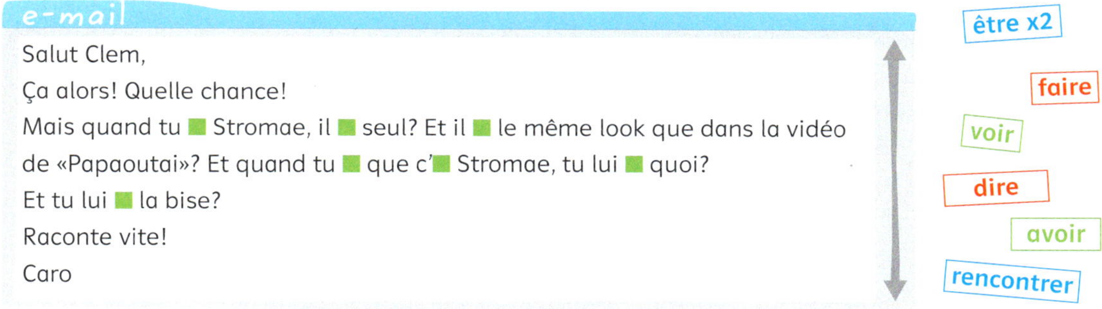
e-mail

Salut Clem,
Ça alors! Quelle chance!
Mais quand tu ■ Stromae, il ■ seul? Et il ■ le même look que dans la vidéo de «Papaoutai»? Et quand tu ■ que c'■ Stromae, tu lui ■ quoi?
Et tu lui ■ la bise?
Raconte vite!
Caro

être x2 | faire | voir | dire | avoir | rencontrer

8 Il n'y a rien dans cette boulangerie! → G24

Complétez le dialogue.

ne ... pas | ne ... pas encore | ne ... plus | ne ... ni ... ni | ne ... rien

Clémence: Bonjour, je voudrais un croissant, s'il vous plaît.
La vendeuse: Désolée, nous ■ avons ■ de croissants. On a tout vendu.
Clémence: Alors un pain au chocolat.
La vendeuse: Il ■ y a ■ de pains au chocolat aujourd'hui.
Clémence: Et vous avez du pain? Un pain complet par exemple. Ou une baguette.
La vendeuse: Non, il ■ y a ■ pain complet ■ baguette. Le four* est cassé.
Clémence: Bon, ben un sandwich alors.
La vendeuse: Il est seulement 10 heures. Les sandwichs ■ sont ■ prêts.
Clémence: Alors, vous avez quoi?
La vendeuse: Ben, c'est simple, nous ■ avons ■.

*un four – Backofen

9 La vie des ados → G11.2 / G35.4

Complétez au présent.

Le rythme des ados.

L'INSEE a fait une enquête sur la vie des ados. Voici les résultats.

1/ En semaine, vous *(se réveiller)* tôt et vous *(se coucher)* tard.
Les jeunes ***(se lever)*** en moyenne vers 7 h. Les garçons ***(se réveiller)*** souvent plus tôt que les filles mais ils ***(se coucher)*** plus tard car ils ***(s'amuser)*** sur Internet.
Le week-end, c'est un peu différent: vous ***(se reposer)*** et vous dormez beaucoup plus longtemps, parfois même jusqu'à midi.

2/ La journée, vous n'êtes presque jamais à la maison.
Vous n'êtes pas chez vous en moyenne de 8 h à 17 h. Pour aller au collège, vous ***(se déplacer)*** plutôt en bus mais aussi à vélo.
Le week-end, c'est plus cool. Vous ***(se promener)*** souvent à pied entre amis.

3/ Vous faites attention à votre look.
Filles ou garçons, vous avez tous répondu: «Nous ***(s'habiller)*** en respectant les codes de la mode».
Les filles ne ***(se maquiller)*** pas tous les jours mais les garçons ***(se mettre)*** souvent du gel dans les cheveux.

REAGISSEZ - 3 commentaires
Lulu: Moi, je ne ***(se lever)*** jamais à midi le week-end.
Jeff: C'est bien vrai pour la mode. Si tu ne ***(s'habiller)*** pas comme les autres ou si tu ne ***(se mettre)*** pas de gel, on dit que tu n'es pas cool.
Ryan: Une fille qui ***(se maquiller)*** trop, c'est moche. J'aime pas ça!

10 Le pays de mes rêves → G18

Utilisez la liste des verbes et complétez le texte au conditionnel. Il y a parfois plusieurs possibilités.

aimer | faire | inviter | pouvoir | avoir | choisir | être | passer | voir | vouloir

12 messages Page 1 sur 1

Kat13:	En géographie, on doit présenter un pays où on ♥ ■ habiter. C'est difficile. Vous ■ des idées?
Domi:	Ben moi, je ■ l'Australie.
Kat13:	Pourquoi?
Domi:	Ce ■ super! Je ■ faire du surf tous les jours. Et je ■ d'autres animaux qu'ici.
Benji:	Comme les moutons* par exemple! Haha!
Domi:	Il y ■ aussi des kangourous*.
Kat13:	Et peut-être des alligators qui ■ envie de te manger.
Benji:	Moi, je ■ vivre au Canada, dans le nord.
Kat13:	Oh là là, mais tu ■ froid tout le temps. Et tu ■ quoi là-bas?
Benji:	En été, du kayak. Et en hiver, je ■ un igloo*. J'■ mes potes et nous y ■ la nuit.
Domi:	Et là, le danger, ce ne ■ pas les alligators, mais les ours!
Kat13:	Mais non, les ours, en hiver, ça dort!

*un mouton – Schaf / un kangourou – Känguru / un igloo – Iglu

11 Le Parlement européen des jeunes → G28.2

Mettez les verbes au conditionnel ou à l'imparfait.

6 messages Page 1 sur 1

Participe aux discussions en répondant à cette question:
Si tu ***(être)*** au Parlement européen des jeunes, qu'est-ce que tu ***(proposer)***?

Franky:	Moi, je ***(parler)*** de la culture parce que si les gens ***(connaître)*** mieux la culture des autres pays, ils ***(se comprendre)*** mieux. Par exemple, si chaque année, les élèves ***(participer)*** à un échange, ils ***(faire)*** découvrir leur culture à d'autres élèves européens.
Clo:	Oui, c'est vrai. Et la culture, ça passe aussi par les langues. Si on ***(apprendre)*** plus de langues, on ***(pouvoir)*** plus discuter et on ***(rencontrer)*** plus de personnes.
Madou:	Pour apprendre une langue étrangère, il faut aller dans le pays. Ce ***(être)*** plus facile si on ***(participer)*** à plus d'échanges scolaires. Et en plus, on ***(avoir)*** des copains partout en Europe. Moi, si j'***(avoir)*** des copains dans plusieurs pays, je ***(se sentir)*** plus européenne.
Kari:	Vous avez tous raison. Mais pour faire plus d'échanges, on a besoin de moyens de transport plus efficaces*. Si les voyages ***(être)*** moins chers et plus efficaces, les jeunes ***(bouger)*** beaucoup plus.
Steph:	On peut aussi bouger pour travailler. Moi, je trouve que si l'Europe ***(organiser)*** plus de stages à l'étranger, ça nous ***(aider)*** à mieux comprendre le monde du travail dans d'autres pays.

*moyens de transport plus efficaces – effizientere Verkehrsmittel

12 Offre d'emploi → G30

Transformez les questions avec «est-ce que» en questions inversées.

e-mail

Bonjour,

Je vous écris au sujet de votre offre d'emploi de livreur de pizza.
J'aurais en effet encore quelques questions.

- Est-ce qu'il faut avoir plus de 16 ans?
- Est-ce que vous avez besoin d'un livreur tous les jours?
- Est-ce qu'il y a un scooter à la pizzeria?
- Est-ce que vous savez à quelle heure on arrête le travail?
- Est-ce que vous pouvez me dire quelle est la rémunération?

Merci pour votre réponse.
Cordialement
Quentin

13 Gaëtan pourra difficilement venir → G33

Formez les adverbes et complétez le texte. Attention: il y a un adjectif en trop.

complet – heureux – normal – seul – tranquille – vrai

Sylvain: Demain, c'est à quelle heure le match?
Joachim: ■, c'est toujours à 14 h. Mais je vais vérifier.
Sylvain: Ok. Tu viens avec Gaëtan et Théo?
Joachim: Non, Gaëtan ne peut pas. Je viens ■ avec Théo.
Sylvain: Gaëtan ne vient pas! Pourquoi?
Joachim: Il est malade et il est ■ crevé.
Sylvain: Mince. C'est bête!
Joachim: Ouais. ■, on est en vacances. Il va pouvoir se reposer.
Sylvain: Yes! Deux semaines de vacances! C'est trop cool!
Joachim: Tu as raison, c'est ■ cool!

14 A la gare des bus → G35.5

Complétez avec ***pouvoir*** ou ***savoir*** au présent.

La prof: Venez, on part bientôt*. Nous ■ déjà aller attendre devant l'arrêt.
Emilie: Mais Madame, il fait chaud dehors. On ■ pas rester assis ici plutôt?
La prof: Vous allez être assis dans le bus les 3 prochaines heures. Vous ■ bien attendre debout quelques minutes, non?
Thibault: Madame, c'est quel bus pour Nice? Vous ■?
La prof: Non, je ne ■ pas. Mais il y a un chauffeur là-bas. Nous ■ lui demander. Il le ■ sûrement*, lui.
Thibault: Mais c'est un bus qui vient de Grèce!
La prof: Et alors?
Thibault: Je ne ■ pas parler grec, moi!
La prof: Mais le chauffeur, il ■ sûrement parler anglais ou français, lui!
Thibault: On ■ aussi aller demander au bureau d'informations. C'est sûr qu'ils ■!
La prof: Bonne idée. Tu ■ y aller s'il te plaît?
Thibault: Karim ■ venir avec moi?
La prof: D'accord. Mais revenez vite.
Nadia: Madame, je ■ aller aux toilettes?
La prof: Tu ■ où c'est?
Nadia: Non, mais je ■ demander.
La prof: Vite alors! Ah, c'est dingue ça, ils ne ■ pas rester tranquillement ensemble plus de 5 minutes!

*bientôt – bald / sûrement – sicher

En plus → différenciation

15 Adverbes ou noms? → G33

Retrouvez les 10 adverbes.

bêtement · complètement · département · document · instrument · bâtiment · croisement · difficilement · renseignement · appartement · arrondissement · heureusement · normalement · vêtement · tranquillement · moment · évidemment · monument · quotidiennement · seulement · entraînement · vraiment

16 Dernières questions avant le départ → G19

Utilisez la liste des verbes et complétez le texte au subjonctif.
Il y a parfois plusieurs possibilités.

Une classe visite demain le Parlement européen à Strasbourg.

Judith: Monsieur, il faut être à quelle heure à la gare?

Le prof: Il faut que nous ■ dans le train à 9 h. Donc il faut que vous ■ à la gare 30 minutes avant.

Carmen: Il faut venir avec ses parents?

Le prof: Oui, il faut qu'ils ■ aussi, il faut qu'ils ■ un document.

Damien: Le matin, il faut aller au collège avant?

Le prof: Non, il ne faut pas que vous ■ au collège. Allez tout de suite à la gare.

Alice: Et il faut prendre quels papiers?

Le prof: Il faut que vous ■ votre passeport ou votre carte d'identité* pour entrer au Parlement.

Victor: Il faut avoir quoi comme sac?

Le prof: Il faut que tu ■ un sac à dos. C'est plus pratique*.

Inès: Il faut préparer un pique-nique pour la route?

Le prof: Oui, il faut que tu ■ ton pique-nique avec toi!

*une carte d'identité – Personalausweis / pratique – praktisch

17 Adieu Martin! → G19

Complétez le texte au subjonctif.

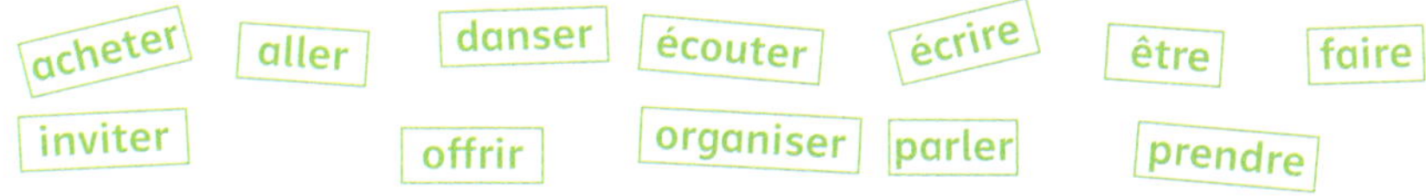

acheter
aller
danser
écouter
écrire
être
faire
inviter
offrir
organiser
parler
prendre

Bob: Vous savez que Martin va déménager cet été. Je voudrais que nous ■ une fête pour son départ.

Fiona: Ben oui, et il faut que ce ■ une belle fête parce qu'il est trop sympa, Martin.

Bob: Je propose qu'on ■ tout le monde chez moi, qu'on ■ de la musique et qu'on ■ toute la nuit. Il faut que nous en ■ vite aux autres.

Luc: Je préfère qu'on ■ passer une soirée sur la plage, qu'on ■ un grand feu et que tu ■ ta guitare, Bob.

Fiona: Oh oui, génial! Mais Bob a raison: c'est important qu'on ■ vite à tout le monde pour les inviter.

Bob: J'aimerais aussi que nous lui ■ un cadeau en souvenir du Sud. Je propose qu'on lui ■ un CD de Massilia Sound System. Il adore! Vous êtes d'accord?

Fiona et Luc: Ça marche!

V Vocabulaire

Lautzeichen

Vokale

[a]	m**a**d**a**me; wie das deutsche *a*.
[e]	aim**er**; geschlossenes *e*, wie in *geben*.
[ɛ]	ça f**ai**t, m**e**rci; offenes *ä*, wie in *Ärger*.
[i]	**i**l, l**i**vre; geschlossener als das deutsche *i*.
[ɔ]	al**o**rs; offenes *o*, offener als in *Loch*.
[ø]	d**eux**; geschlossenes *ö*, wie in *böse*.
[o]	phot**o**, eur**o**; geschlossenes *o*, wie in *Rose*.
[œ]	s**œu**r, n**eu**f, h**eu**re; offenes *ö*, bei kurzem Vokal, wie in *Röcke*.
[ə]	l**e**, r**e**garder; der Laut liegt zwischen [œ] und [ø], näher bei [œ].
[u]	**où**; geschlossenes *u*, wie in *Ufer*.
[y]	t**u**, **u**ne; wie *ü* in *Tüte*.

Nasalvokale

[ɛ̃]	**un**, chi**en**, cop**ain**; nasales [ɛ]
[ɔ̃]	**on**, s**on**t, n**om**; nasales [o]
[ɑ̃]	d**an**s, tr**en**te; nasales [ɑ]

Konsonanten

[f]	**f**rère; wie in *falsch*.
[v]	de**v**ant; wie in *werden*.
[s]	**s**œur, **c**'est, **ç**a, re**s**ter; stimmloses *s*, wie in *Los*.
[z]	phra**s**e, musique, bi**s**ous; stimmhaftes *s*, wie in *Esel*.
[ʒ]	**j**e, bon**j**our; wie in *Journalist*.
[ʃ]	**ch**anter; stimmloses *sch*, wie in *schön*.
[ɲ]	Allema**gn**e; etwa wie in *Kognak*.
[ŋ]	pi**ng**-pong; in Wörtern aus dem Englischen.
[ʀ]	**r**ega**r**der; Zäpfchen-Reibelaut.

Die nicht erwähnten Konsonanten sind den deutschen sehr ähnlich.
Bei [p], [b], [t], [d], [k], [g] ist jedoch darauf zu achten, dass sie ohne „Hauchlaut" gesprochen werden.

Halbkonsonanten

[j]	cah**i**er; weicher als das deutsche *j* in *ja*.
[w]	**ou**i, t**oi**; flüchtiger [u]-Laut, gehört zum folgenden Vokal.
[ɥ]	c**ui**sine, je s**ui**s, h**ui**t; flüchtiger [y]-Laut, gehört zum folgenden Vokal.

Das Alphabet, das Buchstabieren und die Zeichensetzung

A [a]	E [ə]	I [i]	M [ɛm]	Q [ky]	U [y]	Y [igʀɛk]
B [be]	F [ɛf]	J [ʒi]	N [ɛn]	R [ɛʀ]	V [ve]	Z [zɛd]
C [se]	G [ʒe]	K [ka]	O [o]	S [ɛs]	W [dubləve]	
D [de]	H [aʃ]	L [ɛl]	P [pe]	T [te]	X [iks]	

.	le point	der Punkt	,	la virgule	das Komma
?	le point d'interrogation	das Fragezeichen	:	les deux points	der Doppelpunkt
!	le point d'exclamation	das Ausrufezeichen	« »	les guillemets [legijmɛ]	die Anführungszeichen

Hinweise zum *Vocabulaire*

1. Den **Lernwortschatz** aus den ***Atelier*-Texten**, d.h. die wichtigsten Wörter und Redewendungen, findest du chronologisch aufgelistet. Alle anderen Wörter, die du zum Verständnis der Texte benötigst, aber nicht lernen musst, findest du in einem separaten Kasten ***(Pour aller plus loin)***.
2. Für die Texte der ***Action*-Teile** solltest du bei Bedarf ein Wörterbuch benutzen (→ **Stratégie 6**, S. 115).
3. Die wichtigsten Wörter aus den ***Extra/Passerelle*-Teilen** findest du ebenfalls hier. Diese solltest du lernen.
4. Wörter und Redewendungen, die du für die ***Modules*** brauchst, findest du in der dazugehörigen *Boîte à outils*.
5. Der **individuelle Wortschatz** in den Wörternetzen und -kästen bietet zusätzliche Wörter zu einem Thema der Lektion.

Im *Dictionnaire* (F-D) und **im Wörterbuch** (D-F) findest du alle Wörter und Ausdrücke der Lektionstexte und Übungen in alphabetischer Reihenfolge.

Symbole und Abkürzungen

!	Achtung! Aufgepasst!	E	Englisch	*fam.*	*familier* (= umgangssprachlich)
→	Vergleiche mit …	R	Russisch	*frz.*	französisch
=	Bedeutet …/Ist gleich …	T	Türkisch	*ugs.*	umgangssprachlich
↔	Ist das Gegenteil von …			*vulg.*	*vulgaire* (vulgär)
				m.	*masculin* (= maskulin)
				f.	*féminin* (= feminin)
				pl.	*pluriel* (= Plural)

La France d'outre-mer

l'**Hexagone** *(m.)* [lɛgzagɔn]	*Bezeichnung für Frankreich wegen seiner geografischen Form eines Sechsecks*	
Les DROM se trouvent à des milliers de kilomètres de Paris.	Die Überseedepartements sind tausende Kilometer von Paris entfernt.	
les **DROM (Départements et Régions d'Outre-mer)** *(m.) (pl.)* [ledʀɔm]	die Überseedepartements und -regionen	
On y parle français. [õnipaʀlfʀɑ̃sɛ]	Man spricht dort Französisch.	
un **habitant**/une **habitante** [ɛ̃nabitɑ̃/ynabitɑ̃t]	ein Einwohner/ eine Einwohnerin	Les Martiniquais sont les habitants de la Martinique.
faire partie de [fɛʀpaʀtidə]	ein Teil sein von/gehören zu	Les DROM font partie de l'Union européenne.
européen/européenne [øʀɔpeɛ̃/øʀɔpeɛn]	europäisch	R европейский
le même/la même … que [ləmɛm/lamɛm … kə]	derselbe/dieselbe/ dasselbe … wie	En Martinique, on parle la même langue qu'à la Réunion: le français.
parisien/parisienne [paʀizjɛ̃/paʀizjɛn]	aus Paris	→ Paris
parcourir [paʀkuʀiʀ]	zurücklegen *(Strecke)*	
la **colonisation** [lakɔlɔnizasjɔ̃]	die Kolonialisierung	
coloniser [kɔlɔnize]	kolonisieren	R колонизировать
une **colonie** [ynkɔlɔni]	eine Kolonie	E colony T koloni
Des colonies françaises sont devenues des DROM.	Französische Kolonien sind Überseedepartements geworden.	
un **département d'outre-mer** [ɛ̃depaʀt(ə)mɑ̃dutʀəmɛʀ]	ein Überseedepartement	En France, il y a 101 départements. Six départements se trouvent en outre-mer.

Pour aller plus loin

le **système scolaire**	das Schulsystem	un **siècle**	ein Jahrhundert
un **uniforme**	eine Uniform	**à l'époque de**	zur Zeit von
un **vol intérieur**	ein Inlandsflug	une **nation européenne**	eine europäische Nation
même si	auch/selbst wenn	un **territoire**	ein Gebiet

2

Il/Elle va où?		**Wohin geht/fährt er/sie?**	
Il/Elle va	**en Guadeloupe.**	Er/Sie geht/fährt	nach Guadeloupe.
	en Martinique.		nach Martinique.
	en Guyane.		nach Französisch-Guyana.
	à la Réunion.		nach La Réunion.
	à Mayotte.		nach Mayotte.
	à Saint-Martin.		nach Saint-Martin.

3 **partir pour** [paʀtiʀpuʀ] | fahren nach | Vous allez où? – Nous partons pour Saint-Denis.

1 Un papillon dans l'océan

Approche – La Guadeloupe (p. 10–13)

un **papillon** [ɛ̃papijɔ̃]	ein Schmetterling	
un **océan** [ɛ̃nɔseɑ̃]	ein Ozean	E ocean R океáн T okyanus
avoir la forme de [avwaʀlafɔʀmdə]	die Form haben von	La Guadeloupe a la forme d'un papillon.
il/elle se trouve [il/ɛlsətʀuv]	er/sie/es befindet sich	
il/elle se situe [il/ɛlsəsity]	er/sie/es liegt	
entre [ɑ̃tʀ]	zwischen	La Guadeloupe se situe entre deux océans.
une **île** [ynil]	eine Insel	En Guadeloupe, il y a 5 îles principales.
la **diversité** [ladivɛʀsite]	die Vielfalt	→ divers/diverse
un **paysage** [ɛ̃peizaʒ]	eine Landschaft	R пейзáж T peyzaj
la **forêt tropicale** [lafɔʀɛtʀɔpikal]	der Regenwald	La forêt tropicale se trouve dans les régions où il pleut beaucoup et où il fait chaud.
un **volcan** [ɛ̃vɔlkɑ̃]	ein Vulkan	R вулкáн T volkan
une **plantation** [ynplɑ̃tasjɔ̃]	eine Plantage; eine (An-)Pflanzung	R плантáция
une **banane** [ynbanan]	eine Banane	R банáн
la **canne à sucre** [lakanasykʀ]	das Zuckerrohr	
le **sable** [ləsabl]	der Sand	Dans le sud de la Guadeloupe, il y a des plages de sable noir.
pousser [puse]	wachsen	Les bananes, la canne à sucre et les ananas poussent bien en Guadeloupe.
la **mangrove** [ynmɑ̃gʀɔv]	der Mangrovenwald	La mangrove est une forêt qui pousse dans l'eau.
la **période du carnaval** [lapeʀjɔddykaʀnaval]	die Karnevalszeit	
un **tambour** [ɛ̃tɑ̃buʀ]	eine Trommel	
un **groupe connu** [ɛ̃gʀupkɔny]	eine bekannte Gruppe	
la **percussion** [lapɛʀkysjɔ̃]	das Schlagzeug	
un **musicien**/une **musicienne** [ɛ̃myzisjɛ̃/ynmyzisjɛn]	ein Musiker/eine Musikerin	→ la musique T müzisyen
le **créole** [ləkʀeɔl]	Kreolisch	En Guadeloupe, on parle français et créole.

une salle de concert [ynsaldəkõsɛʀ]	eine Konzerthalle	[R] концéртный зал [T] konser salonu
cultiver [kyltive]	anbauen	On cultive les bananes dans des grandes plantations.
un ananas [ɛ̃nanana(s)]	eine Ananas	[R] ананáс [T] ananas
une noix de coco [ynnwadəkoko]	eine Kokosnuss	
la culture [lakyltyʀ]	*hier:* der Anbau	
représenter [ʀəpʀezɑ̃te]	darstellen	
antillais/antillaise [ɑ̃tijɛ/ɑ̃tijɛz]	antillisch; westindisch	→ les Antilles
les trois quarts (= les 3/4) [letʀwakaʀ]	drei Viertel	un quart = 1/4 trois quarts = 3/4

Combien? | **Wie viel?**

½ **la moitié** [lamwatje]	die Hälfte
⅓ **un tiers** [ɛ̃tjɛʀ]	ein Drittel
¼ **un quart** [ɛ̃kaʀ]	ein Viertel
¾ **les trois quarts**	drei Viertel
⅕ **un cinquième** [ɛ̃sɛ̃kjɛm]	ein Fünftel
1/10 **un dixième** [ɛ̃dizjɛm]	ein Zehntel
1/100 **un centième** [ɛ̃sɑ̃tjɛm]	ein Hundertstel
1/1000 **un millième** [ɛ̃miljɛm]	ein Tausendstel

la France métropolitaine [lafʀɑ̃smetʀɔpɔlitɛn]	das französische Mutterland	
le tourisme [lətuʀismə]	der Tourismus	→ un/une touriste [E] tourism [R] туризм [T] turizm
l'économie *(f.)* [lekɔnɔmi]	die Wirtschaft	[E] economy [T] ekonomi
un récif de corail [ɛ̃ʀesifdəkɔʀaj]	ein Korallenriff	
un corail/des coraux [ɛ̃kɔʀaj/dekɔʀo]	eine Koralle/Korallen	
une côte [ynkot]	eine Küste	Sur la côte, on peut visiter la mangrove.
contre [kɔ̃tʀ]	gegen	Le corail protège la côte contre les tempêtes.
un cyclone [ɛ̃siklon]	ein Wirbelsturm	[R] циклóн [T] siklon
le plus long [ləplylɔ̃]	der/die/das längste	long – plus long – le plus long
observer [ɔpsɛʀve]	beobachten	
une tortue marine [yntɔʀtymaʀin]	eine Meeresschildkröte	
exotique/exotique [ɛgzɔtik/ɛgzɔtik]	exotisch	Dans la forêt tropicale, on peut voir beaucoup de fleurs exotiques. [R] экзотúческий

Pour aller plus loin

vu(e) d'avion	vom Flugzeug aus gesehen
un archipel	ein Archipel; eine Inselgruppe
le long des côtes	entlang der Küsten
un défilé	ein Umzug; eine Parade
au rythme des tambours	im Rhythmus der Trommeln
Pâques *(f.) (pl.)*	Ostern
immense/immense	riesig
mettre de l'ambiance	für Stimmung sorgen
entraîner les spectateurs à danser	die Zuschauer zum Tanzen animieren
l'exportation *(f.)*	der Export
dont	davon
à destination de	in Richtung (von)

V1 Vocabulaire

1	**la géographie** [laʒeɔɡʀafi]	die Geografie; die Erdkunde	[R] география [T] coğrafya
	le climat [ləklima]	das Klima	[E] climate [R] климат [T] klima
	un animal/des animaux [ɛ̃nanimal/dezanimo]	ein Tier/Tiere	Les tortues sont des animaux protégés.
	une plante [ynplɑ̃t]	eine Pflanze	→ une plantation
	une langue [ynlɑ̃ɡ]	eine Sprache	la langue française
2	**en moyenne** [ɑ̃mwajɛn]	durchschnittlich; im Durchschnitt	En juin, il fait 28 degrés en moyenne.
	Il ne pleut pas beaucoup.	Es regnet wenig.	
	la précipitation [lapʀesipitasjɔ̃]	der Niederschlag	
	la température [latɑ̃peʀatyʀ]	die Temperatur	
3	**une agence de voyages** [ynaʒɑ̃sdəvwajaʒ]	ein Reisebüro	→ un voyage
	une saison [ynsɛzɔ̃]	eine Jahreszeit; eine Saison	Le printemps, l'été, l'automne et l'hiver sont les quatre saisons de l'année.
4	**le rythme** [ləʀitm]	der Rhythmus	[R] ритм [T] ritim
	une mélodie [ynmelɔdi]	eine Melodie	[E] melody [R] мелóдия [T] melodi
	un instrument (de musique) [ɛ̃nɛ̃stʀymɑ̃(dəmyzik)]	ein (Musik-)Instrument	[T] enstrüman
6	**fêter** [fete]	feiern	→ la fête

Atelier

1	**quand je me réveille** [kɑ̃ʒəməʀevɛj]	als ich aufwache	
	dehors [dəɔʀ]	(nach) draußen	↔ dedans
	un nuage [ɛ̃nyaʒ]	eine Wolke	
	consulter [kɔ̃sylte]	*hier:* anschauen	
	le bulletin météo [ləbyltɛ̃meteo]	der Wetterbericht	On peut consulter le bulletin météo sur Internet.
	les infos *(f.) (pl.)* (= **les informations**) [lezɛ̃fo]	die Nachrichten	
	la vigilance [laviʒilɑ̃s]	*hier:* die Warnstufe	
	Il faut se préparer. [ilfosəpʀepaʀe]	Wir müssen uns vorbereiten.	
	Toute la famille se retrouve autour de mamie.	Die ganze Familie versammelt sich um die Großmutter.	
	terrible [tɛʀibl]	schrecklich	[E] terrible
	emporter [ɑ̃pɔʀte]	mitnehmen	
	Le cyclone a tout emporté.	Der Zyklon hat alles mitgerissen.	
	un toit [ɛ̃twa]	ein Dach	Le cyclone a emporté les toits des maisons.
	inondé/inondée [inɔ̃de/inɔ̃de]	überschwemmt	Quand il pleut beaucoup, l'île est inondée.
	une catastrophe [ynkatastʀɔf]	eine Katastrophe	[R] катастрóфа
	un Guadeloupéen/une Guadeloupéenne [ɛ̃ɡwadlupeɛ̃/ynɡwadlupeɛn]	Bewohner/-in Guadeloupes	
	les provisions *(f.) (pl.)* [lepʀɔvizjɔ̃]	die Vorräte	Avant un cyclone, tout le monde fait des provisions.

faire le plein [fɛʀləplɛ̃]	volltanken	
une **réserve** [ynʀezɛʀv]	eine Reserve	
la **nourriture** [lanuʀityʀ]	die Nahrung	
une **bougie** [ynbuʒi]	eine Kerze	
une **pile** [ynpil]	eine Batterie	T pil
une **lampe de poche** [ynlɑ̃pdəpɔʃ]	eine Taschenlampe	
recharger [ʀəʃaʀʒe]	aufladen	Je dois recharger la batterie de mon portable tous les deux jours.
un **appareil électronique** [ɛ̃napaʀɛjelɛktʀɔnik]	ein elektronisches Gerät	
un **appareil** [ɛ̃napaʀɛj]	ein Apparat; ein Gerät	
un **document** [ɛ̃dɔkymɑ̃]	ein Dokument	R докумéнт T doküman
un **jardin** [ɛ̃ʒaʀdɛ̃]	ein Garten	
rentrer [ʀɑ̃tʀe]	hineinbringen	Les chaises sont dehors. Il faut les rentrer.
une **planche** [ynplɑ̃ʃ]	ein Brett	
vivre [vivʀ]	leben	→ **vivre** je **vis**, tu **vis**, il **vit**, nous vivons, vous vivez, ils vivent; j'ai **vécu**
la **métropole** [lametʀɔpɔl]	*hier:* das französische Mutterland	= la France métropolitaine
vers [vɛʀ]	gegen; in Richtung	vers midi, vers Paris
devenir [dəv(ə)niʀ]	werden	→ **devenir** wird konjugiert wie **venir**: je deviens, tu deviens, il/elle/on devient, nous devenons, vous devenez, ils/elles deviennent; je suis **devenu(e)**
violent/violente [vjɔlɑ̃/vjɔlɑ̃t]	brutal; gewalttätig	E violent
un **arbre** [ɛ̃naʀbʀ]	ein Baum	Dans la forêt tropicale, il y a des grands arbres.
allumer [alyme]	anzünden	allumer des bougies
couper le gaz [kupeləgaz]	das Gas abstellen	
le **gaz** [ləgaz]	das Gas; das Erdgas	E gas R газ T gaz
l'**électricité** *(f.)* [lelɛktʀisite]	der Strom	Quand il n'y a plus d'électricité, il faut allumer des lampes de poche ou des bougies.
La radio est allumée. [laʀadjoɛtalyme]	Das Radio ist eingeschaltet.	L'ordinateur est allumé.

Pour aller plus loin

une **seule question**	eine einzige Frage	**tout ce qui peut s'envoler**	alles, was davonfliegen kann
difficile d'imaginer	schwer vorstellbar	un **repas**	ein Essen; eine Mahlzeit
une **catégorie**	eine Kategorie	**Tout ira bien.**	Alles wird gut gehen.
soudain	plötzlich	**On vous enverra des nouvelles.**	Wir halten euch auf dem Laufenden.
aussitôt	sofort	**Les arbres se couchent.**	Die Bäume biegen sich.
Je n'ai jamais vécu …	Ich habe nie … erlebt.	**Personne ne va se coucher.**	Niemand geht schlafen.
Il y en a un ou deux par siècle.	Es gibt einen oder zwei davon in 100 Jahren.		
mettre sous plastique	in Plastik hüllen		

4	un **dessin** [ɛ̃desɛ̃]	eine Zeichnung	
	correspondre à *qc* [kɔʀɛspɔ̃dʀa]	etw. entsprechen	Le texte B correspond au dessin 1.
5	**si** [si]	wenn	Si on va à la / en Guadeloupe, on fera de la plongée.
6	un **sportif**/une **sportive** [ɛ̃spɔʀtif/ynspɔʀtiv]	ein Sportler/eine Sportlerin	→ le sport
	un **acteur**/une **actrice** [ɛ̃naktœʀ/ynaktʀis]	ein Schauspieler/ eine Schauspielerin	R актёр/актриса T aktör/aktris

Les pays et les régions	Adjectifs	
la **France**	**français(e)**	französisch
la **Guadeloupe**	**guadeloupéen(ne)**	aus Guadeloupe
la **Martinique**	**martiniquais(e)**	aus Martinique
les **Antilles** *(f.)*	**antillais(e)**	von den Antillen
l'**Allemagne** *(f.)*	**allemand(e)**	deutsch
l'**Amérique** *(f.)*	**américain(e)**	amerikanisch
*l'**Afrique** *(f.)*	***africain(e)**	afrikanisch
*l'**Asie** *(f.)*	***asiatique/asiatique**	asiatisch
*l'**Australie** *(f.)*	***australien(ne)**	australisch
l'**Angleterre** *(f.)*	**anglais(e)**	englisch
l'**Espagne** *(f.)*	**espagnol(e)**	spanisch
la **Grèce**	**grec/grecque**	griechisch
l'**Italie** *(f.)*	**italien(ne)**	italienisch
la **Russie**	**russe/russe**	russisch
la **Turquie**	**turc/turque**	türkisch

* individueller Wortschatz

7	**plus grand/grande que** [plygʀɑ̃/gʀɑ̃dkə]	größer als	
	moins long/longue que [mwɛ̃lɔ̃/lɔ̃gkə]	kürzer als	
	aussi haut/haute (que) [osio/ot(kə)]	genauso hoch (wie)	
	haut/haute [o/ot]	hoch	Le volcan de la Soufrière est presque aussi haut que le Feldberg.
	un **fleuve** [ɛ̃flœv]	ein (großer) Fluss	Un fleuve va jusqu'à la mer.

2 «J'y tiens, à ma double culture»

Approche – A Trappes (p. 30–31)

double [dubl]	doppelt	T duble
la **double culture** [lakyltyʀ]	die Bikulturalität	
naître [nɛtʀ]	geboren werden	Tu es né(e) quand?
autrefois [otʀəfwa]	früher	
un **village** [ɛ̃vilaʒ]	ein Dorf	Autrefois, Trappes était un petit village.
un **immigré**/une **immigrée** [ɛ̃nimigʀe/ynimigʀe]	ein Einwanderer/eine Einwanderin	Les immigrés viennent d'un autre pays. R иммигрáнт
d'origine algérienne [dɔʀiʒinalʒeʀjɛn]	(mit) algerischer Herkunft	
l'**origine** *(f.)* [lɔʀiʒin]	die Herkunft	d'origine allemande
algérien/algérienne [alʒeʀjɛ̃/alʒeʀjɛn]	algerisch	→ l'Algérie R алжи́рский

marocain/marocaine [marɔkɛ̃/marɔkɛn]	marokkanisch	→ le Maroc R марокка́нский
portugais/portugaise [pɔrtygɛ/pɔrtygɛz]	portugiesisch	→ le Portugal R португа́льский
grandir [grɑ̃dir]	aufwachsen	Dans quelle ville est-ce que tu as grandi? → grand → **grandir** je grand**is**, tu grand**is**, il/elle/on grand**it**, nous grandi**ss**ons, vous grandi**ss**ez, ils/elles grandi**ss**ent; j'ai grand**i**
une **cité** [ynsite]	*hier:* ein Vorort mit Hochhäusern	
une **banlieue** [ynbɑ̃ljø]	ein Vorort	T banliyö
un **quartier** [ɛ̃kartje]	ein Stadtviertel; ein Viertel	
la **population** [lapɔpylasjɔ̃]	die Bevölkerung	
multiculturel/multiculturelle [myltikyltyrɛl/myltikyltyrɛl]	multikulturell	→ la culture R культу́ра E culture, multicultural
immigré/immigrée [imigre/imigre]	eingewandert	→ un immigré/une immigrée
la **violence** [lavjɔlɑ̃s]	die Gewalt	→ violent/violente
les **médias** *(m.) (pl.)* [lemedja]	die Medien	= Internet, la télévision, la radio, la presse
généreux/généreuse [ʒenerø/ʒenerøz]	großzügig	E generous
solidaire/solidaire [sɔlidɛr/sɔlidɛr]	solidarisch	
la **nationalité** [lanasjɔnalite]	die Nationalität; die Staatsangehörigkeit	R национа́льность

Approche – Ils ont fait carrière (p. 32–33)

faire carrière [fɛrkarjɛr]	Karriere machen	Kenza Farah a fait carrière dans la musique. R де́лать карье́ру
la **pop** [lapɔp]	der Pop	T pop
Elle se passionne pour la musique. [ɛlsəpasjɔnpurlamyzik]	Sie begeistert sich für die Musik.	
enregistrer [ɑ̃rəʒistre]	aufnehmen	La chanteuse enregistre des chansons.
sortir [sɔrtir]	herauskommen; erscheinen	Son album va bientôt sortir.
ancien/ancienne [ɑ̃sjɛ̃/ɑ̃sjɛn]	ehemalig; alt	
un **joueur**/une **joueuse** [ɛ̃ʒwœr/ynʒwøz]	ein Spieler/eine Spielerin	Lilian Thuram est un ancien joueur de foot.
faire venir *qn* [fɛrvənir]	jdn. kommen lassen	
suivre des cours de batterie [sɥivrdekurdəbatri]	Schlagzeugunterricht nehmen	
la **batterie** [labatri]	das Schlagzeug	T bateri
créer [kree]	schaffen; gründen	J'ai créé un groupe de musique avec des copains.

un politicien/une politicienne [ɛ̃pɔlitisjɛ̃/ynpɔlitisjɛn]	ein Politiker/eine Politikerin	E politician R поли́тик T politikacı
les études *(f.) (pl.)* [lezetyd]	das Studium	
la politique [lapɔlitik]	die Politik	→ un politicien/une politicienne R поли́тика
un/une ministre [ɛ̃/ynministʀ]	ein Minister/eine Ministerin	E minister R мини́стр
l'éducation *(f.)* [ledykasjɔ̃]	die Erziehung; die Bildung	E education

Les pays et les nationalités Länder und Nationalitäten

l'Algérie *(f.)*	**algérien(ne)**	algerisch
le Maroc	**marocain(e)**	marokkanisch
la Tunisie	**tunisien(ne)**	tunesisch
***la Mauritanie**	***mauritanien(ne)**	mauretanisch
***le Rwanda**	***rwandais(e)**	ruandisch
***le Sénégal**	***sénégalais(e)**	senegalesisch
le Portugal	**portugais(e)**	portugiesisch
***la Syrie**	***syrien(ne)**	syrisch
***l'Afghanistan** *(m.)*	***afghan(e)**	afghanisch

*individueller Wortschatz

drôle/drôle [dʀol/dʀol]	lustig; witzig	Omar Sy est un acteur très drôle.
aimer faire rire *qn* [emefɛʀʀiʀ]	jdn. gern zum Lachen bringen	Ils aiment faire rire les gens.
une émission [ynemisjɔ̃]	eine Sendung	une émission de radio/de télévision
un comédien/une comédienne [ɛ̃kɔmedjɛ̃/ynkɔmedjɛn]	ein Schauspieler/ eine Schauspielerin	
un humoriste/une humoriste [ɛ̃nymɔʀist/ynymɔʀist]	ein Komiker/eine Komikerin	
l'adolescence *(f.)* [ladɔlesɑ̃s]	die Jugend	
pauvre/pauvre [povʀ/povʀ]	arm	
utiliser [ytilize]	verwenden; benutzen	Jamel ne peut pas utiliser son bras droit.
une passion [ynpasjɔ̃]	eine Leidenschaft	J'ai une passion pour le cinéma. Et toi?
le théâtre d'improvisation	das Improvisationstheater	
l'humour *(m.)* [lymuʀ]	der Humor	→ un/une humoriste E humour

Pour aller plus loin

j'y tiens	mir liegt daran; ich lege großen Wert darauf
automatiquement	automatisch
construire	bauen
loger	unterbringen
à l'ouest de	westlich von
un adolescent/ une adolescente	ein Jugendlicher/ eine Jugendliche
dans l'ensemble	im Großen und Ganzen
Il fait bon vivre ici.	Es lässt sich hier gut leben.
ne montrer que le côté négatif	nur die negative Seite zeigen
adolescent/adolescente	als Jugendlicher/Jugendliche
un mélange (de)	eine Mischung (aus)
urbain(e)	städtisch
un footballeur professionnel	ein Profifußballer
un compositeur/ une compositrice	ein Komponist/ eine Komponistin
élever qn	jdn. großziehen/erziehen
Il s'intéresse très jeune à …	Er interessiert sich sehr früh für …
un single	eine Single
il/elle se poursuit	er/sie/es setzt sich fort
une famille modeste	eine Familie aus bescheidenen Verhältnissen
Elle est venue s'installer en France.	Sie ließ sich in Frankreich nieder.
Après des brillantes études …	Nach einem ausgezeichneten Studium …
les sciences politiques *(f.)*	Politikwissenschaften
un/une ministre de l'éducation	ein Bildungsminister/eine Bildungsministerin
le président de la République	der Staatspräsident
déjà petit	schon als er noch klein war
Il découvre sa vocation de comédien.	Er entdeckt seine Berufung zum Schauspieler.
remporter un grand succès	großen Erfolg haben

1	**un travailleur/une travailleuse** [ɛ̃tʀavajœʀ/yntʀavajøz]	ein Arbeiter/eine Arbeiterin	→ travail → travailler
2	**combien de …** [kɔ̃bjɛ̃də]	wie viel(e) …	
3	**l'enfance** *(f.)* [lɑ̃fɑ̃s]	die Kindheit	→ un enfant
4	**faire carrière en tant que …** [fɛʀkaʀjɛʀɑ̃tɑ̃kə]	Karriere als … machen	
5	**la liberté** [libɛʀte]	die Freiheit	E liberty
	l'égalité *(f.)* [legalite]	die Gleichheit	
	improviser [ɛ̃pʀɔvize]	improvisieren	→ le théâtre d'improvisation

Atelier

1	**un questionnaire** [ɛ̃kɛstjɔnɛʀ]	ein Fragebogen	→ une question
	un projet [ɛ̃pʀɔʒɛ]	ein Projekt	E project T proje
	lyonnais/lyonnaise [ljɔnɛ/ljɔnɛz]	in/aus Lyon	
	un thème [ɛ̃tɛm]	ein Thema	C'est un questionnaire sur le thème de l'immigration.
	l'émigration *(f.)* [lemigʀasjɔ̃]	die Auswanderung	E emigration R эмиграция
	l'immigration *(f.)* [limigʀasjɔ̃]	die Einwanderung	→ un immigré/une immigrée R иммиграция
	Est-ce que tu te sens plutôt français ou turc?	Fühlst du dich eher französisch oder türkisch?	
	plutôt [plyto]	eher	
	plus … que … [ply… kə …]	mehr … als …	
	car [kaʀ]	denn	Je me sens plutôt allemande, car je vis à Berlin depuis longtemps.
	décider (de faire *qc*) [deside]	entscheiden (etw. zu tun)	Mes parents ont décidé d'émigrer il y a 10 ans.
	émigrer [emigʀe]	auswandern	→ l'émigration
	épouser [epuze]	heiraten	
	fonder [fɔ̃de]	gründen	Plus tard, je voudrais fonder une famille.
	pratiquer [pʀatike]	ausüben	
	une religion [ynʀəliʒjɔ̃]	eine Religion	E religion R религия
	musulman/musulmane [myzylmɑ̃/myzylman]	muslimisch	Tu pratiques une religion? – Oui, je suis musulman/musulmane.
	une habitude [ynabityd]	eine Gewohnheit	Ma famille a gardé des habitudes de la Turquie.

Pour aller plus loin

tiraillé(e)	zerrissen
prendre les habitudes	sich anpassen

3	**une ville natale** [ynvilnatal]	eine Geburtsstadt	Je suis né à Istanbul. C'est ma ville natale.
6	**jeune/jeune** [ʒœn/ʒœn]	jung	
	à la campagne [alakɑ̃paɲ]	auf dem Land	Tu préfères vivre en ville ou à la campagne?
	quitter [kite]	verlassen	Je ne voulais pas quitter mon pays.
	rêver de faire *qc* [ʀeve]	davon träumen, etw. zu tun	Le père de Kadar rêve de travailler en France.
7	**continuer** [kɔ̃tinɥe]	weitergehen; weitermachen; fortfahren	E to continue
8	**une situation** [ynsitɥasjɔ̃]	eine Situation	E situation

3 Louis XIV, le Roi-Soleil

Approche – Un roi ambitieux (p. 56–57)

un **roi** [ɛ̃ʀwa]	ein König	
ambitieux/ambitieuse [ɑ̃bisjø/ɑ̃bisjøz]	ehrgeizig	E ambitious
marquer [maʀke]	*hier:* prägen	
gouverner [guvɛʀne]	regieren	
l'**Etat** [leta]	der Staat	
pour [puʀ]	um zu	Il faut aller à Versailles pour voir le château de Louis XIV.
la **puissance** [lapɥisɑ̃s]	die Macht	
la **richesse** [laʀiʃɛs]	der Reichtum	
entreprendre [ɑ̃tʀəpʀɑ̃dʀ]	unternehmen; *hier:* beauftragen	
la **construction** [lakɔ̃stʀyksjɔ̃]	die Konstruktion; der Bau	Pour montrer sa puissance, Louis XIV entreprend des grandes constructions.
Il fait décorer les portes.	Er lässt die Türen verzieren.	
faire faire *qc* [fɛʀfɛʀ]	etw. machen lassen	Le roi fait décorer les portes du château.
décorer [dekɔʀe]	schmücken; verzieren	
admirer [admiʀe]	bewundern	E to admire
copier [kɔpje]	kopieren; *hier:* nachahmen	R копировать T kopyalamak
à cette époque [asɛtepɔk]	zu dieser Zeit	
une **époque** [ynepɔk]	eine Epoche; ein Zeitalter	A l'époque de Louis XIV, il y avait 400 000 habitants à Paris. R эпóха
à la mode [alamɔd]	modisch	un manteau à la mode
un **courtisan**/une **courtisane** [ɛ̃kuʀtizɑ̃/ynkuʀtizan]	ein Höfling/eine Hofdame	Les courtisans habitent aussi au château de Versailles.
une **troupe (de théâtre)** [yntʀup(dəteatʀ)]	eine (Theater-)Truppe	
composer [kɔ̃poze]	komponieren	composer une chanson/une musique
un **ballet** [ɛ̃balɛ]	ein Ballett	T bale

Approche – Jamais seul! (p. 58–59)

se lever [səl(ə)ve]	aufstehen	→ **se lever** je me lève, tu te lèves, il/elle/on se lève, nous nous levons, vous vous levez, ils/elles se lèvent; je me suis levé(e)
assister à *qc* [asistea]	an etw. teilnehmen	Les courtisans assistent au lever du roi.
un **valet** [ɛ̃valɛ]	ein Diener	
(s')habiller [(s)abije]	(sich) anziehen	Le roi ne s'habille pas tout seul. Un valet habille le roi.
(se) maquiller [makije]	(sich) schminken	

Avant d'aller à la messe ... [avɑ̃dalealamɛs]	Bevor er zur Messe ging, ...	
traverser [tʀavɛʀse]	durchqueren	Tous les matins, le roi traverse la galerie des Glaces.
une **proposition** [ynpʀɔpozisjɔ̃]	ein Vorschlag	
les **affaires de l'Etat** *(f.) (pl.)* [lezafɛʀdəleta]	die Staatsgeschäfte	
par exemple [paʀɛgzɑ̃pl]	zum Beispiel	E for example
un **repas** [ɛ̃ʀəpa]	ein Essen; eine Mahlzeit	
une **soupe** [ynsup]	eine Suppe	E soup R суп
la **chasse** [laʃas]	die Jagd	L'après-midi, le roi va souvent à la chasse.
se promener [səpʀɔmne]	spazieren gehen	Le roi se promène dans les jardins de Versailles. → **se promener** je **me** prom**è**ne, tu **te** prom**è**nes, il **se** prom**è**ne, nous **nous** promenons, vous **vous** promenez, ils **se** prom**è**nent; je me **suis** promené(e)
s'amuser [samyze]	sich vergnügen; sich amüsieren	
jouer au billard [ʒweobijaʀ]	Billard spielen	aber: jouer de la guitare
une **pièce (de théâtre)** [ynpjɛs(dəteatʀ)]	ein (Theater-)Stück	R театра́льная пье́са
la **reine** [laʀɛn]	die Königin	→ le roi
une **foule** [ynful]	eine (Menschen-)Menge	

Pour aller plus loin

Il choisit de s'appeler ...	Er wählt für sich den Namen ...	une **centaine de personnes**	etwa hundert Personen
entier/entière	ganz	**c'est le seul moment**	das ist der einzige Moment
une **réception**	ein Empfang	**avoir le droit de s'adresser au roi**	den König ansprechen dürfen
durer	dauern	**réunir les ministres**	die Minister versammeln
un **bal masqué**	ein Maskenball	les **finances** *(f.) (pl.)*	die Finanzen
un **écrivain**/ une **femme écrivain**	ein Schriftsteller/ eine Schriftstellerin	une **guerre**	ein Krieg
une **comédie**	eine Komödie	**Les salles à manger n'existent pas.**	Es gibt keine Esszimmer.
alors	dann	**à condition d'être bien habillés**	vorausgesetzt, sie sind gut gekleidet
un **costume doré et brillant**	ein golden glänzendes Kostüm	**certains/certaines**	manche
strict/stricte	streng; strikt	le **souper**	das Abendessen
suivre son rythme	seinem Tagesrhythmus folgen		

3	l'**art** *(m.)* [laʀ]	die Kunst	
6	une **flûte** [ynflyt]	eine Flöte	R флéйта T flüt
	un **violon** [ɛ̃vjɔlɔ̃]	eine Violine; eine Geige	

Atelier

1	**se mettre une perruque** [s(ə)mɛtʀynpɛʀyk]	sich eine Perücke aufsetzen	R пари́к T peruk
2	**se réveiller** [səʀeveje]	aufwachen	

	se mettre du gel dans les cheveux [s(ə)mɛtʀ]	sich die Haare gelen	
	un **cheveu**/des **cheveux** [ɛ̃ʃ(ə)vø/deʃ(ə)vø]	ein Haar/Haare	avoir les cheveux noirs: schwarze Haare haben
	se coucher [səkuʃe]	ins Bett gehen; schlafen gehen	
3	**beau/bel/belle** [bo/bɛl/bɛl]	schön	un beau château – un bel hôtel – une belle maison
	vieux/vieil/vieille [vjø/vjɛj/vjɛj]	alt	un vieux monsieur – un vieil ami – une vieille dame
4	un **danger** [ɛ̃dɑ̃ʒe]	eine Gefahr	E danger
	s'habituer à *qn/qc* [sabitɥea]	sich an jdn./etw. gewöhnen	→ une habitude
	sentir mauvais [sɑ̃tiʀmovɛ]	stinken	
	mauvais/mauvaise [movɛ/movɛz]	schlecht	Hm, ça sent bon! Beurk, ça sent mauvais.
	un **oncle** [ɛ̃nɔ̃kl]	ein Onkel	un oncle – une tante – un cousin – une cousine E uncle
	un **apprenti**/une **apprentie** [ɛ̃napʀɑ̃ti/ynapʀɑ̃ti]	ein Lehrling	Un apprenti apprend un métier.
	une **pâtisserie** [ynpatisʀi]	eine Konditorei	
	ne … ni … ni [nə … ni … ni]	weder … noch	
	une **poubelle** [ynpubɛl]	ein Mülleimer	Autrefois, il n'y avait ni toilettes ni poubelles dans les maisons.
	crier [kʀije]	schreien	Arrête de crier!
	vite se déplacer [vitsədeplase]	schnell zur Seite gehen	
	se protéger [səpʀɔteʒe]	sich schützen	En chemin, François doit se protéger. → **se protéger** je me protège, tu te protèges, il/elle/on se protège, nous nous protégeons, vous vous protégez, ils/elles se protègent; je me suis protégé(e)
	une **bagarre** [ynbagaʀ]	eine Schlägerei	Il s'est trouvé au milieu d'une bagarre.
	un **atelier** [ɛ̃natəlje]	eine Werkstatt; *hier:* eine Backstube	T atölye
	sentir bon [sɑ̃tiʀbɔ̃]	gut riechen	↔ sentir mauvais
	un **dessert** [ɛ̃desɛʀ]	*hier:* ein Kuchen	R десéрт
	également [egalmɑ̃]	auch; ebenfalls	
	le **gibier** [ləʒibje]	das Wild	
	Il aimerait en manger. [ilɛmʀɛɑ̃mɑ̃ʒe]	Er würde gern etwas davon essen.	
	le soir [ləswaʀ]	abends; am Abend	le matin – à midi – le soir
	lorsque [lɔʀskə]	wenn	
	ne … plus personne [nə … plypɛʀsɔn]	niemand mehr	Il n'y a plus personne dans les rues.
	se reposer [səʀ(ə)poze]	sich ausruhen	Après le travail, je me repose.
	appeler qc [ap(ə)le]	etw. nennen	On appelle les gâteaux «les oublies».

	dangereux/dangereuse [dɑ̃ʒʀø/dɑ̃ʒʀøz]	gefährlich	→ le danger
	voler [vɔle]	stehlen	→ un voleur/une voleuse → un vol

Pour aller plus loin

Le danger est partout.	Überall lauert Gefahr.	un **feu**/des **feux**	ein Feuer
Il fait encore nuit.	Es ist noch dunkel.	**faire cuire**	kochen
le **froid**	die Kälte	**fabriquer**	herstellen
étroit/étroite	eng; schmal	un **luxe**	ein Luxus
un **artisan pâtissier-traiteur**	ein Konditor	le **peuple**	das Volk
Ils jettent tout par la fenêtre.	Sie werfen alles aus dem Fenster.	les **restes** *(m.)* **de pâte** *(f.)*	die Teigreste
		une **oublie**	eine Oblate
Il faut voir ce qui se passe en haut.	Man muss schauen, was über einem passiert.	**Voilà le plaisir!**	Für das Vergnügen!
		à cette heure-ci	um diese Uhrzeit
Gare à l'eau!	Vorsicht Wasser!	**Ils se font souvent attaquer.**	Sie werden oft überfallen.
une **chaise à porteurs**	eine Sänfte		
un **marchand ambulant**	ein fliegender Händler	**Les rues deviennent le territoire des voleurs.**	Die Straßen werden zum Revier der Diebe.
Un cheval lui a donné un coup de sabot.	Ein Pferd hat ihm einen Hufschlag versetzt.		

6	un **rêve** [ɛ̃ʀɛv]	ein Traum	
7	**doré/dorée** [dɔʀe/dɔʀe]	golden	
	un **danseur**/une **danseuse** [ɛ̃dɑ̃sœʀ/yndɑ̃søz]	ein Tänzer/eine Tänzerin	→ danser → la danse
9	un **objet** [ɛ̃nɔbʒɛ]	ein Gegenstand	[T] obje
10	un **tableau** [ɛ̃tablo]	ein Bild; ein Gemälde	[T] tablo
	une **femme** [ynfam]	eine Frau	↔ un homme
	riche/riche [ʀiʃ/ʀiʃ]	reich	↔ pauvre/pauvre
	être debout [ɛtʀd(ə)bu]	stehen	
	être assis(e) [ɛtʀasi(z)]	sitzen	
	un **fauteuil** [ɛ̃fotœj]	ein Sessel	La femme est assise dans un fauteuil.
	par terre [paʀtɛʀ]	auf den/dem Boden	
	tenir *qn/qc* [təniʀ]	jdn./etw. halten	Elle tient une bougie dans sa main droite. → **tenir** wird konjugiert wie **venir**: je tiens, nous tenons; j'ai tenu
	le **vin** [ləvɛ̃]	der Wein	[R] вино́
	au mur [omyʀ]	an der Wand	
	un **mur** [ɛ̃myʀ]	eine Mauer; eine Wand	

La description d'une personne	Die Personenbeschreibung
jeune	jung
âgé(e)	alt
les **yeux (bleus)** *(m.)* [lezjø(blø)]	(blaue) Augen
les **cheveux** *(m.)*	Haare
blond(e)	blond
châtain [ʃatɛ̃]	braunhaarig
long/longue [lɔ̃/lɔ̃g]	lang
court(e) [kuʀ/kuʀt]	kurz
*une **moustache**	ein Schnurrbart
*une **barbe**	ein Bart
*un **chignon** [ɛ̃ʃiɲɔ̃]	ein Haarknoten
*une **queue de cheval** [ynkødəʃ(ə)val]	ein Pferdeschwanz
*une **coiffure**	eine Frisur
un **chapeau** [ɛ̃ʃapo]	ein Hut
une **perruque**	eine Perücke
*des **lunettes (de soleil)** *(f.)*	(Sonnen-)Brille
*des **boucles** *(m.)* **d'oreilles** *(f.)* [debukldɔʀeij]	Ohrringe
*un **tatouage** [ɛ̃tatwaʒ]	ein Tattoo
*un **piercing** [ɛ̃pɛʀsiŋ]	ein Piercing
*des **chaussures** *(f.)* **à talons** *(m.)*	Schuhe mit Absatz
avoir l'air triste/content	traurig/glücklich aussehen

* individueller Wortschatz

4 Strasbourg, capitale européenne

Approche

une **capitale** [ynkapital]	eine Hauptstadt	E capital
le **nord-est** [lənɔʀɛst]	der Nordosten	Nord / Ouest / Est / Sud
au bord de [obɔʀdə]	am Rande von; am Ufer von	A Strasbourg, il y a un grand jardin au bord du Rhin.
tout près de la frontière [tupʀɛdəlafʀɔ̃tjɛʀ]	ganz nah an der Grenze	
une **frontière** [ynfʀɔ̃tjɛʀ]	eine Grenze	La frontière franco-allemande est au nord-est de la France.
au cours des siècles [okuʀdesjɛkl]	im Laufe der Jahrhunderte	
un **siècle** [ɛ̃sjɛkl]	ein Jahrhundert	Nous sommes au vingt-et-unième siècle.
alsacien/alsacienne [alzasjɛ̃/alzasjɛn]	elsässisch	→ l'Alsace
passer de la France à l'Allemagne	von Frankreich an Deutschland übergehen	
La passerelle relie Strasbourg à Kehl.	Die Fußgängerbrücke verbindet Straßburg mit Kehl.	
traverser [tʀavɛʀse]	überqueren	Pour traverser le Rhin, il faut prendre la passerelle.
grâce à [gʀasa]	dank *(Präp.)*	
passer une frontière [paseynfʀɔ̃tjɛʀ]	eine Grenze passieren; über eine Grenze gehen/fahren	
sans devoir montrer ses papiers	ohne seinen Ausweis zeigen zu müssen	

nombreux/nombreuse [nɔ̃bʀø/nɔ̃bʀøz]	zahlreich	
quotidiennement [kɔtidjɛnmɑ̃]	täglich	
un **pays voisin** [ɛ̃peivwazɛ̃]	ein Nachbarland	
bilingue/bilingue [bilɛ̃g/bilɛ̃g]	zweisprachig	E bilingual
entre autres [ɑ̃tʀotʀ]	unter anderen/anderem	
un **pays membre** [ɛ̃peimɑ̃bʀ]	ein Mitgliedsland	
un **membre** [ɛ̃mɑ̃bʀ]	ein Mitglied	Je suis membre du club de tennis. E member
renforcer [ʀɑ̃fɔʀse]	stärken; festigen	
une **démocratie** [yndemɔkʀasi]	eine Demokratie	R демократия T demokrasi
les **droits de l'homme** *(m.)* [ledʀwadəlɔm]	die Menschenrechte	
voter [vɔte]	wählen	E to vote
une **loi** [ynlwa]	ein Gesetz	
être valable [ɛtʀvalabl]	gelten	Ma carte bancaire est valable pour 10 ans.
un **député**/une **députée** [ɛ̃depyte/yndepyte]	ein Abgeordneter/ eine Abgeordnete	R депутат
un **point de départ** [ɛ̃pwɛ̃dədepaʀ]	ein Ausgangspunkt	
construit/construite par [kɔ̃stʀɥi/kɔ̃stʀɥitpaʀ]	gebaut von	La gare de Strasbourg a été construite en 1883 par les Allemands.
ressembler à *qn/qc* [ʀəsɑ̃blea]	jdm./etw. ähneln	La nouvelle construction ressemble à un train.
attirer [atiʀe]	anziehen	Strasbourg est une belle ville. Elle attire beaucoup de touristes.
gothique/gothique [gɔtik/gɔtik]	gotisch	T gotik
un **canal**/des **canaux** [ɛ̃kanal/dekano]	ein Kanal/Kanäle	T kanal
un **studio** [ɛ̃stydjo]	ein (Aufnahme-)Studio	T stüdyo
une **chaîne de télévision** [ynʃɛndətelevizjɔ̃]	ein Fernsehsender	ARTE est une chaîne de télévision franco-allemande.
un **bâtiment** [ɛ̃batimɑ̃]	ein Gebäude	
moderne/moderne [mɔdɛʀn]	modern	ARTE se trouve dans un bâtiment moderne. La cathédrale est un bâtiment ancien. E modern T modern
être situé(e) entre … et … [ɛtʀsitɥeɑ̃tʀe]	zwischen … und … liegen	
un **journaliste**/une **journaliste** [ɛ̃ʒuʀnalist/ynʒuʀnalist]	ein Journalist/eine Journalistin	La journaliste a écrit un article sur l'Europe. R журналист/журналистка
un **traducteur**/une **traductrice** [ɛ̃tʀadyktœʀ/yntʀadyktʀis]	ein Übersetzer/eine Übersetzerin	

Pour aller plus loin

et vice-versa	und umgekehrt	une **institution**	eine Einrichtung
tiraillé/tiraillée	zerrissen	**Il est ouvert au public.**	Er ist für Besucher geöffnet.
permettre (à qn) de faire qc	jdm. erlauben etw. zu tun; jdm. ermöglichen etw. zu tun	**idéal/idéale**	ideal
		historique/historique	historisch
un **siège**	ein Sitz	**moderniser**	modernisieren
une **ville symbole de la réconciliation**	eine Stadt als Symbol der Versöhnung	**vu/vue de …**	von … aus betrachtet
		être installé(e)	untergebracht sein

1	la **situation géographique** [lasitɥasjɔ̃ʒeɔgʀafik]	die geografische Lage	
5	un **site Internet** [ɛ̃sitɛ̃tɛʀnɛt]	eine Internetseite	T internet sitesi

Dans la ville	In der Stadt
***strasbourgeois(e)**	aus/in Straßburg
le **centre-ville**	das Stadtzentrum
la **vieille ville**	die Altstadt
un **fleuve**	ein Fluss
un **canal**/des **canaux**	ein Kanal/Kanäle
un **pont**	eine Brücke
un **monument**	ein Denkmal
une **cathédrale**	eine Kathedrale
une **église**	eine Kirche
un **musée**	ein Museum
une **place**	ein Platz

* individueller Wortschatz

6	un **documentaire** [ɛ̃dɔkymɑ̃tɛʀ]	*hier:* ein Dokumentarfilm	E documentary T dokümanter (film)
	passer (à la télé) [pase]	laufen (im Fernsehen); ausgestrahlt werden	

Atelier

1	**savoir** [savwaʀ]	wissen; können	→ **savoir** je sais, tu sais, il/elle/on sait, nous sa**v**ons, vous sa**v**ez, ils/elles sa**v**ent; j'ai **su**
	interviewer [ɛ̃tɛʀvjuve]	interviewen	
	une **traduction** [yntʀadyksjɔ̃]	eine Übersetzung	
	de l'allemand vers le français [dəlalmɑ̃vɛʀləfʀɑ̃sɛ]	vom Deutschen ins Französische	
	traduire [tʀadɥiʀ]	übersetzen	→ une traduction → un traducteur/une traductrice → **traduire** je traduis, tu traduis, il/elle/on traduit, nous tradui**s**ons, vous tradui**s**ez, ils/elles tradui**s**ent; j'ai tradui**t**
	en ce qui concerne ... [ɑ̃skikɔ̃sɛʀn]	was ... betrifft	
	essentiellement [ɛsɑ̃sjɛlmɑ̃]	im Wesentlichen	
	un **symbole** [ɛ̃sɛ̃bɔl]	ein Symbol	
	depuis longtemps [dəpɥilɔ̃tɑ̃]	seit Langem	
	la **langue maternelle** [lalɑ̃gmatɛʀnɛl]	die Muttersprache	Ma langue maternelle, c'est l'allemand.
	rendre visite à *qn* [ʀɑ̃dʀəvisita]	jdn. besuchen	Dimanche, je rends visite à mes parents. → **rendre** wird konjugiert wie **vendre**: je rends, nous rendons; j'ai **rendu visite**
	évidemment [evidamɑ̃]	klar	
	sinon [sinɔ̃]	sonst; andernfalls	
	une **partie (de)** [ynpaʀti(də)]	ein Teil (von)	Une partie de ma famille habite en Allemagne.
	certains/certaines [sɛʀtɛ̃/sɛʀtɛn]	gewisse; bestimmte	Certains produits sont moins chers en Allemagne.

surtout [syʀtu]	vor allem	
J'en reviens. [ʒɑ̃ʀəvjɛ̃]	Ich komme gerade von dort zurück.	
remercier *qn* **de/pour** *qc* [ʀəmɛʀsje]	jdm. für etw. danken; sich bei jdm. für etw. bedanken	Je te remercie de ton aide.
souhaiter *qc* **à** *qn* [swete]	jdm. etw. wünschen	Je te souhaite une bonne journée.

Pour aller plus loin

à deux pas de	zwei Schritte entfernt von
cosmopolite	kosmopolitisch
Les habitants profitent de cette proximité.	Die Einwohner profitieren von dieser Nähe.
la **rédaction**	die Redaktion
Merci d'avoir accepté de faire cette interview.	Danke, dass Sie sich zu diesem Gespräch bereit erklärt haben.
régulier/régulière	regelmäßig
un **hasard**	ein Zufall
beaucoup de choses	vieles
un **siège rêvé**	ein idealer Standort
la **scolarité secondaire**	die Sekundarstufe (Collège und Lycée)
le **bac (= le baccalauréat)** *(fam.)*	das Abi *(ugs.)*
Je ne suis plus reparti depuis!	Ich bin seitdem nicht wieder weggegangen!
Dans quelle langue vous sentez-vous le mieux?	In welcher Sprache fühlen Sie sich am wohlsten?
affectif/affective	emotional
C'est en arrivant à Strasbourg que ça a basculé.	Mit meiner Ankunft in Straßburg hat sich die Gewichtung verschoben.
la **langue principale**	die Hauptsprache; die erste Sprache
un **Strasbourgeois/** une **Strasbourgeoise**	ein Straßburger/ eine Straßburgerin
Ils/Elles se rendent compte que ...	Sie erkennen, dass ...; Es wird ihnen bewusst, dass ...
de plus en plus de Strasbourgeois	mehr und mehr Straßburger
excellent/excellente	hervorragend

2	**selon (***qn/qc***)** [s(ə)lɔ̃]	laut; gemäß	
3	**Le train a du retard?**	Hat der Zug Verspätung?	
	tranquillement [tʀɑ̃kilmɑ̃]	ruhig	
	heureusement [øʀøzmɑ̃]	glücklicherweise	
	normalement [nɔʀmalmɑ̃]	normalerweise	
4	**Tenez.** [təne]	*hier:* Nehmen Sie.	Tiens.
	Il est fermé./Elle est fermée.	Er/Sie/Es ist geschlossen/zu.	↔ Il est ouvert./Elle est ouverte.
5	**à l'heure** [alœʀ]	pünktlich	
	un **billet** [ɛ̃bijɛ]	eine Fahrkarte *(Zug)*	Deux billets, s'il vous plaît.
	un **distributeur automatique** [ɛ̃distʀibytœʀotomatik]	*hier:* ein Fahrscheinautomat	
6	**se déplacer** [sədeplase]	sich fortbewegen	
	une **station** [ynstasjɔ̃]	eine Haltestelle	
	le **tram(way)** [lətʀam(wei)]	die Straßenbahn; die Tram	R трамвай T tramvay
	un **arrêt** [ɛ̃naʀɛ]	ein Halt; eine Haltestelle	
	une **ligne** [ynliɲ]	eine (Verkehrs-)Linie	
	un **ticket** [ɛ̃tikɛ]	eine Fahrkarte; eine Eintrittskarte	un ticket de tram – un billet de train/d'avion
7	**à cause de** [akozdə]	wegen	
8	**J'aimerais qu'on fasse ...**	Ich würde gern ... machen.	J'aimerais qu'on fasse une balade à vélo.
	il faut que [ilfokə]	man muss; es ist nötig, dass	Il faut que nous soyons à l'heure.
	assez d'argent [asedaʀʒɑ̃]	genug Geld	

Extra 1

plein d'autres peuples	viele andere Völker
beaucoup de pays francophones	viele Länder, in denen Französisch gesprochen wird
des milliers de Français	Tausende Franzosen
la moitié de la population	die Hälfte der Bevölkerung
plus de 200 langues différentes	über 200 unterschiedliche Sprachen
46% (quarante-six pour cent) de francophones	46% Französischsprechende

Extra 2

un **mémorial**	eine Gedenkstätte
l'**inauguration** *(f.)*	die Einweihung
l'**abolition** *(f.)* **de l'esclavage** *(m.)*	die Abschaffung der Sklaverei
la **traite**	der Sklavenhandel
le **travail forcé**	die Zwangsarbeit
le **souvenir**	die Erinnerung
la **dignité humaine**	die Menschenwürde
le **symbole**	das Symbol
les **racines** *(f.)*	die Wurzeln
la **base de données** *(f.)*	die Datenbank
le **chômage**	die Arbeitslosigkeit
inaugurer	einweihen
se souvenir	sich erinnern
ne pas oublier	nicht vergessen
lutter pour/contre	kämpfen für/gegen
améliorer	verbessern

Extra 3

une **frontière**	eine Grenze
dépasser les frontières	die Grenzen überschreiten
une **barrière**	eine Barriere; ein Hindernis
un **(trans)frontalier/** une **(trans)frontalière**	ein Grenzgänger/ eine Grenzgängerin
explorer	erforschen; erkunden
une **passion**	eine Leidenschaft
l'**altérité** *(f.)*	die Andersartigkeit
l'**étranger** *(m.)*	der/das Fremde
osciller	hin und her wechseln
faciliter l'**accès** *(m.)*	den Zugang erleichtern
un **lieu**	ein Ort
un **thème**	ein Thema
les **paroles** *(f.)*	der Text
la **réalisation**	die Umsetzung
tourner	drehen *(Film)*
reconnaître	wiedererkennen
plaire	gefallen
être réussi(e)	gelungen sein

Les nombres

1	un	**15**	quinze	**29**	vingt-neuf	**200**	deux-cents
2	deux	**16**	seize	**30**	trente	**202**	deux-cent-deux
3	trois	**17**	dix-sept	**31**	trente-et-un	**300**	trois-cents
4	quatre	**18**	dix-huit	**40**	quarante	**400**	quatre-cents
5	cinq	**19**	dix-neuf	**50**	cinquante	**520**	cinq-cent-vingt
6	six	**20**	vingt	**60**	soixante	**680**	six-cent-quatre-vingts
7	sept	**21**	vingt-et-un	**70**	soixante-dix	**881**	huit-cent-quatre-vingt-un
8	huit	**22**	vingt-deux	**71**	soixante-et-onze	**900**	neuf-cents
9	neuf	**23**	vingt-trois	**80**	quatre-vingts	**1 000**	mille
10	dix	**24**	vingt-quatre	**81**	quatre-vingt-un	**1 720**	mille sept-cent-vingts
11	onze	**25**	vingt-cinq	**90**	quatre-vingt-dix	**2 000**	deux mille
12	douze	**26**	vingt-six	**91**	quatre-vingt-onze	**1 000 000**	un million
13	treize	**27**	vingt-sept	**100**	cent	**2 000 000**	deux millions
14	quatorze	**28**	vingt-huit	**101**	cent-un		

Die Zahlen verweisen auf das erstmalige Vorkommen der Wörter, z. B. un **anniversaire** [ɛ̃nanivɛʀsɛʀ] ein Geburtstag **I 4AP** = Band **1**, Lektion **4**, Lektionsteil **Approche**.

Steht nach der Lektionsteilangabe ein Komma und eine Zahl, so erfolgt die Einführung in der betreffenden Übung, Beispiel: **aimer** [ɛme] mögen/lieben **I 3A**, 4: also Übung 4 des Lektionsteils 3A in Band 1.

AP = Approche, **A** = Atelier A, **B** = Atelier B, **C** = Atelier C, **AC** = Action, **E** = Extra
Fakultative Wörter stehen in Spitzklammern ⟨ ⟩.
Individueller Wortschatz *(Mon dico personnel)* ist durch einen Stern * gekennzeichnet.

Grammatische Basiswörter wie z.B. die Subjektpronomen *je, tu* … usw. werden in der folgenden Liste nicht aufgeführt.

A

à [a] in; im; bei; auf **I4A,** 1
à cause de [akozdə] wegen **IV4A,** 7
à côté de [akotedə] neben **III3A,** 3
à droite [adʀwat] (nach) rechts **I6B,** 1
à gauche [agoʃ] (nach) links **I6B,** 1
à la/**à** l'/**au**/**aux** [ala/al/o/o] nach; zu; in **I5A,** 1
à la fin [alafɛ̃] schließlich; am Ende **III5A,** 9
à l'heure [alœʀ] pünktlich **IV4A,** 5
à midi [amidi] um zwölf Uhr mittags **I5B,** 1
à pied [apje] zu Fuß **II4A,** 10
au 2ᵉ étage [odøzjɛmetaʒ] im 2. Stock **II2A,** 2
au profit de [opʀɔfidə] zugunsten **II5A,** 2
au retour de [oʀətuʀdə] zurück aus **II0**
à 8 ans [ayitɑ̃] mit 8 (Jahren); im Alter von 8 Jahren **III2A,** 2
à cette heure-ci [asɛtœʀsi] um diese Uhrzeit ⟨**IV3A,** 4⟩
à la place de [alaplasdə] anstelle von **III4A,** 2
A quelle heure? [akɛlœʀ] Um wie viel Uhr? **I5B,** 1
à quel nom [akɛlnɔ̃] auf welchen Namen **III4A,** 2
A table! [atabl] Zu Tisch!; Essen kommen! **I3C,** 1
A toi! [atwa] Du bist dran! **I4B,** 2
A tout à l'heure! [atutalœʀ] Bis später! **III5A,** 3
au milieu de [omiljødə] in der Mitte (von) **II5A,** 4
Au revoir! [ɔʀ(ə)vwaʀ] Auf Wiedersehen! **I1A,** 1
Au secours! [oskuʀ] Hilfe!; Zu Hilfe! **I6B,** 1
à votre avis [avɔtʀavi] eurer Meinung nach **II2A,** 2
un **abricot** [ɛ̃nabʀiko] eine Aprikose ***III5AP**
accélérer [akseleʀe] beschleunigen **III2A,** 1
Merci d'avoir **accepté** de faire cette interview. Danke, dass Sie sich zu diesem Gespräch bereit erklärt haben. ⟨**IV4A,** 1⟩
un **accident** [ɛ̃naksidɑ̃] ein Unfall **III2A,** 2
l'**accrobranche** *(m.)* [lakʀɔbʀɑ̃ʃ] Klettern im Hochseilgarten; der Hochseilgarten **I6A,** 1
l'**accueil** *(m.)* [lakœj] der Empfang **III3AP**
un agent d'**accueil**/une agente d'**accueil** [ɛ̃naʒɑ̃dakœj/ynaʒɑ̃tdakœj] eine Empfangsperson **III4AP**
il/elle **accueille** [il/ɛlakœj] er/sie empfängt; *hier:* er/sie begrüßt **III4A,** 2
acheter [aʃte] kaufen **II1AP,** 3
les **acheteurs** *(m.) (pl.)* [lezaʃtœʀ] die Käufer **III5AP,** 3
un **acteur**/une **actrice** [ɛ̃naktœʀ/ynaktʀis] ein Schauspieler/eine Schauspielerin **IV1A,** 6
une **activité** [ynaktivite] eine Aktivität; eine Freizeitbeschäftigung **III3A,** 2
l'**addition** *(f.)* [ladisjɔ̃] die Rechnung *(im Restaurant)* **III4A,** 2
une soirée d'**adieu** [ynswaʀedadjø] ein Abschiedsabend **III3AP**
admirer [admiʀe] bewundern **IV3AP**
l'**adolescence** *(f.)* [ladɔlesɑ̃s] die Jugend **IV2AP**
un **adolescent**/une **adolescente** [ɛ̃nadɔlɛsɑ̃/ynadɔlɛsɑ̃t] ein Jugendlicher/eine Jugendliche ⟨**IV2AP**⟩
adolescente [adɔlɛsɑ̃t] als Jugendliche ⟨**IV2AP**⟩
adorer [adɔʀe] (sehr) lieben; am liebsten haben; mögen **I3A,** 4
une **adresse** [ynadʀɛs] eine Adresse **III4AP,** 3
avoir le droit de **s'adresser** au roi den König ansprechen dürfen ⟨**IV3AP**⟩
un **aéroport** [ɛ̃naeʀopɔʀ] ein Flughafen **II0,** 2
les **affaires** *(f.) (pl.)* [lezafɛʀ] die Sachen **I4C,** 4
les **affaires** de l'Etat *(f.) (pl.)* [lezafɛʀdəleta] die Staatsgeschäfte **IV3AP**
faire une **affaire**/des **affaires** ein Schnäppchen machen; günstig einkaufen **III5A,** 5
affectif/**affective** [afɛktif/afɛktiv] emotional ⟨**IV4A,** 1⟩
une **affiche** [ynafiʃ] ein Plakat **II5A,** 2
afghan/**afghane** [afgɑ̃/afgan] afghanisch ***IV2AP**
africain/**africaine** [afʀikɛ̃/afʀikɛn] afrikanisch ***IV1A, 13**
âgé/**âgée** [aʒe/aʒe] alt *(bei Personen)* **IV3A,** 10
l'**âge** *(m.)* [lɑʒ] das Alter **I2B,** 2
Il/Elle a quel **âge**? [il/ɛlakɛlɑʒ] Wie alt ist er/sie? **I2B,** 2
une **agence** de voyages [ynaʒɑ̃sdəvwajaʒ] ein Reisebüro **IV1AP,** 3
un **agent** d'accueil/une **agente** d'accueil [ɛ̃naʒɑ̃dakœj/ynaʒɑ̃tdakœj] eine Empfangsperson **III4AP**
agressif/**agressive** [agʀesif/agʀesiv] aggressiv **III1A,** 1
l'**aide** *(f.)* [lɛd] die Hilfe **III4A,** 2
aider *qn* [ede] jdm. helfen **II5A,** 2
Tu peux m'**aider**? Kannst du mir helfen? **II5A,** 5
Aïe! [aj] Aua! **I1A,** 1
un **aigle** [ɛ̃nɛgl] ein Adler ***III2AP, 4**
l'**ail** *(m.)* [laj] der Knoblauch ***III5AP**
aimer [ɛme] mögen; lieben **I3A,** 4
aimer faire rire *qn* [emefɛʀʀiʀ] jdn. gern zum Lachen bringen **IV2AP**
j'**aimerais** (faire qc) [ʒɛmʀɛ] ich würde gern (etw. tun) **III2AP,** 4
Il **aimerait** en manger. [ilɛmʀɛɑ̃mɑ̃ʒe] Er würde gern etwas davon essen. **IV3A,** 4
Je t'**aime**. [ʒətɛm] Ich liebe dich. **I5A,** 2
J'**aimerais** qu'on fasse … [ʒɛmʀɛkɔ̃fas] Ich würde gern … machen. **IV4A,** 8
avoir l'**air** [avwaʀlɛʀ] aussehen **IV3A,** 10
ajouter [aʒute] hinzufügen **III4A,** 2
un **album**/des **albums** [ɛ̃nalbɔm/dezalbɔm] ein Album/Alben **III3A,** 6
algérien/**algérienne** [alʒeʀjɛ̃/alʒeʀjɛn] algerisch **IV2AP**
en **Allemagne** [ɑ̃nalmaɲ] in Deutschland **I5A,** 2
un **Allemand**/une **Allemande** [ɛ̃nalmɑ̃/ynalmɑ̃d] ein Deutscher/eine Deutsche **III3A,** 3
l'**allemand** *(m.)* [lalmɑ̃] Deutsch **II2A,** 2
de l'**allemand** vers le français [dəlalmɑ̃vɛʀləfʀɑ̃sɛ] vom Deutschen ins Französische **IV4A,** 1
franco-**allemand**/franco-**allemande** [fʀɑ̃koalmɑ̃/fʀɑ̃koalmɑ̃d] deutsch-französisch **III3A,** 3
aller [ale] gehen; fahren **I5A,** 4
aller chercher [aleʃɛʀʃe] holen **III2A,** 2

aller avec [aleavɛk] passen zu **II2AP,** 2

Allez! [ale] Los! **I3B,** 2

Allez, les garçons! Los geht's, Jungs! **I3B,** 2

Ça **va**? [sava] Wie geht's? **I1A,** 1

Ça **va**. [sava] Es geht mir gut. **I1A,** 1

on y **va** [ɔ̃niva] wir gehen (da)hin **I5B,** 6

On y **va**? [ɔ̃niva] Gehen wir (hin)? **I3A,** 1

Tout **va** bien. [tuvabjɛ̃] Alles läuft gut.; Alles in Ordnung. **I6B,** 1

être **allergique** (à) [ɛtʀalɛʀʒik] allergisch sein (gegen) **III4A,** 7

Allô? [alo] Hallo? *(am Telefon)* **I4A,** 1

La radio est **allumée**. [laʀadjoɛtalyme] Das Radio ist eingeschaltet. **IV1A,** 1

allumer [alyme] einschalten **II2A,** 2; anzünden **IV1A,** 1

alors [alɔʀ] also **I2A,** 1; dann ⟨**IV3AP**⟩

alsacien/alsacienne [alzasjɛ̃/alzasjɛn] elsässisch **IV4AP**

l'**altitude** *(f.)* [laltityd] die Höhe **III2A,** 7

l'**ambiance** *(f.)* [lɑ̃bjɑ̃s] die Atmosphäre; die Stimmung **II5A,** 2

mettre de **l'ambiance** [mɛtʀdəlɑ̃bjɑ̃s] für Stimmung sorgen ⟨**IV1AP**⟩

ambitieux/ambitieuse [ɑ̃bisjø/ɑ̃bisjøz] ehrgeizig **IV3AP**

américain/américaine [ameʀikɛ̃/ameʀikɛn] amerikanisch **IV1A,** 6

un **ami**/une **amie** [ɛ̃nami/ynami] ein Freund/eine Freundin **I3C,** 1

le meilleur **ami**/la meilleure **amie** [ləmɛjœʀami/lamɛjœʀami] der beste Freund/die beste Freundin **III1AP**

l'**amitié** *(f.)* [lamitje] die Freundschaft **III1A,** 13

amoureux/amoureuse [amuʀø/amuʀøz] verliebt **III1A,** 1

s'**amuser** [samyze] sich vergnügen; sich amüsieren **IV3AP**

un **an** [ɛ̃nɑ̃] ein Jahr **I2B,** 2

à 8 **ans** [aɥitɑ̃] mit 8 (Jahren); im Alter von 8 Jahren **III2A,** 2

Il/Elle a huit **ans**. [il/ɛlaɥitɑ̃] Er/Sie ist acht (Jahre alt). **I2B,** 2

un **ananas** [ɛ̃nanana(s)] eine Ananas **IV1AP**

ancien/ancienne [ɑ̃sjɛ̃/ɑ̃sjɛn] ehemalig **IV2AP**

l'**anglais** *(m.)* [lɑ̃glɛ] Englisch **II2A,** 1

anglais/anglaise [ɑ̃glɛ/ɑ̃glɛz] englisch **IV1A,** 6

un **animal**/des **animaux** [ɛ̃nanimal/dezanimo] ein Tier/Tiere **IV1AP,** 1

un **animateur**/une **animatrice** [ɛ̃nanimatœʀ/ynanimatʀis] ein Animateur/eine Animateurin; ein Betreuer/eine Betreuerin **I6B,** 1

une **année** [ynane] ein Jahr **I4AP,** 2

un **anniversaire** [ɛ̃nanivɛʀsɛʀ] ein Geburtstag **I4AP**

Bon **anniversaire**! [bɔnanivɛʀsɛʀ] Herzlichen Glückwunsch zum Geburtstag! **I4B,** 2

Joyeux **anniversaire**. [ʒwajøzanivɛʀsɛʀ] Alles Gute zum Geburtstag. **I4AP**

une **annonce** [ynanɔ̃s] eine Anzeige **III4A,** 8

anonyme/anonyme [anɔnim/anɔnim] anonym **III1A,** 2

antillais/antillaise [ɑ̃tijɛ/ɑ̃tijɛz] antillisch; westindisch **IV1AP**

août *(m.)* [ut] August **I4AP,** 2

un **apéritif** [ɛ̃napeʀitif] ein Aperitif **I4B,** 2

un **appareil** [ɛ̃napaʀɛj] ein Apparat; ein Gerät **IV1A,** 1

un **appareil** électronique [ɛ̃napaʀɛjelɛktʀɔnik] ein elektronisches Gerät **IV1A,** 1

à l'**appareil** [alapaʀɛj] am Telefon; am Apparat **III4A,** 8

un **appartement** [ɛ̃napaʀtəmɑ̃] eine Wohnung **III3A,** 3

appeler [ap(ə)le] rufen ; anrufen **II5A,** 2

appeler *qc* [ap(ə)le] etw. nennen **IV3A,** 4

je m'**appelle** [ʒəmapɛl] ich heiße **I1AP,** 3

Je vous **appelle** au sujet de … Ich rufe Sie an wegen … **III4A,** 9

Tu t'**appelles** comment? [tytapɛlkɔmɑ̃] Wie heißt du? **I1A,** 1

Bon **appétit**! [bɔnapeti] Guten Appetit! **III4A,** 2

apporter [apɔʀte] bringen; mitbringen **I4B,** 2

apprendre [apʀɑ̃dʀ] lernen **III3A,** 3

un **apprenti**/une **apprentie** [ɛ̃napʀɑ̃ti/ynapʀɑ̃ti] ein Lehrling **IV3A,** 4

après [apʀɛ] nach *(zeitlich)* **I3C,** 1; danach **I5A,** 3

l'**après-midi** *(m.) (f.)* [lapʀɛmidi] der Nachmittag; am Nachmittag **I5A,** 2

cet **après-midi** [sɛtapʀɛmidi] heute Nachmittag **II2A,** 2

un **arbre** [ɛ̃naʀbʀ] ein Baum **IV1A,** 1

Les **arbres** se couchent. [lezaʀbʀsəkuʃ] Die Bäume biegen sich. ⟨**IV1A,** 1⟩

un **archipel** [ɛ̃naʀʃipɛl] ein Archipel; eine Inselgruppe ⟨**IV1AP**⟩

les **arènes** *(f.) (pl.)* [lezaʀɛn] die Arena/Arenen **II4AP**

l'**argent** *(m.)* [laʀʒɑ̃] das Geld **II5A,** 2

assez d'**argent** [asedaʀʒɑ̃] genug Geld **IV4A,** 8

une **armoire** [ynaʀmwaʀ] ein Schrank **I4C,** 1

un **arrêt** [ɛ̃naʀɛ] ein Halt; eine Haltestelle **IV4A,** 6

arrêter [aʀete] aufhören **II5A,** 2

Arrête. [aʀɛt] Hör auf! **I2C,** 1

l'**arrivée** *(f.)* [laʀive] die Ankunft **III2A,** 1

arriver [aʀive] kommen; ankommen **I3C,** 1

arriver à (faire) [aʀive] es schaffen, zu (tun) **III2A,** 2

arriver par [aʀivepaʀ] kommen aus ⟨**IV1A,** 4⟩

Ça **arrive** à tout le monde. [saaʀivatulmɔ̃d] Das kann jedem passieren. **I6B,** 1

un **arrondissement** [ɛ̃naʀɔ̃dismɑ̃] ein Viertel; ein Stadtviertel **I5AP,** 1

l'**art** *(m.)* [laʀ] die Kunst **IV3AP,** 3

les **arts** plastiques *(m.)* [lezaʀplastik] der Kunstunterricht ***II2A, 12**

un **artiste**/une **artiste** [ɛ̃naʀtist/ynaʀtist] ein Künstler/eine Künstlerin; ein Artist/eine Artistin **I5A,** 2

asiatique/asiatique [azjatik] asiatisch ***IV1A, 13**

assez d'argent [asedaʀʒɑ̃] genug Geld **IV4A,** 8

une **assiette** [ynasjɛt] ein Teller **II5A,** 2

être **assis(e)** [ɛtʀasi(z)] sitzen **IV3A,** 10

assister à *qc* [asistea] an etw. teilnehmen **IV3AP**

un **atelier** [ɛ̃natəlje] eine Werkstatt; *hier:* eine Backstube **IV3A,** 4

Ils se font souvent **attaquer**. [ilsəfɔ̃suvɑ̃atake] Sie werden oft überfallen. ⟨**IV3A,** 4⟩

attendre *qn/qc* [atɑ̃dʀ] auf jdn./etw. warten **II3A,** 9

Attention! [atɑ̃sjɔ̃] Achtung!; Pass(t) auf! **I3B,** 2

faire **attention** [fɛʀatɑ̃sjɔ̃] aufpassen; Acht geben **III2A,** 2

attirer [atiʀe] anziehen **IV4AP**

une **aubergine** [ynobɛʀʒin] eine Aubergine ***III5AP**

Aucune idée. [okynide] Keine Ahnung. **III1A,** 2

au-delà des frontières [od(ə)ladefʀɔ̃tjɛʀ] jenseits der Grenzen **III0**

aujourd'hui [oʒuʀdɥi] heute **I3B,** 2

aussi [osi] auch **I2A,** 1

aussi haut/haute (que) [osio/ot(kə)] genauso hoch (wie) **IV1A,** 7

aussitôt [osito] sofort ⟨**IV1A,** 1⟩

australien/australienne [ostʀaljɛ̃/ostʀaljɛn] australisch ***IV1A, 13**

automatiquement [ɔtɔmatikmɑ̃] automatisch ⟨**IV2AP**⟩

une **autoroute** [ynotoʀut] eine Autobahn **II0,** 2

autour de … [otuʀdə] um … herum **II5A,** 2

autre/autre [otʀ/otʀ] anderer/andere/anderes **III2A,** 2

d'**autres** clients [dotʀklijɑ̃] andere Kunden **III4A,** 2

autrefois [otʀəfwa] früher **IV2AP**

avancer [avɑ̃se] vorwärts kommen; vorankommen **II4A,** 2

avant [avɑ̃] vor *(zeitlich)* **II4A,** 1

Avant d'aller à la messe … [avɑ̃dalealamɛs] Bevor er zur Messe ging, … **IV3AP**
avant de manger [avɑ̃dəmɑ̃ʒe] vor dem Essen **II4A**, 2
avec [avɛk] mit **I2A**, 1
une **aventure** [ynavɑ̃tyʀ] ein Abenteuer **III2A**, 2
vu d'**avion** [vydavjɔ̃] vom Flugzeug aus gesehen 〈**IV1AP**〉
un **avis** [ɛ̃navi] eine Meinung; eine Ansicht **III1A**, 2
à votre **avis** [avɔtʀavi] eurer Meinung nach **II2A**, 2
avoir [avwaʀ] haben **I2B**, 7
avoir confiance en [avwaʀkɔ̃fjɑ̃s] Vertrauen haben in **III5A**, 3
avoir de la chance (de) [avwaʀdəlaʃɑ̃s] Glück haben (zu) **III1A**, 2
avoir envie de faire *qc* [avwaʀɑ̃vidəfɛʀ] Lust haben, etw. zu tun **II4AP**, 4
avoir la forme [avwaʀlafɔʀmdə] die Form haben **IV1AP**
avoir l'air [avwaʀlɛʀ] aussehen **IV3A**, 10
avoir mal (à/au) [avwaʀmal] Schmerzen haben (in/an) **III2A**, 2
avoir peur [avwaʀpœʀ] Angst haben **I6B**, 1
Il/Elle **a** huit ans. [il/ɛlaɥitɑ̃] Er/Sie ist acht (Jahre alt). **I2B**, 2
il y **a** [ilja] es gibt **I3A**, 1
J'**ai** 16 (sur 20). [ʒesɛz(syʀvɛ̃)] Ich habe 16 Punkte (von 20). **II2A**, 2
J'**ai** faim. [ʒefɛ̃] Ich habe Hunger. **I3C**, 1
J'**ai** soif. [ʒeswaf] Ich habe Durst. **I3C**, 1
avril *(m.)* [avʀil] April **I4AP**, 2
le 12 **avril** [ləduzavʀil] am 12. April **I4A**, 5

B

le **babyfoot** [ləbabifut] das Tischfußballspiel; der Kicker **I4B**, 2
le **bac** (= le **baccalauréat**) *(fam.)* [ləbak] das Abi *(ugs.)* 〈**IV4A**, 1〉
le **badminton** [ləbadmintɔn] Badminton **I6A**, 1
une **bagarre** [ynbagaʀ] eine Schlägerei **IV3A**, 4
une **baguette** [ynbagɛt] ein Baguette **II4A**, 4
un maillot de **bain** [ɛ̃majodəbɛ̃] ein Badeanzug; eine Badehose **I5B**, 1
un **bal** masqué [ɛ̃balmaske] ein Maskenball 〈**IV3AP**〉
une **balade** [ynbalad] ein Ausflug; ein Spaziergang **II4AP**
une **balade** à cheval [ynbaladaʃəval] ein Ausritt **II5A**, 2
un **ballet** [ɛ̃balɛ] ein Ballett **IV3AP**
un **ballon** [ɛ̃balɔ̃] ein (großer) Ball **I2C**, 1
une **banane** [ynbanan] eine Banane **IV1AP**
une **banlieue** [ynbɑ̃ljø] ein Vorort **IV2AP**
au **bar** [obaʀ] an der Bar **III4A**, 2
une **barbe** [ynbaʀb] ein Bart ***IV3A, 10**
C'est en arrivant à Strasbourg que ça a **basculé**. Mit meiner Ankunft in Straßburg hat sich die Gewichtung verschoben. 〈**IV4A**, 1〉
le **basket** [ləbaskɛt] Basketball ***I3AC**
une **basket** [ynbaskɛt] ein Turnschuh **II1A**, 2
un **bateau**/des **bateaux** [ɛ̃bato/debato] ein Boot/Boote; ein Schiff/Schiffe **II4A**, 10
un **bateau** promenade [ɛ̃batopʀɔmnad] ein Ausflugsboot 〈**IV4A**, 6〉
en **bateau** [ɑ̃bato] mit dem Boot; mit dem Schiff **II4A**, 10
un **bâtiment** [ɛ̃batimɑ̃] ein Gebäude **IV4AP**
la **batterie** [labatʀi] das Schlagzeug **IV2AP**
suivre des cours de **batterie** [sɥivʀdekuʀdəbatʀi] Schlagzeugunterricht nehmen **IV2AP**
une **batterie** [ynbatʀi] ein Akku **II4A**, 2
Je n'ai plus de **batterie**. Mein Akku ist leer. **II4A**, 2
Quel **bazar**! *(fam.)* [kɛlbazaʀ] Was für ein Durcheinander! *(ugs.)* **I2C**, 1
une **BD**/des **BD** [ynbede/debede] ein Comic/Comics **I4C**, 1
le **beach-volley** [ləbitʃvɔlɛ] Beachvolleyball **I6A**, 1
beau/**bel**/**belle** [bo/bɛl/bɛl] schön **IV3A**, 3
le **beau**-père [ləbopɛʀ] der Stiefvater ***I4AC, 4**
Il fait **beau**. [ilfɛbo] Es ist schön.; Das Wetter ist schön. **I5C**, 7
beaucoup [boku] sehr **I6B**, 1
beaucoup de choses [bokudəʃoz] vieles 〈**IV4A**, 1〉
beaucoup de visiteurs [bokudəvizitœʀ] viele Besucher **II5A**, 2
Il ne pleut pas **beaucoup**. Es regnet wenig. **IV1AP**, 2
Il y avait **beaucoup** de monde. [ilijavɛbokud(ə)mɔ̃d] Es waren viele Leute da. **III5A**, 5
beige [bɛʒ] beige ***II1A, 1**
belge/**belge** [bɛlʒ/bɛlʒ] belgisch **III0**, 2
la **belle**-mère [labɛlmɛʀ] die Stiefmutter ***I4AC, 4**
Ben … *(fam.)* [bɛ̃] Tja … *(ugs.)*; Ja … *(ugs.)* **I2B**, 2
une **béquille** [ynbekij] eine Krücke **III2A**, 2
avoir **besoin** de [avwaʀbəswɛ̃də] brauchen **III4A**, 8
bêtement [bɛtmɑ̃] dummerweise; dumm **III2A**, 2
le **beurre** [ləbœʀ] die Butter **III3A**, 6
bien *(adv.)* [bjɛ̃] gut *(Adv.)* **II1A**, 13
Bien sûr. [bjɛ̃syʀ] Natürlich.; Na klar. **III4A**, 4
Eh **bien**! [ebjɛ̃] Na gut. **I4B**, 2
Bienvenue (à …)! [bjɛ̃vənya] Willkommen (in …)! **II2AP**
une **bière** [ynbjɛʀ] ein Bier **III3A**, 3
bilingue/**bilingue** [bilɛ̃g/bilɛ̃g] zweisprachig **IV4AP**
jouer au **billard** [ʒweobijaʀ] Billard spielen **IV3AP**
un **billet** [ɛ̃bijɛ] eine Eintrittskarte **I5B**, 1; eine Fahrkarte *(Zug)* **IV4A**, 5
des **biscottes** *(f.) (pl.)* [debiskɔt] Zwieback ***III3A, 8**
une **bise**/des **bisous** [ynbiz/debizu] ein Küsschen/Küsschen **I6A**, 1
faire la **bise** [fɛʀlabiz] mit Wangenkuss begrüßen/verabschieden *(ugs.)* **III3A**, 3
un **bisou** [ɛ̃bizu] ein Küsschen **I3A**, 1
bizarre [bizaʀ] komisch; merkwürdig **I5C**, 1
blanc/**blanche** [blɑ̃/blɑ̃ʃ] weiß **II1A**, 1
bleu/**bleue** [blø/blø] blau **II1A**, 1
les **blinis** *(pl.)* [leblini] *russische Pfannkuchen* 〈**IV1A**, 6〉
un **blog** [ɛ̃blɔg] ein Blog **III3A**, 2
blond/**blonde** [blɔ̃/blɔ̃d] blond **IV3A**, 10
un **blouson** [ɛ̃bluzɔ̃] eine Jacke; ein Blouson **I1A**, 1
Bof! *(fam.)* [bɔf] Na ja.; Ach. **I4A**, 1
boire [bwaʀ] trinken **II5A**, 2
une **boisson** [ynbwasɔ̃] ein Getränk **II5A**, 2
un **bol** [ɛ̃bɔl] eine Schale ***II5AC, 5**; eine Trinkschale **III3A**, 8
bon/**bonne** [bɔ̃/bɔn] gut **III1AP**
Ah, **bon**? [abɔ̃] Ach ja?; Wirklich? **III1A**, 2
Bonne chance! [bɔnʃɑ̃s] Viel Glück! **I3B**, 2
Bon anniversaire! [bɔnanivɛʀsɛʀ] Herzlichen Glückwunsch zum Geburtstag! **I4B**, 2
Bon appétit! [bɔnapeti] Guten Appetit! **III4A**, 2
Bonne idée! [bɔnide] Gute Idee! **I3A**, 1
un **bonbon** [ɛ̃bɔ̃bɔ̃] ein Bonbon **I2C**, 1
Bonjour! [bɔ̃ʒuʀ] Guten Tag!; Guten Morgen! **I1AP**
Bonsoir. [bɔ̃swaʀ] Guten Abend. **II1A**, 2
au **bord** de [obɔʀdə] am Rande von; am Ufer von **IV4AP**
une **bosse** [ynbɔs] ein Buckel **III2A**, 1
la **bouche** [labuʃ] der Mund ***III2A, 10**
une **boucle** d'oreille [ynbukldɔʀeij] ein Ohrring ***IV3A, 10**
bouger [buʒe] bewegen; sich bewegen **II1A**, 2
une **bougie** [ynbuʒi] eine Kerze **IV1A**, 1
une **boulangerie** [ynbulɑ̃ʒʀi] eine Bäckerei **I5C**, 1
une **boule** de glace [ynbuldəglas] eine Kugel Eis **III4A**, 1
un **boulot** *(fam.)* [ɛ̃bulo] eine Arbeit *(ugs.)*; ein Job *(ugs.)* **III4AP**
Quel **boulot**! *(fam.)* [kɛlbulo] Was für eine Schufterei! *(ugs.)* **III4AP**

un **bouquetin** [ɛ̃buktɛ̃] ein Steinbock ***III2AP, 4**
une **bouteille** [ynbutɛj] eine Flasche **II4A,** 2
un **box**/des **box** [ɛ̃bɔks/debɔks] *hier:* eine Pferdebox **II5A,** 2
un **bracelet** [ɛ̃bʀaslɛ] ein Armreif; ein Armband **I5A,** 2
le **bras** [ləbʀa] der Arm **III2A,** 2
Bravo! [bʀavo] Bravo! **I3B,** 2
Après des **brillantes** études … Nach einem ausgezeichneten Studium … ⟨**IV2AP**⟩
le **bruit** [ləbʀɥi] der Lärm; das Geräusch **III5A,** 8
un **buffet** [ɛ̃byfɛ] ein Büfett **II5A,** 2
le **bulletin** météo [ləbyltɛ̃meteo] der Wetterbericht **IV1A,** 1
un **bureau**/des **bureaux** [ɛ̃byʀo/debyʀo] ein Schreibtisch/Schreibtische **I4C,** 1; ein Büro/Büros **III5A,** 1
un **bus** [ɛ̃bys] ein Bus **I4A,** 1
But! [byt] Tor! **I3B,** 2

C

ça [sa] das **I1A,** 1
Ça a été? [saaete] War alles in Ordnung? **III4A,** 2
Ça a marché? [saamaʀʃe] Hat's geklappt? *(ugs.)* **III1A,** 2
Ça arrive à tout le monde. [saaʀivatulmɔ̃d] Das kann jedem passieren. **I6B,** 1
Ça fait combien? [safɛkɔ̃bjɛ̃] Wie viel kostet das? **I5C,** 1
Ça fait … [safɛ] Das macht …; Das sind … **I2A,** 1
Ça suffit! [sasyfi] Das reicht! **I2C,** 1
Ça va? [sava] Wie geht's? **I1A,** 1
Ça va. [sava] Es geht mir gut. **I1A,** 1
Ça vous va? [savuva] Passt es Ihnen? **III4A,** 9
Et avec **ça**? [eavɛksa] Sonst noch etwas?; Kommt noch was dazu? **I5C,** 1
une **cacahuète** [ynkakawɛt] eine Erdnuss **I4B,** 2
un **cacao** [ɛ̃kakao] eine Schokolade *(zum Trinken)* **III3A,** 8
un **cadeau**/des **cadeaux** [ɛ̃kado/dekado] ein Geschenk/Geschenke **I4A,** 1
un **café** [ɛ̃kafe] ein Café **II3AP**; ein Kaffee **III3A,** 8
un **cahier** [ɛ̃kaje] ein Heft **I2AP,** 3
une **caisse** [ynkɛs] eine Kasse **II5A,** 8
une **caissière** [ynkɛsjɛʀ] eine Kassiererin **II3A,** 9
un **cake** aux olives [ɛ̃keikozɔliv] ein Olivenkuchen **II5A,** 8
une **calculatrice** [ynkalkylatʀis] ein Taschenrechner ***I2AC, 3**
un **camarade**/une **camarade** [ɛ̃kamaʀad/ynkamaʀad] ein Kamerad/eine Kameradin ⟨**IV2A,** 6⟩
un **camion** [ɛ̃kamjɔ̃] ein Lastwagen **III5A,** 1
une **camionnette** [ynkamjɔnɛt] ein Lieferwagen **III5A,** 1
la **campagne** [lakɑ̃paɲ] das Land **IV2A,** 6
à la **campagne** [alakɑ̃paɲ] auf dem Land **IV2A,** 6
le **camping** [ləkɑ̃piŋ] Camping **I6A,** 1
Il/Elle fait du **camping**. [il/ɛlfɛdykɑ̃piŋ] Er/Sie campt.; Er/Sie zeltet. **I6A,** 1
un **canal**/des **canaux** [ɛ̃kanal/dekano] ein Kanal/Kanäle **IV4AP**
un **canapé** [ɛ̃kanape] ein Sofa ***I4AC, 4**
la **canne** à sucre [lakanasykʀ] das Zuckerrohr **IV1AP**
le **canoë** [kanɔe] das Kanu; Kanufahren **I6A,** 1
une **cantine** [ynkɑ̃tin] eine Kantine **II2AP**
le **canyoning** [ləkanjɔniŋ] Canyoning **II5AP**
une **capitale** [ynkapital] eine Hauptstadt **IV4AP**
car [kaʀ] denn **IV2A,** 1
une **carafe** [ynkaʀaf] eine Karaffe ***II5AC, 5**
caresser [kaʀese] streicheln **II5A,** 2
le **carnaval** [ləkaʀnaval] der Karneval **IV1AP**
la période du **carnaval** [lapeʀjɔddykaʀnaval] die Karnevalszeit **IV1AP**
une **carotte** [ynkaʀɔt] eine Karotte; eine Möhre ***III5AP**
à **carreaux** [akaʀo] kariert ***II1A, 13**
une **carrière** [ynkaʀjɛʀ] eine Karriere **IV2AP**
faire **carrière** [fɛʀkaʀjɛʀ] Karriere machen **IV2AP**
faire **carrière** en tant que … [fɛʀkaʀjɛʀɑ̃tɑ̃kə] Karriere als … machen **IV2AP,** 4
la **carte** [lakaʀt] die Speisekarte **III4A,** 2
une **carte** [ynkaʀt] eine Karte **II4A,** 2
une **carte** bancaire [ynkaʀtbɑ̃kɛʀ] eine Kreditkarte **II3A,** 4
une **carte** mentale [ynkaʀtmɑ̃tal] ein Wörternetz ⟨**IV4AP,** 1⟩
un **carton** [ɛ̃kaʀtɔ̃] ein Karton **III5A,** 1
en tout **cas** [ɑ̃tuka] jedenfalls; auf jeden Fall **III3A,** 3
une **cascade** [ynkaskad] ein Wasserfall **III2AP**
un **casque** [ɛ̃kask] ein Sturzhelm **II4A,** 2
une **casquette** [ynkaskɛt] eine Baseballkappe **I2A,** 1
cassé/**cassée** [kase] gebrochen **III2A,** 2
une **catastrophe** [ynkatastʀɔf] eine Katastrophe **IV1A,** 1
une **catégorie** [ynkategɔʀi] eine Kategorie ⟨**IV1A,** 1⟩
une **cathédrale** [ynkatedʀal] eine Kathedrale; ein Dom **I5AP,** 3
à **cause** de [akozdə] wegen **IV4A,** 7
un **CD**/des **CD** [ɛ̃sede/desede] eine CD/CDs **I4A,** 1
un **CDI** (= un centre de documentation et d'information) [ɛ̃sedei] ein CDI *(Dokumentations- und Informationsstelle einer Schule)* **II2AP**
ce/**cet**/**cette**/**ces** [sə/sɛt/sɛt/se] dieser/diese/dieses **III4A,** 4
C'est … [sɛ] Das ist … **I1A,** 1
ce soir [səswaʀ] heute Abend **III1A,** 2
C'est à vous. [sɛtavu] Ihr seid dran. **III2A,** 2
C'est galère! *(fam.)* [sɛgalɛʀ] Echt ätzend! *(ugs.)* **II4A,** 2
C'est la classe. [sɛlaklas] Das ist klasse. **II1A,** 13
C'est la rentrée! [sɛlaʀɑ̃tʀe] Die Schule hat begonnen! **I2AP**
C'est la totale! [sɛlatɔtal] Das ist echt die Härte!; Ich fass es nicht! **II1A,** 2
C'est moi. [sɛmwa] Ich bin's. **I1A,** 7
C'est parti! [sɛpaʀti] Los geht's! **II4A,** 2
C'est qui? [sɛki] Wer ist das? **I1A,** 1
C'est quoi, ça? [sɛkwasa] Was ist denn das? **II1A,** 2
Ce n'est pas vrai! [sənɛpavʀɛ] Das darf nicht wahr sein! **I5C,** 1
Ce sont … [səsɔ̃] Das sind …; Da sind … **I3C,** 1
cette fois [sɛtfwa] dieses Mal **III1A,** 4
célèbre/**célèbre** [selɛbʀ/selɛbʀ] berühmt ⟨**IV2AP**⟩
une **célébrité** [ynselebʀite] eine berühmte Persönlichkeit ⟨**IV3AP,** 5⟩
un pour **cent** [ɛ̃puʀsɑ̃] ein Prozent **III5AP,** 3
une **centaine** de personnes [ynsɑ̃tɛndəpɛʀsɔn] etwa hundert Personen ⟨**IV3AP**⟩
un **centre** [ɛ̃sɑ̃tʀ] ein Zentrum **II5AP,** 4
un **centre** équestre [ɛ̃sɑ̃tʀekɛstʀ] ein Reiterhof **II5AP,** 4
le **centre**-ville [ləsɑ̃tʀəvil] das Stadtzentrum **II3AP,** 4
des **céréales** *(f.) (pl.)* [deseʀeal] Müsli **III3A,** 3
un **cerf** [ɛ̃sɛʀ] ein Hirsch ***III2AP, 4**
une **cerise** [ynsəʀiz] eine Kirsche **III3A,** 3
certains/**certaines** [sɛʀtɛ̃/sɛʀtɛn] manche ⟨**IV3AP**⟩; gewisse; bestimmte **IV4A,** 1
une **chaîne** de télévision [ynʃɛndətelevizjɔ̃] ein Fernsehsender **IV4AP**
une **chaise** [ynʃɛz] ein Stuhl **I4C,** 1
une **chaise** à porteurs [ynʃɛzapɔʀtœʀ] eine Sänfte ⟨**IV3A,** 4⟩
une **chambre** [ynʃɑ̃bʀ] ein Zimmer; ein Schlafzimmer **I4B,** 2
un **champion**/une **championne** [ɛ̃ʃɑ̃pjɔ̃/ynʃɑ̃pjɔn] ein Sieger/eine Siegerin **I3B,** 2
la **chance** [laʃɑ̃s] das Glück **III1A,** 2

Bonne **chance**! [bɔnʃɑ̃s] Viel Glück! **I3B,** 2
avoir de la **chance** (de) [avwaʀdəlaʃɑ̃s] Glück haben (zu) **III1A,** 2
Quelle **chance**! [kɛlʃɑ̃s] Was für ein Glück! **II5A,** 2
changer [ʃɑ̃ʒe] ändern; (sich) verändern **III1A,** 2
changer de numéro [ʃɑ̃ʒedɔnymeʀo] die Telefonnummer ändern **III1A,** 2
une **chanson** [ynʃɑ̃sõ] ein Lied **II0,** 3
chanter [ʃɑ̃te] singen **I3B,** 2
un **chanteur**/une **chanteuse** [ɛ̃ʃɑ̃tœʀ/ynʃɑ̃tøz] ein Sänger/eine Sängerin **III0,** 2
un **chapeau** [ɛ̃ʃapo] ein Hut **IV3A,** 10
chaque [ʃak] jeder/jede/jedes **III5A,** 3
le **char** à voile [ləʃaʀavwal] Strandsegeln **II5AP**
la **charcuterie** [laʃaʀkytʀi] die Wurstwaren **III3A,** 3
charger [ʃaʀʒe] einladen; beladen **III5A,** 1
un **chariot** [ɛ̃ʃaʀjo] ein Wagen **III5A,** 3
la **chasse** [laʃas] die Jagd **IV3AP**
un **chat** [ɛ̃ʃa] eine Katze **I2A,** 1
un **chat** [ɛ̃tʃat] ein Chat **II2A,** 2
châtain [ʃatɛ̃] braunhaarig **IV3A,** 10
un **château**/des **châteaux** [ɛ̃ʃato/deʃato] ein Schloss/Schlösser **III3A,** 3; eine Burg/Burgen ***I5C, 7**
chatter [tʃate] chatten **II2A,** 2
chaud/**chaude** [ʃo/ʃod] warm; heiß **III3A,** 8
Il fait **chaud**. [ilfɛʃo] Es ist warm.; Es ist heiß. **I6AP,** 2
J'ai **chaud**. [ʒeʃo] Mir ist heiß.; Mir ist warm. **II4A,** 2
un **chauffeur** de taxi [ɛ̃ʃofœʀdətaksi] ein Taxifahrer **II4AP,** 2
une **chaussette** [ynʃosɛt] ein Strumpf; eine Socke **I2C,** 1
une **chaussure** [ynʃosyʀ] ein Schuh **I3B,** 1
des **chaussures** *(f.)* à talons *(m.)* [deʃosyʀatalõ] Schuhe mit Absatz ***IV3A, 10**
le **chemin** [ɛ̃ʃəmɛ̃] der Weg **II2A,** 2
demander le **chemin** [dəmɑ̃deləʃəmɛ̃] nach dem Weg fragen **II4A,** 2
en **chemin** [ɑ̃ʃəmɛ̃] unterwegs **III3A,** 3
une **chemise** [ynʃəmiz] ein Hemd **II1AP**
cher/**chère** [ʃɛʀ/ʃɛʀ] teuer **I4A,** 1
chercher [ʃɛʀʃe] suchen **I3B,** 2
aller **chercher** [aleʃɛʀʃe] holen **III2A,** 2
venir **chercher** [vəniʀʃɛʀʃe] abholen (kommen) **III3A,** 3
un **cheval**/des **chevaux** [ɛ̃ʃ(ə)val/deʃ(ə)vo] ein Pferd/Pferde **II5A,** 2
une balade à **cheval** [ynbaladaʃəval] ein Ausritt **II5A,** 2
Un **cheval** lui a donné un coup de sabot. Ein Pferd hat ihm einen Hufschlag versetzt. ⟨**IV3A,** 4⟩
un **cheveu**/des **cheveux** [ɛ̃ʃ(ə)vø/deʃ(ə)vø] ein Haar/Haare **IV3A,** 2
se mettre du gel dans les **cheveux** [s(ə)mɛtʀ] sich die Haare gelen **IV3A,** 2
un **chevreuil** [ɛ̃ʃəvʀœj] ein Reh ***III2AP, 4**
un **chewing-gum** [ɛ̃ʃwiŋgɔm] ein Kaugummi **I3B,** 1
chez [ʃe] zu *(Personen)*; bei *(Personen)* **I3C,** 1
chez moi [ʃemwa] bei mir **I5B,** 6
chic/**chic** [ʃik] schick **II1A,** 13
un **chien** [ɛ̃ʃjɛ̃] ein Hund **I2A,** 1
un **chiffre** [ɛ̃ʃifʀ] eine Ziffer; eine Zahl **III5AP,** 3
un **chignon** [ɛ̃ʃiɲõ] ein Haarknoten ***IV3A, 10**
les **chips** *(f.) (pl.)* [leʃips] die Chips **I4B,** 2
le **chocolat** [ləʃɔkɔla] die Schokolade **I3C,** 1
une crêpe au **chocolat** [ynkʀɛpoʃɔkɔla] eine Schokoladencrêpe **I3C,** 1
un pain au **chocolat** [ɛ̃pɛ̃oʃɔkɔla] ein Schokoladenhörnchen **I5C,** 1
choisir [ʃwaziʀ] wählen; aussuchen **III4A,** 2
Il **choisit** de s'appeler … Er wählt für sich den Namen … ⟨**IV3AP**⟩
faire son **choix** [fɛʀsõʃwa] seine Wahl treffen **III5A,** 3
quelque **chose** [kɛlkəʃoz] etwas **II2A,** 1
plein de **choses** *(fam.)* [plɛ̃dəʃoz] viele Sachen *(ugs.)* **III3A,** 3
Chut! [ʃyt] Psst!; Still! **II1A,** 2
une **chute** [ynʃyt] ein Fall; ein Sturz **III2A,** 2
faire une **chute** [fɛʀynʃyt] stürzen **III2A,** 2
un **cinéma** [ɛ̃sinema] ein Kino **I5B,** 1
Quel **cinéma**! [kɛlsinema] So ein Theater! **II3A,** 2
le **circuit** [ləsiʀkɥi] die Strecke **III2A,** 1
une **cité** [ynsite] *hier:* ein Vorort mit Hochhäusern **IV2AP**
clair/**claire** [klɛʀ/klɛʀ] klar **III1A,** 4
une **classe** [ynklas] eine Klasse **II2AP**
une salle de **classe** [ynsaldəklas] ein Klassenzimmer **II2AP**
C'est la **classe**. [sɛlaklas] Das ist klasse. **II1A,** 13
Il/Elle est **classe**. [il/ɛlɛklas] Er/Sie/Es ist klasse. **I4B,** 2
Trop la **classe**! [tʀolaklas] Klasse! **II1A,** 2
le **clavier** [ləklavje] die Tastatur **II2A,** 9
une **clé** [ynkle] ein Schlüssel **I3B,** 1
une **clé** USB [ynkleyɛsbe] ein USB-Stick **II2A,** 9
un **client**/une **cliente** [ɛ̃klijɑ̃/ynklijɑ̃t] ein Kunde/eine Kundin **III4A,** 2
d'autres **clients** [dotʀklijɑ̃] andere Kunden **III4A,** 2
le **climat** [ləklima] das Klima **IV1AP,** 1
cliquer [klike] klicken **II2A,** 2
un **clown** [ɛ̃klun] ein Clown **II1A,** 2
un **club** [ɛ̃klœb] ein Klub; ein Verein **III1AP**
un **coca** [ɛ̃kɔka] eine Cola **I4B,** 2
un **cochon** d'Inde [ɛ̃kɔʃõdɛ̃d] ein Meerschweinchen ***I2AC, 3**
un **code** [ɛ̃kɔd] ein Code **II2A,** 9
un **coiffeur**/une **coiffeuse** [ɛ̃kwafœʀ/ynkwaføz] ein Friseur/eine Friseurin ⟨**IV4A,** 8⟩
une **coiffure** [ynkwafyʀ] eine Frisur ***IV3A, 10**
un **coin** [ɛ̃kwɛ̃] eine Ecke **III1A,** 1
être en **colère** [ɛtʀɑ̃kɔlɛʀ] wütend sein **III1A,** 2
un **collège** [ɛ̃kɔlɛʒ] ein Collège **I2B,** 2
à la sortie du **collège** [alasɔʀtidykɔlɛʒ] am Ende des Unterrichts; nach der Schule **III1A,** 2
coller [kɔle] kleben; ankleben **II5A,** 2
une **colo(nie)** [ynkɔlɔ(ni)] ein Ferienlager **I6A,** 1
une **colonie** [ynkɔlɔni] eine Kolonie **IV0**
la **colonisation** [lakɔlɔnizasjõ] die Kolonialisierung **IV0**
coloniser [kɔlɔnize] kolonisieren **IV0**
combien de … [kõbjɛ̃də] wie viel(e) … **IV2AP,** 2
Ça fait **combien**? [safɛkõbjɛ̃] Wie viel kostet das? **I5C,** 1
une **comédie** [ynkɔmedi] eine Komödie ⟨**IV3AP**⟩
un **comédien**/une **comédienne** [ɛ̃kɔmedjɛ̃/ynkɔmedjɛn] ein Schauspieler/eine Schauspielerin **IV2AP**
Il découvre sa vocation de **comédien**. Er entdeckt seine Berufung zum Schauspieler. ⟨**IV2AP**⟩
une **commande** [ynkomɑ̃d] eine Bestellung **II1A,** 2
commander [komɑ̃de] bestellen **II1A,** 1
comme [kɔm] wie *(beim Vergleich)* **III3A,** 3; als **III4A,** 1
comme d'habitude [kɔmdabityd] wie sonst; wie immer **II5A,** 2
commencer [kɔmɑ̃se] anfangen; beginnen **II2A,** 2
Il **commence** à pleuvoir. Es fängt an zu regnen. **II4A,** 2
Comment? [kɔmɑ̃] Wie?; Wie bitte? **II2A,** 2
C'était **comment** tes vacances ? Wie waren deine Ferien? **III0,** 1
Comment ça s'est passé? [kɔmɑ̃sasepase] Wie ist das passiert? **III2A,** 5
Comment ça va? [kɔmɑ̃sava] Wie geht's? **III2A,** 5
Il est **comment**? [ilɛkɔmɑ̃] Wie sieht er/sie/es aus? **II3A,** 4
Tu t'appelles **comment**? [tytapɛlkɔmɑ̃] Wie heißt du? **I1A,** 1
le **commerce** [ləkɔmɛʀs] der Handel **III5A,** 3
un **commissariat** [ɛ̃kɔmisaʀja] ein Polizeirevier **II3A,** 2
une **compagnie** de danse [ynkõpaɲidədɑ̃s] eine Tanzgruppe **II2A,** 2
le **compagnon**/la **compagne** [ləkõpaɲõ/lakõpaɲ] der Lebenspartner/die Lebenspartnerin **III4A,** 1

une compétition [ynkõpetisjõ] ein Wettkampf III2A, 2
complètement [kõplɛtmɑ̃] vollständig III4A, 1
composer [kõpoze] komponieren IV3AP
un compositeur/une compositrice [ɛ̃kõpozitœʀ/ynkõpozitʀis] ein Komponist/eine Komponistin ⟨IV2AP⟩
comprendre [kõpʀɑ̃dʀ] verstehen III1A, 2
Tu as mal compris. [tyamalkõpʀi] Du hast das falsch verstanden.; So war das nicht gemeint. III1A, 5
un comprimé [ynkõpʀime] eine Tablette III2A, 11
compter [kõte] zählen II5A, 2
la concentration [lakõsɑ̃tʀasjõ] die Konzentration III2A, 2
en ce qui concerne … [ɑ̃səkikõsɛʀn] was … betrifft IV4A, 1
un concert [ɛ̃kõsɛʀ] ein Konzert III3A, 4
une salle de concert [ynsaldəkõsɛʀ] eine Konzerthalle IV1AP
à condition d'être bien habillé vorausgesetzt sie sind gut gekleidet ⟨IV3AP⟩
la confiance [lakõfjɑ̃s] das Vertrauen III1AP
avoir confiance en [avwaʀkõfjɑ̃s] Vertrauen haben in III5A, 3
Tu peux me faire confiance. Du kannst mir vertrauen. III1A, 2
confirmer [kõfiʀme] bestätigen II2A, 2
la confiture [lakõfityʀ] die Marmelade III3A, 3
j'ai confondu [ʒekõfõdy] ich habe verwechselt III3A, 3
connaître [kɔnɛtʀ] kennen (lernen) II5A, 2
une conséquence [ynkõsekɑ̃s] eine Folge ⟨IV1A, 3⟩
la construction [lakõstʀyksjõ] die Konstruktion; der Bau IV3AP
construire [kõstʀɥiʀ] bauen ⟨IV2AP⟩
construit/construite par [kõstʀɥi/kõstʀɥitpaʀ] gebaut von IV4AP
consulter [kõsylte] *hier:* anschauen IV1A, 1
une demande de contact [yndəmɑ̃ddəkõtakt] eine Freundschaftsanfrage II2A, 2
content/contente [kõtɑ̃/kõtɑ̃t] zufrieden; glücklich III1A, 1
continuer [kõtinɥe] weitergehen; weitermachen; fortfahren IV2A, 7
contre [kõtʀ] gegen IV1AP
contrôler [kõtʀole] kontrollieren II4A, 2
cool *(fam.)* [kul] cool *(ugs.)* I2A, 1
un copain/une copine [ɛ̃kɔpɛ̃/ynkɔpin] ein Freund/eine Freundin I2A, 1
copier [kɔpje] kopieren; *hier:* nachahmen IV3AP
un corail/des coraux [ɛ̃kɔʀaj/dekɔʀo] eine Koralle/Korallen IV1AP
un récif de corail [ɛ̃ʀesifdəkɔʀaj] ein Korallenriff IV1AP
les parties *(f.)* du corps *(m.)* [lepaʀtidykɔʀ] die Körperteile III2A, 10
un corres/une corres *(fam.)* [ɛ̃kɔʀɛs/ynkɔʀɛs] ein Brieffreund/eine Brieffreundin *(ugs.)* I5A, 2
un correspondant/une correspondante [ɛ̃kɔʀɛspõdɑ̃/ynkɔʀɛspõdɑ̃t] ein Brieffreund/eine Brieffreundin; ein Austauschpartner/eine Austauschpartnerin III3A, 2
correspondre à *qc* [kɔʀɛspõdʀa] etw. entsprechen IV1A, 4
cosmopolite/cosmopolite [kɔsmɔpɔlit/kɔsmɔpɔlit] kosmopolitisch ⟨IV4A, 1⟩
un costume doré et brillant [ɛ̃kɔstymdɔʀeebʀijɑ̃] ein golden glänzendes Kostüm ⟨IV3AP⟩
à côté [akote] daneben; nebenan III3A, 3
à côté de [akotedə] neben III3A, 3
ne montrer que le côté négatif nur die negative Seite zeigen ⟨IV2AP⟩
une côte [ynkot] eine Küste IV1AP
le long des côtes [ləlõdekɔt] entlang der Küsten ⟨IV1AP⟩
sur la Côte d'Azur [syʀlakotdazyʀ] an der Côte d'Azur I6A, 1
le cou [ləku] der Hals *III2A, 10
un sac de couchage [ɛ̃sakdəkuʃaʒ] ein Schlafsack I6A, 1
se coucher [səkuʃe] ins Bett gehen; schlafen gehen IV3A, 2
Personne ne va se coucher. Niemand geht schlafen. ⟨IV1A, 1⟩
Coucou! [kuku] Hallo! I1A, 4
une couleur [ynkulœʀ] eine Farbe II1A, 1
un coup de téléphone [ɛ̃kudətelefɔn] ein Anruf III4A, 2
la coupe [lakup] der Pokal I3C, 1
couper le gaz [kupeləgaz] das Gas abstellen IV1A, 1
un couple [ɛ̃kupl] ein Paar; ein Ehepaar III4A, 2
une cour [ynkuʀ] ein Hof II2AP
courageux/courageuse [kuʀaʒø/kuʀaʒøz] mutig III1A, 1
une courgette [ynkuʀʒɛt] eine Zucchini *III5AP
un cours [ɛ̃kuʀ] ein Kurs; eine Unterrichtsstunde I3A, 1
au cours des siècles [okuʀdesjɛkl] im Lauf der Jahrhunderte IV4AP
suivre des cours de batterie [sɥivʀdekuʀdəbatʀi] Schlagzeugunterricht nehmen IV2AP
les courses *(f.) (pl.)* [lekuʀs] die Einkäufe II3A, 4
faire les courses *(f.) (pl.)* [fɛʀlekuʀs] einkaufen III5A, 3
court/courte [kuʀ/kuʀt] kurz IV3A, 10
un courtisan/une courtisane [ɛ̃kuʀtizɑ̃/ynkuʀtizan] ein Höfling/eine Hofdame IV3AP
un couscous [ɛ̃kuskus] ein Couscous I6A, 1
un cousin/une cousine [ɛ̃kuzɛ̃/ynkuzin] ein Cousin/eine Cousine I6A, 1
un coussin [ɛ̃kusɛ̃] ein Kissen *I4AC, 4
un couteau/des couteaux [ɛ̃kuto/dekuto] ein Messer *II5AC, 5
Ça coûte combien? [sakutkõbjɛ̃] Wie viel kostet das? III5A, 3
un couvert [ɛ̃kuvɛʀ] ein Gedeck III4A, 2
un crayon [ɛ̃kʀɛjõ] ein Stift; ein Bleistift I2AP, 3
créer [kʀee] schaffen; gründen IV2AP
une crème brûlée [ynkʀɛmbʀyle] *im Ofen gebräunte Milch-Eier-Nachspeise* III4A, 1
le créole [ləkʀeɔl] Kreolisch IV1AP
une crêpe [ynkʀɛp] ein dünner Pfannkuchen; eine Crêpe I3C, 1
une crêpe au chocolat [ynkʀɛpoʃɔkɔla] eine Schokoladencrêpe I3C, 1
une crêperie [ynkʀɛpʀi] eine Crêperie I3C, 1
Je suis crevé(e). [ʒəsɥikʀəve] Ich bin fertig.; Ich bin kaputt. II4A, 2
crier [kʀije] schreien IV3A, 4
un croisement [ɛ̃kʀwazmɑ̃] eine Kreuzung II4A, 2
un croissant [ɛ̃kʀwasɑ̃] ein Croissant III3A, 8
le cross [lə(moto)kʀɔs] Motocross III2A, 1
une cuillère à café [ynkɥijɛʀakafe] ein Kaffeelöffel *II5AC, 5
une cuillère à soupe [ynkɥijɛʀasup] ein Suppenlöffel *II5AC, 5
une cuisine [ynkɥizin] eine Küche I4B, 2
un cuisinier/une cuisinière [ɛ̃kɥizinje/ynkɥizinjɛʀ] ein Koch/eine Köchin III4A, 2
cultiver [kyltive] anbauen IV1AP
la culture [lakyltyʀ] *hier:* der Anbau IV1AP; die Kultur IV2AP
la double culture [ladublkyltyʀ] die Bikulturalität IV2AP
un cyclone [ɛ̃siklon] ein Wirbelsturm IV1AP

D

d'abord [dabɔʀ] zunächst; zuerst II3A, 1
D'accord. [dakɔʀ] Einverstanden.; O.k. I3A, 1
Je suis d'accord. [ʒəsɥidakɔʀ] Ich bin einverstanden. I4A, 1
une dame [yndam] eine Frau; eine Dame II3A, 9
un danger [ɛ̃dɑ̃ʒe] eine Gefahr IV3A, 4
Le danger est partout. [lədɑ̃ʒeepaʀtu] Überall lauert Gefahr. ⟨IV3A, 4⟩
dangereux/dangereuse [dɑ̃ʒʀø/dɑ̃ʒʀøz] gefährlich IV3A, 4
dans [dɑ̃] in; im I3B, 1
dans la rue [dɑ̃laʀy] auf der Straße II3A, 2

dans le fond [dɑ̃ləfɔ̃] im Hintergrund **II5A,** 4
la **danse** [ladɑ̃s] das Tanzen; der Tanz **I3AP**
une compagnie de **danse** [ynkɔ̃paɲidədɑ̃s] eine Tanzgruppe **II2A,** 2
danser [dɑ̃se] tanzen **I3B,** 2
un **danseur**/une **danseuse** [ɛ̃dɑ̃sœʀ/yndɑ̃søz] ein Tänzer/eine Tänzerin **IV3A,** 7
un **dé** [ɛ̃de] ein Würfel **II4A,** 7
de/d' [də, d] von **I2B,** 1
de … à [də … a] von … bis **III4A,** 8
débarrasser (la table) [debaʀase] (den Tisch) abräumen **III4A,** 2
être **debout** [ɛtʀd(ə)bu] stehen **IV3A,** 10
Je me **débrouille**. [ʒəmədebʀuij] Ich komme zurecht. **III3A,** 3
le **début** [ləderby] der Anfang **III5A,** 3
au **début** [odeby] am Anfang **III5A,** 3
décembre *(m.)* [desɑ̃bʀ] Dezember **I4AP,** 2
décharger [deʃaʀʒe] entladen **III5A,** 1
décider (de faire *qc*) [deside] entscheiden (etw. zu tun) **IV2A,** 1
une **décision** [yndesizjɔ̃] eine Entscheidung **III4A,** 7
prendre une **décision** [pʀɑ̃dʀyndesizjɔ̃] eine Entscheidung treffen **III4A,** 7
décorer [dekɔʀe] schmücken; verzieren **IV3AP**
Il fait **décorer** les portes. Er lässt die Türen verzieren. **IV3AP**
une **découverte** [yndekuvɛʀt] eine Entdeckung **II4AP**
découvrir [dekuvʀiʀ] entdecken **III2AP,** 4
décrire une photo [dekʀiʀynfoto] ein Foto beschreiben **II5A,** 4
un **défilé** [ɛ̃defile] ein Umzug; eine Parade ⟨**IV1AP**⟩
un **degré** [ɛ̃dəgʀe] ein Grad **I6AP,** 2
une **dégustation** [yndegystasjɔ̃] eine Verkostung **III5A,** 3
dehors [dəɔʀ] (nach) draußen **IV1A,** 1
déjà [deʒa] schon **I4B,** 2
déjà petit [deʒap(ə)ti] schon, als er noch klein war ⟨**IV2AP**⟩
C'est **délicieux**! [sɛdelisjø] Das ist köstlich! **III5A,** 3
demain [dəmɛ̃] morgen **I4A,** 1
A **demain**! [adəmɛ̃] Bis morgen! **III1A,** 2
une **demande** de contact [yndəmɑ̃ddəkɔ̃takt] eine Freundschaftsanfrage **II2A,** 2
demander *qc* à *qn* [dəmɑ̃de] jdn. (nach) etw. fragen **II3A,** 9
demander le chemin [dəmɑ̃deləʃəmɛ̃] nach dem Weg fragen **II4A,** 2
le **démarrage** [lədemaʀaʒ] das Starten; *hier:* der Startversuch **III2A,** 2
démarrer [demaʀe] starten *(Auto/Motorrad)* **III2A,** 1
déménager [demenaʒe] umziehen **III4A,** 1
une **démocratie** [yndemɔkʀasi] eine Demokratie **IV4AP**
une **dent** [yndɑ̃] ein Zahn ***III2A, 10**
le **départ** [lədepaʀ] der Start **III2A,** 2
un **département** d'outre-mer [ɛ̃depaʀt(ə)mɑ̃dutʀəmɛʀ] ein Überseedepartement **IV0**
Dépêchez-vous! [depeʃevu] Beeilt euch! **II4A,** 2
Ça **dépend**. [sadepɑ̃] Das kommt darauf an. ⟨**IV3A,** 2⟩
se **déplacer** [sədeplase] sich fortbewegen **IV4A,** 6
vite se **déplacer** [vitsədeplase] schnell zur Seite gehen **IV3A,** 4
depuis [dəpɥi] seit **II2A,** 11
depuis longtemps [dəpɥilɔ̃tɑ̃] seit langem **IV4A,** 1
un **député**/une **députée** [ɛ̃depyte/yndepyte] ein Abgeordneter/eine Abgeordnete **IV4AP**
dernier/**dernière** [dɛʀnje/dɛʀnjɛʀ] letzter/letzte/letztes **III3A,** 1
le week-end **dernier** [ləwikɛnddɛʀnje] letztes Wochenende **II3A,** 5
derrière [dɛʀjɛʀ] hinter **II5A,** 2
une **description** [yndɛskʀipsjɔ̃] eine Beschreibung ⟨**IV3A,** 10⟩
Vous **désirez**? [vudeziʀe] Sie wünschen? **I5C,** 1
Désolé! [dezɔle] Es tut mir leid! *(Junge)* **I3B,** 2
un **dessert** [ɛ̃desɛʀ] ein Nachtisch **III4A,** 1; *hier:* ein Kuchen **IV3A,** 4
un **dessin** [ɛ̃desɛ̃] eine Zeichnung **IV1A,** 4
à **destination** de [adɛstinasjɔ̃də] in Richtung (von) ⟨**IV1AP**⟩
un **détail** [ɛ̃detaj] eine Einzelheit; ein Detail **III4A,** 8
détester [detɛste] (überhaupt) nicht mögen; hassen **I3A,** 4
pour les **deux** [puʀledø] für beide **I5A,** 2
devant [dəvɑ̃] vor *(örtlich)* **I2B,** 2; vorn/vorne **II4A,** 2
devenir [dəv(ə)niʀ] werden **IV1A,** 1
devoir (faire) [dəvwaʀ] (tun) müssen **III2A,** 2
les **devoirs** *(m.) (pl.)* [ledəvwaʀ] die Hausaufgaben **II2A,** 2
un **dialogue** [ɛ̃djalɔg] ein Dialog ⟨**IV1A,** 5⟩
un **dictionnaire** [ɛ̃diksjɔnɛʀ] ein Wörterbuch **III1A,** 10
difficile [difisil] schwierig **I5C,** 6
difficile d'imaginer [difisildimaʒine] schwer vorstellbar ⟨**IV1A,** 1⟩
dimanche *(m.)* [dimɑ̃ʃ] Sonntag **I3C,** 4
la **dinde** [ladɛ̃d] die Pute **III5A,** 3
C'est **dingue**! *(fam.)* [sɛdɛ̃g] Das ist verrückt. *(ugs.)* **III1A,** 2
dire [diʀ] sagen **III1A,** 2
discret/**discrète** [diskʀɛ/diskʀɛt] zurückhaltend **II2A,** 2
une **discussion** [yndiskysjɔ̃] ein Gespräch **III1A,** 2
discuter [diskyte] sich unterhalten; diskutieren **III1AP**
un **distributeur** automatique [ɛ̃distʀibytœʀotɔmatik] *hier:* ein Fahrscheinautomat **IV4A,** 5
divers/**diverse** [divɛʀ/divɛʀs] verschieden **III5AP,** 3
la **diversité** [ladivɛʀsite] die Vielfalt **IV1AP**
un **document** [ɛ̃dɔkymɑ̃] ein Dokument **IV1A,** 1
un **documentaire** [ɛ̃dɔkymɑ̃tɛʀ] *hier:* ein Dokumentarfilm **IV4AP,** 6
un **documentaliste**/une **documentaliste** [ɛ̃/yndɔkymɑ̃talist] ein Schulbibliothekar/eine Schulbibliothekarin **II2A,** 1
un **doigt** [ɛ̃dwa] ein Finger ***III2A, 10**
donner *qc* à *qn* [dɔne] jdm. etw. geben **II2A,** 1
dont [dɔ̃] davon ⟨**IV1AP**⟩
doré/**dorée** [dɔʀe/dɔʀe] golden **IV3A,** 7
dormir [dɔʀmiʀ] schlafen **III3A,** 3
le **dos** [lədo] der Rücken **III2A,** 10
double [dubl] doppelt **IV2AP**
une **douche** [yndu∫] eine Dusche **III3A,** 7
les **droits** de l'homme *(m.)* [ledʀwadəlɔm] die Menschenrechte **IV4AP**
avoir le **droit** de faire *qc* [avwaʀlədʀwa] das Recht haben, etw. zu tun **III3A,** 2
avoir le **droit** de s'adresser au roi den König ansprechen dürfen ⟨**IV3AP**⟩
droit/**droite** [dʀwa/dʀwat] rechter/rechte/rechtes **III2A,** 1
à **droite** [adʀwat] (nach) rechts **I6B,** 1
drôle/**drôle** [dʀol/dʀol] lustig; witzig **IV2AP**
les **DROM** (Départements et Régions d'Outre-mer) *(m.) (pl.)* [ledʀɔm] die Überseedepartements und -regionen **IV0,** 1
durer [dyʀe] dauern ⟨**IV3AP**⟩
un **DVD**/des **DVD** [ɛ̃devede/dedevede] eine DVD/DVDs **I4A,** 1
d'ailleurs [dajœʀ] übrigens **III4A,** 2

E

l'**eau** *(f.)* [lo] das Wasser **I6B,** 1
l'**eau** gazeuse [logazøz] Sprudel; Wasser mit Kohlensäure **III3A,** 3
au fil de l'**eau** [ofildəlo] flussabwärts ⟨**IV4AP,** 2⟩
un **échange** [ɛ̃neʃɑ̃ʒ] ein Austausch **III3AP**
un **échange** scolaire [ɛ̃neʃɑ̃ʒskɔlɛʀ] ein Schüleraustausch **III3A,** 2
une **école** [ynekɔl] eine Schule **II2A,** 11

l'**économie** *(f.)* [lekɔnɔmi] die Wirtschaft **IV1AP**
écouter [ekute] zuhören **I6B,** 5
un **écran** [ɛ̃nekʀɑ̃] ein Bildschirm **II2A,** 9
écrire [ekʀiʀ] schreiben **III4A,** 10
un **écrivain**/une femme **écrivain** [ɛ̃nekʀivɛ̃/ ynfamekʀivɛ̃] ein Schriftsteller/eine Schriftstellerin ⟨**IV3AP**⟩
l'**éducation** *(f.)* [ledykasjɔ̃] die Erziehung; die Bildung **IV2AP**
un/une ministre de l'**éducation** [ɛ̃/ ynministʀdəledykasjɔ̃] ein Bildungsminister/eine Bildungsministerin ⟨**IV2AP**⟩
effacer [efase] löschen **III1A,** 2
un **effaceur** [ɛ̃nefasœʀ] ein Tintenkiller **I2AP,** 3
également [egalmɑ̃] auch; ebenfalls **IV3A,** 4
l'**égalité** *(f.)* [legalite] die Gleichheit **IV2AP,** 5
une **église** [ynegliz] eine Kirche **I5AP,** 4
Eh! [e] He! **I1A,** 1
Eh bien! [ebjɛ̃] Na gut. **I4B,** 2
l'**électricité** *(f.)* [lelɛktʀisite] der Strom **IV1A,** 1
une guitare **électrique** [yngitaʀelɛktʀik] eine elektrische Gitarre **I4C,** 1
un appareil **électronique** [ɛ̃napaʀɛjelɛktʀɔnik] ein elektronisches Gerät **IV1A,** 1
un **élève**/une **élève** [ɛ̃nelɛv/ynelɛv] ein Schüler/eine Schülerin **II2A,** 2
élever *qn* [el(ə)ve] jdn. großziehen; jdn. erziehen ⟨**IV2AP**⟩
un **e-mail** [ɛ̃nimɛl] eine E-Mail **I3A,** 8
l'**émigration** *(f.)* [lemigʀasjɔ̃] die Auswanderung **IV2A,** 1
émigrer [emigʀe] auswandern **IV2A,** 1
une **émission** [ynemisjɔ̃] eine Sendung **IV2AP**
un **emploi** du temps [ɛ̃nɑ̃plwadytɑ̃] ein Stundenplan **II2A,** 2
une offre d'**emploi** *(m.)* [ynɔfʀ(ə)dɑ̃plwa] ein Stellenangebot **III4A,** 8
un **employé**/une **employée** [ɛ̃nɑ̃plwaje/ ynɑ̃plwaje] ein Angestellter/eine Angestellte **III5A,** 1
emporter [ɑ̃pɔʀte] mitnehmen **IV1A,** 1
en Allemagne [ɑ̃nalmaɲ] in Deutschland **I5A,** 2
en bateau [ɑ̃bato] mit dem Boot; mit dem Schiff **II4A,** 10
en Bretagne [ɑ̃bʀətaɲ] in der Bretagne **I6A,** 1
en été *(m.)* [ɑ̃nete] im Sommer **II1A,** 6
en France [ɑ̃fʀɑ̃s] in Frankreich **I2AP,** 2
en hiver *(m.)* [ɑ̃nivɛʀ] im Winter **II1A,** 6
en chemin [ɑ̃ʃəmɛ̃] unterwegs **III3A,** 3
en même temps [ɑ̃mɛmtɑ̃] gleichzeitig **III4A,** 2
encore [ɑ̃kɔʀ] (immer) noch **II1A,** 2
Tu en veux **encore**? Möchtest du noch etwas (davon)? **III3A,** 9
un **endroit** [ɛ̃nɑ̃dʀwa] ein Ort **III5A,** 7
énervé/énervée [enɛʀve/enɛʀve] genervt **III4A,** 3
Tu m'**énerves**! [tymenɛʀv] Du nervst mich! **II3A,** 2
l'**enfance** *(f.)* [lɑ̃fɑ̃s] die Kindheit **IV2AP,** 3
un **enfant** [ɛ̃nɑ̃fɑ̃] ein Kind **II1A,** 2
enfin [ɑ̃fɛ̃] schließlich; endlich **II3AP**
enlever [ɑ̃l(ə)ve] ausziehen; abnehmen **III2A,** 1
énorme [enɔʀm] riesig **I4B,** 2
une **enquête** auprès de [ynɑ̃kɛtopʀɛdə] eine Umfrage unter ⟨**IV0,** 2⟩
enregistrer [ɑ̃ʀəʒistʀe] aufnehmen **IV2AP**
ensemble [ɑ̃sɑ̃bl] zusammen **II2A,** 2
dans l'**ensemble** [dɑ̃lɑ̃sɑ̃bl] im Großen und Ganzen ⟨**IV2AP**⟩
ensuite [ɑ̃sɥit] danach; dann **II3A,** 1
entendre [ɑ̃tɑ̃dʀ] hören **III5A,** 8
Je t'**entends** mal . [ʒetɑ̃tɑ̃mal] Ich höre dich schlecht. **III5A,** 8
On s'**entend** bien. [ɔ̃sɑ̃tɑ̃bjɛ̃] Wir verstehen uns gut. **III3A,** 3
entier/entière [ɑ̃tje/ɑ̃tjɛʀ] ganz ⟨**IV3AP**⟩
le monde **entier** [ləmɔ̃dɑ̃tje] die ganze Welt **III5A,** 1
un **entraînement** [ɛ̃nɑ̃tʀɛnmɑ̃] ein Training **II1A,** 10
entraîner les spectateurs à danser die Zuschauer zum Tanzen animieren ⟨**IV1AP**⟩
entre [ɑ̃tʀ] zwischen **IV1AP**
entre autres [ɑ̃tʀotʀ] unter anderen **IV4AP**
entre potes [ɑ̃tʀpɔt] unter Freunden **III1AP**
une **entrée** [ynɑ̃tʀe] *hier:* eine Vorspeise **III4A,** 1
l'**entrée** *(f.)* [lɑ̃tʀe] der Eingang **II5A,** 2
entreprendre [ɑ̃tʀəpʀɑ̃dʀ] unternehmen; *hier:* beauftragen **IV3AP**
une **entreprise** [ynɑ̃tʀəpʀiz] ein Betrieb; eine Firma; ein Unternehmen **III5A,** 3
entrer [ɑ̃tʀe] eintreten; betreten; hereinkommen **I6B,** 1
Entrez. [ɑ̃tʀe] Herein. **I6B,** 1
un **entretien** [ɛ̃nɑ̃tʀətjɛ̃] ein Gespräch; ein Vorstellungsgespräch **III4A,** 9
un **entretien** téléphonique [ɛ̃nɑ̃tʀətjɛ̃telefɔnik] ein Telefongespräch **III4A,** 9
à l'**envers** [alɑ̃vɛʀ] auf dem Kopf; umgekehrt **III5AP**
avoir **envie** de faire *qc* [avwaʀɑ̃vidəfɛʀ] Lust haben, etw. zu tun **II4AP,** 4
environ [ɑ̃viʀɔ̃] etwa; ungefähr **II4A,** 2
tout ce qui peut s'**envoler** alles, was davonfliegen kann ⟨**IV1A,** 1⟩
envoyer *qc* à *qn* [ɑ̃vwaje] jdm. etw. schicken **III1A,** 2
On vous **enverra** des nouvelles. [ɔ̃vuzɑ̃vɛʀadenuvɛl] Wir halten euch auf dem Laufenden. ⟨**IV1A,** 1⟩
l'**épaule** *(f.)* [lepol] die Schulter **III2A,** 2
une **époque** [ynepɔk] eine Epoche; ein Zeitalter **IV3AP**
à cette **époque** [asɛtepɔk] zu dieser Zeit **IV3AP**
à l'**époque** de [alepɔkdə] zu der Zeit ⟨**IV0**⟩
épouser [epuze] heiraten **IV2A,** 1
l'**EPS** *(m.)* (= éducation physique et sportive) [lepeɛs] Sportunterricht **II2A,** 2
un centre **équestre** [ɛ̃sɑ̃tʀekɛstʀ] ein Reiterhof **II5AP,** 4
l'**équilibre** *(m.)* [lekilibʀ] das Gleichgewicht **III2A,** 2
une **équipe** [ynekip] eine Mannschaft; ein Team **III3A,** 3
l'**équitation** *(f.)* [lekitasjɔ̃] Reiten **I6A,** 1
une **erreur** [ynɛʀœʀ] ein Irrtum; ein Fehler **II1A,** 2
l'**escalade** *(f.)* [lɛskalad] Klettern **II5AP**
un **escalier** [ɛ̃nɛskalje] eine Treppe ⟨**IV3A,** 3⟩
l'**espagnol** *(m.)* [lɛspaɲɔl] Spanisch ***II2A, 12**
espagnol/espagnole [ɛspaɲɔl/ɛspaɲɔl] spanisch **IV1A,** 6
essayer de faire qc [eseje] versuchen, etw. zu tun **III2A,** 1
essentiellement [ɛsɑ̃sjɛlmɑ̃] im Wesentlichen **IV4A,** 1
Est-ce que ...? [ɛskə] *Frageformel* **I6B,** 1
et [e] und **I1AP,** 4
Et avec ça? [eavɛksa] Sonst noch etwas?; Kommt noch was dazu? **I5C,** 1
Et toi? [etwa] Und du? **I1AP,** 4
un **étage** [ɛ̃netaʒ] eine Etage; ein Stockwerk **II2A,** 2
au 2e **étage** [odøzjɛmetaʒ] im 2. Stock **II2A,** 2
une **étagère** [ynetaʒɛʀ] ein Regal **I4B,** 2
sur l'**étagère** [syʀletaʒɛʀ] im Regal **I4B,** 2
l'**Etat** [leta] der Staat **IV3AP**
l'**été** *(m.)* [lete] der Sommer **I6AP**
en **été** *(m.)* [ɑ̃nete] im Sommer **II1A,** 6
étranger/étrangère [etʀɑ̃ʒe/etʀɑ̃ʒɛʀ] ausländisch **III5A,** 3
à l'**étranger** *(m.)* [aletʀɑ̃ʒe] im Ausland **III3A,** 3
être [ɛtʀ] sein **I4A,** 3
être en retard [ɛtʀɑ̃ʀətaʀ] zu spät kommen; spät dran sein **II3A,** 2
étroit/étroite [etʀwa/etʀwat] eng; schmal ⟨**IV3A,** 4⟩
les **études** *(f.) (pl.)* [lezetyd] das Studium **IV2AP**
Après des brillantes **études** ... Nach einem ausgezeichneten Studium ... ⟨**IV2AP**⟩
un **étudiant**/une **étudiante** [ɛ̃netydjɑ̃/ ynetydjɑ̃t] ein Student/eine Studentin **III4A,** 8

Euh … [ø] Äh … *(Ausdruck des Zögerns)* **I4A,** 1
un **euro** [ɛ̃nøʀo] ein Euro **I2A,** 1
douze **euros** de l'heure zwölf Euro die Stunde **III4A,** 8
européen/européenne [øʀɔpeɛ̃/øʀɔpeɛn] europäisch **IV0**
une nation **européenne** [ynnasjɔ̃øʀɔpeɛn] eine europäische Nation ⟨**IV0**⟩
avec **eux** [avɛkø] mit ihnen **III2A,** 2
évidemment [evidamɑ̃] klar **IV4A,** 1
excellent/excellente [ɛkselɑ̃/ɛkselɑ̃t] hervorragend ⟨**IV4A,** 1⟩
une **excursion** [ynɛkskyʀsjɔ̃] ein Ausflug **III3AP**
Elle s'**excuse**. [ɛlsɛkskyz] Sie entschuldigt sich. **III4A,** 2
Excuse-moi./**Excusez**-moi. [ɛkskyzmwa/ɛkskyzemwa] Entschuldigung. **III1A,** 5
un **exemple** [ɛ̃nɛgzɑ̃pl] ein Beispiel ⟨**IV0,** 3⟩
par **exemple** [paʀɛgzɑ̃pl] zum Beispiel **IV3AP**
exotique/exotique [ɛgzɔtik/ɛgzɔtik] exotisch **IV1AP**
l'**expérience** *(f.)* [lɛkspeʀjɑ̃s] die Erfahrung **III4A,** 8
un **expert**/une **experte** [ɛ̃nɛkspɛʀ/ynɛkspɛʀt] ein Experte/eine Expertin ⟨**IV1A,** 7⟩
expliquer *qc* à *qn* [ɛksplike] jdm. etw. erklären **II5A,** 2
l'**export** *(m.)* [lɛkspɔʀ] der Export **III5AP,** 3
l'**exportation** *(f.)* [lɛkspɔʀtasjɔ̃] der Export ⟨**IV1AP**⟩
Je n'ai pas fait **exprès**. Das war keine Absicht. **III1A,** 5

F

une **façade** [ynfasad] eine Fassade; eine Außenwand ⟨**IV3A,** 3⟩
Tu es **fâché** contre nous? Bist du sauer auf uns? **III1A,** 2
facile/facile [fasil/fasil] leicht **III2A,** 1
la **faim** [lafɛ̃] der Hunger **I3C,** 1
J'ai **faim**. [ʒefɛ̃] Ich habe Hunger. **I3C,** 1
faire [fɛʀ] machen **I6A,** 3
faire attention [fɛʀatɑ̃sjɔ̃] aufpassen; Acht geben **III2A,** 2
faire carrière en tant que … [fɛʀkaʀjɛʀɑ̃tɑ̃kə] Karriere als … machen **IV2AP,** 4
faire cuire [fɛʀkɥiʀ] kochen ⟨**IV3A,** 4⟩
faire faire *qc* [fɛʀfɛʀ] etw. machen lassen **IV3AP**
faire venir *qn* [fɛʀvəniʀ] jdn. kommen lassen **IV2AP**
faire la bise [fɛʀlabiz] mit Wangenkuss begrüßen/verabschieden *(ugs.)* **III3A,** 3
faire la fête [fɛʀlafɛt] feiern **III1AP**
faire le plein [fɛʀləplɛ̃] volltanken **IV1A,** 1
faire partie de [fɛʀpaʀtidə] ein Teil sein von; gehören zu **IV0**
faire sa valise [fɛʀsavaliz] seinen Koffer packen **III3A,** 1
faire une affaire/des affaires ein Schnäppchen machen; günstig einkaufen **III5A,** 5
faire une chute [fɛʀynʃyt] stürzen **III2A,** 2
Fais voir. [fɛvwaʀ] Zeig mal. **I4B,** 2
Ça **fait** … [safɛ] Das macht …; Das sind … **I2A,** 1
Il **fait** beau. [ilfɛbo] Es ist schön.; Das Wetter ist schön. **I5C,** 7
Il **fait** chaud. [ilfɛʃo] Es ist warm.; Es ist heiß. **I6AP,** 2
Il **fait** décorer les portes. Er lässt die Türen verzieren. **IV3AP**
Il **fait** froid. [ilfɛfʀwa] Es ist kalt. **I6AP,** 2
Je n'ai pas **fait** exprès. Das war keine Absicht. **III1A,** 5
J'aimerais qu'on **fasse** … [ʒɛmʀɛkɔ̃fas] Ich würde gern … machen. **IV4A,** 8
Lisa **fait** le numéro. Lisa wählt die Nummer. **I5C,** 1
Qu'est-ce qu'on **fait**? [kɛskɔ̃fɛ] Was machen wir?; Was tun wir? **I5B,** 1
Il **faut** … [ilfo] Wir müssen … **II4A,** 2
il **faut** que [ilfokə] man muss; es ist nötig, dass **IV4A,** 8
Qu'est-ce qu'il te **faut**? Was brauchst du? **III2A,** 2
une **famille** [ynfamij] eine Familie **I4B,** 1
une **famille** modeste [ynfamijmɔdɛst] eine Familie aus bescheidenen Verhältnissen ⟨**IV2AP**⟩
un/une **fan** [ɛ̃/ynfan] ein Fan **III3A,** 3
être **fan** de [ɛtʀfandə] Fan sein von **III3A,** 3
fantastique [fɑ̃tastik] fantastisch; toll **I5A,** 2
être **fasciné(e)** [ɛtʀfasine] fasziniert sein; fesseln **III2A,** 2
fasciner [fasine] begeistern; faszinieren **II5AP**
fatigué/fatiguée [fatige/fatige] müde **III1A,** 1
un **fauteuil** [ɛ̃fotœj] ein Sessel **IV3A,** 10
C'est **faux**. [sɛfo] Das ist falsch. **II2A,** 8
une **femme** [ynfam] eine Frau **IV3A,** 10
une **fenêtre** [ynfənɛtʀ] ein Fenster **III4A,** 2
Il est **fermé**./Elle est **fermée**. [ilɛ/ɛlɛfɛʀme] Er/Sie/Es ist geschlossen.; Er/Sie/Es ist zu. **IV4A,** 4
fermer [fɛʀme] schließen **II1A,** 2
une **fête** [ynfɛt] ein Fest; eine Fete; eine Party **I4AP,** 4
faire la **fête** [fɛʀlafɛt] feiern **III1AP**
fêter [fete] feiern **IV1AP,** 6
un **feu**/des **feux** [ɛ̃fø/defø] ein Feuer ⟨**IV3A,** 4⟩
février *(m.)* [fevʀije] Februar **I4AP,** 2
une **fiche** [ynfiʃ] ein Blatt; eine Karteikarte **III3A,** 2
au **fil** de l'eau [ofildəlo] flussabwärts ⟨**IV4AP,** 2⟩
une **fille** [ynfij] ein Mädchen **I3B,** 2; eine Tochter **I4AC**
un **film** [ɛ̃film] ein Film *(Kino)* **I4A,** 1
un **fils** [ɛ̃fis] ein Sohn ***I4AC, 4**
la **fin** [lafɛ̃] das Ende **III5A,** 9
à la **fin** [alafɛ̃] schließlich; am Ende **III5A,** 9
la **finale** [lafinal] das Finale **I3A,** 1
les **finances** *(f.) (pl.)* [lefinɑ̃s] die Finanzen ⟨**IV3AP**⟩
C'est **fini**. [sɛfini] Es ist aus. **III3A,** 6
finir [finiʀ] beenden; aufhören mit **III4A,** 2
une **fleur** [ynflœʀ] eine Blume **III5AP**
à **fleurs** [aflœʀ] mit Blumen ***II1A, 13**
un **fleuve** [ɛ̃flœv] ein (großer) Fluss **IV1A,** 7
flexible/flexible [flɛksibl/flɛksibl] flexibel **III4A,** 8
une **flûte** [ynflyt] eine Flöte **IV3AP,** 6
le **foie** gras [lafwagʀa] die Gänseleberpastete **III5A,** 3
une **fois** [ynfwa] ein Mal; einmal **III1A,** 4
cette **fois** [setfwa] dieses Mal **III1A,** 4
trois **fois** par semaine dreimal pro Woche **III4A,** 8
dans le **fond** [dɑ̃ləfɔ̃] im Hintergrund **II5A,** 4
fonder [fɔ̃de] gründen **IV2A,** 1
une **fontaine** [ynfɔ̃tɛn] ein Springbrunnen ⟨**IV3A,** 3⟩
le **foot** [ləfut] Fußball *(als Sportart)* **I3AP**
un **footballeur** professionnel [ɛ̃futbolœʀpʀɔfɛsjɔnɛl] ein Profifußballer ⟨**IV2AP**⟩
la **forêt** tropicale [lafɔʀɛtʀɔpikal] der Regenwald **IV1AP**
avoir la **forme** [avwaʀlafɔʀmdə] die Form haben **IV1AP**
fort/forte [fɔʀ/fɔʀt] stark ⟨**IV1A,** 4⟩
C'est **fou**! [sɛfu] Das ist verrückt!; Wahnsinn! **I5A,** 2
un **foulard** [ɛ̃fulaʀ] ein Schal; ein Halstuch **I5A,** 2
une **foule** [ynful] eine (Menschen-)Menge **IV3AP**
une **fourchette** [ynfuʀʃɛt] eine Gabel ***II5AC, 5**
frais/fraîche [fʀɛ/fʀɛʃ] frisch **III5A,** 7
une **fraise** [ynfʀɛz] eine Erdbeere ***III5AP**
une **framboise** [ynfʀɑ̃bwaz] eine Himbeere ***III5AP**
le **français** [ləfʀɑ̃sɛ] Französisch **II2A,** 11
On y parle **français**. [ɔ̃nipaʀlfʀɑ̃sɛ] Man spricht dort Französisch. **IV0**
un **Français**/une **Française** [ɛ̃fʀɑ̃sɛ/ynfʀɑ̃sɛz] ein Franzose/eine Französin **III3A,** 3
en **France** [ɑ̃fʀɑ̃s] in Frankreich **I2AP,** 2

franco-allemand/**franco**-allemande [fʀɑ̃koalmɑ̃/fʀɑ̃koalmɑ̃d] deutsch-französisch **III3A**, 3
frapper [fʀape] klopfen **I6B**, 1
freiner [fʀene] bremsen **III2A**, 1
un **frère** [ɛ̃fʀɛʀ] ein Bruder **I2B**, 2
un **frigo** *(fam.)* [ɛ̃fʀigo] ein Kühlschrank **II5A**, 2
un **frimeur**/une **frimeuse** *(fam.)* [ɛ̃fʀimœʀ/ ynfʀimøz] ein Angeber/eine Angeberin *(ugs.)* **III1A**, 2
Quel **frimeur**! *(fam.)* [kɛlfʀimœʀ] So ein Angeber! *(ugs.)* **III1A**, 5
le **froid** [ləfʀwa] die Kälte ⟨**IV3A**, 4⟩
froid/**froide** [fʀwa/fʀwad] kalt **III3A**, 8
Il fait **froid**. [ilfɛfʀwa] Es ist kalt. **I6AP**, 2
le **fromage** [ləfʀɔmaʒ] der Käse **I5C**, 1
le **front** [ləfʀɔ̃] die Stirn ***III2A, 10**
une **frontière** [ynfʀɔ̃tjɛʀ] eine Grenze **IV4AP**
au-delà des **frontières** [od(ə)ladefʀɔ̃tjɛʀ] jenseits der Grenzen **III0**
passer une **frontière** [paseynfʀɔ̃tjɛʀ] eine Grenze passieren; über eine Grenze gehen/fahren **IV4AP**
tout près de la **frontière** [tupʀɛdəlafʀɔ̃tjɛʀ] ganz nah an der Grenze **IV4AP**
les **fruits** *(m.) (pl.)* [lefʀɥi] das Obst **III5AP**
une verrine de **fruits** [ynvɛʀindəfʀɥi] ein Nachtisch im Glas mit Früchten **II5A**, 8
les **fruits** de mer *(m.) (pl.)* [lefʀɥid(ə)mɛʀ] die Meeresfrüchte **III5AP**

G

gagner [gaɲe] gewinnen **I4B**, 2; verdienen **II5A**, 2
Gagné! [gaɲe] Gewonnen! **I4B**, 2
C'est **galère**! *(fam.)* [sɛgalɛʀ] Echt ätzend! *(ugs.)* **II4A**, 2
un **garçon** [ɛ̃gaʀsɔ̃] ein Junge **I3B**, 2
Allez, les **garçons**! Los geht's, Jungs! **I3B**, 2
garder [gaʀde] behalten; aufbewahren **III1A**, 2
une **gare** [yngaʀ] ein Bahnhof **II0**, 2
Gare à l'eau! [gaʀalo] Vorsicht Wasser! ⟨**IV3A**, 4⟩
un **gâteau**/des **gâteaux** [ɛ̃gato/degato] ein Kuchen/Kuchen **I4B**, 2
gauche/**gauche** [goʃ] linker/linke/linkes **III2A**, 10
à **gauche** [agoʃ] (nach) links **I6B**, 1
à votre **gauche** [avɔtʀgoʃ] zu Ihrer Linken; links von Ihnen ⟨**IV4A**, 6⟩
une **gaufre** [yngɔfʀ] eine Waffel **II3A**, 2
le **gaz** [ləgaz] das Gas; das Erdgas **IV1A**, 1
couper le **gaz** [kupeləgaz] das Gas abstellen **IV1A**, 1
le **gel** [ləʒɛl] das Gel **IV3A**, 2
généreux/**généreuse** [ʒeneʀø/ʒeneʀøz] großzügig **IV2AP**
génial [ʒenjal] super; genial **II1A**, 2
le **genou** [ləʒ(ə)nu] das Knie **III2A**, 10
les **gens** *(m.) (pl.)* [leʒɑ̃] die Leute **II4A**, 2
gentil/**gentille** [ʒɑ̃ti/ʒɑ̃tij] nett **III3A**, 3
la **géographie** [laʒeɔgʀafi] die Geografie; die Erdkunde **IV1AP**, 1
un **geste** [ɛ̃ʒɛst] eine Handbewegung; eine Geste **III3A**, 3
le **gibier** [ləʒibje] das Wild **IV3A**, 4
une **glace** [ynglas] ein Spiegel ***I4AC, 4**
la **glace** [laglas] das Eis **III2AP**
une boule de **glace** [ynbuldəglas] eine Kugel Eis **III4A**, 1
une **gomme** [yngɔm] ein Radiergummi **I2AP**, 3
la **gorge** [lagɔʀʒ] die Kehle; der Hals ***III2A, 10**
gothique/**gothique** [gɔtik/gɔtik] gotisch **IV4AP**
goûter [gute] probieren; kosten **III4A**, 4
gouverner [guvɛʀne] regieren **IV3AP**
un **GPS** [ɛ̃ʒepeɛs] ein Navigationsgerät **II4A**, 2
grâce à [gʀasa] dank *Präp.* **IV4AP**
grand/**grande** [gʀɑ̃/gʀɑ̃d] groß **II1A**, 2
plus **grand**/**grande** que [plygʀɑ̃/gʀɑ̃dkə] größer als **IV1A**, 7
grandir [gʀɑ̃diʀ] aufwachsen **IV2AP**
la **grand-mère** [lagʀɑ̃mɛʀ] die Großmutter; die Oma **I4B**, 1
le **grand-père** [ləgʀɑ̃pɛʀ] der Großvater; der Opa **I4B**, 1
les **grands-parents** *(m.) (pl.)* [legʀɑ̃paʀɑ̃] die Großeltern **I4B**, 1
un **graphique** [ɛ̃gʀafik] eine Grafik ⟨**IV1AP**, 2⟩
le foie **gras** [lafwagʀa] die Gänseleberpastete **III5A**, 3
rien de **grave** [ʀjɛ̃dəgʀav] nichts Schlimmes **III2A**, 2
grec/**grecque** [gʀɛk/gʀɛk] griechisch **IV1A**, 6
gris/**grise** [gʀi/gʀiz] grau **II1A**, 1
un/une **grossiste** [ɛ̃/yngʀosist] ein Großhändler/eine Großhändlerin **III5AP**, 3
une **grotte** [yngʀɔt] eine Grotte ***II4AC, 3**
un **groupe** [ɛ̃gʀup] eine Gruppe **I6B**, 1
un **groupe** connu [ɛ̃gʀupkɔny] eine bekannte Gruppe **IV1AP**
guadeloupéen/**guadeloupéenne** [gwadlupeɛ̃/gwadlupeɛn] aus Guadeloupe **IV1A**, 6
Guadeloupéen/**Guadeloupéenne** [gwadlupeɛ̃/gwadlupeɛn] Bewohner/-in Guadeloupes **IV1A**, 1
une **guerre** [yngɛʀ] ein Krieg ⟨**IV3AP**⟩
un/une **guide** [ɛ̃/yngid] ein Fremdenführer/eine Fremdenführerin; ein Reiseführer/eine Reiseführerin **III4AP**
une **guitare** [yngitaʀ] eine Gitarre **I4C**, 1
une **guitare** électrique [yngitaʀelɛktʀik] eine elektrische Gitarre **I4C**, 1
un **gymnase** [ɛ̃ʒimnaz] eine Turnhalle **II2AP**

H

à condition d'être bien **habillé** vorausgesetzt sie sind gut gekleidet ⟨**IV3AP**⟩
(s')**habiller** [(s)abije] (sich) anziehen **IV3AP**
un **habitant**/une **habitante** [ɛ̃nabitɑ̃/ ynabitɑ̃t] ein Einwohner/eine Einwohnerin **IV0**; **IV3A**, 4
Les **habitants** profitent de cette proximité. Die Einwohner profitieren von dieser Nähe. ⟨**IV4A**, 1⟩
habiter [abite] wohnen **I5A**, 2
une **habitude** [ynabityd] eine Gewohnheit **IV2A**, 1
comme d'**habitude** [kɔmdabityd] wie sonst; wie immer **II5A**, 2
prendre les **habitudes** [pʀɑ̃dʀlezabityd] sich anpassen ⟨**IV2A**, 1⟩
s'**habituer** à *qn/qc* [sabitɥea] sich an jdn./etw. gewöhnen **IV3A**, 4
une **halle** [yn'al] eine Halle **III5A**, 3
halluciner [alysine] halluzinieren; spinnen **I5A**, 2
J'**hallucine**! *(fam.)* [ʒalysin] Ich glaub, ich spinne! *(ugs.)* **I5A**, 2
un **hamburger** [ɛ̃ɑ̃buʀgœʀ] ein Hamburger ***I3AC**
le **handball** [ləɑ̃dbal] Handball ***I3AC**
C'est du **harcèlement**. [sɛdyaʀsɛlmɑ̃] Das ist Mobbing. **III1A**, 2
les **haricots** *(m.) (pl.)* [leaʀiko] die Bohnen ***III5AP**
un **hasard** [ɛ̃azaʀ] ein Zufall ⟨**IV4A**, 1⟩
haut/**haute** [o/ot] hoch **IV1A**, 7
aussi **haut**/**haute** (que) [osio/ot(kə)] genauso hoch (wie) **IV1A**, 7
une **heure** [ynœʀ] eine Stunde **I6B**, 1
à l'**heure** [alœʀ] pünktlich **IV4A**, 5
une demi-**heure** [yndəmiœʀ] eine halbe Stunde **III4A**, 2
à cette **heure**-ci [asɛtœʀsi] um diese Uhrzeit ⟨**IV3A**, 4⟩
A quelle **heure**? [akɛlœʀ] Um wie viel Uhr? **I5B**, 1
à six **heures** moins le quart [asizœʀmwɛ̃l(ə)kaʀ] um Viertel vor sechs **I5B**, 1
douze euros de l'**heure** zwölf Euro die Stunde **III4A**, 8
Il est quelle **heure**? [ilɛkɛlœʀ] Wie viel Uhr ist es? **I5B**, 1
heureusement [øʀøzmɑ̃] glücklicherweise **IV4A**, 3
hier [jɛʀ] gestern **II3A**, 1
le **hip-hop** [ləipɔp] Hip-Hop **I3A**, 1

une **histoire** [ynistwaʀ] eine Geschichte **II3A,** 2
l'**histoire**-géo *(f.)* [listwaʀʒeo] Geschichte-Geografie *(Unterrichtsfach)* **II2A,** 2
historique/historique [istɔʀik/istɔʀik] historisch ⟨**IV4AP**⟩
l'**hiver** *(m.)* [livɛʀ] der Winter **II1A,** 6
en **hiver** *(m.)* [ɑ̃nivɛʀ] im Winter **II1A,** 6
un **homme** [ɛ̃nɔm] ein Mann **III5A,** 7
un **hôpital**/des **hôpitaux** [ɛ̃nɔpital/dezɔpito] ein Krankenhaus/Krankenhäuser **III2A,** 2
les **horaires** d'ouverture *(m.) (pl.)* [lezɔʀɛʀduvɛʀtyʀ] die Öffnungszeiten **III4AP,** 3
un **hôtel** [ɛ̃notɛl] ein Hotel **III4AP,** 3
l'**huile** d'olive *(f.)* [lɥildɔliv] das Olivenöl **II4AP**
un **humoriste**/une **humoriste** [ɛ̃nymɔʀist/ynymɔʀist] ein Komiker/eine Komikerin **IV2AP**
l'**humour** *(m.)* [lymuʀ] der Humor **IV2AP**
C'était **hyper** difficile. Das war super schwer. **III1A,** 2

I

ici [isi] hier **I6A,** 1
idéal/idéale [ideal/ideal] ideal ⟨**IV4AP**⟩
une **idée** [ynide] eine Idee **I3C,** 3
Aucune **idée**. [okynide] Keine Ahnung. **III1A,** 2
Bonne **idée**! [bɔnide] Gute Idee! **I3A,** 1
ignorer [iɲɔʀe] ignorieren; unbeachtet lassen **III1A,** 2
Il fait froid. [ilfɛfʀwa] Es ist kalt. **I6AP,** 2
Il fait chaud. [ilfɛʃo] Es ist warm.; Es ist heiß. **I6AP,** 2
Il pleut. [ilplø] Es regnet. **I5B,** 1
il y a [ilja] es gibt **I3A,** 1
une **île** [ynil] eine Insel **IV1AP**
difficile d'**imaginer** [difisildimaʒine] schwer vorstellbar ⟨**IV1A,** 1⟩
immense/immense [imɑ̃s] riesig ⟨**IV1AP**⟩
un **immeuble** [ɛ̃nimœbl] ein Wohnhaus **II3A,** 2
l'**immigration** *(f.)* [limigʀasjɔ̃] die Einwanderung **IV2A,** 1
immigré/immigrée [imigʀe/imigʀe] eingewandert **IV2AP**
un **immigré**/une **immigrée** [ɛ̃nimigʀe/ynimigʀe] ein Einwanderer/eine Einwanderin **IV2AP**
important/importante [ɛ̃pɔʀtɑ̃/ɛ̃pɔʀtɑ̃t] wichtig **III5A,** 3
impossible/impossible [ɛ̃pɔsibl/ɛ̃pɔsibl] unmöglich **III1A,** 2
le théâtre d'**improvisation** [ləteatʀdɛ̃pʀɔvizasjɔ̃] das Improvisationstheater **IV2AP**
improviser [ɛ̃pʀɔvize] improvisieren **IV2AP,** 5
une **infirmerie** [ynɛ̃fiʀməʀi] ein Krankenzimmer *(einer Schule)* **II2AP**
un **infirmier**/une **infirmière** [ɛ̃nɛ̃fiʀmje/ynɛ̃fiʀmjɛʀ] ein Krankenpfleger/eine Krankenschwester **III2A,** 2
les **infos** *(f.) (pl.)* (= les **informations**) [lezɛ̃fo] die Nachrichten **IV1A,** 1
inondé/inondée [inɔ̃de/inɔ̃de] überschwemmt **IV1A,** 1
être **installé(e)** [ɛtʀɛ̃stale] untergebracht sein ⟨**IV4AP**⟩
installer [ɛ̃stale] aufstellen; einrichten; *hier:* vorbereiten **II4A,** 2
Elle est venue s'**installer** en France. [ɛlɛvənysɛ̃staleɑ̃fʀɑ̃s] Sie ließ sich in Frankreich nieder. ⟨**IV2AP**⟩
Un **instant**, monsieur. Einen Moment, bitte. **II5A,** 2
une **institution** [ynɛ̃stitysjɔ̃] eine Einrichtung ⟨**IV4AP**⟩
un **instrument** (de musique) [ɛ̃nɛ̃stʀymɑ̃(dəmyzik)] ein (Musik-)Instrument **IV1AP,** 4
une **insulte** [ynɛ̃sylt] eine Beleidigung **III1A,** 2
interculturel/interculturelle [ɛ̃tɛʀkyltyʀɛl/ɛ̃tɛʀkyltyʀɛl] interkulturell ⟨**IV2A,** 7⟩
Il s'**intéresse** très jeune à … Er interessiert sich sehr früh für … ⟨**IV2AP**⟩
un site **Internet** [ɛ̃sitɛ̃tɛʀnɛt] eine Internetseite **IV4AP,** 5
sur **Internet** [syʀɛ̃tɛʀnɛt] im Internet **II2A,** 9
une **interro** *(fam.)* (= interrogation) [ynɛ̃teʀo(gasjɔ̃)] eine Klassenarbeit **II2A,** 2
une **interview** [ynɛ̃tɛʀvju] ein Interview ⟨**IV2A,** 3⟩
interviewer [ɛ̃tɛʀvjuve] interviewen **IV4A,** 1
inviter [ɛ̃vite] einladen **I6A,** 1
italien/italienne [italjɛ̃/italjɛn] italienisch **IV1A,** 6

J

jaloux/jalouse (de) [ʒalu/ʒaluz] eifersüchtig (auf) **III1A,** 1
la **jambe** [laʒɑ̃b] das Bein **III2A,** 10
le **jambon** [ləʒɑ̃bɔ̃] der Schinken **I5C,** 1
janvier *(m.)* [ʒɑ̃vje] Januar **I4AP,** 2
un **jardin** [ɛ̃ʒaʀdɛ̃] ein Garten **IV1A,** 1
jaune [ʒon] gelb **II1A,** 1
un **jean** [ɛ̃dʒin] eine Jeans **II1A,** 2
Ils **jettent** tout par la fenêtre. Sie werfen alles aus dem Fenster. ⟨**IV3A,** 4⟩
un **jeu**/des **jeux** [ɛ̃ʒø/deʒø] ein Spiel/Spiele **I4A,** 1
un **jeu** de piste [ɛ̃ʒød(ə)pist] eine Schnitzeljagd **III3AP**
un **jeu** vidéo/des **jeux** vidéo [ɛ̃ʒøvideo/deʒøvideo] ein Videospiel/Videospiele **I4A,** 1
jeudi *(m.)* [ʒødi] Donnerstag **I3C,** 4
un/une **jeune** [ɛ̃/ynʒœn] ein Jugendlicher/eine Jugendliche **III2A,** 2
jeune/jeune [ʒœn/ʒœn] jung **IV2A,** 6
Il s'intéresse très **jeune** à … Er interessiert sich sehr früh für … ⟨**IV2AP**⟩
un **job** *(fam.)* [ɛ̃dʒɔb] ein Job *(ugs.)* **III4A,** 8
jongler [ʒɔ̃gle] jonglieren **I5A,** 2
une **joue** [ynʒu] eine Wange ***III2A, 10**
jouer [ʒwe] spielen **I3B,** 2
jouer au billard [ʒweobijaʀ] Billard spielen **IV3AP**
On **joue** aux dés. [ɔ̃ʒuode] Wir machen ein Würfelspiel. **II4A,** 7
un **joueur**/une **joueuse** [ɛ̃ʒwœʀ/ynʒwøz] ein Spieler/eine Spielerin **IV2AP**
un **jour** [ɛ̃ʒuʀ] ein Tag **I3C,** 4
le plat du **jour** [ləpladyʒuʀ] das Tagesessen; das Tagesgericht **III4A,** 2
par **jour** [paʀʒuʀ] pro Tag **III2A,** 11
un **journaliste**/une **journaliste** [ɛ̃ʒuʀnalist/ynʒuʀnalist] ein Journalist/eine Journalistin **IV4AP**
une **journée** [ynʒuʀne] ein Tag *(im Verlauf)* **I5B,** 1
une **journée** portes ouvertes [ynʒuʀnepɔʀtuvɛʀt] ein Tag der offenen Tür **II5A,** 2
Joyeux anniversaire. [ʒwajøzanivɛʀsɛʀ] Alles Gute zum Geburtstag. **I4AP**
le **judo** [ləʒydo] Judo ***I3AC**
juillet *(m.)* [ʒɥijɛ] Juli **I4AP,** 2
juin *(m.)* [ʒɥɛ̃] Juni **I4AP,** 2
être **jumelé(e)** avec [ɛtʀʒymleavɛk] eine Städtepartnerschaft haben mit **III3AP,** 1
une **jupe** [ynʒyp] ein Rock **II1AP**
un **jus** [ɛ̃ʒy] ein Saft **I4B,** 2
un **jus** d'orange [ɛ̃ʒydɔʀɑ̃ʒ] ein Orangensaft **I4B,** 2
un **jus** de pomme [ɛ̃ʒyd(ə)pɔm] ein Apfelsaft **II5A,** 2
jusqu'à [ʒyska] bis **III2A,** 2

K

un **kilomètre** [ɛ̃kilɔmɛtʀ] ein Kilometer **II4A,** 2
le **kitesurf** [ləkaitsœʀf] Kitesurfen **II5AP**

L

là [la] da; dort **I2B,** 2
là-bas [laba] dort; dorthin **I4A,** 1
un **lac** [ɛ̃lak] ein See ***I4AC, 3**
lâche/**lâche** [laʃ/laʃ] feige **III1A,** 2
lâcher [laʃe] loslassen **III2A,** 2
Laisse-moi! [lɛsmwa] Lass mich (in Ruhe)! **III1A,** 2
le **lait** [lɛ] die Milch **III3A,** 8
les produits **laitiers** *(m.) (pl.)* [lepʀɔdɥiletje] die Milchprodukte **III5AP**
une **lampe** [ynlɑ̃p] eine Lampe ***I4AC, 4**
une **lampe** de poche [ynlɑ̃pdəpɔʃ] eine Taschenlampe **IV1A,** 1
une **langue** [ynlɑ̃g] eine Sprache **IV1AP,** 1
la **langue** maternelle [lalɑ̃gmatɛʀnɛl] die Muttersprache **IV4A,** 1
la **langue** principale [lalɑ̃gpʀɛ̃sipal] die Hauptsprache; die erste Sprache ⟨**IV4A,** 1⟩
Dans quelle **langue** vous sentez-vous le mieux? In welcher Sprache fühlen Sie sich am wohlsten? ⟨**IV4A,** 1⟩
la **lavande** [lalavɑ̃d] der Lavendel **II4AP**
le, **la**, **l'** [lə,la, l] der, die, das **I2B,** 1
une **leçon** [ynləsɔ̃] eine Lektion ⟨**IV1AP**⟩
un **lecteur** MP3 [ɛ̃lɛktœʀɛmpetʀwa] ein MP3-Player ***I2AC, 3**
les **légumes** *(m.) (pl.)* [legym] das Gemüse **III5AP**
le **lendemain** [ləlɑ̃dəmɛ̃] am folgenden Tag; am Tag darauf **II4A,** 2
les trois quarts (= les 3/4) [letʀwakaʀ] drei Viertel **IV1AP**
leur/**leurs** [lœʀ/lœʀ] ihr/ihre **I6B,** 1
se **lever** [səl(ə)ve] aufstehen **IV3AP**
un rouge à **lèvres** [ɛ̃ʀuʒalɛvʀ] ein Lippenstift **I4B,** 2
la **liberté** [libɛʀte] die Freiheit **IV2AP,** 5
libre/**libre** [libʀ/libʀ] frei **III4A,** 2
un **lièvre** [ɛ̃ljɛvʀ] ein Hase ***III2AP, 4**
une **ligne** [ynliɲ] eine Verkehrslinie **IV4A,** 6
lire [liʀ] lesen **III4A,** 8
un **lit** [ɛ̃li] ein Bett **I4C,** 1
un **livre** [ɛ̃livʀ] ein Buch **I2AP,** 3
un **livreur**/une **livreuse** [ɛ̃livʀœʀ/ynlivʀøz] ein Lieferant/eine Lieferantin **III5A,** 1
une **location** de vélos [ynlɔkasjɔ̃dəvelo] ein Fahrradverleih ⟨**IV4A,** 4⟩
loger [lɔʒe] unterbringen ⟨**IV2AP**⟩
une **loi** [ynlwa] ein Gesetz **IV4AP**
loin [lwɛ̃] weit **II4A,** 1
les **loisirs** *(m.) (pl.)* [lelwaziʀ] die Freizeitaktivitäten; die Freizeit **I3AP**
long/**longue** [lɔ̃/lɔ̃g] lang **III3A,** 3
le **long** des côtes [ləlɔ̃dekot] entlang der Küsten ⟨**IV1AP**⟩
moins **long**/**longue** que [mwɛ̃lɔ̃/lɔ̃gkə] kürzer als **IV1A,** 7
le plus **long** [ləplylɔ̃] der/die/das längste **IV1AP**
depuis **longtemps** [dəpɥilɔ̃tɑ̃] seit langem **IV4A,** 1
un **look** [ɛ̃luk] ein Look **II1AP**
lorsque [lɔʀskə] wenn **IV3A,** 4
un **loup** [ɛ̃lu] ein Wolf **III2AP**
la **lumière** [lalymjɛʀ] das Licht **III4AP**
un technicien **lumière**/une technicienne **lumière** [ɛ̃tɛknisjɛ̃lymjɛʀ/ yntɛknisjɛnlymjɛʀ] ein Lichttechniker/ eine Lichttechnikerin **III4AP**
lundi *(m.)* [lɛ̃di] Montag **I3C,** 4
des **lunettes** *(f.) (pl.)* [delynɛt] eine Brille ***IV3A, 10**
des **lunettes** de soleil *(f.) (pl.)* [delynɛtdəsɔlɛj] eine Sonnenbrille ***IV3A, 10**
un **luxe** [ɛ̃lyks] ein Luxus ⟨**IV3A,** 4⟩
un **lycée** [ɛ̃lise] Lycée *(weiterführende Schule nach dem Collège)* **III3A,** 2
lyonnais/**lyonnaise** [ljɔnɛ/ljɔnɛz] in Lyon **IV2A,** 1

M

madame (Mme) [madam] Frau … *(Anrede)* **I1A,** 1
mademoiselle [madmwazɛl] Fräulein *(Anrede)* **I5A,** 2
un **magasin** [ɛ̃magazɛ̃] ein Laden; ein Geschäft **III3A,** 3
un **magazine** de foot [ɛ̃magazindəfut] eine Fußballzeitschrift **I2A,** 1
C'est **magnifique**. [sɛmaɲifik] Das ist wunderschön.; Das ist sehr schön. **III3A,** 3
mai *(m.)* [mɛ] Mai **I4AP,** 2
un **maillot** de bain [ɛ̃majodəbɛ̃] ein Badeanzug; eine Badehose **I5B,** 1
la **main** [lamɛ̃] die Hand **III2A,** 10
maintenant [mɛ̃tnɑ̃] jetzt **I3B,** 2
mais [mɛ] aber **I2A,** 1
une **maison** [ynmɛzɔ̃] ein Haus **II1A,** 2
avoir **mal** (à/au) [avwaʀmal] Schmerzen haben (in/an) **III2A,** 2
Je t'entends **mal**. [ʒətɑ̃tɑ̃mal] Ich höre dich schlecht. **III5A,** 8
malade/**malade** [malad/malad] krank **III1A,** 2
maman [mamɑ̃] Mama; Mami **I3C,** 1
mamie *(fam.)* [mami] Oma *(ugs.)*; Omi *(ugs.)* **I4B,** 2
manger [mɑ̃ʒe] essen **II2A,** 2
Il aimerait en **manger**. [ilɛmʀɛɑ̃mɑ̃ʒe] Er würde gern etwas davon essen. **IV3A,** 4
la **mangrove** [lamɑ̃gʀɔv] der Mangrovenwald **IV1AP**
manquer [mɑ̃ke] verpassen; versäumen **III2A,** 2
il **manque** *qc* [ilmɑ̃k] es fehlt etw. **III5A,** 3
un **manteau**/des **manteaux** [ɛ̃mɑ̃to/ demɑ̃to] ein Mantel/Mäntel **II1AP**
(se) **maquiller** [makije] (sich) schminken **IV3AP**
un **marchand** ambulant [ɛ̃maʀʃɑ̃ɑ̃bylɑ̃] ein fliegender Händler ⟨**IV3A,** 4⟩
la **marchandise** [lamaʀʃɑ̃diz] die Ware **III5AP,** 3
un **marché** [ɛ̃maʀʃe] ein Markt **III5AP,** 1
marcher [maʀʃe] gehen; laufen **III2A,** 2
Ça a **marché**? [saamaʀʃe] Hat's geklappt? *(ugs.)* **III1A,** 2
mardi *(m.)* [maʀdi] Dienstag **I3C,** 4
Elle va bientôt se **marier**. Sie wird bald heiraten. **III5A,** 3
une **marmotte** [ynmaʀmɔt] ein Murmeltier **III2AP**
marocain/**marocaine** [maʀɔkɛ̃/maʀɔkɛn] marokkanisch **IV2AP**
une **marque** [ynmaʀk] eine Marke **III5A,** 5
marquer [maʀke] *hier:* prägen **IV3AP**
Très **marrant**! [tʀɛmaʀɑ̃] Sehr witzig! *(ironisch)* **III1A,** 2
J'en ai **marre**. *(fam.)* [ʒɑ̃nemaʀ] Ich habe die Nase voll. *(ugs.)* **I2C,** 1
marron [maʀɔ̃] braun **II1A,** 1
mars *(m.)* [maʀs] März **I4AP,** 2
martiniquais/**martiniquaise** [maʀtinikɛ/ maʀtinikɛz] aus Martinique **IV1A,** 6
un **match** de foot [ɛ̃matʃdəfut] ein Fußballspiel **I3A,** 1
les **maths** *(f.) (pl.) (fam.)* (= mathématiques) [lemat] Mathe *(ugs.)* **II2A,** 2
une **matière** [ynmatjɛʀ] ein Unterrichtsfach **II2A,** 11
Ma **matière** préférée, c'est … Mein Lieblingsfach ist … **II2A,** 11
le **matin** [ləmatɛ̃] der Morgen; morgens; am Morgen **I6A,** 1
mauritanien/**mauritanienne** [mɔʀitanjɛ̃/ mɔʀitanjɛn] mauretanisch ⟨**IV2AP**⟩
mauvais/**mauvaise** [movɛ/movɛz] schlecht **IV3A,** 4
sentir **mauvais** [sɑ̃tiʀmovɛ] stinken **IV3A,** 4
un/une **médecin** [ɛ̃/ynmedsɛ̃] ein Arzt/eine Ärztin **III2A,** 2
les **médias** *(m.) (pl.)* [lemedja] die Medien **IV2AP**
un **médicament** [ɛ̃medikamɑ̃] ein Medikament; ein Arzneimittel **III2A,** 11
le **meilleur** ami/la **meilleure** amie [ləmɛjœʀami/lamɛjœʀami] der beste Freund/die beste Freundin **III1AP**
un **mélange** (de) [ɛ̃melɑ̃ʒ(də)] eine Mischung (aus) ⟨**IV2AP**⟩
une **mélodie** [ynmelɔdi] eine Melodie **IV1AP,** 4
un **melon** [ɛ̃məlɔ̃] eine Melone **II4AP**
un **membre** [ɛ̃mɑ̃bʀ] ein Mitglied **IV4AP**

un pays **membre** [ɛ̃peimɑ̃bʀ] ein Mitgliedsland **IV4AP**
même [mɛm] sogar **III2A,** 2
même si [mɛmsi] auch wenn; selbst wenn ⟨**IV0**⟩
le **même**/la **même** … que [ləmɛm/lamɛm … kə] derselbe/dieselbe/dasselbe … wie **IV0**
une **menthe** à l'eau [ynmɑ̃talo] ein Minzsirup mit Wasser **II5A,** 2
le **menton** [ləmɑ̃tɔ̃] das Kinn ***III2A, 10**
le **menu** du jour [ləmənydyʒuʀ] das Tagesmenü **III4A,** 1
un **menu** végétarien [ɛ̃mənyveʒetaʀjɛ̃] ein vegetarisches Menü **III4A,** 7
la **mer** [lamɛʀ] das Meer **I6A,** 1
Merci. [mɛʀsi] Danke. **I1A,** 1
Un grand **merci** à tous. [ɛ̃gʀɑ̃mɛʀsiatus] Ein großes Dankeschön an alle. **II5A,** 2
mercredi *(m.)* [mɛʀkʀədi] Mittwoch; am Mittwoch **I3A,** 1
la **mère** [lamɛʀ] die Mutter **I4B,** 1
la belle-**mère** [labɛlmɛʀ] die Stiefmutter ***I4AC, 4**
un **message** [ɛ̃mɛsaʒ] eine Mitteilung; eine Nachricht **III1A,** 2
la **messe** [lamɛs] die Messe; der Gottesdienst **IV3AP**
Avant d'aller à la **messe** … [avɑ̃dalealamɛs] Bevor er zur Messe ging, … **IV3AP**
la **météo** [lameteo] der Wetterbericht; die Wettervorhersage **II4A,** 2
le bulletin **météo** [ləbyltɛ̃meteo] der Wetterbericht **IV1A,** 1
un **métier** [ɛ̃metje] ein Beruf **III4AP,** 2
un **mètre** [ɛ̃mɛtʀ] ein Meter **III2A,** 2
le **métro** [ləmetʀo] die Metro; die U-Bahn **III1A,** 1
la **métropole** [lametʀɔpɔl] *hier:* das französische Mutterland **IV1A,** 1
mettre [mɛtʀ] setzen; legen; stellen; *hier:* anziehen **II1A,** 9
mettre de l'ambiance [mɛtʀdəlɑ̃bjɑ̃s] für Stimmung sorgen ⟨**IV1AP**⟩
mettre sous plastique [mɛtʀsuplastik] in Plastik hüllen ⟨**IV1A,** 1⟩
se **mettre** du gel dans les cheveux [s(ə) mɛtʀ] sich die Haare gelen **IV3A,** 2
se **mettre** une perruque [s(ə) mɛtʀynpɛʀyk] sich eine Perücke aufsetzen **IV3A,** 1
un **meuble** [ɛ̃mœbl] ein Möbelstück ⟨**IV3A,** 3⟩
à **midi** [amidi] um zwölf Uhr mittags **I5B,** 1
le **miel** [ləmjɛl] der Honig **II4AP**
mignon/**mignonne** [miɲɔ̃/miɲɔn] niedlich; gutaussehend **II2A,** 2
au **milieu** de [omiljødə] in der Mitte (von) **II5A,** 4
Mince! [mɛ̃s] Mist! **I2A,** 1
un/une **ministre** [ɛ̃/ynministʀ] ein Minister/eine Ministerin **IV2AP**
un/une **ministre** de l'éducation [ɛ̃/ynministʀdəledykasjɔ̃] ein Bildungsminister/eine Bildungsministerin ⟨**IV2AP**⟩
réunir les **ministres** [ʀeyniʀleministʀ] die Minister versammeln ⟨**IV3AP**⟩
minuit *(m.)* [minɥi] Mitternacht **III5A,** 1
une **minute** [ynminyt] eine Minute **I2A,** 1
moche [mɔʃ] hässlich **II1A,** 2
trop **moche** [tʀomɔʃ] potthässlich **II1A,** 2
la **mode** [lamɔd] die Mode **III4A,** 10
à la **mode** [alamɔd] modisch **IV3AP**
moderne/**moderne** [mɔdɛʀn] modern **IV4AP**
moderniser [mɔdɛʀnize] modernisieren ⟨**IV4AP**⟩
une famille **modeste** [ynfamijmɔdɛst] eine Familie aus bescheidenen Verhältnissen ⟨**IV2AP**⟩
moi [mwa] ich *(betont)* **I1A,** 1
C'est **moi**. [sɛmwa] Ich bin's. **I1A,** 7
C'est **moi**-même. [sɛmwamɛm] Ich bin es selbst. **III4A,** 9
Moi aussi. [mwaosi] Ich auch. **I4A,** 1
moins [mwɛ̃] minus; weniger **I5A,** 7
moins long/longue que [mwɛ̃lɔ̃/lɔ̃gkə] kürzer als **IV1A,** 7
un **mois** [ɛ̃mwa] ein Monat **I4AP,** 2
un **moment** [ɛ̃mɔmɑ̃] ein Moment; ein Augenblick **III1A,** 2
en ce **moment** [ɑ̃səmɔmɑ̃] zurzeit **III1A,** 2
c'est le seul **moment** [sɛləsœlmɔmɑ̃] das ist der einzige Moment ⟨**IV3AP**⟩
mon/**ma**/**mes** [mɔ̃/ma/me] mein/meine **I4B,** 1
le **monde** entier [ləmɔ̃dɑ̃tje] die ganze Welt **III5A,** 1
Il y avait beaucoup de **monde**. [iljavɛbokud(ə)mɔ̃d] Es waren viele Leute da. **III5A,** 5
un **moniteur**/une **monitrice** [ɛ̃mɔnitœʀ/ynmɔnitʀis] ein Betreuer/eine Betreuerin **II5A,** 2
monsieur (M.) [məsjø] Herr … *(Anrede)* **I1A,** 1
une **montagne** [ynmɔ̃taɲ] ein Berg **II0,** 6
monter sur [mɔ̃tesyʀ] steigen auf **III2A,** 2
monter une tente [mɔ̃teyntɑ̃t] ein Zelt aufstellen **II5A,** 2
montrer *qc* à *qn* [mɔ̃tʀe] jdm. etw. zeigen **II2A,** 1
ne **montrer** que le côté négatif nur die negative Seite zeigen ⟨**IV2AP**⟩
un **monument** [ɛ̃mɔnymɑ̃] ein Monument; ein Denkmal **I5AP,** 3
Julie a le **moral** à zéro. Julie ist niedergeschlagen. **II5A,** 2
un **morceau**/des **morceaux** [ɛ̃mɔʀso/demɔʀso] ein Stück/Stücke **II5A,** 8
un **mot** [ɛ̃mo] ein Wort **III1A,** 6
à **motifs** [amɔtif] gemustert ***II1A, 13**
une **moto** [ynmoto] ein Motorrad **III2A,** 1
le **motocross** [lə(moto)kʀɔs] Motocross **III2A,** 1
une **moustache** [ynmustaʃ] ein Schnurrbart ***IV3A, 10**
la **moyenne** [lamwajɛn] der Durchschnitt **IV1AP,** 2
en **moyenne** [ɑ̃mwajɛn] durchschnittlich; im Durchschnitt **IV1AP,** 2
un lecteur **MP3** [ɛ̃lɛktœʀɛmpetʀwa] ein MP3-Player ***I2AC, 3**
multiculturel/**multiculturelle** [myltikyltyʀɛl/myltikyltyʀɛl] multikulturell **IV2AP**
un **mur** [ɛ̃myʀ] eine Mauer; eine Wand **IV3A,** 10
au **mur** [omyʀ] an der Wand **IV3A,** 10
un **musée** [ɛ̃myze] ein Museum **I5AP,** 3
un **musicien**/une **musicienne** [ɛ̃myzisjɛ̃/ynmyzisjɛn] ein Musiker/eine Musikerin **IV1AP**
la **musique** [lamyzik] die Musik **I3AP**
musulman/**musulmane** [myzylmɑ̃/myzylman] muslimisch **IV2A,** 1

N

la **naissance** [lanɛsɑ̃s] die Geburt ⟨**IV2AP,** 2⟩
naître [nɛtʀ] geboren werden **IV2AP**
la **natation** [lanatasjɔ̃] Schwimmen ***I3AC**
une **nation** européenne [ynnasjɔ̃øʀɔpeɛn] eine europäische Nation ⟨**IV0**⟩
la **nationalité** [lanasjɔnalite] die Nationalität; die Staatsangehörigkeit **IV2AP**
la **nature** [lanatyʀ] die Natur **III2AP,** 2
ne … ni … ni [nə … ni … ni] weder … noch **IV3A,** 4
ne … jamais [nə … ʒamɛ] nie; niemals **III5A,** 3
ne … pas [nə … pa] nicht **I5C,** 1
ne … pas encore [nə … pazɑ̃kɔʀ] noch nicht **III1A,** 2
ne … personne [nə … pɛʀsɔn] niemand **III4A,** 2
ne … plus [nə … ply] nicht mehr **III1A,** 2
ne … rien [nə … ʀjɛ̃] nichts **III1A,** 2
ne … plus personne [nə … plypɛʀsɔn] niemand mehr **IV3A,** 4
Tu es Julie, **n'**est-ce pas? [tyɛʒylinɛspa] Du bist Julie, oder? **II5A,** 2
il est **né**/elle est **née** [ilɛne/ɛlɛne] er/sie ist geboren **III3A,** 3
négocier [negɔsje] verhandeln **III5A,** 1
la **neige** [lanɛʒ] der Schnee **III2AP**
le scooter des **neiges** [ləskutœʀdenɛʒ] Schneescooterfahren **III2AP**
Il **neige**. [ilnɛʒ] Es schneit. **II4A,** 8
le **nez** [ləne] die Nase ***III2A, 10**

Ni vu, **ni** connu. [nivynikɔny] Keiner hat's gesehen. **II1A,** 2
noir/noire [nwaʀ/nwaʀ] schwarz **II1A,** 1
une **noix** de coco [ynnwadəkoko] eine Kokosnuss **IV1AP**
un **nom** [ɛ̃nõ] ein Name **III4A,** 2
à quel **nom** [akɛlnõ] auf welchen Namen **III4A,** 2
les **nombres** [lenõbʀ] die Zahlen **I2B,** 8
nombreux/nombreuse [nõbʀø/nõbʀøz] zahlreich **IV4AP**
non [nõ] nein **I1A,** 4
nonante [nonɑ̃t] neunzig *(in Belgien/in der Schweiz)* **II2A,** 2
le **nord-est** [lənɔʀdɛst] der Nordosten **IV4AP**
normalement [nɔʀmalmɑ̃] normalerweise **IV4A,** 3
C'est **noté**. [sɛnɔte] Ich hab's notiert. **III4A,** 2
notre/nos [nɔtʀ/no] unser/unsere **I6B,** 1
la **nourriture** [lanuʀityʀ] die Nahrung **IV1A,** 1
un **nouveau** [ɛ̃nuvo] ein Neuer **II2A,** 2
nouveau/nouvel/nouvelle [nuvo/nuvɛl/nuvɛl] neu **III3A,** 3
On vous enverra des **nouvelles**. [õvuzɑ̃vəʀadenuvɛl] Wir halten euch auf dem Laufenden. ⟨**IV1A,** 1⟩
novembre *(m.)* [nɔvɑ̃bʀ] November **I4AP,** 2
un **nuage** [ɛ̃nyaʒ] eine Wolke **IV1A,** 1
la **nuit** [lanɥi] die Nacht **III2A,** 2
Il fait encore **nuit**. [ilfɛɑ̃kɔʀnɥi] Es ist noch dunkel. ⟨**IV3A,** 4⟩
nul/nulle *(fam.)* [nyl/nyl] *hier:* schlecht *(ugs.)* **III3A,** 3
C'est **nul**. [sɛnyl] Das ist blöd. **I3A,** 1
un **numéro** [ɛ̃nymero] eine Telefonnummer; eine Nummer **I5C,** 1
changer de **numéro** [ʃɑ̃ʒedənymeʀo] die Telefonnummer ändern **III1A,** 2
Lisa fait le **numéro**. Lisa wählt die Nummer. **I5C,** 1

O

C 'est **O.K.** [sɛɔke] Das ist o.k. **I3B,** 2
un **objet** [ɛ̃nɔbʒɛ] ein Gegenstand **IV3A,** 9
observer [ɔpsɛʀve] beobachten **IV1AP**
Elle s'**occupe** d'Antoine. Sie kümmert sich um Antoine. **III2A,** 2
un **océan** [ɛ̃nɔseɑ̃] ein Ozean **IV1AP**
octobre *(m.)* [ɔktɔbʀ] Oktober **I4AP,** 2
l'**office** de tourisme *(m.)* [lɔfisdətuʀism] die Touristeninformation **III4AP,** 2
une **offre** d'emploi *(m.)* [ynɔfʀ(ə)dɑ̃plwa] ein Stellenangebot **III4A,** 8
offrir [ɔfʀiʀ] einladen zu; schenken **III4A,** 2
Oh! [ɔ] Oh! *(Ausdruck der Überraschung)* **I2A,** 1
Oh là là! [ɔlala] Oje! **I3B,** 2
un **oignon** [ɛ̃nɔɲõ] eine Zwiebel ***III5AP**
une **olive** [ynoliv] eine Olive **II4AP**
l'huile d'**olive** *(f.)* [lɥildɔliv] das Olivenöl **II4AP**
on y va [õniva] wir gehen (da)hin **I5B,** 6
On y va? [õniva] Gehen wir (hin)? **I3A,** 1
un **oncle** [ɛ̃nõkl] ein Onkel **IV3A,** 4
un **orage** [ɛ̃nɔʀaʒ] ein Gewitter **II4A,** 8
un jus d'**orange** [ɛ̃ʒydɔʀɑ̃ʒ] ein Orangensaft **I4B,** 2
orange [ɔʀɑ̃ʒ] orange **II1A,** 1
un **ordinateur** [ɛ̃nɔʀdinatœʀ] ein Computer **I4C,** 1
une **ordonnance** [ynɔʀdɔnɑ̃s] ein Rezept *(vom Arzt)* **III2A,** 11
une **oreille** [ynɔʀɛj] ein Ohr ***III2A, 10**
une boucle d'**oreille** [ynbukldɔʀeij] ein Ohrring ***IV3A, 10**
organiser [ɔʀganise] organisieren **II5A,** 7
l'**origine** *(f.)* [lɔʀiʒin] die Herkunft **IV2AP**
d'**origine** algérienne [dɔʀiʒinalʒeʀjɛn] (mit) algerischer Herkunft **IV2AP**
oser [oze] sich trauen; wagen **III3A,** 3
où [u] wo; wohin **I4A,** 1
Vous êtes **où**? [vuzɛtu] Wo seid ihr? **I4A,** 1
ou [u] oder **I2C,** 7
Ouais. *(fam.)* [wɛ] Ja. *(ugs.)* **I3B,** 2
une **oublie** [ynubli] eine Oblate ⟨**IV3A,** 4⟩
oublier [ublije] vergessen **II3A,** 2
à l'**ouest** de [alwɛstdə] westlich von ⟨**IV2AP**⟩
un **œuf**/des **œufs** [ɛ̃nœf/dezø] ein Ei/Eier **III3A,** 3
oui [wi] ja **I1A,** 1
un **ours** [ɛ̃nuʀs] ein Bär **III2AP**
une journée portes **ouvertes** [ynʒuʀnepɔʀtuvɛʀt] ein Tag der offenen Tür **II5A,** 2
Il est **ouvert** au public. [ilɛtuvɛʀopyblik] Er ist für Besucher geöffnet. ⟨**IV4AP**⟩
ouvrir [uvʀiʀ] öffnen; eröffnen **III4A,** 1

P

le **pain** [ləpɛ̃] das Brot **III3A,** 8
un **pain** au chocolat [ɛ̃pɛ̃oʃɔkola] ein Schokoladenhörnchen **I5C,** 1
le **pain** complet [ləpɛ̃kõplɛ] das Vollkornbrot ***III3A, 8**
le **pain** grillé [ləpɛ̃gʀije] das Toastbrot ***III3A, 8**
un **palais** [ɛ̃palɛ] ein Palast **III4AP,** 2
Pas de **panique**. [padəpanik] Keine Panik. **II3A,** 2
paniquer [panike] in Panik geraten **I6B,** 1
un **pantalon** [ɛ̃pɑ̃talõ] eine Hose **II1AP**
papa [papa] Papa **I2B,** 2
papi *(fam.)* [papi] Opa *(ugs.)*; Opi *(ugs.)* **I4B,** 2
les **papiers** *(m.) (pl.)* [lepapje] die Ausweispapiere; die Papiere **II3A,** 2
sans devoir montrer ses **papiers** ohne seinen Ausweis zeigen zu müssen **IV4AP**
un **papillon** [ɛ̃papijõ] ein Schmetterling **IV1AP**
Pâques *(f.) (pl.)* [pak] Ostern ⟨**IV1AP**⟩
un **paquet** [ɛ̃pakɛ] ein Paket **I4B,** 2
par [paʀ] von; durch ⟨**IV2AP,** 2⟩
par terre [paʀtɛʀ] auf den/dem Boden **IV3A,** 10
par exemple [paʀɛgzɑ̃pl] zum Beispiel **IV3AP**
par jour [paʀʒuʀ] pro Tag **III2A,** 11
le **parapente** [ləparapɑ̃t] Gleitschirmfliegen **III2AP**
un **parc** [ɛ̃paʀk] ein Park **II3AP,** 4
un **parc** d'attractions [ɛ̃paʀkdatʀaksjõ] ein Freizeitpark ***II4AC, 3**
parce que [paʀskə] weil **I6B,** 1
parcourir [paʀkuʀiʀ] zurücklegen *(Strecke)* **IV0**
un **parcours** [ɛ̃paʀkuʀ] eine Strecke; eine Runde; *hier:* ein Rundgang **III0**
Pardon. [paʀdõ] Entschuldigung. **I1A,** 1
les **parents** *(m.) (pl.)* [lepaʀɑ̃] die Eltern **I4B,** 1
parfait/parfaite [paʀfɛ/paʀfɛt] perfekt **III4A,** 2
parfois [paʀfwa] manchmal **I2C,** 1
parisien/parisienne [paʀizjɛ̃/paʀizjɛn] aus Paris **IV0**
parler [paʀle] sprechen **III1A,** 2
On y **parle** français. [õnipaʀlfʀɑ̃sɛ] Man spricht dort Französisch. **IV0**
un **partenaire**/une **partenaire** [ɛ̃paʀtənɛʀ/ynpaʀtənɛʀ] ein Partner/eine Partnerin ⟨**IV1AP,** 6⟩
participer à *qc* [paʀtisipe] an etw. teilnehmen **III3A,** 2
une **partie** [ynpaʀti] eine Partie; ein Spiel **III1A,** 8
une **partie** de pétanque [ynpaʀtidəpetɑ̃k] eine Partie Pétanque **II4AP**
une **partie** (de) [ynpaʀti(də)] ein Teil (von) **IV4A,** 1
faire **partie** de [fɛʀpaʀtidə] ein Teil sein von; gehören zu **IV0**
à **partir** de [apaʀtiʀdə] von … an **III3A,** 3
partir [paʀtiʀ] weggehen; abfahren; starten **III3A,** 1
partir pour [paʀtiʀpuʀ] fahren nach **IV0,** 3
C'est **parti**! [sɛpaʀti] Los geht's! **II4A,** 2
Il/Elle a mal **partout**. [il/ɛlamalpaʀtu] Ihm/Ihr tut alles weh. **III4A,** 2
ne … **pas** [nə … pa] nicht **I5C,** 1
Pas de panique. [padəpanik] Keine Panik. **II3A,** 2
Pas moi. [pamwa] Ich nicht. **II2A,** 2
Pas question. [pakɛstjõ] Das kommt nicht in Frage. **III1A,** 2

Pas si vite! [pasivit] Nicht so schnell! II4A, 2
à deux pas de [adøpadə] zwei Schritte entfernt von ⟨IV4A, 1⟩
passer [pase] durchgehen III4A, 2; vorbeikommen III4A, 8
passer (à la télé) [pase] laufen (im Fernsehen); ausgestrahlt werden IV4AP, 6
passer (une journée) [pase] (einen Tag) verbringen III3A, 3
passer *qc* à *qn* [pase] jdm. etw. reichen; jdm. etw. weitergeben III3A, 9
C'est passé trop vite. [sɛpasetʀovit] Es ist viel zu schnell vergangen. III3A, 3
Comment ça s'est passé? [kɔmɑ̃sasɛpase] Wie ist das passiert? III2A, 5
L'histoire se passe à ... Die Geschichte spielt in ... III5A, 9
passer de la France à l'Allemagne von Frankreich an Deutschland übergehen IV4AP
passer une frontière [paseynfʀɔ̃tjɛʀ] eine Grenze passieren; über eine Grenze gehen/fahren IV4AP
passer une radio [paseynʀadjo] sich röntgen lassen III2A, 2
Tout s'est bien passé. Alles ist gut gegangen. III2A, 2
une passion [ynpasjɔ̃] eine Leidenschaft IV2AP
une pâtisserie [ynpatisʀi] eine Konditorei IV3A, 4
un artisan pâtissier-traiteur [ɛ̃naʀtizɑ̃patisjetʀɛtœʀ] ein Konditor ⟨IV3A, 4⟩
un patron/une patronne [ɛ̃patʀɔ̃/ynpatʀɔn] ein Chef/eine Chefin; ein Arbeitgeber/eine Arbeitgeberin III5A, 2
une pause [ynpoz] eine Pause II4A, 2
pauvre/pauvre [povʀ/povʀ] arm IV2AP
un pavillon [ɛ̃pavijɔ̃] ein Pavillon; *hier:* eine Halle III5AP, 4
payer [peje] bezahlen II5A, 8
un pays [ɛ̃pei] ein Land III0, 2
un pays membre [ɛ̃peimɑ̃bʀ] ein Mitgliedsland IV4AP
un pays voisin [ɛ̃peivwazɛ̃] ein Nachbarland IV4AP
un paysage [ɛ̃peizaʒ] eine Landschaft IV1AP
une pêche [ynpɛʃ] ein Pfirsich *III5AP
pendant [pɑ̃dɑ̃] während *(Präp.)* I6A, 1
pendant ce temps [pɑ̃dɑ̃sətɑ̃] währenddessen II5A, 2
Qu'est-ce que vous en pensez? Was denkt ihr darüber?; Was ist eure Meinung dazu? III1AP, 4
la percussion [lapɛʀkysjɔ̃] das Schlagzeug IV1AP
perdre [pɛʀdʀ] verlieren III2A, 2
le père [ləpɛʀ] der Vater I4B, 1
le beau-père [ləbopɛʀ] der Stiefvater *I4AC, 4
permettre (à *qn*) de faire *qc* [pɛʀmɛtʀ] jdm. erlauben etw. zu tun; jdm. ermöglichen etw. zu tun ⟨IV4AP⟩
un perroquet [ɛ̃peʀokɛ] ein Papagei *I2AC, 3
une perruche [ynperyʃ] ein Wellensittich *I2AC, 3
une perruque [ynpɛʀyk] eine Perücke IV3A, 1
se mettre une perruque [s(ə) mɛtʀynpɛʀyk] sich eine Perücke aufsetzen IV3A, 1
un personnage principal/des personnages principaux eine Hauptfigur/Hauptfiguren III5A, 9
une personne [ynpɛʀsɔn] eine Person III4A, 9
ne ... personne [nə ... pɛʀsɔn] niemand III4A, 2
une centaine de personnes [ynsɑ̃tɛndəpɛʀsɔn] etwa hundert Personen ⟨IV3AP⟩
ne ... plus personne [nə ... plypɛʀsɔn] niemand mehr IV3A, 4
Personne ne va se coucher. Niemand geht schlafen. ⟨IV1A, 1⟩
la pétanque [lapetɑ̃k] *beliebtes Spiel in Frankreich mit Kugeln* II4AP
une partie de pétanque [ynpaʀtidəpetɑ̃k] eine Partie Pétanque II4AP
petit/petite [pəti/pətit] klein II1A, 2
déjà petit [deʒap(ə)ti] schon, als er noch klein war ⟨IV2AP⟩
le petit-déjeuner [ləpətideʒœne] das Frühstück III3A, 3
prendre le petit-déjeuner frühstücken III3A, 9
un peu [ɛ̃pø] ein wenig I6B, 1
peu à peu [pøapø] nach und nach III4A, 2
le peuple [ləpœpl] das Volk ⟨IV3A, 4⟩
la peur [lapœʀ] die Angst I6B, 1
avoir peur [avwaʀpœʀ] Angst haben I6B, 1
peut-être [pøtɛtʀ] vielleicht I5C, 1
une pharmacie [ynfaʀmasi] eine Apotheke III2A, 11
une photo [ynfɔto] ein Foto I3C, 1
prendre des photos [pʀɑ̃dʀdefɔto] Fotos machen; fotografieren II4A, 1
une phrase [ynfʀaz] ein Satz I3B, 4
une pièce (de théâtre) [ynpjɛs(dəteatʀ)] ein (Theater-)Stück IV3AP
le pied [ləpje] der Fuß III2A, 1
à pied [apje] zu Fuß II4A, 10
un piercing [ɛ̃pɛʀsiŋ] ein Piercing *IV3A, 10
une pile [ynpil] eine Batterie IV1A, 1
un/une pilote [ɛ̃/ynpilɔt] ein Pilot/eine Pilotin; *hier:* ein Rennfahrer/eine Rennfahrerin III2A, 1
le ping-pong [ləpiŋpɔ̃g] Tischtennis I6A, 3
une raquette de ping-pong [ynʀakɛtdəpiŋpɔ̃g] ein Tischtennisschläger I4A, 1
un pique-nique [ɛ̃piknik] ein Picknick I6A, 1
pique-niquer [piknike] ein Picknick machen II4A, 2
piquer *(fam.)* [pike] klauen *(ugs.)* III5A, 3
une piscine [ynpisin] ein Schwimmbad I5B, 1
la piste [lapist] die Piste; die Bahn III2A, 1
une pizza [ynpidza] eine Pizza I6B, 8
une pizzeria [ynpitseʀia] eine Pizzeria III3A, 3
une place [ynplas] ein Platz I5A, 2
à la place de [alaplasdə] anstelle von III4A, 2
placer [plase] hinstellen; platzieren III4A, 5
une plage [ynplaʒ] ein Strand I6A, 1
s'il te plaît [siltəplɛ] bitte *(zu jemandem, den man duzt)* I2A, 1
s'il vous plaît [silvuplɛ] bitte *(zu jemandem, den man siezt)* I2A, 1
Ça va lui faire plaisir. Das wird sie/ihn freuen. III4A, 2
Voilà le plaisir! [vwaləplɛziʀ] Für das Vergnügen! ⟨IV3A, 4⟩
un plan de la ville [ɛ̃plɑ̃dəlavil] ein Stadtplan III4AP, 3
une planche [ynplɑ̃ʃ] ein Brett IV1A, 1
une plantation [ynplɑ̃tasjɔ̃] eine Plantage; eine Pflanzung IV1AP
une plante [ynplɑ̃t] eine Pflanze IV1AP, 1
mettre sous plastique [mɛtʀsuplastik] in Plastik hüllen ⟨IV1A, 1⟩
un plat [ɛ̃pla] ein Gericht III4A, 3
le plat du jour [ləpladyʒuʀ] das Tagesessen; das Tagesgericht III4A, 2
un plat principal [ɛ̃plapʀɛ̃sipal] ein Hauptgericht III4A, 1
un plateau de fromage [ɛ̃platodəfʀɔmaʒ] eine Käseplatte III4A, 5
un plâtre [ɛ̃platʀ] ein Gips; ein Gipsverband III2A, 2
plein/pleine [plɛ̃/plɛn] voll III4A, 2
plein de *(fam.)* [plɛ̃də] viel/viele *(ugs.)* III3A, 3
faire le plein [fɛʀləplɛ̃] volltanken IV1A, 1
Il commence à pleuvoir. Es fängt an zu regnen. II4A, 2
Il ne pleut pas beaucoup. Es regnet wenig. IV1AP, 2
Il pleut. [ilplø] Es regnet. I5B, 1
la plongée [laplɔ̃ʒe] Tauchen I6A, 1
plonger [plɔ̃ʒe] ins Wasser springen II4A, 2
Plouf! [pluf] Plopp! I6B, 1
la pluie [laplɥi] der Regen I5C, 7
plus [plys] plus I2B, 8
plus (de) [ply(də)] mehr (als) III2A, 2
plus vite [plyvit] schneller III2A, 2
plus ... que ... [ply ... kə ...] mehr ... als ... IV2A, 1

plus tard [plytaʀ] später **II4A, 2**
plusieurs [plyzjœʀ] einige; mehrere **III5A, 5**
plutôt [plyto] eher **IV2A, 1**
une **poche** [ynpɔʃ] eine Hosentasche; eine Jackentasche **I5C, 1**
un **poème** [ɛ̃pɔɛm] ein Gedicht **III1A, 13**
un **point** de départ [ɛ̃pwɛ̃dədepaʀ] ein Ausgangspunkt **IV4AP**
une **poire** [ynpwaʀ] eine Birne ***III5AP**
à **pois** [apwa] gepunktet ***II1A, 13**
les petits **pois** *(m.) (pl.)* [lepətipwa] die Erbsen ***III5AP**
le **poisson** [ləpwasɔ̃] der Fisch **III4A, 1**
un **poivron** [ɛ̃pwavʀɔ̃] eine Paprika ***III5AP**
la **police** [lapɔlis] die Polizei **III5A, 3**
un **policier** [ɛ̃pɔlisje] ein Polizist **II3A, 4**
un **politicien**/une **politicienne** [ɛ̃pɔlitisjɛ̃/ynpɔlitisjɛn] ein Politiker/eine Politikerin **IV2AP**
la **politique** [lapɔlitik] die Politik **IV2AP**
une **pomme** [ynpɔm] ein Apfel ***III5AP**
une **pomme** de terre [ynpɔmdətɛʀ] eine Kartoffel **III4A, 1**
les **pommes** de terre au four *(f.)* [lepɔmdətɛʀofuʀ] die Ofenkartoffeln **III4A, 1**
un tour de **poney** [ɛ̃tuʀdəpɔnɛ] ein Ponyritt **II5A, 2**
un **pont** [ɛ̃pɔ̃] eine Brücke **II4A, 2**
la **pop** [lapɔp] der Pop **IV2AP**
le **popcorn** [ləpɔpkɔʀn] das Popcorn **II3A, 2**
la **population** [lapɔpylasjɔ̃] die Bevölkerung **IV2AP**
un **portable** [ɛ̃pɔʀtabl] ein Handy **I2B, 2**; ein Laptop; ein Notebook **II2A, 9**
une **porte** [ynpɔʀt] eine Tür **I6B, 1**
une journée **portes** ouvertes [ynʒuʀnepɔʀtuvɛʀt] ein Tag der offenen Tür **II5A, 2**
un **porte-clé**/des **porte-clés** [ɛ̃pɔʀtəkle/depɔʀtəkle] ein Schlüsselanhänger/Schlüsselanhänger **I5A, 2**
un **portefeuille** [ɛ̃pɔʀt(ə)fœj] eine Brieftasche **II3A, 2**
un **porte-monnaie**/des **porte-monnaies** [ɛ̃pɔʀt(ə)mɔnɛ/depɔʀt(ə)mɔnɛ] ein Geldbeutel/Geldbeutel **II3A, 5**
porter [pɔʀte] tragen **II1A, 2**
portugais/**portugaise** [pɔʀtygɛ/pɔʀtygɛz] portugiesisch **IV2AP**
poser [poze] stellen; setzen; legen **II5A, 2**
Tu **poses** des questions. [typozdekɛstjɔ̃] Du stellst Fragen. **I2C, 7**
positif/**positive** [pɔzitif/pɔzitiv] positiv ⟨**IV2AP, 1**⟩
le plus vite **possible** [ləplyvitpɔsibl] so schnell wie möglich **III4A, 8**
la **poste** [lapɔst] die Post ***I5C, 7**
un **poster** [ɛ̃pɔstɛʀ] ein Poster **III2A, 2**
un/une **pote** *(fam.)* [ɛ̃/ynpɔt] ein Freund/eine Freundin; ein Kumpel *(ugs.)* **III1AP**
entre **potes** [ɑ̃tʀpɔt] unter Freunden **III1AP**
une **poubelle** [ynpubɛl] ein Mülleimer **IV3A, 4**
un **poulet** [ɛ̃pulɛ] ein Huhn; ein Hühnchen **III4A, 2**
pour [puʀ] für **I2A, 1**; um zu **IV3AP**
pour les deux [puʀledø] für beide **I5A, 2**
pour moi [puʀmwa] für mich **II3A, 2**
un **pourboire** [ɛ̃purbwaʀ] (ein) Trinkgeld **III4A, 2**
Pourquoi? [puʀkwa] Warum? **I6B, 1**
il/elle se **poursuit** [il/ɛlsəpuʀsɥi] er/sie/es setzt sich fort ⟨**IV2AP**⟩
pousser [puse] schieben **III2A, 1**; wachsen **IV1AP**
pouvoir [puvwaʀ] können **II5A, 1**
On **peut** (faire) … [ɔ̃pøfɛʀ] Man kann … *(+ Verb)*; Wir können … *(+ Verb)* **II5A, 1**
Tu **peux** m'aider? Kannst du mir helfen? **II5A, 5**
pratiquer [pʀatike] ausüben **IV2A, 1**
la **précipitation** [lapʀesipitasjɔ̃] der Niederschlag **IV1AP, 2**
préféré/**préférée** [pʀefeʀe] Lieblings- **II2A, 11**
Ma matière **préférée**, c'est … Mein Lieblingsfach ist … **II2A, 11**
préférer [prefere] bevorzugen; lieber mögen **II1A, 2**
Je **préfère** aller à … [ʒəpʀefeʀalea] Ich gehe lieber zu/nach/in … **III2AP, 4**
le **premier**/la **première** [ləpʀəmje/lapʀəmjɛʀ] der erste/die erste/das erste **III2A, 2**
prendre [pʀɑ̃dʀ] nehmen **II4A, 4**
prendre des photos [pʀɑ̃dʀdefɔto] Fotos machen; fotografieren **II4A, 1**
prendre le petit-déjeuner frühstücken **III3A, 9**
prendre les habitudes [pʀɑ̃dʀlezabityd] sich anpassen ⟨**IV2A, 1**⟩
prendre le train [pʀɑ̃dʀlətʀɛ̃] den Zug nehmen ***II4AC, 3**
prendre une décision [pʀɑ̃dʀyndesizjɔ̃] eine Entscheidung treffen **III4A, 7**
prendre un rendez-vous einen Termin vereinbaren **III2A, 6**
préparer [pʀepaʀe] vorbereiten; zubereiten **I3C, 2**
Il faut se **préparer**. [ilfosəpʀepaʀe] Wir müssen uns vorbereiten. **IV1A, 1**
près de [pʀɛdə] nahe bei; neben **III2A, 1**
près d'ici [pʀedisi] hier in der Nähe **II4A, 2**
une **présentation** [ynpʀezɑ̃tasjɔ̃] eine Präsentation; eine Vorstellung **II2A, 2**
Il fait les **présentations**. Er stellt alle vor. **II5A, 2**
présenter [pʀezɑ̃te] vorstellen; präsentieren **I6B, 1**
le **président** de la République [ləpʀezidɑ̃d(ə)laʀepyblik] der Staatspräsident ⟨**IV2AP**⟩
presque [pʀɛsk] fast; beinahe **III3A, 3**
prêt/**prête** [pʀɛ/pʀɛt] bereit; fertig **III2AP**
une **preuve** [ynpʀœv] ein Beweis **III5A, 3**
un plat **principal** [ɛ̃plapʀɛ̃sipal] ein Hauptgericht **III4A, 1**
le prof **principal**/la prof **principale** [ləpʀɔfpʀɛ̃sipal/lapʀɔfpʀɛ̃sipal] der Klassenlehrer/die Klassenlehrerin **II2A, 11**
le **printemps** [ləpʀɛ̃tɑ̃] der Frühling **II4A, 1**
un **prix**/des **prix** [ɛ̃pʀi/depʀi] ein Preis/Preise **III5A, 1**
un **problème** [ɛ̃pʀɔblɛm] ein Problem **II1A, 2**
prochain/**prochaine** [pʀɔʃɛ̃/pʀɔʃɛn] nächster/nächste/nächstes **II4A, 10**
la semaine **prochaine** [lasəmɛnpʀɔʃɛn] nächste Woche **II2A, 2**
un **produit** [ɛ̃pʀɔdɥi] ein Produkt; ein Erzeugnis **II4AP, 2**
les **produits** laitiers *(m.) (pl.)* [lepʀɔdɥiletje] die Milchprodukte **III5AP**
un/une **prof** *(fam.)* (= professeur) [ɛ̃/ynpʀɔf(esœʀ)] ein Lehrer/eine Lehrerin **II2A, 11**
le **prof** principal/la **prof** principale [ləpʀɔfpʀɛ̃sipal/lapʀɔfpʀɛ̃sipal] der Klassenlehrer/die Klassenlehrerin **II2A, 11**
professionnel/**professionnelle** [pʀɔfɛsjɔnɛl] professionell **III4A, 7**
au **profit** de [opʀɔfidə] zugunsten **II5A, 2**
un **programme** [ɛ̃pʀɔgʀam] ein Programm **I6B, 1**
un **projet** [ɛ̃pʀɔʒɛ] ein Projekt **IV2A, 1**
se **promener** [səpʀɔmne] spazieren gehen **IV3AP**
à **propos** de [apʀɔpodə] in Bezug auf **III3A, 2**
proposer [pʀɔpoze] vorschlagen **II4A, 2**
proposer de faire *qc* [pʀɔpoze] vorschlagen, etw. zu tun **II4A, 10**
une **proposition** [ynpʀɔpozisjɔ̃] ein Vorschlag **IV3AP**
un **prospectus** [ɛ̃pʀɔspɛktys] ein Prospekt **III4AP, 4**
protéger [pʀɔteʒe] schützen **III2AP, 2**
se **protéger** [səpʀɔteʒe] sich schützen **IV3A, 4**
provençal/**provençale** [pʀɔvɑ̃sal/pʀɔvɑ̃sal] provenzalisch **III4A, 4**
les **provisions** *(f.) (pl.)* [lepʀɔvizjɔ̃] die Vorräte **IV1A, 1**
Les habitants profitent de cette **proximité**. Die Einwohner profitieren von dieser Nähe. ⟨**IV4A, 1**⟩
Il est ouvert au **public**. [ilɛtuvɛʀopyblik] Er ist für Besucher geöffnet. ⟨**IV4AP**⟩
puis [pɥi] danach; dann **II3A, 1**
la **puissance** [lapɥisɑ̃s] die Macht **IV3AP**

un **pyjama** [ɛ̃piʒama] ein Schlafanzug **III2A,** 2

Q

la **qualité** [lakalite] die Qualität **III5A,** 3
quand [kɑ̃] als *(zeitlich)* **III2A,** 2; wenn **III3A,** 3
quand même [kɑ̃mɛm] doch; wohl **II4A,** 2
quand je me réveille [kɑ̃ʒəməʀevej] als ich aufwache **IV1A,** 1
Quand? [kɑ̃] Wann? **I6B,** 3
un **quartier** [ɛ̃kaʀtje] ein Stadtviertel; ein Viertel **IV2AP**
Qu'est-ce qu'il te faut? Was brauchst du? **III2A,** 2
Qu'est-ce qu'il y a? [kɛskilja] Was ist los?; Was gibt es? **I3B,** 2
Qu'est-ce qu'on fait? [kɛskɔ̃fɛ] Was machen wir?; Was tun wir? **I5B,** 1
Qu'est-ce que c'est ? [kɛskəsɛ] Was ist das? **I2A,** 1
Qu'est-ce qui s'est passé? [kɛskisɛpase] Was ist passiert? **III2A,** 2
Que faire? [kəfɛʀ] Was tun? **III2A,** 2
Que fait …? [kəfɛ] Was macht …? **II4AP,** 2
quel/**quelle**/**quels**/**quelles** [kɛl/kɛl/kɛl/kɛl] welcher/welche/welches **III4A,** 4
A **quelle** heure? [akɛlœʀ] Um wie viel Uhr? **I5B,** 1
à **quel** nom [akɛlnɔ̃] auf welchen Namen **III4A,** 2
Il/Elle a **quel** âge? [il/ɛlakɛlaʒ] Wie alt ist er/sie? **I2B,** 2
Il est **quelle** heure? [ilɛkɛlœʀ] Wie viel Uhr ist es? **I5B,** 1
Il fait **quel** temps? [ilfɛkɛltɑ̃] Wie ist das Wetter? **I6AP,** 3
Quel bazar! *(fam.)* [kɛlbazaʀ] Was für ein Durcheinander! *(ugs.)* **I2C,** 1
Quel boulot! *(fam.)* [kɛlbulo] Was für eine Schufterei! *(ugs.)* **III4AP**
Quel cinéma! [kɛlsinema] So ein Theater! **II3A,** 2
Quel frimeur! *(fam.)* [kɛlfʀimœʀ] So ein Angeber! *(ugs.)* **III1A,** 5
Quelle chance! [kɛlʃɑ̃s] Was für ein Glück! **I5A,** 2
quelques *(pl.)* [kɛlk(ə)] einige; wenige **III5AP,** 3
quelqu'un [kɛlkɛ̃] jemand **II2A,** 1
quelque chose [kɛlkəʃoz] etwas **II2A,** 1
une **question** [ynkɛstjɔ̃] eine Frage **I6B,** 1
une seule **question** [ynsœlkɛstjɔ̃] eine einzige Frage ⟨**IV1A,** 1⟩
Pas **question**. [pakɛstjɔ̃] Das kommt nicht in Frage. **III1A,** 2
Tu poses des **questions**. [typozdekɛstjɔ̃] Du stellst Fragen. **I2C,** 7
un **questionnaire** [ɛ̃kɛstjɔnɛʀ] ein Fragebogen **IV2A,** 1
une **queue** de cheval [ynkødəʃ(ə)val] ein Pferdeschwanz ***IV3A, 10**
Qui …? [ki] Wer …? **II3A,** 3
C'est pour **qui**? [sɛpuʀki] Für wen ist das? **II1A,** 2
C'est **qui**? [sɛki] Wer ist das? **I1A,** 1
qui [ki] der/die/das *(Relativpronomen)* **III4A,** 9
quitter [kite] verlassen **IV2A,** 6
Quoi? *(fam.)* [kwa] Was? *(ugs.)* **I2B,** 2
C'est **quoi**, ça? [sɛkwasa] Was ist denn das? **II1A,** 2
quotidiennement [kɔtidjɛnmɑ̃] täglich **IV4AP**

R

raconter [ʀakɔ̃te] erzählen **II3A,** 2
la **radio** [laʀadjo] das Radio; der Rundfunk **II4AP,** 2
La **radio** est allumée. [laʀadjoɛtalyme] Das Radio ist eingeschaltet. **IV1A,** 1
passer une **radio** [paseynʀadjo] sich röntgen lassen **III2A,** 2
le **raisin** [ləʀɛzɛ̃] die Traube ***III5AP**
ramasser [ʀamase] einsammeln; aufheben **II3A,** 2
une **randonnée** [ynʀɑ̃dɔne] eine Tour **III2AP**
ranger [ʀɑ̃ʒe] aufräumen **I4B,** 2
un **rap** [ɛ̃ʀap] ein Rap **I2C,** 1
une **raquette** [ynʀakɛt] ein Schläger **I4A,** 1
une **raquette** de ping-pong [ynʀakɛtdəpiŋpɔ̃g] ein Tischtennisschläger **I4A,** 1
la **ratatouille** [laʀatatuj] Ratatouille *(südfranzösisches Gemüsegericht)* **III4A,** 1
rayé/**rayée** [ʀeje] gestreift ***II1A, 13**
Il faut **réagir**. [ilfoʀeaʒiʀ] Wir müssen reagieren. **III1A,** 2
réaliser [ʀealize] realisieren ⟨**IV3AP**⟩
une **réception** [ynʀesɛpsjɔ̃] ein Empfang ⟨**IV3AP**⟩
recevoir [ʀəsəvwaʀ] bekommen; erhalten **III1A,** 2
recharger [ʀəʃaʀʒe] aufladen **IV1A,** 1
une **recherche** [ynʀəʃɛʀʃ] eine Recherche; eine Suche ⟨**IV3AP,** 2⟩
un **récif** de corail [ɛ̃ʀesifdəkɔʀaj] ein Korallenriff **IV1AP**
une **réclamation** [ynʀeklamasjɔ̃] eine Beschwerde; eine Reklamation **III4A,** 7
une ville symbole de la **réconciliation** [ynvilsɛ̃bɔldəlaʀekɔ̃siljasɔ̃] eine Stadt als Symbol der Versöhnung ⟨**IV4AP**⟩
la **récré** *(fam.)* (= la **récréation**) [laʀekʀe(asjɔ̃)] die Pause *(in der Schule)* *(ugs.)* **III3A,** 3
la **rédaction** [laʀedaksjɔ̃] die Redaktion ⟨**IV4A,** 1⟩
un **refrain** [ɛ̃ʀəfʀɛ̃] ein Refrain **I2C,** 1
refroidir [ʀəfʀwadiʀ] abkühlen; kalt werden **III4A,** 2
regarder [ʀəgaʀde] ansehen; anschauen; betrachten **I3B,** 2
une **région** [ynʀeʒjɔ̃] eine Gegend; eine Region **II4AP,** 2
une **règle** [ynʀɛgl] ein Lineal **I2AP,** 3; eine Regel; eine Vorschrift **III5A,** 3
régler [ʀegle] regeln; klären **III4A,** 7
régulier/**régulière** [ʀegylje/ʀegyljɛʀ] regelmäßig ⟨**IV4A,** 1⟩
la **reine** [laʀɛn] die Königin **IV3AP**
une **religion** [ynʀəliʒjɔ̃] eine Religion **IV2A,** 1
remarquer [ʀəmaʀke] bemerken **III1A,** 2
remercier *qn* de/pour *qc* [ʀəmɛʀsje] jdm. für etw. danken; sich bei jdm. für etw. bedanken **IV4A,** 1
remplacer [ʀɑ̃plase] ersetzen **III4A,** 2
remplir [ʀɑ̃pliʀ] füllen; ausfüllen **III5A,** 3
remporter un grand succès großen Erfolg haben ⟨**IV2AP**⟩
Quelle est la **rémunération**? [kɛlɛlaʀemyneʀasjɔ̃] Wie ist die Bezahlung? **III4A,** 8
un **renard** [ɛ̃ʀənaʀ] ein Fuchs ***III2AP, 4**
rencontrer *qn* [ʀɑ̃kɔ̃tʀe] jdn. treffen **II3A,** 1
un **rendez-vous** [ɛ̃ʀɑ̃devu] eine Verabredung **I5B,** 1
prendre un **rendez-vous** einen Termin vereinbaren **III2A,** 6
Rendez-vous à midi et quart. Wir treffen uns um Viertel nach zwölf. **I5B,** 1
rendre visite à *qn* [ʀɑ̃dʀəvisita] jdn. besuchen **IV4A,** 1
Ils/Elles se **rendent** compte que … [il/ɛlsəʀɑ̃dkɔ̃tkə] Sie erkennen, dass …; Es wird ihnen bewusst, dass … ⟨**IV4A,** 1⟩
renforcer [ʀɑ̃fɔʀse] stärken; festigen **IV4AP**
un **renseignement** [ɛ̃ʀɑ̃sɛɲmɑ̃] eine Auskunft **III4AP,** 3
Je me **renseigne**. [ʒəməʀɑ̃sɛɲ] Ich erkundige mich. **III4AP,** 4
la **rentrée** [laʀɑ̃tʀe] der Schuljahresbeginn; der Schulbeginn **I2AP**
C'est la **rentrée**! [sɛlaʀɑ̃tʀe] Die Schule hat begonnen! **I2AP**
rentrer [ʀɑ̃tʀe] zurückkehren; nach Hause gehen **II0,** 2; hineinbringen **IV1A,** 1
Je ne suis plus **reparti** depuis! Ich bin seitdem nicht wieder weggegangen! ⟨**IV4A,** 1⟩
la **répartition** [laʀepaʀtisjɔ̃] die Verteilung ⟨**IV2AP,** 2⟩
un **repas** [ɛ̃ʀəpa] ein Essen; eine Mahlzeit **IV3AP**
répondre à *qn* [ʀepɔ̃dʀ] jdm. antworten **II3A,** 9

Il ne **répond** pas au téléphone. [ilnərepõpaotelefɔn] Er meldet sich nicht. **II3A,** 2
un **reportage** [ɛ̃ʀəpɔʀtaʒ] eine Reportage **II4AP,** 2
se **reposer** [səʀ(ə)poze] sich ausruhen **IV3A,** 4
représenter [ʀəpʀezɑ̃te] darstellen **IV1AP**
un **réseau** social/des **réseaux** sociaux [ɛ̃ʀezososjal/deʀezososjo] ein soziales Netzwerk/soziale Netzwerke **III1AP**
une **réservation** [ynʀezɛʀvasjɔ̃] eine Reservierung **III4A,** 2
une **réserve** [ynʀezɛʀv] eine Reserve **IV1A,** 1
La table est **réservée**. [latablɛʀezɛʀve] Der Tisch ist reserviert. **III4A,** 2
réserver [ʀesɛʀve] reservieren **III4A,** 2
respecter [ʀɛspɛkte] respektieren; beachten **III5A,** 3
ressembler à *qn/qc* [ʀəsɑ̃blea] jdm./etw. ähneln **IV4AP**
un **restaurant** [ɛ̃ʀɛstɔʀɑ̃] ein Restaurant **III4AP,** 2
les **restes** *(m.)* de pâte *(f.)* [leʀɛstdəpat] die Teigreste ⟨**IV3A,** 4⟩
dans le **reste** de la France [dɑ̃ləʀɛstdəlafʀɑ̃s] im übrigen Frankreich **III5AP,** 3
rester [ʀɛste] bleiben **I3B,** 2
un **résultat** [ɛ̃ʀezylta] ein Ergebnis **III2A,** 2
un **résumé** [ɛ̃ʀezyme] eine Zusammenfassung **III5A,** 9
le **retard** [ləʀətaʀ] die Verspätung **III1A,** 8
être en **retard** [ɛtʀɑ̃ʀətaʀ] zu spät kommen; spät dran sein **II3A,** 2
Le train a du **retard**? Hat der Zug Verspätung? **IV4A,** 3
Tu es en **retard**, dis donc! [tyɛɑ̃ʀətaʀdidɔ̃k] Du kommst aber spät! **II3A,** 2
le **retour** [ləʀətuʀ] die Rückkehr; die Rückfahrt **III3AP**
au **retour** de [oʀəturdə] zurück aus **II0**
retourner (à) [ʀətuʀne] umkehren; zurückkehren (zu/nach) **II4A,** 2
retrouver *qn* [ʀətʀuve] jdn. treffen **II2A,** 2
réunir les ministres [ʀeyniʀleministʀ] die Minister versammeln ⟨**IV3AP**⟩
un **rêve** [ɛ̃ʀɛv] ein Traum **IV3A,** 6
se **réveiller** [səʀeveje] aufwachen **IV3A,** 2
quand je me **réveille** [kɑ̃ʒəməʀevej] als ich aufwache **IV1A,** 1
revenir [ʀəvəniʀ] zurückkommen **III3A,** 3
J'en **reviens**. [ʒɑ̃ʀəvjɛ̃] Ich komme gerade von dort zurück. **IV4A,** 1
rêver de faire *qc* [ʀeve] davon träumen, etw. zu tun **IV2A,** 6
réviser [ʀevize] lernen; wiederholen **II2A,** 2
Au **revoir**! [ɔʀ(ə)vwaʀ] Auf Wiedersehen! **I1A,** 1
riche/riche [ʀiʃ/ʀiʃ] reich **IV3A,** 10
la **richesse** [laʀiʃɛs] der Reichtum **IV3AP**
Rien. [ʀjɛ̃] Nichts. **II2A,** 2
rien de grave [ʀjɛ̃dəgʀav] nichts Schlimmes **III2A,** 2
rien de spécial [ʀjɛ̃dəspesjal] nichts Besonderes **II3A,** 1
rigoler [ʀigole] Spaß haben; herumalbern **I6A,** 1
Tu **rigoles**. [tyʀigɔl] Du machst wohl Witze! **II1A,** 2
aimer faire **rire** *qn* [emefɛʀʀiʀ] jdn. gern zum Lachen bringen **IV2AP**
une **robe** [ynʀɔb] ein Kleid **II1AP**
un **rocher** [ɛ̃ʀɔʃe] ein Fels **I6B,** 1
un **roi** [ɛ̃ʀwa] ein König **IV3AP**
le **rôle** [ləʀol] die Rolle **III5A,** 2
le **roller** [ləʀɔlœʀ] Inlineskaten **I3AP**
les **rollers** [leʀɔlœʀ] die Inliner *(Pl.)* **I3AP**
romain/romaine [ʀɔmɛ̃/ʀɔmɛn] römisch **II4AP**
rose [ʀoz] rosa **II1A,** 1
un **rouge** à lèvres [ɛ̃ʀuʒalɛvʀ] ein Lippenstift **I4B,** 2
rouge [ʀuʒ] rot **II1A,** 1
rouler [ʀule] fahren **III2A,** 2
une **route** [ynʀut] eine Landstraße; eine Straße **II4A,** 2
une **rue** [ynʀy] eine Straße **II3A,** 2
dans la **rue** [dɑ̃laʀy] auf der Straße **II3A,** 2
le **rugby** [ləʀygbi] Rugby **I4C,** 1
le **russe** [ləʀys] Russisch ***II2A, 12**
russe/russe [ʀys/ʀys] russisch **IV1A,** 6
rwandais/rwandaise [ʀwɑ̃dɛ/ʀwɑ̃dɛz] ruandisch ⟨**IV2AP**⟩
le **rythme** [ləʀitm] der Rhythmus **IV1AP,** 4
au **rythme** des tambours [oʀitmdetɑ̃buʀ] im Rhythmus der Trommeln ⟨**IV1AP**⟩
suivre son **rythme** [sɥivʀsõʀitm] seinem Tagesrhythmus folgen ⟨**IV3AP**⟩

S

les **S.V.T.** (= sciences de la vie et de la terre) [leɛsvete] Biologie; Naturkunde ***II2A, 12**
le **sable** [ləsabl] der Sand **IV1AP**
Un cheval lui a donné un coup de **sabot**. Ein Pferd hat ihm einen Hufschlag versetzt. ⟨**IV3A,** 4⟩
un **sac** [ɛ̃sak] ein Rucksack; eine Tasche **I2AP,** 3
un **sac** de couchage [ɛ̃sakdəkuʃaʒ] ein Schlafsack **I6A,** 1
une **saison** [ynsɛzɔ̃] eine Jahreszeit; eine Saison **IV1AP,** 3
une **salade** [ynsalad] ein Salat **III4A,** 6
une **salle** [ynsal] ein Saal; ein Raum **II2AP**
une **salle** de bains [ynsaldəbɛ̃] ein Badezimmer **III3A,** 7
une **salle** de classe [ynsaldəklas] ein Klassenzimmer **II2AP**
une **salle** de concert [ynsaldəkõsɛʀ] eine Konzerthalle **IV1AP**
Les **salles** à manger n'existent pas. Es gibt keine Esszimmer. ⟨**IV3AP**⟩
un **salon** [ɛ̃salõ] ein Wohnzimmer **I4B,** 2
Salut! *(fam.)* [saly] Hallo! *(ugs.)*; Tschüs! *(ugs.)* **I1AP,** 2
samedi *(m.)* [sɛsamdi] Samstag **I3A,** 1
un **sandwich** [ɛ̃sɑ̃dwitʃ] ein Sandwich; ein belegtes Brot **I5C,** 1
un **sanglier** [ɛ̃sɑ̃glije] ein Wildschwein ***III2AP, 4**
sans [sɑ̃] ohne **III4A,** 2
sans devoir montrer ses papiers ohne seinen Ausweis zeigen zu müssen **IV4AP**
sauf [sof] außer **III4A,** 2
sauter [sote] springen **III2A,** 1
savoir [savwaʀ] wissen; können **IV4A,** 1
une **scène** [ynsɛn] eine Szene **II2AP,** 2
les **sciences** physiques *(f.)* [lesjɑ̃sfizik] Naturwissenschaften ***II2A, 12**
les **sciences** politiques *(f.)* [lesjɑ̃spɔlitik] Politikwissenschaften ⟨**IV2AP**⟩
un échange **scolaire** [ɛ̃neʃɑ̃ʒskɔlɛʀ] ein Schüleraustausch **III3A,** 2
la **scolarité** secondaire [laskɔlaʀitesəgɔ̃dɛʀ] die Sekundarstufe *(Collège und Lycée)* ⟨**IV4A,** 1⟩
un **scooter** [ɛ̃skutœʀ] ein Roller; ein Motorroller **III4A,** 8
le **scooter** des neiges [ləskutœʀdenɛʒ] Schneescooterfahren **III2AP**
une **séance** [ynseɑ̃s] eine Vorstellung **II3A,** 2
une **seconde** [ynsəgɔ̃d] eine Sekunde **II5A,** 2
Au **secours**! [oskuʀ] Hilfe!; Zu Hilfe! **I6B,** 1
un **séjour** [ɛ̃seʒuʀ] ein Aufenthalt **III3AP,** 4
le **sel** [ləsɛl] das Salz **III4A,** 7
selon *(qn/qc)* [s(ə)lɔ̃] laut; gemäß **IV4A,** 2
une **semaine** [ynsəmɛn] eine Woche **I3C,** 4
la **semaine** prochaine [lasəmɛnpʀɔʃɛn] nächste Woche **II2A,** 2
sénégalais/sénégalaise [senegalɛ/senegalɛz] senegalesisch ⟨**IV2AP**⟩
sentir bon [sɑ̃tiʀbɔ̃] gut riechen **IV3A,** 4
sentir mauvais [sɑ̃tiʀmovɛ] stinken **IV3A,** 4
septembre *(m.)* [sɛptɑ̃bʀ] September **I4AP,** 2
un **serveur**/une **serveuse** [ɛ̃sɛʀvœʀ/ynsɛʀvøz] ein Kellner/eine Kellnerin **III4AP**
une **serviette** [ynsɛʀvjɛt] eine Serviette **II5A,** 8
servir [sɛʀviʀ] servieren **III4A,** 1
seul/seule [sœl/sœl] allein **III1A,** 1
une **seule** question [ynsœlkɛstjɔ̃] eine einzige Frage ⟨**IV1A,** 1⟩
seulement [sœlmɑ̃] nur **I3B,** 2

le **shopping** [ləʃɔpiŋ] das Einkaufen; das Shoppen **I6A, 1**
Je fais du **shopping**. [ʒəfɛdyʃɔpiŋ] Ich gehe shoppen.; Ich gehe einkaufen. **I6A, 1**
Si. [si] Doch. **III1A, 2**
si [si] wenn **IV1A, 5**
s'il te plaît [siltəplɛ] bitte *(zu jemandem, den man duzt)* **I2A, 1**
s'il vous plaît [silvuplɛ] bitte *(zu jemandem, den man siezt)* **I2A, 1**
un **siècle** [ɛ̃sjɛkl] ein Jahrhundert **IV4AP**
au cours des **siècles** [okuʀdesjɛkl] im Lauf der Jahrhunderte **IV4AP**
Il y en a un ou deux par **siècle**. Es gibt einen oder zwei davon in 100 Jahren. ⟨**IV1A, 1**⟩
un **siège** [ɛ̃sjɛʒ] ein Sitz ⟨**IV4AP**⟩
un **siège** rêvé [ɛ̃sjɛʒʀeve] ein idealer Standort ⟨**IV4A, 1**⟩
signer [siɲe] unterschreiben **III2A, 2**
un **single** [ɛ̃siŋgœl] eine Single ⟨**IV2AP**⟩
sinon [sinɔ̃] sonst; andernfalls **IV4A, 1**
un **site** Internet [ɛ̃sitɛ̃tɛʀnɛt] eine Internetseite **IV4AP, 5**
une **situation** [ynsitɥasjɔ̃] eine Situation **IV2A, 8**
la **situation** géographique [lasitɥasjɔ̃ʒeɔgʀafik] die geografische Lage **IV4AP, 1**
être **situé(e)** entre … et … [ɛtʀsitɥeɑ̃tʀe] zwischen … und … liegen **IV4AP**
il/elle se **situe** [il/ɛlsəsity] er/sie/es liegt **IV1AP**
le **skate** [ləskɛt] Skateboarden **I3AP**
un **skatepark** [ɛ̃skɛtpaʀk] ein Skatepark **I5B, 1**
le **ski** [ləski] Skifahren **III2AP**
la **slackline** [laslæklain] Slacken; die Slackline **II5AP**
un **SMS** [ɛ̃ɛsɛmɛs] eine SMS **I4B, 8**
la **SNCF** [laɛsɛnseɛf] die SNCF *(frz. Eisenbahn)* **I4B, 8**
un réseau **social**/des réseaux **sociaux** [ɛ̃ʀezosɔsjal/deʀezososjo] ein soziales Netzwerk/soziale Netzwerke **III1AP**
la **soif** [laswaf] der Durst **I3C, 1**
J'ai **soif**. [ʒeswaf] Ich habe Durst. **I3C, 1**
un **soir** [ɛ̃swaʀ] ein Abend **I6A, 1**
ce **soir** [səswaʀ] heute Abend **III1A, 2**
le **soir** [ləswaʀ] abends; am Abend **I6A, 1**
une **soirée** [ynswaʀe] ein Abend *(im Verlauf)* **III1AP**
une **soirée** d'adieu [ynswaʀedadjø] ein Abschiedsabend **III3AP**
le **sol** [ləsɔl] der Boden **III2A, 1**
les vêtements en **solde** [levɛtmɑ̃ɑ̃sɔld] reduzierte Kleidung; der Kleiderschlussverkauf **II1AP, 2**
le **soleil** [ləsɔlɛj] die Sonne **II4A, 6**
Il y a du **soleil**. [ilijadysɔlɛj] Es ist sonnig. **II4A, 8**
Le **soleil** brille. [ləsɔlɛjbʀij] Die Sonne scheint. **II5A, 2**
solidaire/solidaire [sɔlidɛʀ/sɔlidɛʀ] solidarisch **IV2AP**
une **solution** [ynsɔlysjɔ̃] eine Lösung **III4A, 2**
un **sommet** [ɛ̃sɔmɛ] ein Gipfel **III2A, 7**
son/sa/ses [sɔ̃/sa/se] sein/seine; ihr/ihre **I4C, 1**
sonner [sɔne] klingeln; läuten **I5C, 1**
une **sortie** [ynsɔʀti] ein Ausflug **II4AP**
à la **sortie** du collège [alasɔʀtidykɔlɛʒ] am Ende des Unterrichts; nach der Schule **III1A, 2**
sortir [sɔʀtiʀ] herauskommen; erscheinen **IV2AP**
sortir (de) [sɔʀtiʀ] ausgehen; hinausgehen (aus); hinausfahren (aus) **III3A, 3**
soudain [sudɛ̃] plötzlich ⟨**IV1A, 1**⟩
souhaiter *qc* à *qn* [swete] jdm. etw. wünschen **IV4A, 1**
Tu me **soûles**. [tyməsul] Du gehst mir auf die Nerven.; Du nervst. **II1A, 2**
soupçonner [supsɔne] verdächtigen **III5A, 3**
une **soupe** [ynsup] eine Suppe **IV3AP**
le **souper** [ləsupe] das Abendessen ⟨**IV3AP**⟩
une **sœur** [ynsœʀ] eine Schwester **I2B, 2**
la **souris** [lasuʀi] die Maus **II2A, 9**
sous [su] unter **I4C, 1**
un **souvenir** [ɛ̃suvniʀ] ein Andenken; ein Souvenir; eine Erinnerung **I5A, 2**
souvent [suvɑ̃] oft **I6A, 1**
la **SPA** (= Société Protectrice des Animaux) [laɛspea] der Tierschutzverein **II5A, 2**
les **spaghettis** *(m.) (pl.)* [lespagɛti] die Spaghetti ***I3AC**
rien de **spécial** [ʀjɛ̃dəspesjal] nichts Besonderes **II3A, 1**
une **spécialité** [ynspesjalite] eine Spezialität **II4AP**
un **spectacle** [ɛ̃spɛktakl] eine Aufführung; eine Vorführung **II2A, 2**
spectaculaire [spɛktakylɛʀ] beeindruckend; spektakulär **II4A, 2**
entraîner les **spectateurs** à danser die Zuschauer zum Tanzen animieren ⟨**IV1AP**⟩
le **sport** [ləspɔʀ] die Sportart; (der) Sport **II3A, 1**
un **sportif**/une **sportive** [ɛ̃spɔʀtif/ynspɔʀtiv] ein Sportler/eine Sportlerin **IV1A, 6**
un **stade** [ɛ̃stad] ein Stadion; ein Sportstadion **II3AP**
un **stage** [ɛ̃staʒ] *hier:* ein Kurs **III2A, 2**
un/une **stagiaire** [ɛ̃/ynstaʒjɛʀ] ein Kursteilnehmer/eine Kursteilnehmerin **III2A, 2**
une **star** [ynstaʀ] ein Star **III1A, 2**
une **station** [ynstasjɔ̃] eine Station; eine Haltestelle **IV4A, 6**
une **station** Vél-hop [ynstasjɔ̃velɔp] eine Vél'hop-Station ⟨**IV4A, 4**⟩
une **statue** [ynstaty] eine Statue ⟨**IV3A, 3**⟩
un **steak** [ɛ̃stɛk] ein Steak **III4A, 1**
les **stocks** *(m.) (pl.)* [lestɔk] die Lagervorräte **III5A, 3**
Stop! [stɔp] Halt!; Stopp! **I2B, 2**
strasbourgeois/strasbourgeoise [stʀasbuʀʒwa/stʀasbuʀʒwaz] aus Straßburg ***IV4AP, 5**
un **Strasbourgeois**/une **Strasbourgeoise** [ɛ̃stʀasbuʀʒwa/ynstʀasbuʀʒwaz] ein Straßburger/eine Straßburgerin ⟨**IV4A, 1**⟩
de plus en plus de **Strasbourgeois** mehr und mehr Straßburger ⟨**IV4A, 1**⟩
le **stress** [ləstʀɛs] der Stress **II5A, 2**
Julie est **stressée**. [ʒyliɛstʀese] Julie ist gestresst. **II2A, 2**
stresser [stʀese] nerven **III4A, 2**
strict/stricte [stʀikt/stʀikt] streng; strikt ⟨**IV3AP**⟩
un **studio** [ɛ̃stydjo] ein Aufnahmestudio **IV4AP**
un **stylo** [ɛ̃stilo] ein Stift; ein Kuli **I2AP, 3**
un **succès** [ɛ̃syksɛ] ein Erfolg **III5A, 3**
remporter un grand **succès** großen Erfolg haben ⟨**IV2AP**⟩
le **sucre** [ləsykʀ] der Zucker **III3A, 8**
Ça **suffit!** [sasyfi] Das reicht! **I2C, 1**
suisse/suisse [sɥis/sɥis] schweizerisch **III0, 2**
suivre des cours de batterie [sɥivʀdekuʀdəbatʀi] Schlagzeugunterricht nehmen **IV2AP**
suivre son rythme [sɥivʀsɔ̃ʀitm] seinem Tagesrhythmus folgen ⟨**IV3AP**⟩
Je vous appelle au **sujet** de … Ich rufe Sie an wegen … **III4A, 9**
super *(fam.)* [sypɛʀ] super *(ugs.)*; toll *(ugs.)* **I2A, 1**
C'était **super**. [setɛsypɛʀ] Das war super. **II3A, 2**
un **supermarché** [ɛ̃sypɛʀmaʀʃe] ein Supermarkt **II3AP**
sur [syʀ] auf **I4B, 2**
sur Internet [syʀɛ̃tɛʀnɛt] im Internet **II2A, 9**
sur l'étagère [syʀletaʒɛʀ] im Regal **I4B, 2**
sur la Côte d'Azur [syʀlakotdazyʀ] an der Côte d'Azur **I6A, 1**
le **surf** [ləsœʀf] Surfen **I6A, 1**
une **surprise** [ynsyʀpʀiz] eine Überraschung **I3A, 1**
surtout [syʀtu] vor allem **IV4A, 1**
un **surveillant**/une **surveillante** [ɛ̃syʀvɛjɑ̃/ynsyʀvɛjɑ̃t] eine Aufsichtsperson **II2A, 1**
surveiller [syʀvɛje] überwachen **II5A, 2**
un **sweat-shirt** [ɛ̃swɛtʃɜʀt] ein Sweatshirt **II1A, 1**
un **symbole** [ɛ̃sɛ̃bɔl] ein Symbol **IV4A, 1**
très **sympa** *(fam.)* [tʀɛsɛ̃pa] sehr nett *(ugs.)* **I2C, 1**
sympathique/sympathique [sɛ̃patik/sɛ̃patik] sympathisch; nett **III4A, 3**
syrien/syrienne [siʀjɛ̃/siʀjɛn] syrisch ***IV2AP**

un **système** scolaire [ɛ̃sistɛ̃mskɔlɛʀ] ein Schulsystem ⟨**IV0**⟩

T

une **table** [yntabl] ein Tisch **I4C,** 1
A **table**! [atabl] Zu Tisch!; Essen kommen! **I3C,** 1
un **tableau** [ɛ̃tablo] ein Bild; ein Gemälde **IV3A,** 10
une **tablette** tactile [yntablɛttaktil] ein Tablet **II2A,** 9
des chaussures *(f.)* à **talons** *(m.)* [deʃosyʀatalɔ̃] Schuhe mit Absatz ***IV3A, 10**
un **tambour** [ɛ̃tɑ̃buʀ] eine Trommel **IV1AP**
au rythme des **tambours** [oʀitmdetɑ̃buʀ] im Rhythmus der Trommeln ⟨**IV1AP**⟩
une **tante** [yntɑ̃t] eine Tante ***I4AC, 4**
taper [tape] tippen **II2A,** 9
un **tapis** [ɛ̃tapi] ein Teppich ***I4AC, 4**
tard [taʀ] spät **I2B,** 2
plus **tard** [plytaʀ] später **II4A,** 2
une **tartine** [yntaʀtin] *eine Scheibe Brot mit Aufstrich* **III3A,** 8
une **tasse** [yntas] eine Tasse ***II5AC, 5**
un **tatouage** [ɛ̃tatwaʒ] eine Tätowierung ***IV3A, 10**
un **taxi** [ɛ̃taksi] ein Taxi **II4AP,** 2
un chauffeur de **taxi** [ɛ̃ʃofœʀdətaksi] ein Taxifahrer **II4AP,** 2
un **technicien** lumière/une **technicienne** lumière [ɛ̃tɛknisjɛ̃lymjɛʀ/yntɛknisjɛnlymjɛʀ] ein Lichttechniker/eine Lichttechnikerin **III4AP**
la **technologie** [latɛknɔlɔʒi] die Technologie; Technik ***II2A, 12**
la **télé** (= la télévision) [latele(vizjɔ̃)] das Fernsehen; der Fernseher **II1A,** 2
un **téléphone** [ɛ̃telefɔn] ein Telefon **I5C,** 5
un coup de **téléphone** [ɛ̃kudətelefɔn] ein Anruf **III4A,** 2
Il ne répond pas au **téléphone**. [ilnəʀepɔ̃paotelefɔn] Er meldet sich nicht. **II3A,** 2
téléphoner [telefɔne] telefonieren **II3A,** 1
un entretien **téléphonique** [ɛ̃nɑ̃tʀətjɛ̃telefɔnik] ein Telefongespräch **III4A,** 9
une chaîne de **télévision** [ynʃɛndətelevizjɔ̃] ein Fernsehsender **IV4AP**
la **température** [latɑ̃peʀatyʀ] die Temperatur **IV1AP,** 2
la **tempête** [latɑ̃pɛt] der Sturm; das Unwetter **II4A,** 8
le **temps** [lətɑ̃] das Wetter **I6AP,** 3; die Zeit **II2A,** 2
un emploi du **temps** [ɛ̃nɑ̃plwadytɑ̃] ein Stundenplan **II2A,** 2
en même **temps** [ɑ̃mɛmtɑ̃] gleichzeitig **III4A,** 2
Il fait quel **temps**? [ilfɛkɛltɑ̃] Wie ist das Wetter? **I6AP,** 3
Je n'ai pas le **temps**. [ʒənepalətɑ̃] Ich habe keine Zeit. **II2A,** 2
tenir *qn/qc* [təniʀ] jdn./etw. halten **IV3A,** 10
Tenez. [təne] Hier.; Nehmen Sie. **IV4A,** 4
Tiens. [tjɛ̃] Hier.; Nimm. **I5A,** 2
Tiens! [tjɛ̃] Schau mal! **II2A,** 2
j'y **tiens** [ʒitjɛ̃] ich lege großen Wert darauf ⟨**IV2AP**⟩
le **tennis** [lətenis] Tennis **II1A,** 10
une **tente** [yntɑ̃t] ein Zelt **II5A,** 2
terminer [tɛʀmine] beenden **III2A,** 2
Pour **terminer** la journée … Am Ende des Tages … **II5A,** 2
une **terrasse** [ynteʀas] eine Terrasse **III4A,** 2
la **terre** [latɛʀ] der Boden; die Erde **IV3A,** 10
par **terre** [paʀtɛʀ] auf den/dem Boden **IV3A,** 10
terrible [teʀibl] schrecklich **IV1A,** 1
un **territoire** [ɛ̃tɛʀitwaʀ] ein Gebiet ⟨**IV0**⟩
Les rues deviennent le **territoire** des voleurs. Die Straßen werden zum Revier der Diebe. ⟨**IV3A, 4**⟩
la **tête** [latɛt] der Kopf **III2A,** 6
Elle a fait une drôle de **tête**. [ɛlafɛyndʀoldətɛt] Sie hat ein komisches Gesicht gemacht. **II3A,** 2
un **texto** [ɛ̃tɛksto] eine SMS **III1A,** 2
le **TGV** [ləteʒeve] der TGV *(Hochgeschwindigkeitszug)* **I4B,** 8
un **thé** [ɛ̃te] ein Schwarztee **III3A,** 8
le **théâtre** [ləteatʀ] das Theater **III4AP,** 2
le **théâtre** d'improvisation [ləteatʀdɛ̃pʀɔvizasjɔ̃] das Improvisationstheater **IV2AP**
un **thème** [ɛ̃tɛm] ein Thema **IV2A,** 1
un **ticket** [ɛ̃tikɛ] eine Fahrkarte; eine Eintrittskarte **IV4A,** 6
timide/timide [timid/timid] schüchtern **III3A,** 3
tiraillé/tiraillée [tiʀaje/tiʀaje] zerrissen ⟨**IV2A, 1**⟩
une **tisane** [yntizan] ein Kräutertee **III3A,** 8
un **toboggan** [ɛ̃tɔbɔgɑ̃] eine Wasserrutsche **I5B,** 1
toi [twa] du *(betont)* **III1A,** 2
A **toi**! [atwa] Du bist dran! **I4B,** 2
Et **toi**? [etwa] Und du? **I1AP,** 4
les **toilettes** *(f.) (pl.)* [letwalɛt] die Toilette **II2AP**
une trousse de **toilette** [yntʀusdətwalɛt] ein Kulturbeutel **III2A,** 2
un **toit** [ɛ̃twa] ein Dach **IV1A,** 1
une **tomate** [yntɔmat] eine Tomate **III4A,** 2
une salade de **tomates** [ynsaladətɔmat] ein Tomatensalat **III4A,** 2
tomber [tɔ̃be] fallen; hinfallen **I3B,** 2
ton/ta/tes [tɔ̃/ta/te] dein/deine **I4B,** 2
une **tortue** [yntɔʀty] eine Schildkröte ***I2AC, 3**
une **tortue** marine [yntɔʀtymaʀin] eine Meeresschildkröte **IV1AP**
tôt *(adv.)* [to] früh **II4A,** 10
C'est la **totale**! [sɛlatɔtal] Das ist echt die Härte!; Ich fass es nicht! **II1A,** 2
toucher [tuʃe] berühren **III2A,** 1
toujours [tuʒuʀ] immer **I5C,** 1
une **tour** [yntuʀ] ein Turm **III3A,** 4
un **tour** [ɛ̃tuʀ] eine Tour; eine Runde; eine Reise; eine Fahrt **I6AP,** 4
un **tour** de France [ɛ̃tuʀdəfʀɑ̃s] eine Frankreichreise **I6AP,** 4
un **tour** de poney [ɛ̃tuʀdəpɔnɛ] ein Ponyritt **II5A,** 2
le **tourisme** [ləturismə] der Tourismus **IV1AP**
un **touriste**/une **touriste** [ɛ̃tuʀist/yntuʀist] ein Tourist/eine Touristin **I5A,** 2
une visite **touristique** [ynvizittuʀistik] eine Stadtbesichtigung; eine Stadtrundfahrt **I5AP,** 1
tourner [tuʀne] abbiegen; (sich) drehen **I6B,** 1
un **tournoi** [ɛ̃tuʀnwa] ein Turnier **III3AP**
tous [tus] alle **I3B,** 2
tous ses copains [tusekɔpɛ̃] alle seine Freunde **II5A,** 2
tout à coup [tutaku] plötzlich **I6B,** 1
tout de suite [tutsɥit] sofort **II2A,** 6
tout droit [tudʀwa] geradeaus **I6B,** 1
tout près de la frontière [tupʀɛdəlafʀɔ̃tjɛʀ] ganz nah an der Grenze **IV4AP**
tout le, **toute** la, **tous** les, **toutes** les [tulə/tutla/tule/tutle] (der/die/das) ganz(e) …; alle **III5A,** 1
tout le monde [tulmɔ̃d] jeder; alle (Leute) **I3C,** 1
tout [tu] alles **III1A,** 4
tout ce qui peut s'envoler alles, was davonfliegen kann ⟨**IV1A, 1**⟩
Tout ira bien. [tutiʀabjɛ̃] Alles wird gut gehen. ⟨**IV1A, 1**⟩
Tout s'est bien passé. Alles ist gut gegangen. **III2A,** 2
Tout va bien. [tuvabjɛ̃] Alles läuft gut.; Alles in Ordnung. **I6B,** 1
un **traducteur**/une **traductrice** [ɛ̃tʀadyktœʀ/yntʀadyktʀis] ein Übersetzer/eine Übersetzerin **IV4AP**
une **traduction** [yntʀadyksjɔ̃] eine Übersetzung **IV4A,** 1
traduire [tʀadɥiʀ] übersetzen **IV4A,** 1
un **train** [ɛ̃tʀɛ̃] ein Zug **III3A,** 3
Le **train** a du retard ? Hat der Zug Verspätung? **IV4A,** 3
traîner *(fam.)* [tʀene] herumhängen *(ugs.)*; chillen *(ugs.)* **II3A,** 1

J'ai **traîné**, quoi. [ʒɛtʀɛnekwa] Ich habe halt gechillt. **II3A,** 1

le **tram(way)** [lətʀam(wei)] die Straßenbahn; die Tram **IV4A,** 6

tranquillement [tʀɑ̃kilmɑ̃] ruhig **IV4A,** 3

le **transport** [lətʀɑ̃spɔʀ] der Transport **III5A,** 5

transporter [tʀɑ̃spɔʀte] transportieren **III5A,** 1

le **travail** [lətʀavaj] die Arbeit **II5A,** 2

un **travailleur**/une **travailleuse** [ɛ̃tʀavajœʀ/yntʀavajøz] ein Arbeiter/eine Arbeiterin **IV2AP,** 1

traverser [tʀavɛʀse] durchqueren **IV3AP**; überqueren **IV4AP**

très [tʀɛ] sehr **I2C,** 1

triste [tʀist] traurig **I6B,** 1

trop [tʀo] zu viel; zu sehr **II1A,** 2

trop moche [tʀomɔʃ] potthässlich **II1A,** 2

Trop la classe! [tʀolaklas] Klasse! **II1A,** 2

un **trou** [ɛ̃tʀu] ein Loch **II1A,** 2

une **troupe** (de théâtre) [yntʀup(dəteatʀ)] eine (Theater-)Truppe **IV3AP**

une **trousse** [yntʀus] ein Mäppchen **I2AP,** 3

une **trousse** de toilette [yntʀusdətwalɛt] ein Kulturbeutel **III2A,** 2

trouver [tʀuve] finden **I5C,** 1

il/elle se trouve [il/ɛlsətʀuv] er/sie/es befindet sich **IV1AP**

trouver que [tʀuvekə] finden, dass **III1A,** 2

un **truc** [ɛ̃tʀyk] ein Ding **II4A,** 2

Ce n'est pas mon **truc**. [sənɛpamɔ̃tʀyk] Das ist nicht mein Ding. **II4A,** 2

un **t-shirt** [ɛ̃tiʃœʀt] ein T-Shirt **I3B,** 1

tunisien/**tunisienne** [tynizjɛ̃/tynizjɛn] tunesisch **IV2AP,** 2

turc/**turque** [tyʀk/tyʀk] türkisch **IV1A,** 6

un **tutu** [ɛ̃tyty] ein Tutu; ein Ballettröckchen **III1A,** 2

typiquement *(adv.)* [tipikmɑ̃] typisch *(Adv.)* **III3A,** 3

U

un, **une** [ɛ̃; yn] ein/eine **I2AP,** 3

uni/**unie** [yni] einfarbig ***II1A, 13**

un **uniforme** [ɛ̃nynifɔʀm] eine Uniform ⟨**IV0**⟩

urbain/**urbaine** [yʀbɛ̃/yʀbɛn] städtisch ⟨**IV2AP**⟩

utiliser [ytilize] verwenden; benutzen **IV2AP**

V

les **vacances** *(f.) (pl.)* [levakɑ̃s] die Ferien; der Urlaub **I6A,** 1

C'était comment tes **vacances**? Wie waren deine Ferien? **III0,** 1

être **valable** [ɛtʀvalabl] gelten **IV4AP**

un **valet** [ɛ̃valɛ] ein Diener **IV3AP**

une **valise** [ynvaliz] ein Koffer **III3A,** 1

un **vautour** [ɛ̃votuʀ] ein Geier **III2AP**

Je n'ai jamais **vécu** … [ʒənɛʒamɛveky] Ich habe nie … erlebt. ⟨**IV1A,** 1⟩

un menu **végétarien** [ɛ̃mənyveʒetaʀjɛ̃] ein vegetarisches Menü **III4A,** 7

le **vélo** [ləvelo] Fahrradfahren **I6A,** 1

un **vélo** [ɛ̃velo] ein Fahrrad **II4A,** 1

un **vendeur**/une **vendeuse** [ɛ̃vɑ̃dœʀ/ynvɑ̃døz] ein Verkäufer/eine Verkäuferin **I5A,** 2

vendre [vɑ̃dʀ] verkaufen **II5A,** 2

vendredi *(m.)* [vɑ̃dʀədi] Freitag **I3C,** 4

venir [vəniʀ] kommen **II2A,** 6

faire **venir** qn [fɛʀvəniʀ] jdn. kommen lassen **IV2AP**

venir chercher [vəniʀʃɛʀʃe] abholen (kommen) **III3A,** 3

Il/Elle **vient** de … [il/ɛlvjɛ̃də] Er/Sie kommt aus … **II2A,** 2

Tu **viens** d'où? [tyvjɛ̃du] Woher kommst du? **II2A,** 2

le **vent** [ləvɑ̃] der Wind **II4A,** 8

Il y a du **vent**. [iljadyvɑ̃] Es ist windig. **II4A,** 8

la zone de **vente** [lazondəvɑ̃t] der Verkaufsbereich **III5A,** 1

le **ventre** [ləvɑ̃tʀ] der Bauch ***III2A, 10**

vérifier [veʀifje] überprüfen; kontrollieren **III5A,** 3

un **verre** [ɛ̃vɛʀ] ein Glas **II5A,** 8

une **verrine** de fruits [ynvɛʀindəfʀɥi] ein Nachtisch im Glas mit Früchten **II5A,** 8

vers [vɛʀ] gegen; in Richtung **IV1A,** 1

vers onze heures [vɛʀɔ̃zœʀ] gegen elf Uhr **II3A,** 4

vert/**verte** [vɛʀ/vɛʀt] grün **II1A,** 1

un **vêtement** [ɛ̃vɛtmɑ̃] ein Kleidungsstück **II1AP,** 2

les **vêtements** en solde [levɛtmɑ̃ɑ̃sɔld] reduzierte Kleidung; der Kleiderschlussverkauf **II1AP,** 2

un **vétérinaire**/une **vétérinaire** [ɛ̃veteʀinɛʀ/ynveteʀinɛʀ] ein Tierarzt/eine Tierärztin **II5A,** 2

un **viaduc** [ɛ̃vjadyk] ein Viadukt **II4A,** 2

la **viande** [lavjɑ̃d] das Fleisch **III4A,** 1

et **vice-versa** [evisvɛʀsa] und umgekehrt ⟨**IV4AP**⟩

vide/**vide** [vid/vid] leer **III4A,** 2

un jeu **vidéo**/des jeux **vidéo** [ɛ̃ʒøvideo/deʒøvideo] ein Videospiel/Videospiele **I4A,** 1

la **vie** [lavi] das Leben **III3A,** 2

vieux/**vieil**/**vieille** [vjø/vjɛj/vjɛj] alt **IV3A,** 3

la **vigilance** [laviʒilɑ̃s] *hier:* die Warnstufe **IV1A,** 1

un **village** [ɛ̃vilaʒ] ein Dorf **IV2AP**

une **ville** [ynvil] eine Stadt **II4A,** 1

le centre-**ville** [ləsɑ̃tʀəvil] das Stadtzentrum **II3AP,** 4

une **ville** natale [ynvilnatal] eine Geburtsstadt **IV2A,** 3

une **ville** symbole de la réconciliation [ynvilsɛ̃bɔldəlaʀekɔ̃siljasɔ̃] eine Stadt als Symbol der Versöhnung ⟨**IV4AP**⟩

le **vin** [ləvɛ̃] der Wein **IV3A,** 10

une **vinaigrette** [ynvinɛgʀɛt] eine Vinaigrette *(eine Salatsoße mit Essig und Öl)* **III4A,** 2

la **violence** [lavjɔlɑ̃s] die Gewalt **IV2AP**

violent/**violente** [vjɔlɑ̃/vjɔlɑ̃t] brutal; gewalttätig **IV1A,** 1

violet/**violette** [vjɔlɛ/vjɔlɛt] violett ***II1A, 1**

un **violon** [ɛ̃vjɔlɔ̃] eine Violine; eine Geige **IV3AP,** 6

un **virage** [ɛ̃viʀaʒ] eine Kurve **III2A,** 1

virtuel/**virtuelle** [viʀtɥɛl/viʀtɥɛl] virtuell ⟨**IV3AP,** 1⟩

le **visage** [ləvisaʒ] das Gesicht ***III2A, 10**

une **visite** [ynvizit] eine Besichtigung; ein Besuch **II5A,** 2

une **visite** touristique [ynvizittuʀistik] eine Stadtbesichtigung; eine Stadtrundfahrt **I5AP,** 1

rendre **visite** à *qn* [ʀɑ̃dʀəvisita] jdn. besuchen **IV4A,** 1

visiter [vizite] besichtigen **I5A,** 2

un **visiteur**/une **visiteuse** [ɛ̃vizitœʀ/ynvizitøz] ein Besucher/eine Besucherin **II5A,** 2

vite *(adv.)* [vit] schnell *(Adv.)* **III2A,** 2

plus **vite** [plyvit] schneller **III2A,** 2

Pas si **vite**! [pasivit] Nicht so schnell! **II4A,** 2

le plus **vite** possible [ləplyvitpɔsibl] so schnell wie möglich **III4A,** 8

vite se déplacer [vitsədeplase] schnell zur Seite gehen **IV3A,** 4

vivre [vivʀ] leben **IV1A,** 1

Il fait bon **vivre** ici. [ilfɛbɔ̃vivʀisi] Es lässt sich hier gut leben. ⟨**IV2AP**⟩

Il découvre sa **vocation** de comédien. Er entdeckt seine Berufung zum Schauspieler. ⟨**IV2AP**⟩

voici [vwasi] hier ist ⟨**IV1A,** 4⟩

Voilà. [vwala] Hier bitte. **I2A,** 1

voilà … [vwala] da ist/sind … **I2AP,** 3

voir [vwaʀ] sehen **III3A,** 3

Fais **voir**. [fɛvwaʀ] Zeig mal. **I4B,** 2

Il faut **voir** ce qui se passe en haut. Man muss schauen, was über einem passiert. ⟨**IV3A,** 4⟩

un **voisin**/une **voisine** [ɛ̃vwazɛ̃/ynvwazin] ein Nachbar/eine Nachbarin **II3A,** 2

un pays **voisin** [ɛ̃peivwazɛ̃] ein Nachbarland **IV4AP**

une **voiture** [ynvwatyʀ] ein Auto **II4A,** 2

un **vol** [ɛ̃vɔl] ein Diebstahl **III5A,** 3
un **vol** intérieur [ɛ̃vɔlɛ̃teʀjœʀ] ein Inlandsflug ⟨**IV0**⟩
la **volaille** [lavɔlaij] das Geflügel **III5A,** 1
un **volcan** [ɛ̃vɔlkɑ̃] ein Vulkan **IV1AP**
voler [vɔle] stehlen **IV3A,** 4
un **voleur**/une **voleuse** [ɛ̃vɔlœʀ/ynvɔløz] ein Dieb/eine Diebin **III5A,** 3
volontiers [vɔlɔ̃tje] gern **II5A,** 5
voter [vɔte] wählen **IV4AP**
votre/**vos** [vɔtʀ/vo] euer/eure; Ihr/Ihre **I6B,** 1
vouloir [vulwaʀ] wollen **II5A,** 1
on **voudrait** [ɔ̃vudʀɛ] wir möchten **III4A,** 2
Je **veux** faire … [ʒəvøfɛʀ] Ich möchte … *(+Verb)* **II5A,** 1
Je **voudrais** … [ʒəvudʀɛ] Ich möchte …; Ich hätte gern … **I5C,** 1
Oui, je **veux** bien. Ja, gern. **II5A,** 1
un **voyage** [ɛ̃vwajaʒ] eine Reise **III3A,** 1
Ce n'est pas **vrai**! [sənɛpavʀɛ] Das darf nicht wahr sein! **I5C,** 1
vraiment *(adv.)* [vʀɛmɑ̃] wirklich *(Adv.)* **III4A,** 4
un **VTT** (= vélo tout terrain)/des **VTT** [ɛ̃vetete/devetete] ein Mountainbike/Mountainbikes **II4A,** 2
vu/**vue** de … [vydə] von … aus betrachtet ⟨**IV4AP**⟩
vu d'avion [vydavjɔ̃] vom Flugzeug aus gesehen ⟨**IV1AP**⟩
une **vue** [ynvy] eine Aussicht; eine Sicht **I5A,** 2

W

un **week-end** [ɛ̃wikɛnd] ein Wochenende **II3AP**

Y

un **yaourt** [ɛ̃jauʀt] ein Joghurt **III3A,** 8
les **yeux** *Sg.: un œil* [lezjø (ɛ̃nœj)] die Augen **IV3A,** 10

Z

Julie a le moral à **zéro**. Julie ist niedergeschlagen. **II5A,** 2
la **zone** de vente [lazondəvɑ̃t] der Verkaufsbereich **III5A,** 1
un **zoom** [ɛ̃zum] ein Zoom *(beim Fotoapparat)* ⟨**IV4AP,** 1⟩

Prénoms masculins

Ayoub [ajub] **IV2AP**
Aziz [aziz] **IV2AP**
François [fʀɑ̃swa] **IV3A,** 4
Gabriel [gabʀiɛl] **IV1A,** 1
Hugo [ygo] **IV1A,** 1
Mehdi [medi] **IV2AP**

Prénoms féminins

Elise [eliz] **IV4A,** 3
Fanny [fani] **IV1A,** 1
Kader [kadɛʀ] **IV2A,** 6
Margaux [maʀgo] **IV4A,** 7
Nicole [nikɔl] **IV1A,** 1

Noms de villes

Aix-la-Chapelle [ɛkslaʃapɛl] Achen **IV4AP,** 4
Bâle [bɑl] Basel **IV4AP,** 4
Béjaïa [beʒaja] *Stadt in Algerien* **IV2AP**
Brême [bʀɛm] Bremen **IV2A,** 1
Francfort [fʀɑ̃fɔʀ] Frankfurt (am Main) **IV4A,** 1
Pointe-à-Pitre [pwɛ̃tapitʀ] *Stadt auf Guadeloupe* **IV1AP**
Saint-Denis [sɛ̃d(ə)ni] *Hauptort von La Réunion* **IV0**
Saint-Martin [sɛ̃maʀtɛ̃] **IV0**
Strasbourg [stʀasbuʀ] Straßburg *(Hauptstadt des Elsass)* **IV4AP**
Trappes [tʀap] *Stadt südlich von Versailles* **IV2AP**
Versailles [vɛʀsaj] *Stadt bei Paris* **IV2AP**

Noms géographiques

l'**Afrique** *(f.)* [lafʀik] Afrika **IV2AP**
l'**Afghanistan** *(m.)* [lafganistɑ̃] Afghanistan ***IV2AP**
l'**Algérie** *(f.)* [lalʒeʀi] Algerien **IV2AP**
l'**Amérique** *(f.)* [lameʀik] Amerika **IV2AP**
l'**Angleterre** *(f.)* [lɑ̃glətɛʀ] England **IV1A,** 5
les **Antilles** *(f.) (pl.)* [lezɑ̃tij] die Antillen *(Inselgruppe in der Karibik)* **IV1AP**
l'**Asie** *(f.)* [lazi] Asien **IV2AP**
l'océan **Atlantique** *(m.)* [lɔseɑ̃tlɑ̃tik] der Atlantik **IV1AP**
l'**Australie** *(f.)* [lostʀali] Australien ***IV1A, 13**
le **ballon d'Alsace** [ləbalɔ̃dalsas] *Berg in den Vogesen* **IV1A,** 7
le **Danube** [lədanyb] die Donau **IV1A,** 7
l'**Elbe** *(f.)* [lɛlb] die Elbe **IV1A,** 7
la **Forêt-Noire** [lafɔʀɛnwaʀ] der Schwarzwald **IV4A,** 1
la **France** métropolitaine [lafʀɑ̃smetʀɔpɔlitɛn] das französische Mutterland **IV1AP**
la **Grande Ile** [lagʀɑ̃dil] *Flussinsel in Straßburg* **IV4AP**
la **Guadeloupe** [lagwad(ə)lup] Guadeloupe *(frz. Überseedepartement)* **IV0**
la **Guyane** [lagɥijan] Französisch-Guyana **IV0**
l'**Hexagone** *(m.)* [lɛgzagɔn] *Bezeichnung für Frankreich wegen seiner geografischen Form eines Sechsecks* **IV0**
l'**Ill** *(f.)* [lil] *Fluss im Elsass* **IV4AP**
La Réunion [laʀeynjɔ̃] *frz. Überseedepartement* **IV0**
le **Luxembourg** [ləlyksɑ̃buʀ] Luxemburg **IV4A,** 1
le **Maroc** [ləmaʀɔk] Marokko **IV2AP**
la **Martinique** [lamaʀtinik] Martinique *(frz. Antilleninsel)* **IV0**
la **Mauritanie** [lamɔʀitani] Mauretanien ***IV2AP**
Mayotte [majɔt] *frz. Überseedepartement* **IV0**
la **mer des Caraïbes** *(f.) (pl.)* [lamɛʀdekaʀaib] die Karibik **IV1AP**
la **mer du Nord** [lamɛʀdynɔʀ] die Nordsee **IV1A,** 5
Monaco [mɔnako] *Fürstentum an der Côte d'Azur* **IV2AP**
la **montagne Pelée** [lamɔ̃taɲpəle] *Vulkan auf Martinique* **IV1A,** 7
le **mont d'Or** [ləmɔ̃dɔʀ] *Berg im Jura* **IV1A,** 7
l'**Océanie** *(f.)* [lɔseani] Ozeanien **IV2AP**
la **Petite France** [lapətitfʀɑ̃s] *Teil Straßburgs auf der Grande-Ile* **IV4AP**
le **pic du Midi** [ləpikdymidi] *Berg in den Pyrenäen* **IV1A,** 7
le **Puys-de-Dôme** [ləpɥidədom] *Vulkan im Massif central* **IV1A,** 7
le **Rhône** [ləʀon] *Fluss durch Lyon* **IV1A,** 7
le **Rwanda** [ləʀwɑ̃da] Ruanda ***IV2AP**
la **Seine** [lasɛn] *Fluss durch Paris* **IV1A,** 7
le **Sénégal** [ləsenegal] der Senegal ***IV2AP**
la **Soufrière** [lasufʀijɛʀ] *aktiver Vulkan auf Guadeloupe* **IV1A,** 7
la **Tunisie** [latynizi] Tunesien **IV2AP**
la **Turquie** [latyʀki] die Türkei **IV1A,** 5
l'**Union européenne** *(f.)* [lynjɔ̃øʀɔpeɛn] die Europäische Union (EU) **IV0**

Noms divers

Akiyo [akjo] *Band aus Guadeloupe* **IV1AP**
ARTE [aʀtɛ] *dt.-frz. Fernsehsender* **IV4AP**
le **Conseil de l'Europe** [ləkɔ̃sɛjdəløʀɔp] der Europarat **IV4AP**

la **Deuxième Guerre mondiale** [ladøzjɛmgɛʀmɔ̃djal] der Zweite Weltkrieg **IV4AP**
la **Fnac** [lafnak] *französische Ladenkette* **I4A,** 1
la **galerie des Glaces** [lagalʀideglas] *Spiegelsaal im Schloss von Versailles* **IV3AP**
Lilian Thuram [liljɑ̃tyʀɑ̃] *ehemaliger frz. Fußballspieler* **IV2AP**
l'**Olympia** [ɔlɛ̃pja] *Konzerthalle in Paris* ⟨**IV1AP**⟩
le **Palais Rohan** [ləpalɛʀoɑ̃] der Rohan-Palast **IV4A,** 6
le **Parlement européen** [ləpaʀl(ə)mɑ̃øʀɔpeɛ̃] das Europaparlament **IV4AP**
la **passerelle des deux Rives** [lapasʀɛldedøʀiv] *Fußgängerbrücke zwischen Straßburg und Kehl* **IV4AP**
le **Roi-Soleil** [ləʀwasɔlɛj] der Sonnenkönig **IV3AP**

Noms de personnes connues

François Hollande [fʀɑ̃swaɔlɑ̃d] *frz. Staatspräsident* **IV2AP**
Jamel Debbouze [dʒamɛldəbuz] *frz. Schauspieler und Komiker marokkanischer Herkunft* **IV2AP**
Jean-Baptiste Lully [ʒɑ̃baptistlyli] *ital. Komponist am Hof Ludwigs XIV.* **IV3AP**
Kenza Farah [kenzafaʀa] *frz.-algerische Sängerin* **IV2AP**
Louis XIV [lwikatɔʀz] Ludwig XIV *(König von Frankreich, 1643–1715)* **IV3AP**
Molière [mɔljɛʀ] *frz. Dramatiker (1622–1673)* **IV3AP**
Najat Vallaud-Belkacem *frz. Politikerin* **IV2AP**
Omar Sy [ɔmaʀsi] *frz. Schauspieler* **IV2AP**

A

abbiegen tourner **I6B,** 1
ein **Abend** un soir **I6A,** 1
am **Abend** le soir **I6A,** 1
heute **Abend** ce soir **III1A,** 2
ein **Abend** *(im Verlauf)* une soirée **III1AP**
abends le soir **I6A,** 1
ein **Abenteuer** une aventure **III2A,** 2
aber mais **I2A,** 1
abfahren partir **III3A,** 1
ein **Abgeordneter**/eine **Abgeordnete** un député/une députée **IV4AP**
abholen (kommen) venir chercher **III3A,** 3
abkühlen refroidir **III4A,** 2
abnehmen enlever **III2A,** 1
(den Tisch) **abräumen** débarrasser (la table) **III4A,** 2
Schuhe mit **Absatz** des chaussures *(f.)* à talons *(m.)* ***IV3A, 10**
ein **Abschiedsabend** une soirée d'adieu **III3AP**
das Gas **abstellen** couper le gaz **IV1A,** 1
Acht geben faire attention **III2A,** 2
Achtung! Attention! **I3B,** 2
ein **Adler** un aigle ***III2AP, 4**
eine **Adresse** une adresse **III4AP,** 3
afrikanisch africain/africaine ***IV1A, 13**
aggressiv agressif/agressive **III1A,** 1
jdm./etw. **ähneln** ressembler à *qn/qc* **IV4AP**
Keine **Ahnung**. Je ne sais pas. **I4A,** 1; Aucune idée. **III1A,** 2
ein **Akku** une batterie **II4A,** 2
Mein **Akku** ist leer. Je n'ai plus de batterie. **II4A,** 2
eine **Aktivität** une activité **III3A,** 2
ein **Album**/**Alben** un album/des albums **III3A,** 6
algerisch algérien/algérienne **IV2AP**
alle tous **I3B,** 2; tout le, toute la, tous les, toutes les **III5A,** 1
alle (Leute) tout le monde **I3C,** 1
alle seine Freunde tous ses copains **II5A,** 2
allein seul/seule **III1A,** 1
allergisch sein (gegen) être allergique (à) **III4A,** 7
alles tout **III1A,** 4
Alles Gute zum Geburtstag. Joyeux anniversaire. **I4AP**
Alles in Ordnung. Tout va bien. **I6B,** 1
Alles ist gut gegangen. Tout s'est bien passé. **III2A,** 2
als comme **III4A,** 1
als *(zeitlich)* quand **III2A,** 2
als ich aufwache quand je me réveille **IV1A,** 1
also alors **I2A,** 1
alt vieux/vieil/vieille **IV3A,** 3
Er/Sie ist acht (Jahre **alt**). Il/Elle a huit ans. **I2B,** 2
Wie **alt** ist er/sie? Il/Elle a quel âge? **I2B,** 2
alt *(bei Personen)* âgé/âgée **IV3A,** 10
am folgenden Tag le lendemain **II4A,** 2
am Tag darauf le lendemain **II4A,** 2
amerikanisch américain/américaine **IV1A,** 6
sich **amüsieren** s'amuser **IV3AP**
an der Côte d'Azur sur la Côte d'Azur **I6A,** 1
eine **Ananas** un ananas **IV1AP**
hier: der **Anbau** la culture **IV1AP**
anbauen cultiver **IV1AP**
ein **Andenken** un souvenir **I5A,** 2
anderer/**andere**/**anderes** autre/autre **III2A,** 2
andere Kunden d'autres clients **III4A,** 2
ändern changer **III1A,** 2
andernfalls sinon **IV4A,** 1
der **Anfang** le début **III5A,** 3
am **Anfang** au début **III5A,** 3
anfangen commencer **II2A,** 2
ein **Angeber**/eine **Angeberin** *(ugs.)* un frimeur/une frimeuse *(fam.)* **III1A,** 2
So ein **Angeber**! *(ugs.)* Quel frimeur! *(fam.)* **III1A,** 5
ein **Angestellter**/eine **Angestellte** un employé/une employée **III5A,** 1
die **Angst** la peur **I6B,** 1
Angst haben avoir peur **I6B,** 1
ein **Animateur**/eine **Animateurin** un animateur/une animatrice **I6B,** 1
ankleben coller **II5A,** 2
ankommen arriver **I3C,** 1
die **Ankunft** l'arrivée *(f.)* **III2A,** 1
anonym anonyme/anonyme **III1A,** 2
eine **Anpflanzung** une plantation **IV1AP**
ein **Anruf** un coup de téléphone **III4A,** 2
anrufen appeler **II5A,** 2
anschauen regarder **I3B,** 2
hier: **anschauen** consulter **IV1A,** 1
ansehen regarder **I3B,** 2
eine **Ansicht** un avis **III1A,** 2
anstelle von à la place de **III4A,** 2
antillisch antillais/antillaise **IV1AP**
jdm. **antworten** répondre à *qn* **II3A,** 9
eine **Anzeige** une annonce **III4A,** 8
anziehen attirer **IV4AP**
hier: **anziehen** mettre **II1A,** 9
(sich) **anziehen** (s')habiller **IV3AP**
anzünden allumer **IV1A,** 1
ein **Aperitif** un apéritif **I4B,** 2
ein **Apfel** une pomme ***III5AP**
ein **Apfelsaft** un jus de pomme **II5A,** 2
eine **Apotheke** une pharmacie **III2A,** 11
ein **Apparat** un appareil **IV1A,** 1
am **Apparat** à l'appareil **III4A,** 8
Guten **Appetit**! Bon appétit! **III4A,** 2
eine **Aprikose** un abricot ***III5AP**
April avril *(m.)* **I4AP,** 2
am 12. **April** le 12 avril **I4A,** 5
die **Arbeit** le travail **II5A,** 2
eine **Arbeit** *(ugs.)* un boulot *(fam.)* **III4AP**
ein **Arbeiter**/eine **Arbeiterin** un travailleur/une travailleuse **IV2AP,** 1
ein **Arbeitgeber**/eine **Arbeitgeberin** un patron/une patronne **III5A,** 2
die **Arena**/**Arenen** les arènes *(f.) (pl.)* **II4AP**
arm pauvre/pauvre **IV2AP**
der **Arm** le bras **III2A,** 2
ein **Armband** un bracelet **I5A,** 2
ein **Armreif** un bracelet **I5A,** 2
ein **Artist**/eine **Artistin** un artiste/une artiste **I5A,** 2
ein **Arzneimittel** un médicament **III2A,** 11
ein **Arzt**/eine **Ärztin** un/une médecin **III2A,** 2
asiatisch asiatique/asiatique ***IV1A, 13**
die **Atmosphäre** l'ambiance *(f.)* **II5A,** 2
Echt **ätzend**! *(ugs.)* C'est galère! *(fam.)* **II4A,** 2
Aua! Aïe! **I1A,** 1
eine **Aubergine** une aubergine ***III5AP**
auch aussi **I2A,** 1; également **IV3A,** 4
auf à **I4A,** 1; sur **I4B,** 2
auf der Straße dans la rue **II3A,** 2
Auf Wiedersehen! Au revoir! **I1A,** 1
aufbewahren garder **III1A,** 2
ein **Aufenthalt** un séjour **III3AP,** 4
eine **Aufführung** un spectacle **II2A,** 2
aufheben ramasser **II3A,** 2
aufhören arrêter **II5A,** 2
aufhören mit finir **III4A,** 2
Hör auf! Arrête. **I2C,** 1
aufladen recharger **IV1A,** 1
ein **Aufnahmestudio** un studio **IV4AP**
aufnehmen enregistrer **IV2AP**
aufpassen faire attention **III2A,** 2
Pass(t) auf! Attention! **I3B,** 2
aufräumen ranger **I4B,** 2
sich eine Perücke **aufsetzen** se mettre une perruque **IV3A,** 1
eine **Aufsichtsperson** un surveillant/une surveillante **II2A,** 1
aufstehen se lever **IV3AP**
aufstellen installer **II4A,** 2
aufwachen se réveiller **IV3A,** 2
als ich **aufwache** quand je me réveille **IV1A,** 1
aufwachsen grandir **IV2AP**
die **Augen** les yeux *Sg.: un œil* **IV3A,** 10
ein **Augenblick** un moment **III1A,** 2
August août *(m.)* **I4AP,** 2
aus Paris parisien/parisienne **IV0**
aus Guadeloupe guadeloupéen/guadeloupéenne **IV1A,** 6
aus Lyon lyonnais/lyonnaise **IV2A,** 1
aus Martinique martiniquais/martiniquaise **IV1A,** 6
aus Straßburg strasbourgeois/strasbourgeoise ***IV4AP, 5**
Es ist **aus**. C'est fini. **III3A,** 6
ein **Ausflug** une balade; une sortie **II4AP**; une excursion **III3AP**

ausfüllen remplir **III5A,** 3
ein **Ausgangspunkt** un point de départ **IV4AP**
ausgehen sortir (de) **III3A,** 3
ausgestrahlt werden passer (à la télé) **IV4AP,** 6
eine **Auskunft** un renseignement **III4AP,** 3
im **Ausland** à l'étranger *(m.)* **III3A,** 3
ausländisch étranger/étrangère **III5A,** 3
ein **Ausritt** une balade à cheval **II5A,** 2
sich **ausruhen** se reposer **IV3A,** 4
aussehen avoir l'air **IV3A,** 10
außer sauf **III4A,** 2
eine **Aussicht** une vue **I5A,** 2
aussuchen choisir **III4A,** 2
ein **Austausch** un échange **III3AP**
australisch australien/australienne *IV1A, 13**
ausüben pratiquer **IV2A,** 1
auswandern émigrer **IV2A,** 1
die **Auswanderung** l'émigration *(f.)* **IV2A,** 1
ohne seinen **Ausweis** zeigen zu müssen sans devoir montrer ses papiers **IV4AP**
die **Ausweispapiere** les papiers *(m.) (pl.)* **II3A,** 2
ausziehen enlever **III2A,** 1
ein **Auto** une voiture **II4A,** 2
eine **Autobahn** une autoroute **II0,** 2

B

eine **Bäckerei** une boulangerie **I5C,** 1
hier: eine **Backstube** un atelier **IV3A,** 4
ein **Badeanzug** un maillot de bain **I5B,** 1
eine **Badehose** un maillot de bain **I5B,** 1
ein **Badezimmer** une salle de bains **III3A,** 7
Badminton le badminton **I6A,** 1
ein **Baguette** une baguette **II4A,** 4
die **Bahn** la piste **III2A,** 1
ein **Bahnhof** une gare **II0,** 2
ein (großer) **Ball** un ballon **I2C,** 1
ein **Ballett** un ballet **IV3AP**
ein **Ballettröckchen** un tutu **III1A,** 2
eine **Banane** une banane **IV1AP**
an der **Bar** au bar **III4A,** 2
ein **Bär** un ours **III2AP**
ein **Bart** une barbe ***IV3A, 10**
eine **Baseballkappe** une casquette **I2A,** 1
Basketball le basket ***I3AC**
eine **Batterie** une pile **IV1A,** 1
der **Bau** la construction **IV3AP**
der **Bauch** le ventre ***III2A, 10**
ein **Baum** un arbre **IV1A,** 1
beachten respecter **III5A,** 3
Beachvolleyball le beach-volley **I6A,** 1
hier: **beauftragen** entreprendre **IV3AP**
sich bei jdm. für etw. **bedanken** remercier *qn* de/pour *qc* **IV4A,** 1

Beeilt euch! Dépêchez-vous! **II4A,** 2
beeindruckend spectaculaire **II4A,** 2
beenden terminer **III2A,** 2; finir **III4A,** 2
er/sie/es **befindet** sich il/elle se trouve **IV1AP**
begeistern fasciner **II5AP**
beginnen commencer **II2A,** 2
Die Schule hat **begonnen**! C'est la rentrée! **I2AP**
behalten garder **III1A,** 2
bei à **I4A,** 1
bei *(Personen)* chez **I3C,** 1
bei mir chez moi **I5B,** 6
für **beide** pour les deux **I5A,** 2
beige beige ***II1A, 1**
das **Bein** la jambe **III2A,** 10
beinahe presque **III3A,** 3
zum **Beispiel** par exemple **IV3AP**
bekommen recevoir **III1A,** 2
beladen charger **III5A,** 1
eine **Beleidigung** une insulte **III1A,** 2
belgisch belge/belge **III0,** 2
bemerken remarquer **III1A,** 2
benutzen utiliser **IV2AP**
beobachten observer **IV1AP**
bereit prêt/prête **III2AP**
ein **Berg** une montagne **II0,** 6
ein **Beruf** un métier **III4AP,** 2
berühren toucher **III2A,** 1
beschleunigen accélérer **III2A,** 1
ein Foto **beschreiben** décrire une photo **II5A,** 4
eine **Beschwerde** une réclamation **III4A,** 7
besichtigen visiter **I5A,** 2
eine **Besichtigung** une visite **II5A,** 2
nichts **Besonderes** rien de spécial **II3A,** 1
bestätigen confirmer **II2A,** 2
bestellen commander **II1A,** 1
eine **Bestellung** une commande **II1A,** 2
der **beste** Freund/die **beste** Freundin le meilleur ami/la meilleure amie **III1AP**
bestimmte certains/certaines **IV4A,** 1
ein **Besuch** une visite **II5A,** 2
jdn. **besuchen** rendre visite à *qn* **IV4A,** 1
ein **Besucher**/eine **Besucherin** un visiteur/une visiteuse **II5A,** 2
betrachten regarder **I3B,** 2
was … **betrifft** en ce qui concerne … **IV4A,** 1
betreten entrer **I6B,** 1
ein **Betreuer**/eine **Betreuerin** un animateur/une animatrice **I6B,** 1; un moniteur/une monitrice **II5A,** 2
ein **Betrieb** une entreprise **III5A,** 3
ein **Bett** un lit **I4C,** 1
ins **Bett** gehen se coucher **IV3A,** 2
die **Bevölkerung** la population **IV2AP**
Bevor er zur Messe ging, … Avant d'aller à la messe … **IV3AP**
bevorzugen préférer **II1A,** 2
bewegen bouger **II1A,** 2

sich **bewegen** bouger **II1A,** 2
ein **Beweis** une preuve **III5A,** 3
Bewohner/-in Guadeloupes Guadeloupéen/Guadeloupéenne **IV1A,** 1
bewundern admirer **IV3AP**
bezahlen payer **II5A,** 8
Wie ist die **Bezahlung**? Quelle est la rémunération ? **III4A,** 8
in **Bezug** auf à propos de **III3A,** 2
ein **Bier** une bière **III3A,** 3
die **Bikulturalität** la double culture **IV2AP**
ein **Bild** un tableau **IV3A,** 10
ein **Bildschirm** un écran **II2A,** 9
die **Bildung** l'éducation *(f.)* **IV2AP**
Billard spielen jouer au billard **IV3AP**
Biologie les S.V.T. (= sciences de la vie et de la terre) ***II2A, 12**
eine **Birne** une poire ***III5AP**
bis jusqu'à **III2A,** 2
Bis später! A tout à l'heure! **III5A,** 3
bitte *(zu jemandem, den man duzt)* s'il te plaît **I2A,** 1
bitte *(zu jemandem, den man siezt)* s'il vous plaît **I2A,** 1
ein **Blatt** une fiche **III3A,** 2
blau bleu/bleue **II1A,** 1
bleiben rester **I3B,** 2
ein **Bleistift** un crayon **I2AP,** 3
Das ist **blöd**. C'est nul. **I3A,** 1
ein **Blog** un blog **III3A,** 2
blond blond/blonde **IV3A,** 10
ein **Blouson** un blouson **II1A,** 1
eine **Blume** une fleur **III5AP**
mit **Blumen** à fleurs ***II1A, 13**
der **Boden** le sol **III2A,** 1; la terre **IV3A,** 10
auf den/dem **Boden** par terre **IV3A,** 10
die **Bohnen** les haricots *(m.) (pl.)* ***III5AP**
ein **Bonbon** un bonbon **I2C,** 1
ein **Boot**/**Boote** un bateau/des bateaux **II4A,** 10
mit dem **Boot** en bateau **II4A,** 10
eine Partie **Boules** une partie de pétanque **II4AP**
brauchen avoir besoin de **III4A,** 8
Was **brauchst** du? Qu'est-ce qu'il te faut? **III2A,** 2
braun marron **II1A,** 1
braunhaarig châtain **IV3A,** 10
Bravo! Bravo! **I3B,** 2
bremsen freiner **III2A,** 1
ein **Brett** une planche **IV1A,** 1
ein **Brieffreund**/eine **Brieffreundin** un correspondant/une correspondante **III3A,** 2
ein **Brieffreund**/eine **Brieffreundin** *(ugs.)* un corres/une corres *(fam.)* **I5A,** 2
eine **Brieftasche** un portefeuille **II3A,** 2
eine **Brille** des lunettes *(f.) (pl.)* ***IV3A, 10**
bringen apporter **I4B,** 2
das **Brot** le pain **III3A,** 8
ein belegtes **Brot** un sandwich **I5C,** 1

eine Scheibe Brot mit Aufstrich une tartine **III3A,** 8
eine **Brücke** un pont **II4A,** 2
ein **Bruder** un frère **I2B,** 2
brutal violent/violente **IV1A,** 1
ein **Buch** un livre **I2AP,** 3
ein **Buckel** une bosse **III2A,** 1
ein **Büfett** un buffet **II5A,** 2
eine **Burg**/**Burgen** un château/des châteaux ***I5C, 7**
ein **Büro**/**Büros** un bureau/des bureaux **III5A,** 1
ein **Bus** un bus **I4A,** 1
die **Butter** le beurre **III3A,** 6

C

ein **Café** un café **II3AP**
Camping le camping **I6A,** 1
Canyoning le canyoning **II5AP**
eine **CD**/**CDs** un CD/des CD **I4A,** 1
ein **Chat** un chat **II2A,** 2
chatten chatter **II2A,** 2
ein **Chef**/eine **Chefin** un patron/une patronne **III5A,** 2
chillen *(ugs.)* traîner *(fam.)* **II3A,** 1
Ich habe halt **gechillt**. J'ai traîné, quoi. **II3A,** 1
die **Chips** les chips *(f.) (pl.)* **I4B,** 2
ein **Clown** un clown **II1A,** 2
ein **Code** un code **II2A,** 9
eine **Cola** un coca **I4B,** 2
ein **Collège** un collège **I2B,** 2
ein **Comic**/**Comics** une BD/des BD **I4C,** 1
ein **Computer** un ordinateur **I4C,** 1
cool *(ugs.)* cool *(fam.)* **I2A,** 1
ein **Couscous** un couscous **I6A,** 1
ein **Cousin**/eine **Cousine** un cousin/une cousine **I6A,** 1
eine **Crêpe** une crêpe **I3C,** 1
eine **Crêperie** une crêperie **I3C,** 1
ein **Croissant** un croissant **III3A,** 8

D

da là **I2B,** 2
da ist/sind … voilà … **I2AP,** 3
Da sind … Ce sont … **I3C,** 1
ein **Dach** un toit **IV1A,** 1
eine **Dame** une dame **II3A,** 9
danach après **I5A,** 3; ensuite; puis **II3A,** 1
daneben à côté **III3A,** 3
dank *Präp.* grâce à **IV4AP**
Danke. Merci. **I1A,** 1
jdm. für etw. **danken** remercier *qn* de/pour *qc* **IV4A,** 1
Ein großes **Dankeschön** an alle. Un grand merci à tous. **II5A,** 2
dann ensuite; puis **II3A,** 1
darstellen représenter **IV1AP**
der, die, **das** le, la, l' **I2B,** 1
das ça **I1A,** 1
Das ist … C'est … **I1A,** 1
Das ist klasse. C'est la classe. **II1A,** 13
Das ist nicht mein Ding. Ce n'est pas mon truc. **II4A,** 2
Das macht … Ça fait … **I2A,** 1
Das reicht! Ça suffit! **I2C,** 1
Das sind … Ce sont … **I3C,** 1
Das sind … Ça fait … **I2A,** 1
das ist/sind … voilà … **I2AP,** 3
dein/**deine** ton/ta/tes **I4B,** 2
eine **Demokratie** une démocratie **IV4AP**
Was **denkt** ihr darüber? Qu'est-ce que vous en pensez? **III1AP,** 4
ein **Denkmal** un monument **I5AP,** 3
denn car **IV2A,** 1
der, die, das le, la, l' **I2B,** 1
derselbe/**dieselbe**/**dasselbe** … wie le même/la même … que **IV0**
ein **Detail** un détail **III4A,** 8
deutsch-französisch franco-allemand/franco-allemande **III3A,** 3
Deutsch l'allemand *(m.)* **II2A,** 2
vom **Deutschen** ins Französische de l'allemand vers le français **IV4A,** 1
ein **Deutscher**/eine **Deutsche** un Allemand/une Allemande **III3A,** 3
in **Deutschland** en Allemagne **I5A,** 2
Dezember décembre *(m.)* **I4AP,** 2
der, **die**, das le, la, l' **I2B,** 1
die 5A la 5^{e}A(= la cinquième A) **II2A,** 2
ein **Dieb**/eine **Diebin** un voleur/une voleuse **III5A,** 3
ein **Diebstahl** un vol **III5A,** 3
ein **Diener** un valet **IV3AP**
Dienstag mardi *(m.)* **I3C,** 4
dieser/**diese**/**dieses** ce/cet/cette/ces **III4A,** 4
ein **Ding** un truc **II4A,** 2
Das ist nicht mein **Ding**. Ce n'est pas mon truc. **II4A,** 2
diskutieren discuter **III1AP**
doch quand même **II4A,** 2
Doch. Si. **III1A,** 2
ein **Dokument** un document **IV1A,** 1
hier: ein **Dokumentarfilm** un documentaire **IV4AP,** 6
ein **Dom** une cathédrale **I5AP,** 3
Donnerstag jeudi *(m.)* **I3C,** 4
doppelt double **IV2AP**
ein **Dorf** un village **IV2AP**
dort là **I2B,** 2; là-bas **I4A,** 1
dorthin là-bas **I4A,** 1
(nach) **draußen** dehors **IV1A,** 1
(sich) **drehen** tourner **I6B,** 1
drei Viertel les trois quarts (= les 3/4) **IV1AP**
du *(betont)* toi **III1A,** 2
Du bist dran! A toi! **I4B,** 2
Und **du**? Et toi? **I1AP,** 4
dumm bêtement **III2A,** 2
dummerweise bêtement **III2A,** 2
Was für ein **Durcheinander**! *(ugs.)* Quel bazar! *(fam.)* **I2C,** 1
durchgehen passer **III4A,** 2
durchqueren traverser **IV3AP**
der **Durchschnitt** la moyenne **IV1AP,** 2
im **Durchschnitt** en moyenne **IV1AP,** 2
durchschnittlich en moyenne **IV1AP,** 2
der **Durst** la soif **I3C,** 1
eine **Dusche** une douche **III3A,** 7
eine **DVD**/**DVDs** un DVD/des DVD **I4A,** 1

E

ebenfalls également **IV3A,** 4
Echt ätzend! *(ugs.)* C'est galère! *(fam.)* **II4A,** 2
eine **Ecke** un coin **III1A,** 1
ehemalig ancien/ancienne **IV2AP**
ein **Ehepaar** un couple **III4A,** 2
eher plutôt **IV2A,** 1
ehrgeizig ambitieux/ambitieuse **IV3AP**
ein **Ei**/**Eier** un œuf/des œufs **III3A,** 3
eifersüchtig (auf) jaloux/jalouse (de) **III1A,** 1
ein/**eine** un, une **I2AP,** 3
einfarbig uni/unie ***II1A, 13**
der **Eingang** l'entrée *(f.)* **II5A,** 2
Das Radio ist **eingeschaltet**. La radio est allumée. **IV1A,** 1
eingewandert immigré/immigrée **IV2AP**
einige quelques *(pl.)* **III5AP,** 3; plusieurs **III5A,** 5
die **Einkäufe** les courses *(f.) (pl.)* **II3A,** 4
einkaufen faire les courses *(f.) (pl.)* **III5A,** 3
günstig **einkaufen** faire une affaire/des affaires **III5A,** 5
das **Einkaufen** le shopping **I6A,** 1
einladen inviter **I6A,** 1
einladen zu offrir **III4A,** 2
einmal une fois **III1A,** 4
einrichten installer **II4A,** 2
einsammeln ramasser **II3A,** 2
einschalten allumer **II2A,** 2
eintreten entrer **I6B,** 1
eine **Eintrittskarte** un billet **I5B,** 1; un ticket **IV4A,** 6
Einverstanden. D'accord. **I3A,** 1
ein **Einwanderer**/eine **Einwanderin** un immigré/une immigrée **IV2AP**
die **Einwanderung** l'immigration *(f.)* **IV2A,** 1
ein **Einwohner**/eine **Einwohnerin** un habitant/une habitante **IV3A,** 4
eine **Einzelheit** un détail **III4A,** 8
das **Eis** la glace **III2AP**
eine Kugel **Eis** une boule de glace **III4A,** 1

eine **elektrische** Gitarre une guitare électrique **I4C,** 1
ein **elektronisches** Gerät un appareil électronique **IV1A,** 1
elsässisch alsacien/alsacienne **IV4AP**
die **Eltern** les parents *(m.) (pl.)* **I4B,** 1
eine **E-Mail** un e-mail **I3A,** 8
der **Empfang** l'accueil *(m.)* **III3AP**
er/sie **empfängt** il/elle accueille **III4A,** 2
eine **Empfangsperson** un agent d'accueil/ une agente d'accueil **III4AP**
das **Ende** la fin **III5A,** 9
am **Ende** à la fin **III5A,** 9
Am **Ende** des Tages ... Pour terminer la journée ... **II5A,** 2
am **Ende** des Unterrichts à la sortie du collège **III1A,** 2
endlich enfin **II3AP**
englisch anglais/anglaise **IV1A,** 6
Englisch l'anglais *(m.)* **II2A,** 1
entdecken découvrir **III2AP,** 4
eine **Entdeckung** une découverte **II4AP**
entladen décharger **III5A,** 1
entscheiden (etw. zu tun) décider (de faire *qc*) **IV2A,** 1
eine **Entscheidung** une décision **III4A,** 7
eine **Entscheidung** treffen prendre une décision **III4A,** 7
Sie **entschuldigt** sich. Elle s'excuse. **III4A,** 2
Entschuldigung. Pardon. **I1A,** 1; Excuse-moi./Excusez-moi. **III1A,** 5
etw. **entsprechen** correspondre à *qc* **IV1A,** 4
eine **Epoche** une époque **IV3AP**
die **Erbsen** les petits pois *(m.) (pl.)* ***III5AP**
eine **Erdbeere** une fraise ***III5AP**
die **Erde** la terre **IV3A,** 10
das **Erdgas** le gaz **IV1A,** 1
die **Erdkunde** la géographie **IV1AP,** 1
eine **Erdnuss** une cacahuète **I4B,** 2
die **Erfahrung** l'expérience *(f.)* **III4A,** 8
ein **Erfolg** un succès **III5A,** 3
ein **Ergebnis** un résultat **III2A,** 2
erhalten recevoir **III1A,** 2
eine **Erinnerung** un souvenir **I5A,** 2
jdm. etw. **erklären** expliquer *qc* à *qn* **II5A,** 2
Ich **erkundige** mich. Je me renseigne. **III4AP,** 4
eröffnen ouvrir **III4A,** 1
erscheinen sortir **IV2AP**
ersetzen remplacer **III4A,** 2
der **erste**/die **erste**/das **erste** le premier/la première **III2A,** 2
erzählen raconter **II3A,** 2
ein **Erzeugnis** un produit **II4AP,** 2
die **Erziehung** l'éducation *(f.)* **IV2AP**
es gibt il y a **I3A,** 1
Es geht mir gut. Ça va. **I1A,** 1
Es regnet. Il pleut. **I5B,** 1
essen manger **II2A,** 2
Er würde gern etwas davon **essen.** Il aimerait en manger. **IV3A,** 4
Essen kommen! A table! **I3C,** 1
ein **Essen** un repas **IV3AP**
eine **Etage** un étage **II2A,** 2
etwa environ **II4A,** 2
etwas quelque chose **II2A,** 1
euer/**eure** votre/vos **I6B,** 1
eurer Meinung nach à votre avis **II2A,** 2
ein **Euro** un euro **I2A,** 1
zwölf **Euro** die Stunde douze euros de l'heure **III4A,** 8
europäisch européen/européenne **IV0**
exotisch exotique/exotique **IV1AP**
der **Export** l'export *(m.)* **III5AP,** 3

F

fahren aller **I5A,** 4; rouler **III2A,** 2
fahren nach partir pour **IV0,** 3
eine **Fahrkarte** un billet **IV4A,** 5; un ticket **IV4A,** 6
ein **Fahrrad** un vélo **II4A,** 1
Fahrradfahren le vélo **I6A,** 1
hier: ein **Fahrscheinautomat** un distributeur automatique **IV4A,** 5
eine **Fahrt** un tour **I6AP,** 4
ein **Fall** une chute **III2A,** 2
fallen tomber **I3B,** 2
Das ist **falsch.** C'est faux. **II2A,** 8
eine **Familie** une famille **I4B,** 1
ein **Fan** un/une fan **III3A,** 3
Fan sein von être fan de **III3A,** 3
fantastisch fantastique **I5A,** 2
eine **Farbe** une couleur **II1A,** 1
Ich **fass** es nicht! C'est la totale! **II1A,** 2
fast presque **III3A,** 3
faszinieren fasciner **II5AP**
fasziniert sein être fasciné(e) **III2A,** 2
Februar février *(m.)* **I4AP,** 2
es **fehlt** etw. il manque *qc* **III5A,** 3
ein **Fehler** une erreur **II1A,** 2
feiern faire la fête **III1AP**; fêter **IV1AP,** 6
feige lâche/lâche **III1A,** 2
ein **Fels** un rocher **I6B,** 1
ein **Fenster** une fenêtre **III4A,** 2
die **Ferien** les vacances *(f.) (pl.)* **I6A,** 1
Wie waren deine **Ferien**? C'était comment tes vacances ? **III0,** 1
ein **Ferienlager** une colo(nie) **I6A,** 1
das **Fernsehen** la télé (= la télévision) **II1A,** 2
ein **Fernsehsender** une chaîne de télévision **IV4AP**
der **Fernseher** la télé (= la télévision) **II1A,** 2
fertig prêt/prête **III2AP**
fesseln être fasciné(e) **III2A,** 2
ein **Fest** une fête **I4AP,** 4
festigen renforcer **IV4AP**
eine **Fete** une fête **I4AP,** 4
ein **Film** *(Kino)* un film **I4A,** 1
das **Finale** la finale **I3A,** 1
finden trouver **I5C,** 1
finden, dass trouver que **III1A,** 2
ein **Finger** un doigt ***III2A, 10**
eine **Firma** une entreprise **III5A,** 3
der **Fisch** le poisson **III4A,** 1
eine **Flasche** une bouteille **II4A,** 2
das **Fleisch** la viande **III4A,** 1
flexibel flexible/flexible **III4A,** 8
eine **Flöte** une flûte **IV3AP,** 6
ein **Flughafen** un aéroport **II0,** 2
ein (großer) **Fluss** un fleuve **IV1A,** 7
die **Form** haben avoir la forme **IV1AP**
sich **fortbewegen** se déplacer **IV4A,** 6
fortfahren continuer **IV2A,** 7
ein **Foto** une photo **I3C,** 1
Fotos machen prendre des photos **II4A,** 1
ein **Foto** beschreiben décrire une photo **II5A,** 4
fotografieren prendre des photos **II4A,** 1
eine **Frage** une question **I6B,** 1
Das kommt nicht in **Frage.** Pas question. **III1A,** 2
Du stellst **Fragen.** Tu poses des questions. **I2C,** 7
ein **Fragebogen** un questionnaire **IV2A,** 1
jdn. (nach) etw. **fragen** demander *qc* à *qn* **II3A,** 9
nach dem Weg **fragen** demander le chemin **II4A,** 2
in **Frankreich** en France **I2AP,** 2
im übrigen **Frankreich** dans le reste de la France **III5AP,** 3
eine **Frankreichreise** un tour de France **I6AP,** 4
ein **Franzose**/eine **Französin** un Français/ une Française **III3A,** 3
deutsch-**französisch** franco-allemand/ franco-allemande **III3A,** 3
das **französische** Mutterland la France métropolitaine **IV1AP**
Französisch le français **II2A,** 11
Man spricht dort **Französisch.** On y parle français. **IV0**
eine **Frau** une dame **II3A,** 9; une femme **IV3A,** 10
Frau ... *(Anrede)* madame (Mme) **I1A,** 1
Fräulein *(Anrede)* mademoiselle **I5A,** 2
frei libre/libre **III4A,** 2
die **Freiheit** la liberté **IV2AP,** 5
Freitag vendredi *(m.)* **I3C,** 4
die **Freizeit** les loisirs *(m.) (pl.)* **I3AP**
die **Freizeitaktivitäten** les loisirs *(m.) (pl.)* **I3AP**
eine **Freizeitbeschäftigung** une activité **III3A,** 2
ein **Freizeitpark** un parc d'attractions ***II4AC, 3**
ein **Fremdenführer**/eine **Fremdenführerin** un/une guide **III4AP**

Das wird sie/ihn **freuen**. Ça va lui faire plaisir. **III4A, 2**
ein **Freund**/eine **Freundin** un copain/une copine **I2A, 1**; un ami/une amie **I3C, 1**; un/une pote *(fam.)* **III1AP**
der beste **Freund**/die beste **Freundin** le meilleur ami/la meilleure amie **III1AP**
unter **Freunden** entre potes **III1AP**
die **Freundschaft** l'amitié *(f.)* **III1A, 13**
eine **Freundschaftsanfrage** une demande de contact **II2A, 2**
frisch frais/fraîche **III5A, 7**
eine **Frisur** une coiffure ***IV3A, 10**
ein Nachtisch im Glas mit **Früchten** une verrine de fruits **II5A, 8**
früh tôt *(adv.)* **II4A, 10**
früher autrefois **IV2AP**
der **Frühling** le printemps **II4A, 1**
das **Frühstück** le petit-déjeuner **III3A, 3**
frühstücken prendre le petit-déjeuner **III3A, 9**
ein **Fuchs** un renard ***III2AP, 4**
füllen remplir **III5A, 3**
für pour **I2A, 1**
für beide pour les deux **I5A, 2**
für mich pour moi **II3A, 2**
der **Fuß** le pied **III2A, 1**
zu **Fuß** à pied **II4A, 10**
Fußball *(als Sportart)* le foot **I3AP**
ein **Fußballspiel** un match de foot **I3A, 1**
eine **Fußballzeitschrift** un magazine de foot **I2A, 1**

G

eine **Gabel** une fourchette ***II5AC, 5**
die **Gänseleberpastete** le foie gras **III5A, 3**
(der/die/das) **ganz(e)** … tout le, toute la, tous les, toutes les **III5A, 1**
ein **Garten** un jardin **IV1A, 1**
das **Gas** le gaz **IV1A, 1**
das **Gas** abstellen couper le gaz **IV1A, 1**
ein **Gebäude** un bâtiment **IV4AP**
gebaut von construit/construite par **IV4AP**
jdm. etw. **geben** donner *qc* à *qn* **II2A, 1**; passer *qc* à *qn* **III3A, 9**
es **gibt** il y a **I3A, 1**
Acht **geben** faire attention **III2A, 2**
Was **gibt** es? Qu'est-ce qu'il y a? **I3B, 2**
geboren werden naître **IV2AP**
er/sie ist **geboren** il est né/elle est née **III3A, 3**
gebrochen cassé/cassée **III2A, 2**
eine **Geburtsstadt** une ville natale **IV2A, 3**
ein **Geburtstag** un anniversaire **I4AP**
Alles Gute zum **Geburtstag**. Joyeux anniversaire. **I4AP**
Herzlichen Glückwunsch zum **Geburtstag**! Bon anniversaire! **I4B, 2**
Mein **Geburtstag** ist am … Mon anniversaire, c'est le … **I4AP, 3**
ein **Gedeck** un couvert **III4A, 2**
ein **Gedicht** un poème **III1A, 13**
eine **Gefahr** un danger **IV3A, 4**
gefährlich dangereux/dangereuse **IV3A, 4**
das **Geflügel** la volaille **III5A, 1**
gegen contre **IV1AP**; vers **IV1A, 1**
gegen elf Uhr vers onze heures **II3A, 4**
eine **Gegend** une région **II4AP, 2**
ein **Gegenstand** un objet **IV3A, 9**
gehen aller **I5A, 4**; marcher **III2A, 2**
Alles ist gut **gegangen**. Tout s'est bien passé. **III2A, 2**
Du **gehst** mir auf die Nerven. Tu me soûles. **II1A, 2**
Es **geht** mir gut. Ça va. **I1A, 1**
Gehen wir (hin)? On y va? **I3A, 1**
schnell zur Seite **gehen** vite se déplacer **IV3A, 4**
Wie **geht**'s? Ça va? **I1A, 1**
wir **gehen** (da)hin on y va **I5B, 6**
gehören zu faire partie de **IV0**
ein **Geier** un vautour **III2AP**
eine **Geige** un violon **IV3AP, 6**
das **Gel** le gel **IV3A, 2**
gelb jaune **II1A, 1**
das **Geld** l'argent *(m.)* **II5A, 2**
genug **Geld** assez d'argent **IV4A, 8**
ein **Geldbeutel**/**Geldbeutel** un porte-monnaie/des porte-monnaies **II3A, 5**
sich die Haare **gelen** se mettre du gel dans les cheveux **IV3A, 2**
gelten être valable **IV4AP**
ein **Gemälde** un tableau **IV3A, 10**
gemäß selon *(qn/qc)* **IV4A, 2**
das **Gemüse** les légumes *(m.) (pl.)* **III5AP**
gemustert à motifs ***II1A, 13**
genervt énervé/énervée **III4A, 3**
genial génial **II1A, 2**
genug Geld assez d'argent **IV4A, 8**
die **Geografie** la géographie **IV1AP, 1**
gepunktet à pois ***II1A, 13**
geradeaus tout droit **I6B, 1**
ein **Gerät** un appareil **IV1A, 1**
ein elektronisches **Gerät** un appareil électronique **IV1A, 1**
das **Geräusch** le bruit **III5A, 8**
ein **Gericht** un plat **III4A, 3**
gern volontiers **II5A, 5**
ich würde **gern** (etw. tun) j'aimerais (faire qc) **III2AP, 4**
Ich würde **gern** … machen. J'aimerais qu'on fasse … **IV4A, 8**
Ja, **gern**. Oui, je veux bien. **II5A, 1**
genauso hoch (wie) aussi haut/haute (que) **IV1A, 7**
ein **Geschäft** un magasin **III3A, 3**
ein **Geschenk**/**Geschenke** un cadeau/des cadeaux **I4A, 1**
eine **Geschichte** une histoire **II3A, 2**
Geschichte-Geografie *(Unterrichtsfach)* l'histoire-géo *(f.)* **II2A, 2**
Er/Sie/Es ist **geschlossen**. Il est fermé./Elle est fermée. **IV4A, 4**
ein **Gesetz** une loi **IV4AP**
das **Gesicht** le visage ***III2A, 10**
ein **Gespräch** une discussion **III1A, 2**; un entretien **III4A, 9**
eine **Geste** un geste **III3A, 3**
gestern hier **II3A, 1**
gestreift rayé/rayée ***II1A, 13**
Julie ist **gestresst**. Julie est stressée. **II2A, 2**
ein **Getränk** une boisson **II5A, 2**
die **Gewalt** la violence **IV2AP**
gewalttätig violent/violente **IV1A, 1**
gewinnen gagner **I4B, 2**
Gewonnen! Gagné! **I4B, 2**
gewisse certains/certaines **IV4A, 1**
ein **Gewitter** un orage **II4A, 8**
sich an jdn./etw. **gewöhnen** s'habituer à *qn/qc* **IV3A, 4**
eine **Gewohnheit** une habitude **IV2A, 1**
ein **Gipfel** un sommet **III2A, 7**
ein **Gips** un plâtre **III2A, 2**
ein **Gipsverband** un plâtre **III2A, 2**
eine **Gitarre** une guitare **I4C, 1**
eine elektrische **Gitarre** une guitare électrique **I4C, 1**
ein **Glas** un verre **II5A, 8**
das **Gleichgewicht** l'équilibre *(m.)* **III2A, 2**
die **Gleichheit** l'égalité *(f.)* **IV2AP, 5**
gleichzeitig en même temps **III4A, 2**
Gleitschirmfliegen le parapente **III2AP**
das **Glück** la chance **III1A, 2**
Viel **Glück**! Bonne chance! **I3B, 2**
Glück haben (zu) avoir de la chance (de) **III1A, 2**
Was für ein **Glück**! Quelle chance! **II5A, 2**
glücklich content/contente **III1A, 1**
glücklicherweise heureusement **IV4A, 3**
Herzlichen **Glückwunsch** zum Geburtstag! Bon anniversaire! **I4B, 2**
golden doré/dorée **IV3A, 7**
gotisch gothique/gothique **IV4AP**
der **Gottesdienst** la messe **IV3AP**
ein **Grad** un degré **I6AP, 2**
grau gris/grise **II1A, 1**
eine **Grenze** une frontière **IV4AP**
eine **Grenze** passieren passer une frontière **IV4AP**
jenseits der **Grenzen** au-delà des frontières **III0**
über eine **Grenze** gehen/fahren passer une frontière **IV4AP**
griechisch grec/grecque **IV1A, 6**
groß grand/grande **II1A, 2**
größer als plus grand/grande que **IV1A, 7**
die **Großeltern** les grands-parents *(m.) (pl.)* **I4B, 1**
ein **Großhändler**/eine **Großhändlerin** un/une grossiste **III5AP, 3**

die **Großmutter** la grand-mère **I4B,** 1
der **Großvater** le grand-père **I4B,** 1
großzügig généreux/généreuse **IV2AP**
eine **Grotte** une grotte ***II4AC, 3**
grün vert/verte **II1A,** 1
gründen créer **IV2AP**; fonder **IV2A,** 1
eine **Gruppe** un groupe **I6B,** 1
eine bekannte **Gruppe** un groupe connu **IV1AP**
aus **Guadeloupe** guadeloupéen/guadeloupéenne **IV1A,** 6
günstig einkaufen faire une affaire/des affaires **III5A,** 5
gut bon/bonne **III1AP**
Gute Idee! Bonne idée! **I3A,** 1
Guten Appetit! Bon appétit! **III4A,** 2
Guten Morgen! Bonjour! **I1AP**
Guten Tag! Bonjour! **I1AP**
gut *(Adv.)* bien *(adv.)* **II1A,** 13
gutaussehend mignon/mignonne **II2A,** 2
Alles **Gute** zum Geburtstag. Joyeux anniversaire. **I4AP**

H

ein **Haar**/**Haare** un cheveu/des cheveux **IV3A,** 2
sich die **Haare** gelen se mettre du gel dans les cheveux **IV3A,** 2
ein **Haarknoten** un chignon ***IV3A, 10**
haben avoir **I2B,** 7
Ich **hätte** gern … Je voudrais … **I5C,** 1
eine **halbe** Stunde une demi-heure **III4A,** 2
eine **Halle** une halle **III5A,** 3
hier: eine **Halle** un pavillon **III5AP,** 4
Hallo! Coucou! **I1A,** 4
Hallo! *(ugs.)* Salut! *(fam.)* **I1AP,** 2
Hallo? *(am Telefon)* Allô? **I4A,** 1
halluzinieren halluciner **I5A,** 2
der **Hals** la gorge; le cou ***III2A, 10**
ein **Halstuch** un foulard **I5A,** 2
ein **Halt** un arrêt **IV4A,** 6
Halt! Stop! **I2B,** 2
jdn./etw. **halten** tenir *qn/qc* **IV3A,** 10
eine **Haltestelle** un arrêt; une station **IV4A,** 6
ein **Hamburger** un hamburger ***I3AC**
die **Hand** la main **III2A,** 10
Handball le handball ***I3AC**
eine **Handbewegung** un geste **III3A,** 3
der **Handel** le commerce **III5A,** 3
ein **Handy** un portable **I2B,** 2
Das ist echt die **Härte**! C'est la totale! **II1A,** 2
ein **Hase** un lièvre ***III2AP, 4**
hassen détester **I3A,** 4
hässlich moche **II1A,** 2
eine **Hauptfigur**/**Hauptfiguren** un personnage principal/des personnages principaux **III5A,** 9
ein **Hauptgericht** un plat principal **III4A,** 1
eine **Hauptstadt** une capitale **IV4AP**
ein **Haus** une maison **II1A,** 2
nach **Hause** gehen rentrer **II0,** 2
die **Hausaufgaben** les devoirs *(m.) (pl.)* **II2A,** 2
He! Eh! **I1A,** 1
ein **Heft** un cahier **I2AP,** 3
heiraten épouser **IV2A,** 1
Sie wird bald **heiraten**. Elle va bientôt se marier. **III5A,** 3
heiß chaud/chaude **III3A,** 8
Es ist **heiß**. Il fait chaud. **I6AP,** 2
Mir ist **heiß**. J'ai chaud. **II4A,** 2
ich **heiße** je m'appelle **I1AP,** 3
Wie **heißt** du? Tu t'appelles comment? **I1A,** 1
jdm. **helfen** aider *qn* **II5A,** 2
ein **Hemd** une chemise **II1AP**
herauskommen sortir **IV2AP**
Herein. Entrez. **I6B,** 1
hereinkommen entrer **I6B,** 1
die **Herkunft** l'origine *(f.)* **IV2AP**
(mit) algerischer **Herkunft** d'origine algérienne **IV2AP**
Herr … *(Anrede)* monsieur (M.) **I1A,** 1
herumalbern rigoler **I6A,** 1
herumhängen *(ugs.)* traîner *(fam.)* **II3A,** 1
Herzlichen Glückwunsch zum Geburtstag! Bon anniversaire! **I4B,** 2
heute aujourd'hui **I3B,** 2
heute Abend ce soir **III1A,** 2
heute Nachmittag cet après-midi **II2A,** 2
hier ici **I6A,** 1
Hier. Tiens. **I5A,** 2; Tenez. **IV4A,** 4
Hier bitte. Voilà. **I2A,** 1
die **Hilfe** l'aide *(f.)* **III4A,** 2
Zu **Hilfe**! Au secours! **I6B,** 1
Hilfe! Au secours! **I6B,** 1
eine **Himbeere** une framboise ***III5AP**
hinausfahren (aus) sortir (de) **III3A,** 3
hinausgehen (aus) sortir (de) **III3A,** 3
hineinbringen rentrer **IV1A,** 1
hinfallen tomber **I3B,** 2
hinstellen placer **III4A,** 5
hinter derrière **II5A,** 2
im **Hintergrund** dans le fond **II5A,** 4
hinzufügen ajouter **III4A,** 2
Hip-Hop le hip-hop **I3A,** 1
ein **Hirsch** un cerf ***III2AP, 4**
hoch haut/haute **IV1A,** 7
genauso **hoch** (wie) aussi haut/haute (que) **IV1A,** 7
der **Hochseilgarten** l'accrobranche *(m.)* **I6A,** 1
Klettern im **Hochseilgarten** l'accrobranche *(m.)* **I6A,** 1
ein **Hof** une cour **II2AP**
ein **Höfling**/eine **Hofdame** un courtisan/une courtisane **IV3AP**
die **Höhe** l'altitude *(f.)* **III2A,** 7
holen aller chercher **III2A,** 2
der **Honig** le miel **II4AP**
hören entendre **III5A,** 8
Ich **höre** dich schlecht. Je t'entends mal. **III5A,** 8
eine **Hose** un pantalon **II1AP**
eine **Hosentasche** une poche **I5C,** 1
ein **Hotel** un hôtel **III4AP,** 3
ein **Huhn** un poulet **III4A,** 2
ein **Hühnchen** un poulet **III4A,** 2
der **Humor** l'humour *(m.)* **IV2AP**
ein **Hund** un chien **I2A,** 1
der **Hunger** la faim **I3C,** 1
ein **Hut** un chapeau **IV3A,** 10

I

ich *(betont)* moi **I1A,** 1
Ich auch. Moi aussi. **I4A,** 1
Ich bin's. C'est moi. **I1A,** 7
Ich nicht. Pas moi. **II2A,** 2
eine **Idee** une idée **I3C,** 3
Gute **Idee**! Bonne idée! **I3A,** 1
ignorieren ignorer **III1A,** 2
mit **ihnen** avec eux **III2A,** 2
ihr/**ihre** son/sa/ses **I4C,** 1; leur/leurs **I6B,** 1
Ihr/**Ihre** votre/vos **I6B,** 1
Ihr seid dran. C'est à vous. **III2A,** 2
im dans **I3B,** 1; à **I4A,** 1
im 2. Stock au 2e étage **II2A,** 2
im Hintergrund dans le fond **II5A,** 4
im Internet sur Internet **II2A,** 9
im Regal sur l'étagère **I4B,** 2
im Sommer en été *(m.)* **II1A,** 6
im Winter en hiver *(m.)* **II1A,** 6
immer toujours **I5C,** 1
wie **immer** comme d'habitude **II5A,** 2
das **Improvisationstheater** le théâtre d'improvisation **IV2AP**
improvisieren improviser **IV2AP,** 5
in dans **I3B,** 1; à **I4A,** 1; à la/à l'/au/aux **I5A,** 1
in der Bretagne en Bretagne **I6A,** 1
in Deutschland en Allemagne **I5A,** 2
in Frankreich en France **I2AP,** 2
in Lyon lyonnais/lyonnaise **IV2A,** 1
in der Mitte (von) au milieu de **II5A,** 4
die **Inliner** *(Pl.)* les rollers **I3AP**
Inlineskaten le roller **I3AP**
eine **Insel** une île **IV1AP**
ein (Musik-)**Instrument** un instrument (de musique) **IV1AP,** 4
im **Internet** sur Internet **II2A,** 9
eine **Internetseite** un site Internet **IV4AP,** 5
interviewen interviewer **IV4A,** 1
ein **Irrtum** une erreur **II1A,** 2
italienisch italien/italienne **IV1A,** 6

J

ja oui **I1A**, 1
Ja. *(ugs.)* Ouais. *(fam.)* **I3B**, 2
eine Jacke un blouson **II1A**, 1
eine Jackentasche une poche **I5C**, 1
die Jagd la chasse **IV3AP**
ein Jahr un an **I2B**, 2; une année **I4AP**, 2
Er/Sie ist acht (Jahre alt). Il/Elle a huit ans. **I2B**, 2
im Alter von 8 Jahren à 8 ans **III2A**, 2
eine Jahreszeit une saison **IV1AP**, 3
ein Jahrhundert un siècle **IV4AP**
im Lauf der Jahrhunderte au cours des siècles **IV4AP**
Januar janvier *(m.)* **I4AP**, 2
eine Jeans un jean **II1A**, 2
jedenfalls en tout cas **III3A**, 3
jeder tout le monde **I3C**, 1
jeder/jede/jedes chaque **III5A**, 3
jemand quelqu'un **II2A**, 1
jenseits der Grenzen au-delà des frontières **III0**
jetzt maintenant **I3B**, 2
ein Job *(ugs.)* un boulot *(fam.)* **III4AP**; un job *(fam.)* **III4A**, 8
ein Joghurt un yaourt **III3A**, 8
jonglieren jongler **I5A**, 2
ein Journalist/eine Journalistin un journaliste/une journaliste **IV4AP**
Judo le judo ***I3AC**
die Jugend l'adolescence *(f.)* **IV2AP**
ein Jugendlicher/eine Jugendliche un/une jeune **III2A**, 2
Juli juillet *(m.)* **I4AP**, 2
jung jeune/jeune **IV2A**, 6
ein Junge un garçon **I3B**, 2
Los geht's, Jungs! Allez, les garçons! **I3B**, 2
Juni juin *(m.)* **I4AP**, 2

K

ein Kaffee un café **III3A**, 8
ein Kaffeelöffel une cuillère à café ***II5AC, 5**
kalt froid/froide **III3A**, 8
kalt werden refroidir **III4A**, 2
Es ist kalt. Il fait froid. **I6AP**, 2
ein Kanal/Kanäle un canal/des canaux **IV4AP**
das Kanu le canoë **I6A**, 1
Kanufahren le canoë **I6A**, 1
Ich bin kaputt. Je suis crevé(e). **II4A**, 2
eine Karaffe une carafe ***II5AC, 5**
die Karibik la mer des Caraïbes *(f.)* *(pl.)* **IV1AP**
kariert à carreaux ***II1A, 13**
der Karneval le carnaval **IV1AP**
die Karnevalszeit la période du carnaval **IV1AP**
eine Karotte une carotte ***III5AP**
eine Karriere une carrière **IV2AP**
Karriere als … machen faire carrière en tant que … **IV2AP**, 4
Karriere machen faire carrière **IV2AP**
eine Karte une carte **II4A**, 2
eine Karteikarte une fiche **III3A**, 2
eine Kartoffel une pomme de terre **III4A**, 1
ein Karton un carton **III5A**, 1
der Käse le fromage **I5C**, 1
eine Käseplatte un plateau de fromage **III4A**, 5
eine Kassiererin une caissière **II3A**, 9
eine Katastrophe une catastrophe **IV1A**, 1
eine Kathedrale une cathédrale **I5AP**, 3
eine Katze un chat **I2A**, 1
kaufen acheter **III1AP**, 3
die Käufer les acheteurs *(m.)* *(pl.)* **III5AP**, 3
ein Kaugummi un chewing-gum **I3B**, 1
die Kehle la gorge ***III2A, 10**
Keine Panik. Pas de panique. **II3A**, 2
Keine Ahnung. Je ne sais pas. **I4A**, 1; Aucune idée. **III1A**, 2
Keiner hat's gesehen. Ni vu, ni connu. **II1A**, 2
ein Kellner/eine Kellnerin un serveur/une serveuse **III4AP**
kennen (lernen) connaître **II5A**, 2
eine Kerze une bougie **IV1A**, 1
der Kicker le babyfoot **I4B**, 2
ein Kilometer un kilomètre **II4A**, 2
ein Kind un enfant **II1A**, 2
die Kindheit l'enfance *(f.)* **IV2AP**, 3
das Kinn le menton ***III2A, 10**
ein Kino un cinéma **I5B**, 1
eine Kirche une église **I5AP**, 4
eine Kirsche une cerise **III3A**, 3
ein Kissen un coussin ***I4AC, 4**
Kitesurfen le kitesurf **II5AP**
Hat's geklappt? *(ugs.)* Ça a marché? **III1A**, 2
klar clair/claire **III1A**, 4
Na klar. Bien sûr. **III4A**, 4
klären régler **III4A**, 7
Klasse! Trop la classe! **II1A**, 2
Das ist klasse. C'est la classe. **II1A**, 13
eine Klasse une classe **II2AP**
eine Klassenarbeit une interro *(fam.)* (= interrogation) **II2A**, 2
der Klassenlehrer/die Klassenlehrerin le prof principal/la prof principale **II2A**, 11
ein Klassenzimmer une salle de classe **II2AP**
klauen *(ugs.)* piquer *(fam.)* **III5A**, 3
kleben coller **II5A**, 2
ein Kleid une robe **II1AP**
der Kleiderschlussverkauf les vêtements en solde **II1AP**, 2
reduzierte Kleidung les vêtements en solde **II1AP**, 2
ein Kleidungsstück un vêtement **II1AP**, 2
klein petit/petite **II1A**, 2
Klettern l'escalade *(f.)* **II5AP**
Klettern im Hochseilgarten l'accrobranche *(m.)* **I6A**, 1
klicken cliquer **II2A**, 2
das Klima le climat **IV1AP**, 1
klingeln sonner **I5C**, 1
klopfen frapper **I6B**, 1
ein Klub un club **III1AP**
das Knie le genou **III2A**, 10
der Knoblauch l'ail *(m.)* ***III5AP**
ein Koch/eine Köchin un cuisinier/une cuisinière **III4A**, 2
ein Koffer une valise **III3A**, 1
seinen Koffer packen faire sa valise **III3A**, 1
Wasser mit Kohlensäure l'eau gazeuse **III3A**, 3
eine Kokosnuss une noix de coco **IV1AP**
die Kolonialisierung la colonisation **IV0**
eine Kolonie une colonie **IV0**
kolonisieren coloniser **IV0**
ein Komiker/eine Komikerin un humoriste/une humoriste **IV2AP**
komisch bizarre **I5C**, 1
kommen arriver **I3C**, 1; venir **II2A**, 6
jdn. kommen lassen faire venir qn **IV2AP**
Er/Sie kommt aus … Il/Elle vient de … **II2A**, 2
Ich komme gerade von dort zurück. J'en reviens. **IV4A**, 1
Woher kommst du? Tu viens d'où? **II2A**, 2
komponieren composer **IV3AP**
eine Konditorei une pâtisserie **IV3A**, 4
ein König un roi **IV3AP**
die Königin la reine **IV3AP**
können pouvoir **II5A**, 1; savoir **IV4A**, 1
Man kann … *(+ Verb)* On peut (faire) … **II5A**, 1
Wir können … *(+ Verb)* On peut (faire) … **II5A**, 1
die Konstruktion la construction **IV3AP**
kontrollieren contrôler **II4A**, 2; vérifier **III5A**, 3
die Konzentration la concentration **III2A**, 2
ein Konzert un concert **III3A**, 4
eine Konzerthalle une salle de concert **IV1AP**
der Kopf la tête **III2A**, 6
auf dem Kopf à l'envers **III5AP**
kopieren copier **IV3AP**
eine Koralle/Korallen un corail/des coraux **IV1AP**
ein Korallenriff un récif de corail **IV1AP**
die Körperteile les parties *(f.)* du corps *(m.)* **III2A**, 10
Wie viel kostet das? Ça fait combien? **I5C**, 1; Ça coûte combien? **III5A**, 3
Das ist köstlich! C'est délicieux! **III5A**, 3
krank malade/malade **III1A**, 2

ein **Krankenhaus**/**Krankenhäuser** un hôpital/des hôpitaux **III2A,** 2
ein **Krankenpfleger**/eine **Krankenschwester** un infirmier/une infirmière **III2A,** 2
ein **Krankenzimmer** *(einer Schule)* une infirmerie **II2AP**
ein **Kräutertee** une tisane **III3A,** 8
eine **Kreditkarte** une carte bancaire **II3A,** 4
Kreolisch le créole **IV1AP**
eine **Kreuzung** un croisement **II4A,** 2
eine **Krücke** une béquille **III2A,** 2
eine **Küche** une cuisine **I4B,** 2
hier: ein **Kuchen** un dessert **IV3A,** 4
ein **Kuchen**/**Kuchen** un gâteau/des gâteaux **I4B,** 2
eine **Kugel** Eis une boule de glace **III4A,** 1
ein **Kühlschrank** un frigo *(fam.)* **II5A,** 2
ein **Kuli** un stylo **I2AP,** 3
die **Kultur** la culture **IV2AP**
ein **Kulturbeutel** une trousse de toilette **III2A,** 2
ein **Kumpel** *(ugs.)* un/une pote *(fam.)* **III1AP**
ein **Kunde**/eine **Kundin** un client/une cliente **III4A,** 2
andere **Kunden** d'autres clients **III4A,** 2
die **Kunst** l'art *(m.)* **IV3AP,** 3
ein **Künstler**/eine **Künstlerin** un artiste/une artiste **I5A,** 2
der **Kunstunterricht** les arts plastiques *(m.)* ***II2A, 12**
ein **Kurs** un cours **I3A,** 1; *hier:* un stage **III2A,** 2
ein **Kursteilnehmer**/eine **Kursteilnehmerin** un/une stagiaire **III2A,** 2
eine **Kurve** un virage **III2A,** 1
kurz court/courte **IV3A,** 10
kürzer als moins long/longue que **IV1A,** 7
ein **Küsschen** un bisou **I3A,** 1
ein **Küsschen**/**Küsschen** une bise/des bisous **I6A,** 1
eine **Küste** une côte **IV1AP**

L

jdn. gern zum **Lachen** bringen aimer faire rire *qn* **IV2AP**
ein **Laden** un magasin **III3A,** 3
die geografische **Lage** la situation géographique **IV4AP,** 1
die **Lagervorräte** les stocks *(m.) (pl.)* **III5A,** 3
eine **Lampe** une lampe ***I4AC, 4**
ein **Land** un pays **III0,** 2
auf dem **Land** à la campagne **IV2A,** 6
das **Land** la campagne **IV2A,** 6
eine **Landschaft** un paysage **IV1AP**
eine **Landstraße** une route **II4A,** 2
lang long/longue **III3A,** 3
seit **langem** depuis longtemps **IV4A,** 1
der/die/das **längste** le plus long **IV1AP**
ein **Laptop** un portable **II2A,** 9
der **Lärm** le bruit **III5A,** 8
etw. machen **lassen** faire faire *qc* **IV3AP**
Er **lässt** die Türen verzieren. Il fait décorer les portes. **IV3AP**
Lass mich (in Ruhe)! Laisse-moi! **III1A,** 2
ein **Lastwagen** un camion **III5A,** 1
laufen marcher **III2A,** 2
laufen (im Fernsehen) passer (à la télé) **IV4AP,** 6
laut selon *(qn/qc)* **IV4A,** 2
läuten sonner **I5C,** 1
der **Lavendel** la lavande **II4AP**
leben vivre **IV1A,** 1
das **Leben** la vie **III3A,** 2
der **Lebenspartner**/die **Lebenspartnerin** le compagnon/la compagne **III4A,** 1
leer vide/vide **III4A,** 2
legen mettre **II1A,** 9; poser **II5A,** 2
ein **Lehrer**/eine **Lehrerin** un/une prof *(fam.)* (= professeur) **II2A,** 11
ein **Lehrling** un apprenti/une apprentie **IV3A,** 4
leicht facile/facile **III2A,** 1
Es tut mir **leid**! *(Junge)* Désolé! **I3B,** 2
eine **Leidenschaft** une passion **IV2AP**
lernen réviser **II2A,** 2; apprendre **III3A,** 3
lesen lire **III4A,** 8
letzter/**letzte**/**letztes** dernier/dernière **III3A,** 1
letztes Wochenende le week-end dernier **II3A,** 5
die **Leute** les gens *(m.) (pl.)* **II4A,** 2
Es waren viele **Leute** da. Il y avait beaucoup de monde. **III5A,** 5
das **Licht** la lumière **III4AP**
ein **Lichttechniker**/eine **Lichttechnikerin** un technicien lumière/une technicienne lumière **III4AP**
lieben aimer **I3A,** 4
(sehr) **lieben** adorer **I3A,** 4
Ich **liebe** dich. Je t'aime. **I5A,** 2
lieber mögen préférer **II1A,** 2
am **liebsten** haben adorer **I3A,** 4
Ich gehe **lieber** zu/nach/in … Je préfère aller à … **III2AP,** 4
Lieblings- préféré/préférée **II2A,** 11
Mein **Lieblingsfach** ist … Ma matière préférée, c'est … **II2A,** 11
ein **Lied** une chanson **II0,** 3
ein **Lieferant**/eine **Lieferantin** un livreur/une livreuse **III5A,** 1
ein **Lieferwagen** une camionnette **III5A,** 1
zwischen … und … **liegen** être situé(e) entre … et … **IV4AP**
er/sie/es **liegt** il/elle se situe **IV1AP**
ein **Lineal** une règle **I2AP,** 3
eine **Linie** une ligne **IV4A,** 6
linker/**linke**/**linkes** gauche/gauche **III2A,** 10
(nach) **links** à gauche **I6B,** 1
ein **Lippenstift** un rouge à lèvres **I4B,** 2
ein **Loch** un trou **II1A,** 2
ein **Look** un look **II1AP**
Los! Allez! **I3B,** 2
Los geht's! C'est parti! **II4A,** 2
Los geht's, Jungs! Allez, les garçons! **I3B,** 2
löschen effacer **III1A,** 2
loslassen lâcher **III2A,** 2
eine **Lösung** une solution **III4A,** 2
Lust haben, etw. zu tun avoir envie de faire *qc* **II4AP,** 4
lustig drôle/drôle **IV2AP**
Lycée *(weiterführende Schule nach dem Collège)* un lycée **III3A,** 2

M

machen faire **I6A,** 3
Fotos **machen** prendre des photos **II4A,** 1
Das **macht** … Ça fait … **I2A,** 1
Du **machst** wohl Witze! Tu rigoles. **II1A,** 2
Ich würde gern … **machen**. J'aimerais qu'on fasse … **IV4A,** 8
Was **machen** wir? Qu'est-ce qu'on fait? **I5B,** 1
die **Macht** la puissance **IV3AP**
ein **Mädchen** une fille **I3B,** 2
eine **Mahlzeit** un repas **IV3AP**
Mai mai *(m.)* **I4AP,** 2
ein **Mal** une fois **III1A,** 4
dieses **Mal** cette fois **III1A,** 4
Mama maman **I3C,** 1
Mami maman **I3C,** 1
manchmal parfois **I2C,** 1
der **Mangrovenwald** la mangrove **IV1AP**
ein **Mann** un homme **III5A,** 7
eine **Mannschaft** une équipe **III3A,** 3
ein **Mantel**/**Mäntel** un manteau/des manteaux **II1AP**
ein **Mäppchen** une trousse **I2AP,** 3
eine **Marke** une marque **III5A,** 5
ein **Markt** un marché **III5AP,** 1
die **Marmelade** la confiture **III3A,** 3
marokkanisch marocain/marocaine **IV2AP**
aus **Martinique** martiniquais/martiniquaise **IV1A,** 6
März mars *(m.)* **I4AP,** 2
Mathe *(ugs.)* les maths *(f.) (pl.) (fam.)* (= mathématiques) **II2A,** 2
eine **Mauer** un mur **IV3A,** 10
die **Maus** la souris **II2A,** 9
die **Medien** les médias *(m.) (pl.)* **IV2AP**
ein **Medikament** un médicament **III2A,** 11
das **Meer** la mer **I6A,** 1
die **Meeresfrüchte** les fruits de mer *(m.) (pl.)* **III5AP**
eine **Meeresschildkröte** une tortue marine **IV1AP**

ein **Meerschweinchen** un cochon d'Inde *I2AC, 3
mehr (als) plus (de) III2A, 2
mehr ... als ... plus ... que ... IV2A, 1
mehrere plusieurs III5A, 5
mein/**meine** mon/ma/mes I4B, 1
eine **Meinung** un avis III1A, 2
eurer **Meinung** nach à votre avis II2A, 2
Was ist eure **Meinung** dazu? Qu'est-ce que vous en pensez? III1AP, 4
eine **Melodie** une mélodie IV1AP, 4
eine **Melone** un melon II4AP
eine **(Menschen-)Menge** une foule IV3AP
die Menschenrechte les droits de l'homme *(m.)* IV4AP
ein vegetarisches **Menü** un menu végétarien III4A, 7
merkwürdig bizarre I5C, 1
die **Messe** la messe IV3AP
Bevor er zur **Messe** ging, ... Avant d'aller à la messe ... IV3AP
ein **Messer** un couteau/des couteaux *II5AC, 5
ein **Meter** un mètre III2A, 2
die **Metro** le métro III1A, 1
die **Milch** le lait III3A, 8
die **Milchprodukte** les produits laitiers *(m.)* *(pl.)* III5AP
ein **Minister**/eine **Ministerin** un/une ministre IV2AP
minus moins I5A, 7
eine **Minute** une minute I2A, 1
ein **Minzsirup** mit Wasser une menthe à l'eau II5A, 2
Mist! Mince! I2A, 1
mit avec I2A, 1
mit dem Boot en bateau II4A, 10
mit dem Schiff en bateau II4A, 10
mitbringen apporter I4B, 2
ein **Mitglied** un membre IV4AP
ein **Mitgliedsland** un pays membre IV4AP
mitnehmen emporter IV1A, 1
um zwölf Uhr **mittags** à midi I5B, 1
in der **Mitte** (von) au milieu de II5A, 4
eine **Mitteilung** un message III1A, 2
Mitternacht minuit *(m.)* III5A, 1
Mittwoch mercredi *(m.)* I3A, 1
am **Mittwoch** mercredi *(m.)* I3A, 1
Das ist **Mobbing**. C'est du harcèlement. III1A, 2
wir **möchten** on voudrait III4A, 2
die **Mode** la mode III4A, 10
modern moderne/moderne IV4AP
modisch à la mode IV3AP
mögen adorer; aimer I3A, 4
Ich **möchte** ... Je voudrais ... I5C, 1
lieber **mögen** préférer II1A, 2
(überhaupt) nicht **mögen** détester I3A, 4
Das ist nicht **möglich**! Ce n'est pas possible! II1A, 4
so schnell wie **möglich** le plus vite possible III4A, 8
eine **Möhre** une carotte *III5AP
ein **Moment** un moment III1A, 2
Einen **Moment**, bitte. Un instant, monsieur. II5A, 2
ein **Monat** un mois I4AP, 2
Montag lundi *(m.)* I3C, 4
ein **Monument** un monument I5AP, 3
morgen demain I4A, 1
Bis **morgen**! A demain! III1A, 2
der **Morgen** le matin I6A, 1
am **Morgen** le matin I6A, 1
Guten **Morgen**! Bonjour! I1AP
morgens le matin I6A, 1
Motocross le cross III2A, 1
ein **Motorrad** une moto III2A, 1
ein **Motorroller** un scooter III4A, 8
ein **Mountainbike**/**Mountainbikes** un VTT (= vélo tout terrain)/des VTT II4A, 2
ein **MP3**-Player un lecteur MP3 *I2AC, 3
müde fatigué/fatiguée III1A, 1
ein **Mülleimer** une poubelle IV3A, 4
multikulturell multiculturel/multiculturelle IV2AP
der **Mund** la bouche *III2A, 10
ein **Murmeltier** une marmotte III2AP
ein **Museum** un musée I5AP, 3
die **Musik** la musique I3AP
ein **Musiker**/eine **Musikerin** un musicien/une musicienne IV1AP
Müsli des céréales *(f.)* *(pl.)* III3A, 3
muslimisch musulman/musulmane IV2A, 1
(tun) **müssen** devoir (faire) III2A, 2
Wir **müssen** ... Il faut ... II4A, 2
man **muss** il faut que IV4A, 8
mutig courageux/courageuse III1A, 1
die **Mutter** la mère I4B, 1
das französische **Mutterland** la France métropolitaine IV1AP
hier: das französische **Mutterland** la métropole IV1A, 1
die **Muttersprache** la langue maternelle IV4A, 1

N

nach *(zeitlich)* après I3C, 1
nach und **nach** peu à peu III4A, 2
nach à la/à l'/au/aux I5A, 1
hier: **nachahmen** copier IV3AP
ein **Nachbar**/eine **Nachbarin** un voisin/une voisine II3A, 2
ein **Nachbarland** un pays voisin IV4AP
der **Nachmittag** l'après-midi *(m.)* *(f.)* I5A, 2
am **Nachmittag** l'après-midi *(m.)* *(f.)* I5A, 2
heute **Nachmittag** cet après-midi II2A, 2
eine **Nachricht** un message III1A, 2
die **Nachrichten** les infos *(f.)* *(pl.)* (= les informations) IV1A, 1
nächster/**nächste**/**nächstes** prochain/prochaine II4A, 10
nächste Woche la semaine prochaine II2A, 2
die **Nacht** la nuit III2A, 2
ein **Nachtisch** un dessert III4A, 1
ein **Nachtisch** im Glas mit Früchten une verrine de fruits II5A, 8
nahe bei près de III2A, 1
hier in der **Nähe** près d'ici II4A, 2
die **Nahrung** la nourriture IV1A, 1
ein **Name** un nom III4A, 2
auf welchen **Namen** à quel nom III4A, 2
die **Nase** le nez *III2A, 10
Ich habe die **Nase** voll. *(ugs.)* J'en ai marre. *(fam.)* I2C, 1
die **Nationalität** la nationalité IV2AP
die **Natur** la nature III2AP, 2
Naturkunde les S.V.T. (= sciences de la vie et de la terre) *II2A, 12
Natürlich. Bien sûr. III4A, 4
Naturwissenschaften les sciences physiques *(f.)* *II2A, 12
ein **Navigationsgerät** un GPS II4A, 2
neben près de III2A, 1; à côté de III3A, 3
nebenan à côté III3A, 3
nehmen prendre II4A, 4
Nehmen Sie. Tenez. IV4A, 4
Nimm. Tiens. I5A, 2
nein non I1A, 4
etw. **nennen** appeler *qc* IV3A, 4
Du gehst mir auf die **Nerven**. Tu me soûles. II1A, 2
nerven stresser III4A, 2
Du **nervst**. Tu me soûles. II1A, 2
Du **nervst** mich! Tu m'énerves! II3A, 2
nett gentil/gentille III3A, 3; sympathique/sympathique III4A, 3
sehr **nett** *(ugs.)* très sympa *(fam.)* I2C, 1
ein soziales **Netzwerk**/soziale **Netzwerke** un réseau social/des réseaux sociaux III1AP
neu nouveau/nouvel/nouvelle III3A, 3
ein **Neuer** un nouveau II2A, 2
neunzig *(in Belgien/in der Schweiz)* nonante II2A, 2
nicht ne ... pas I5C, 1
nicht mehr ne ... plus III1A, 2
noch **nicht** ne ... pas encore III1A, 2
Nicht so schnell! Pas si vite! II4A, 2
nichts ne ... rien III1A, 2
nichts Besonderes rien de spécial II3A, 1
nichts Schlimmes rien de grave III2A, 2
Nichts. Rien. II2A, 2
nie ne ... jamais III5A, 3
Julie ist **niedergeschlagen**. Julie a le moral à zéro. II5A, 2
der **Niederschlag** la précipitation IV1AP, 2
niedlich mignon/mignonne II2A, 2

niemals ne … jamais **III5A, 3**
niemand ne … personne **III4A, 2**
niemand mehr ne … plus personne **IV3A, 4**
(immer) **noch** encore **II1A, 2**
der **Nordosten** le nord-est **IV4AP**
normalerweise normalement **IV4A, 3**
ein **Notebook** un portable **II2A, 9**
Ich hab's **notiert**. C'est noté. **III4A, 2**
es ist **nötig**, dass il faut que **IV4A, 8**
November novembre *(m.)* **I4AP, 2**
eine **Nummer** un numéro **I5C, 1**
nur seulement **I3B, 2**

O

O.k. D'accord. **I3A, 1**
Das ist **o.k.** C 'est O.K. **I3B, 2**
das **Obst** les fruits *(m.) (pl.)* **III5AP**
oder ou **I2C, 7**
die **Ofenkartoffeln** les pommes de terre au four *(f.)* **III4A, 1**
ein Tag der **offenen** Tür une journée portes ouvertes **II5A, 2**
öffnen ouvrir **III4A, 1**
die **Öffnungszeiten** les horaires d'ouverture *(m.) (pl.)* **III4AP, 3**
oft souvent **I6A, 1**
ohne sans **III4A, 2**
ohne seinen Ausweis zeigen zu müssen sans devoir montrer ses papiers **IV4AP**
ein **Ohr** une oreille ***III2A, 10**
ein **Ohrring** une boucle d'oreille ***IV3A, 10**
Oktober octobre *(m.)* **I4AP, 2**
eine **Olive** une olive **II4AP**
ein **Olivenkuchen** un cake aux olives **II5A, 8**
das **Olivenöl** l'huile d'olive *(f.)* **II4AP**
die **Oma** la grand-mère **I4B, 1**
Oma *(ugs.)* mamie *(fam.)* **I4B, 2**
Omi *(ugs.)* mamie *(fam.)* **I4B, 2**
ein **Onkel** un oncle **IV3A, 4**
der **Opa** le grand-père **I4B, 1**
Opa *(ugs.)* papi *(fam.)* **I4B, 2**
Opi *(ugs.)* papi *(fam.)* **I4B, 2**
orange orange **II1A, 1**
ein **Orangensaft** un jus d'orange **I4B, 2**
War alles in **Ordnung**? Ça a été? **III4A, 2**
organisieren organiser **II5A, 7**
ein **Ort** un endroit **III5A, 7**
ein **Ozean** un océan **IV1AP**

P

ein **Paar** un couple **III4A, 2**
seinen Koffer **packen** faire sa valise **III3A, 1**
ein **Paket** un paquet **I4B, 2**
ein **Palast** un palais **III4AP, 2**
in **Panik** geraten paniquer **I6B, 1**
Keine **Panik**. Pas de panique. **II3A, 2**
Papa papa **I2B, 2**
ein **Papagei** un perroquet ***I2AC, 3**
die **Papiere** les papiers *(m.) (pl.)* **II3A, 2**
eine **Paprika** un poivron ***III5AP**
ein **Park** un parc **II3AP, 4**
eine **Partie** une partie **III1A, 8**
eine **Party** une fête **I4AP, 4**
passen zu aller avec **II2AP, 2**
Passt es Ihnen? Ça vous va? **III4A, 9**
eine Grenze **passieren** passer une frontière **IV4AP**
Was ist **passiert**? Qu'est-ce qui s'est passé? **III2A, 2**
Wie ist das **passiert**? Comment ça s'est passé? **III2A, 5**
eine **Pause** une pause **II4A, 2**
die **Pause** *(in der Schule) (ugs.)* la récré *(fam.)* (= la récréation) **III3A, 3**
ein **Pavillon** un pavillon **III5AP, 4**
perfekt parfait/parfaite **III4A, 2**
eine **Person** une personne **III4A, 9**
eine **Perücke** une perruque **IV3A, 1**
sich eine **Perücke** aufsetzen se mettre une perruque **IV3A, 1**
eine Partie **Pétanque** une partie de pétanque **II4AP**
ein **Pferd**/**Pferde** un cheval/des chevaux **II5A, 2**
hier: eine **Pferdebox** un box/des box **II5A, 2**
ein **Pferdeschwanz** une queue de cheval ***IV3A, 10**
ein **Pfirsich** une pêche ***III5AP**
eine **Pflanze** une plante **IV1AP, 1**
eine **Pflanzung** une plantation **IV1AP**
ein **Picknick** un pique-nique **I6A, 1**
ein **Picknick** machen pique-niquer **II4A, 2**
ein **Piercing** un piercing ***IV3A, 10**
ein **Pilot**/eine **Pilotin** un/une pilote **III2A, 1**
die **Piste** la piste **III2A, 1**
eine **Pizza** une pizza **I6B, 8**
eine **Pizzeria** une pizzeria **III3A, 3**
ein **Plakat** une affiche **II5A, 2**
eine **Plantage** une plantation **IV1AP**
ein **Platz** une place **I5A, 2**
platzieren placer **III4A, 5**
plötzlich tout à coup **I6B, 1**
plus plus **I2B, 8**
der **Pokal** la coupe **I3C, 1**
die **Politik** la politique **IV2AP**
ein **Politiker**/eine **Politikerin** un politicien/une politicienne **IV2AP**
die **Polizei** la police **III5A, 3**
ein **Polizeirevier** un commissariat **II3A, 2**
eine **Polizeistation** un commissariat **II3A, 2**
ein **Polizist** un policier **II3A, 4**
ein **Ponyritt** un tour de poney **II5A, 2**
der **Pop** la pop **IV2AP**
portugiesisch portugais/portugaise **IV2AP**
die **Post** la poste ***I5C, 7**
ein **Poster** un poster **III2A, 2**
potthässlich trop moche **II1A, 2**
hier: **prägen** marquer **IV3AP**
eine **Präsentation** une présentation **II2A, 2**
präsentieren présenter **I6B, 1**
ein **Preis**/**Preise** un prix/des prix **III5A, 1**
pro Tag par jour **III2A, 11**
probieren goûter **III4A, 4**
ein **Problem** un problème **II1A, 2**
ein **Produkt** un produit **II4AP, 2**
professionell professionnel/professionnelle **III4A, 7**
ein **Programm** un programme **I6B, 1**
ein **Projekt** un projet **IV2A, 1**
ein **Prospekt** un prospectus **III4AP, 4**
provenzalisch provençal/provençale **III4A, 4**
ein **Prozent** un pour cent **III5AP, 3**
Psst! Chut! **II1A, 2**
Ich habe 16 **Punkte** (von 20). J'ai 16 (sur 20). **II2A, 2**
pünktlich à l'heure **IV4A, 5**
die **Pute** la dinde **III5A, 3**

Q

die **Qualität** la qualité **III5A, 3**

R

ein **Radiergummi** une gomme **I2AP, 3**
das **Radio** la radio **II4AP, 2**
Das **Radio** ist eingeschaltet. La radio est allumée. **IV1A, 1**
am **Rande** von au bord de **IV4AP**
ein **Rap** un rap **I2C, 1**
Ratatouille *(südfranzösisches Gemüsegericht)* la ratatouille **III4A, 1**
ein **Raum** une salle **II2AP**
die **Rechnung** *(im Restaurant)* l'addition *(f.)* **III4A, 2**
das **Recht** haben, etw. zu tun avoir le droit de faire *qc* **III3A, 2**
rechter/**rechte**/**rechtes** droit/droite **III2A, 1**
(nach) **rechts** à droite **I6B, 1**
reduzierte Kleidung les vêtements en solde **II1AP, 2**
ein **Refrain** un refrain **I2C, 1**
ein **Regal** une étagère **I4B, 2**
im **Regal** sur l'étagère **I4B, 2**
eine **Regel** une règle **III5A, 3**
regeln régler **III4A, 7**
der **Regen** la pluie **I5C, 7**
der **Regenwald** la forêt tropicale **IV1AP**
regieren gouverner **IV3AP**
eine **Region** une région **II4AP, 2**
Es **regnet**. Il pleut. **I5B, 1**

Es **regnet** wenig. Il ne pleut pas beaucoup. **IV1AP,** 2
ein **Reh** un chevreuil ***III2AP, 4**
reich riche/riche **IV3A,** 10
jdm. etw. **reichen** passer *qc à qn* **III3A,** 9
Das **reicht**! Ça suffit! **I2C,** 1
der **Reichtum** la richesse **IV3AP**
eine **Reise** un tour **I6AP,** 4; un voyage **III3A,** 1
ein **Reisebüro** une agence de voyages **IV1AP,** 3
ein **Reiseführer**/eine **Reiseführerin** un/une guide **III4AP**
Reiten l'équitation *(f.)* **I6A,** 1
ein **Reiterhof** un centre équestre **II5AP,** 4
eine **Reklamation** une réclamation **III4A,** 7
eine **Religion** une religion **IV2A,** 1
hier: ein **Rennfahrer**/eine **Rennfahrerin** un/une pilote **III2A,** 1
eine **Reportage** un reportage **II4AP,** 2
eine **Reserve** une réserve **IV1A,** 1
reservieren réserver **III4A,** 2
Der Tisch ist **reserviert**. La table est réservée. **III4A,** 2
eine **Reservierung** une réservation **III4A,** 2
respektieren respecter **III5A,** 3
ein **Restaurant** un restaurant **III4AP,** 2
ein **Rezept** *(vom Arzt)* une ordonnance **III2A,** 11
der **Rhythmus** le rythme **IV1AP,** 4
in **Richtung** vers **IV1A,** 1
gut **riechen** sentir bon **IV3A,** 4
riesig énorme **I4B,** 2
ein **Rock** une jupe **II1AP**
die **Rolle** le rôle **III5A,** 2
ein **Roller** un scooter **III4A,** 8
römisch romain/romaine **II4AP**
sich **röntgen** lassen passer une radio **III2A,** 2
rosa rose **II1A,** 1
rot rouge **II1A,** 1
der **Rücken** le dos **III2A,** 10
die **Rückfahrt** le retour **III3AP**
die **Rückkehr** le retour **III3AP**
ein **Rucksack** un sac **I2AP,** 3
rufen appeler **II5A,** 2
Rugby le rugby **I4C,** 1
ruhig tranquillement **IV4A,** 3
eine **Runde** un tour **I6AP,** 4; un parcours **III0**
der **Rundfunk** la radio **II4AP,** 2
hier: ein **Rundgang** un parcours **III0**
russisch russe/russe **IV1A,** 6
Russisch le russe ***II2A, 12**

S

ein **Saal** une salle **II2AP**
die **Sachen** les affaires *(f.) (pl.)* **I4C,** 4
ein **Saft** un jus **I4B,** 2
sagen dire **III1A,** 2
eine **Saison** une saison **IV1AP,** 3
ein **Salat** une salade **III4A,** 6
das **Salz** le sel **III4A,** 7
Samstag samedi *(m.)* **I3A,** 1
der **Sand** le sable **IV1AP**
ein **Sandwich** un sandwich **I5C,** 1
ein **Sänger**/eine **Sängerin** un chanteur/une chanteuse **III0,** 2
ein **Satz** une phrase **I3B,** 4
Bist du **sauer** auf uns? Tu es fâché contre nous? **III1A,** 2
es **schaffen**, zu (tun) arriver à (faire) **III2A,** 2
schaffen créer **IV2AP**
ein **Schal** un foulard **I5A,** 2
eine **Schale** un bol ***II5AC, 5**
Schau mal! Tiens! **II2A,** 2
ein **Schauspieler**/eine **Schauspielerin** un acteur/une actrice **IV1A,** 6; un comédien/une comédienne **IV2AP**
schenken offrir **III4A,** 2
schick chic/chic **II1A,** 13
jdm. etw. **schicken** envoyer *qc à qn* **III1A,** 2
schieben pousser **III2A,** 1
ein **Schiff**/**Schiffe** un bateau/des bateaux **II4A,** 10
mit dem **Schiff** en bateau **II4A,** 10
eine **Schildkröte** une tortue ***I2AC, 3**
der **Schinken** le jambon **I5C,** 1
ein **Schlafanzug** un pyjama **III2A,** 2
schlafen dormir **III3A,** 3
schlafen gehen se coucher **IV3A,** 2
ein **Schlafsack** un sac de couchage **I6A,** 1
ein **Schlafzimmer** une chambre **I4B,** 2
ein **Schläger** une raquette **I4A,** 1
eine **Schlägerei** une bagarre **IV3A,** 4
das **Schlagzeug** la percussion **IV1AP**; la batterie **IV2AP**
Schlagzeugunterricht nehmen suivre des cours de batterie **IV2AP**
hier: **schlecht** *(ugs.)* nul/nulle *(fam.)* **III3A,** 3
schlecht mauvais/mauvaise **IV3A,** 4
Ich höre dich **schlecht**. Je t'entends mal . **III5A,** 8
schließen fermer **II1A,** 2
schließlich enfin **II3AP**; à la fin **III5A,** 9
nichts **Schlimmes** rien de grave **III2A,** 2
ein **Schloss**/**Schlösser** un château/des châteaux **III3A,** 3
ein **Schlüssel** une clé **I3B,** 1
ein **Schlüsselanhänger**/**Schlüsselanhänger** un porte-clé/des porte-clés **I5A,** 2
Schmerzen haben (in/an) avoir mal (à/au) **III2A,** 2
ein **Schmetterling** un papillon **IV1AP**
(sich) **schminken** (se) maquiller **IV3AP**
schmücken décorer **IV3AP**
ein **Schnäppchen** machen faire une affaire/des affaires **III5A,** 5
der **Schnee** la neige **III2AP**
Schneescooterfahren le scooter des neiges **III2AP**
Es **schneit**. Il neige. **II4A,** 8
schnell *(Adv.)* vite *(adv.)* **III2A,** 2
Nicht so **schnell**! Pas si vite! **II4A,** 2
schneller plus vite **III2A,** 2
schnell zur Seite gehen vite se déplacer **IV3A,** 4
so **schnell** wie möglich le plus vite possible **III4A,** 8
eine **Schnitzeljagd** un jeu de piste **III3AP**
ein **Schnurrbart** une moustache ***IV3A, 10**
eine **Schokolade** *(zum Trinken)* un cacao **III3A,** 8
die **Schokolade** le chocolat **I3C,** 1
eine **Schokoladencrêpe** une crêpe au chocolat **I3C,** 1
ein **Schokoladenhörnchen** un pain au chocolat **I5C,** 1
schön beau/bel/belle **IV3A,** 3
sehr **schön** magnifique **III3A,** 3
Das Wetter ist **schön**. Il fait beau. **I5C,** 7
schon déjà **I4B,** 2
ein **Schrank** une armoire **I4C,** 1
schrecklich terrible **IV1A,** 1
schreiben écrire **III4A,** 10
ein **Schreibtisch**/**Schreibtische** un bureau/des bureaux **I4C,** 1
schreien crier **IV3A,** 4
schüchtern timide/timide **III3A,** 3
Was für eine **Schufterei**! *(ugs.)* Quel boulot! *(fam.)* **III4AP**
ein **Schuh** une chaussure **I3B,** 1
Schuhe mit Absatz des chaussures *(f.)* à talons *(m.)* ***IV3A, 10**
der **Schulbeginn** la rentrée **I2AP**
ein **Schulbibliothekar**/eine **Schulbibliothekarin** un documentaliste/une documentaliste **II2A,** 1
eine **Schule** une école **II2A,** 11
Die **Schule** hat begonnen! C'est la rentrée! **I2AP**
nach der **Schule** à la sortie du collège **III1A,** 2
ein **Schüler**/eine **Schülerin** un élève/une élève **II2A,** 2
ein **Schüleraustausch** un échange scolaire **III3A,** 2
der **Schuljahresbeginn** la rentrée **I2AP**
die **Schulter** l'épaule *(f.)* **III2A,** 2
schützen protéger **III2AP,** 2
sich **schützen** se protéger **IV3A,** 4
schwarz noir/noire **II1A,** 1
ein **Schwarztee** un thé **III3A,** 8
schweizerisch suisse/suisse **III0,** 2
eine **Schwester** une sœur **I2B,** 2
schwierig difficile **I5C,** 6
ein **Schwimmbad** une piscine **I5B,** 1
Schwimmen la natation ***I3AC**
ein **See** un lac ***II4AC, 3**
sehen voir **III3A,** 3

sehr très **I2C,** 1; beaucoup **I6B,** 1
sein être **I4A,** 3
Ich **bin**'s. C'est moi. **I1A,** 7
sein/seine son/sa/ses **I4C,** 1
seit depuis **II2A,** 11
seit langem depuis longtemps **IV4A,** 1
eine **Sekunde** une seconde **II5A,** 2
Ich bin es **selbst**. C'est moi-même. **III4A,** 9
eine **Sendung** une émission **IV2AP**
September septembre *(m.)* **I4AP,** 2
servieren servir **III4A,** 1
eine **Serviette** une serviette **II5A,** 8
ein **Sessel** un fauteuil **IV3A,** 10
setzen mettre **II1A,** 9; poser **II5A,** 2
das **Shoppen** le shopping **I6A,** 1
eine **Sicht** une vue **I5A,** 2
ein **Sieger**/eine **Siegerin** un champion/une championne **I3B,** 2
singen chanter **I3B,** 2
eine **Situation** une situation **IV2A,** 8
sitzen être assis(e) **IV3A,** 10
Skateboarden le skate **I3AP**
ein **Skatepark** un skatepark **I5B,** 1
Skifahren le ski **III2AP**
Slacken la slackline **II5AP**
die **Slackline** la slackline **II5AP**
eine **SMS** un SMS **I4B,** 8; un texto **III1A,** 2
eine **Socke** une chaussette **I2C,** 1
ein **Sofa** un canapé ***I4AC, 4**
sofort tout de suite **II2A,** 6
sogar même **III2A,** 2
ein **Sohn** un fils ***I4AC, 4**
solidarisch solidaire/solidaire **IV2AP**
der **Sommer** l'été *(m.)* **I6AP**
im **Sommer** en été *(m.)* **II1A,** 6
die **Sonne** le soleil **II4A,** 6
Die **Sonne** scheint. Le soleil brille. **II5A,** 2
eine **Sonnenbrille** des lunettes de soleil *(f.)* *(pl.)* ***IV3A, 10**
der **Sonnenkönig** le Roi-Soleil **IV3AP**
Es ist **sonnig**. Il y a du soleil. **II4A,** 8
Sonntag dimanche *(m.)* **I3C,** 4
sonst sinon **IV4A,** 1
ein **Souvenir** un souvenir **I5A,** 2
ein **soziales** Netzwerk/**soziale** Netzwerke un réseau social/des réseaux sociaux **III1AP**
die **Spaghetti** les spaghettis *(m.)* *(pl.)* ***I3AC**
spanisch espagnol/espagnole **IV1A,** 6
Spanisch l'espagnol *(m.)* ***II2A, 12**
Spaß haben rigoler **I6A,** 1
spät tard **I2B,** 2
spät dran sein être en retard **II3A,** 2
später plus tard **II4A,** 2
zu **spät** kommen être en retard **II3A,** 2
spazieren gehen se promener **IV3AP**
ein **Spaziergang** une balade **II4AP**
die **Speisekarte** la carte **III4A,** 2
spektakulär spectaculaire **II4A,** 2
eine **Spezialität** une spécialité **II4AP**
ein **Spiegel** une glace ***I4AC, 4**
ein **Spiel** une partie **III1A,** 8
spielen jouer **I3B,** 2
Billard **spielen** jouer au billard **IV3AP**
Die Geschichte **spielt** in ... L'histoire se passe à ... **III5A,** 9
ein **Spieler**/eine **Spielerin** un joueur/une joueuse **IV2AP**
spinnen halluciner **I5A,** 2
Ich glaub, ich **spinne**! *(ugs.)* J'hallucine! *(fam.)* **I5A,** 2
(der) **Sport** le sport **II3A,** 1
die **Sportart** le sport **II3A,** 1
ein **Sportler**/eine **Sportlerin** un sportif/une sportive **IV1A,** 6
ein **Sportstadion** un stade **II3AP**
Sportunterricht l'EPS *(m.)* (= éducation physique et sportive) **II2A,** 2
eine **Sprache** une langue **IV1AP,** 1
sprechen parler **III1A,** 2
Man **spricht** dort Französisch. On y parle français. **IV0**
springen sauter **III2A,** 1
ins Wasser **springen** plonger **II4A,** 2
Sprudel l'eau gazeuse **III3A,** 3
der **Staat** l'Etat **IV3AP**
die **Staatsangehörigkeit** la nationalité **IV2AP**
die **Staatsgeschäfte** les affaires de l'Etat *(f.)* *(pl.)* **IV3AP**
ein **Stadion** un stade **II3AP**
eine **Stadt** une ville **II4A,** 1
eine **Stadtbesichtigung** une visite touristique **I5AP,** 1
eine **Städtepartnerschaft** haben mit être jumelé(e) avec **III3AP,** 1
ein **Stadtplan** un plan de la ville **III4AP,** 3
eine **Stadtrundfahrt** une visite touristique **I5AP,** 1
ein **Stadtviertel** un arrondissement **I5AP,** 1; un quartier **IV2AP**
das **Stadtzentrum** le centre-ville **II3AP,** 4
ein **Star** une star **III1A,** 2
stärken renforcer **IV4AP**
der **Start** le départ **III2A,** 2
starten partir **III3A,** 1
starten *(Auto/Motorrad)* démarrer **III2A,** 1
das **Starten** le démarrage **III2A,** 2
hier: der **Startversuch** le démarrage **III2A,** 2
eine **Station** une station **IV4A,** 6
ein **Steak** un steak **III4A,** 1
stehen être debout **IV3A,** 10
stehlen voler **IV3A,** 4
steigen auf monter sur **III2A,** 2
ein **Steinbock** un bouquetin ***III2AP, 4**
stellen mettre **II1A,** 9; poser **II5A,** 2
ein **Stellenangebot** une offre d'emploi *(m.)* **III4A,** 8
die **Stiefmutter** la belle-mère ***I4AC, 4**
der **Stiefvater** le beau-père ***I4AC, 4**
ein **Stift** un crayon; un stylo **I2AP,** 3
Still! Chut! **II1A,** 2
die **Stimmung** l'ambiance *(f.)* **II5A,** 2
stinken sentir mauvais **IV3A,** 4
die **Stirn** le front ***III2A, 10**
im 2. **Stock** au 2e étage **II2A,** 2
ein **Stockwerk** un étage **II2A,** 2
Stopp! Stop! **I2B,** 2
ein **Strand** une plage **I6A,** 1
Strandsegeln le char à voile **II5AP**
aus **Straßburg** strasbourgeois/strasbourgeoise ***IV4AP, 5**
eine **Straße** une rue **II3A,** 2; une route **II4A,** 2
auf der **Straße** dans la rue **II3A,** 2
die **Straßenbahn** le tram(way) **IV4A,** 6
eine **Strecke** un parcours **III0**
die **Strecke** le circuit **III2A,** 1
streicheln caresser **II5A,** 2
der **Stress** le stress **II5A,** 2
der **Strom** l'électricité *(f.)* **IV1A,** 1
ein **Strumpf** une chaussette **I2C,** 1
ein (Theater-)**Stück** une pièce (de théâtre) **IV3AP**
ein **Stück/Stücke** un morceau/des morceaux **II5A,** 8
ein **Student**/eine **Studentin** un étudiant/une étudiante **III4A,** 8
ein **Studio** un studio **IV4AP**
das **Studium** les études *(f.)* *(pl.)* **IV2AP**
ein **Stuhl** une chaise **I4C,** 1
eine **Stunde** une heure **I6B,** 1
eine halbe **Stunde** une demi-heure **III4A,** 2
zwölf Euro die **Stunde** douze euros de l'heure **III4A,** 8
ein **Stundenplan** un emploi du temps **II2A,** 2
der **Sturm** la tempête **II4A,** 8
ein **Sturz** une chute **III2A,** 2
stürzen faire une chute **III2A,** 2
ein **Sturzhelm** un casque **II4A,** 2
suchen chercher **I3B,** 2
super génial **II1A,** 2
super *(ugs.)* super *(fam.)* **I2A,** 1
Das war **super**. C'était super. **II3A,** 2
ein **Supermarkt** un supermarché **II3AP**
eine **Suppe** une soupe **IV3AP**
ein **Suppenlöffel** une cuillère à soupe ***II5AC, 5**
Surfen le surf **I6A,** 1
ein **Sweatshirt** un sweat-shirt **II1A,** 1
ein **Symbol** un symbole **IV4A,** 1
sympathisch sympathique/sympathique **III4A,** 3
eine **Szene** une scène **II2AP,** 2

T

ein **Tablet** une tablette tactile **II2A,** 9
eine **Tablette** un comprimé **III2A,** 11

ein **Tag** un jour **I3C,** 4
pro **Tag** par jour **III2A,** 11
am folgenden **Tag** le lendemain **II4A,** 2
am **Tag** darauf le lendemain **II4A,** 2
Guten **Tag**! Bonjour! **I1AP**
ein **Tag** *(im Verlauf)* une journée **I5B,** 1
ein **Tag** der offenen Tür une journée portes ouvertes **II5A,** 2
das **Tagesessen** le plat du jour **III4A,** 2
das **Tagesgericht** le plat du jour **III4A,** 2
das **Tagesmenü** le menu du jour **III4A,** 1
täglich quotidiennement **IV4AP**
eine **Tante** une tante ***I4AC, 4**
der **Tanz** la danse **I3AP**
tanzen danser **I3B,** 2
das **Tanzen** la danse **I3AP**
ein **Tänzer**/eine **Tänzerin** un danseur/une danseuse **IV3A,** 7
eine **Tanzgruppe** une compagnie de danse **II2A,** 2
eine **Tasche** un sac **I2AP,** 3
eine **Taschenlampe** une lampe de poche **IV1A,** 1
ein **Taschenrechner** une calculatrice ***I2AC, 3**
eine **Tasse** une tasse ***II5AC, 5**
die **Tastatur** le clavier **II2A,** 9
eine **Tätowierung** un tatouage ***IV3A, 10**
Tauchen la plongée **I6A,** 1
ein **Taxi** un taxi **II4AP,** 2
ein **Taxifahrer** un chauffeur de taxi **II4AP,** 2
ein **Team** une équipe **III3A,** 3
Technik la technologie ***II2A, 12**
die **Technologie** la technologie ***II2A, 12**
ein **Teil** (von) une partie (de) **IV4A,** 1
ein **Teil** sein von faire partie de **IV0**
an etw. **teilnehmen** participer à *qc* **III3A,** 2; assister à *qc* **IV3AP**
ein **Telefon** un téléphone **I5C,** 5
am **Telefon** à l'appareil **III4A,** 8
ein **Telefongespräch** un entretien téléphonique **III4A,** 9
telefonieren téléphoner **II3A,** 1
eine **Telefonnummer** un numéro **I5C,** 1
die **Telefonnummer** ändern changer de numéro **III1A,** 2
ein **Teller** une assiette **II5A,** 2
die **Temperatur** la température **IV1AP,** 2
Tennis le tennis **II1A,** 10
ein **Teppich** un tapis ***I4AC, 4**
einen **Termin** vereinbaren prendre un rendez-vous **III2A,** 6
eine **Terrasse** une terrasse **III4A,** 2
teuer cher/chère **I4A,** 1
das **Theater** le théâtre **III4AP,** 2
So ein **Theater**! Quel cinéma! **II3A,** 2
ein **Theaterstück** une pièce (de théâtre) **IV3AP**
eine **Theatertruppe** une troupe (de théâtre) **IV3AP**
ein **Thema** un thème **IV2A,** 1

ein **Tier**/**Tiere** un animal/des animaux **IV1AP,** 1
ein **Tierarzt**/eine **Tierärztin** un vétérinaire/une vétérinaire **II5A,** 2
der **Tierschutzverein** la SPA (= Société Protectrice des Animaux) **II5A,** 2
ein **Tintenkiller** un effaceur **I2AP,** 3
tippen taper **II2A,** 9
ein **Tisch** une table **I4C,** 1
Zu **Tisch**! A table! **I3C,** 1
das **Tischfußballspiel** le babyfoot **I4B,** 2
Tischtennis le ping-pong **I6A,** 3
ein **Tischtennisschläger** une raquette de ping-pong **I4A,** 1
das **Toastbrot** le pain grillé ***III3A, 8**
eine **Tochter** une fille **I4AC**
die **Toilette** les toilettes *(f.) (pl.)* **II2AP**
toll fantastique **I5A,** 2
toll *(ugs.)* super *(fam.)* **I2A,** 1
eine **Tomate** une tomate **III4A,** 2
ein **Tomatensalat** une salade de tomates **III4A,** 2
Tor! But! **I3B,** 2
eine **Tour** un tour **I6AP,** 4; une randonnée **III2AP**
der **Tourismus** le tourisme **IV1AP**
ein **Tourist**/eine **Touristin** un touriste/une touriste **I5A,** 2
die **Touristeninformation** l'office de tourisme *(m.)* **III4AP,** 2
tragen porter **II1A,** 2
ein **Training** un entraînement **II1A,** 10
die **Tram** le tram(way) **IV4A,** 6
der **Transport** le transport **III5A,** 5
transportieren transporter **III5A,** 1
die **Traube** le raisin ***III5AP**
sich **trauen** oser **III3A,** 3
ein **Traum** un rêve **IV3A,** 6
davon **träumen**, etw. zu tun rêver de faire *qc* **IV2A,** 6
traurig triste **I6B,** 1
jdn. **treffen** retrouver *qn* **II2A,** 2; rencontrer *qn* **II3A,** 1
trinken boire **II5A,** 2
(ein) **Trinkgeld** un pourboire **III4A,** 2
eine **Trinkschale** un bol **III3A,** 8
eine **Trommel** un tambour **IV1AP**
eine (Theater-)**Truppe** une troupe (de théâtre) **IV3AP**
Tschüs! *(ugs.)* Salut! *(fam.)* **I1AP,** 2
ein **T-Shirt** un t-shirt **I3B,** 1
Was **tun** wir? Qu'est-ce qu'on fait? **I5B,** 1
tunesisch tunisien/tunisienne **IV2AP,** 2
eine **Tür** une porte **I6B,** 1
türkisch turc/turque **IV1A,** 6
ein **Turm** une tour **III3A,** 4
eine **Turnhalle** un gymnase **II2AP**
ein **Turnier** un tournoi **III3AP**
ein **Turnschuh** une basket **II1A,** 2
ein **Tutu** un tutu **III1A,** 2
typisch *(Adv.)* typiquement *(adv.)* **III3A,** 3

U

die **U-Bahn** le métro **III1A,** 1
von Frankreich an Deutschland **übergehen** passer de la France à l'Allemagne **IV4AP**
überprüfen vérifier **III5A,** 3
überqueren traverser **IV4AP**
eine **Überraschung** une surprise **I3A,** 1
überschwemmt inondé/inondée **IV1A,** 1
ein **Überseedepartement** un département d'outre-mer **IV0**
die **Überseedepartements** und -regionen les DROM (Départements et Régions d'Outre-mer) *(m.) (pl.)* **IV0,** 1
übersetzen traduire **IV4A,** 1
ein **Übersetzer**/eine **Übersetzerin** un traducteur/une traductrice **IV4AP**
eine **Übersetzung** une traduction **IV4A,** 1
überwachen surveiller **II5A,** 2
übrigens d'ailleurs **III4A,** 2
am **Ufer** von au bord de **IV4AP**
Um wie viel **Uhr**? A quelle heure? **I5B,** 1
Wie viel **Uhr** ist es? Il est quelle heure? **I5B,** 1
um zwölf Uhr mittags à midi **I5B,** 1
um … herum autour de … **II5A,** 2
Um wie viel Uhr? A quelle heure? **I5B,** 1
um zu pour **IV3AP**
umgekehrt à l'envers **III5AP**
umkehren retourner (à) **II4A,** 2
umziehen déménager **III4A,** 1
unbeachtet lassen ignorer **III1A,** 2
und et **I1AP,** 4
Und du? Et toi? **I1AP,** 4
ein **Unfall** un accident **III2A,** 2
ungefähr environ **II4A,** 2
Das ist **unglaublich**. *(ugs.)* C'est dingue! *(fam.)* **III1A,** 2
unmöglich impossible/impossible **III1A,** 2
unser/**unsere** notre/nos **I6B,** 1
unter sous **I4C,** 1
unter anderen entre autres **IV4AP**
unter Freunden entre potes **III1AP**
sich **unterhalten** discuter **III1AP**
unternehmen entreprendre **IV3AP**
ein **Unternehmen** une entreprise **III5A,** 3
am Ende des **Unterrichts** à la sortie du collège **III1A,** 2
ein **Unterrichtsfach** une matière **II2A,** 11
eine **Unterrichtsstunde** un cours **I3A,** 1
unterschreiben signer **III2A,** 2
unterwegs en chemin **III3A,** 3
das **Unwetter** la tempête **II4A,** 8
der **Urlaub** les vacances *(f.) (pl.)* **I6A,** 1
ein **USB**-Stick une clé USB **II2A,** 9

V

der **Vater** le père **I4B,** 1
ein **vegetarisches** Menü un menu végétarien **III4A,** 7
eine **Verabredung** un rendez-vous **I5B,** 1
(sich) **verändern** changer **III1A,** 2
(einen Tag) **verbringen** passer (une journée) **III3A,** 3
verdächtigen soupçonner **III5A,** 3
verdienen gagner **II5A,** 2
ein **Verein** un club **III1AP**
Es ist viel zu schnell **vergangen**. C'est passé trop vite. **III3A,** 3
vergessen oublier **II3A,** 2
sich **vergnügen** s'amuser **IV3AP**
verhandeln négocier **III5A,** 1
verkaufen vendre **II5A,** 2
ein **Verkäufer**/eine **Verkäuferin** un vendeur/une vendeuse **I5A,** 2
der **Verkaufsbereich** la zone de vente **III5A,** 1
eine **Verkehrslinie** une ligne **IV4A,** 6
eine **Verkostung** une dégustation **III5A,** 3
verlassen quitter **IV2A,** 6
verliebt amoureux/amoureuse **III1A,** 1
verlieren perdre **III2A,** 2
verpassen manquer **III2A,** 2
versäumen manquer **III2A,** 2
verschieden divers/diverse **III5AP,** 3
die **Verspätung** le retard **III1A,** 8
Hat der Zug **Verspätung**? Le train a du retard ? **IV4A,** 3
verstehen comprendre **III1A,** 2
Wir **verstehen** uns gut. On s'entend bien. **III3A,** 3
versuchen, etw. zu tun essayer de faire qc **III2A,** 1
das **Vertrauen** la confiance **III1AP**
Vertrauen haben in avoir confiance en **III5A,** 3
Das ist **verrückt**. *(ugs.)* C'est dingue! *(fam.)* **III1A,** 2
ich habe **verwechselt** j'ai confondu **III3A,** 3
verwenden utiliser **IV2AP**
verzieren décorer **IV3AP**
Er lässt die Türen **verzieren**. Il fait décorer les portes. **IV3AP**
ein **Viadukt** un viaduc **II4A,** 2
ein **Spiel**/**Spiele** un jeu/des jeux **I4A,** 1
ein **Videospiel**/**Videospiele** un jeu vidéo/des jeux vidéo **I4A,** 1
viel/**viele** *(ugs.)* plein de *(fam.)* **III3A,** 3
Viel Glück! Bonne chance! **I3B,** 2
viele Besucher beaucoup de visiteurs **II5A,** 2
die **Vielfalt** la diversité **IV1AP**
vielleicht peut-être **I5C,** 1
ein **Viertel** un arrondissement **I5AP,** 1; un quartier **IV2AP**
drei **Viertel** les trois quarts (= les 3/4) **IV1AP**
eine **Vinaigrette** *(eine Salatsoße mit Essig und Öl)* une vinaigrette **III4A,** 2
violett violet/violette ***II1A, 1**
eine **Violine** un violon **IV3AP,** 6
voll plein/pleine **III4A,** 2
das **Vollkornbrot** le pain complet ***III3A, 8**
vollständig complètement **III4A,** 1
volltanken faire le plein **IV1A,** 1
von de/d' **I2B,** 1
von ... an à partir de **III3A,** 3
von ... bis de ... à **III4A,** 8
vor *(zeitlich)* avant **II4A,** 1
vor allem surtout **IV4A,** 1
vor dem Essen avant de manger **II4A,** 2
vor *(örtlich)* devant **I2B,** 2
vorankommen avancer **II4A,** 2
vorbeikommen passer **III4A,** 8
vorbereiten préparer **I3C,** 2
Wir müssen uns **vorbereiten**. Il faut se préparer. **IV1A,** 1
eine **Vorführung** un spectacle **II2A,** 2
vorn/**vorne** devant **II4A,** 2
hier: ein **Vorort** mit Hochhäusern une cité **IV2AP**
ein **Vorort** une banlieue **IV2AP**
die **Vorräte** les provisions *(f.) (pl.)* **IV1A,** 1
ein **Vorschlag** une proposition **IV3AP**
vorschlagen proposer **II4A,** 2
vorschlagen, etw. zu tun proposer de faire *qc* **II4A,** 10
eine **Vorschrift** une règle **III5A,** 3
hier: eine **Vorspeise** une entrée **III4A,** 1
vorstellen présenter **I6B,** 1
eine **Vorstellung** une présentation **II2A,** 2; une séance **II3A,** 2
ein **Vorstellungsgespräch** un entretien **III4A,** 9
vorwärts kommen avancer **II4A,** 2
ein **Vulkan** un volcan **IV1AP**

W

wachsen pousser **IV1AP**
eine **Waffel** une gaufre **II3A,** 2
wagen oser **III3A,** 3
ein **Wagen** un chariot **III5A,** 3
seine **Wahl** treffen faire son choix **III5A,** 3
wählen choisir **III4A,** 2; voter **IV4AP**
während *(Präp.)* pendant **I6A,** 1
währenddessen pendant ce temps **II5A,** 2
eine **Wand** un mur **IV3A,** 10
an der **Wand** au mur **IV3A,** 10
eine **Wange** une joue ***III2A, 10**
mit **Wangenkuss** begrüßen/verabschieden *(ugs.)* faire la bise **III3A,** 3
Wann? Quand? **I6B,** 3
die **Ware** la marchandise **III5AP,** 3
warm chaud/chaude **III3A,** 8
Es ist **warm**. Il fait chaud. **I6AP,** 2
Mir ist **warm**. J'ai chaud. **II4A,** 2
hier: die **Warnstufe** la vigilance **IV1A,** 1
auf jdn./etw. **warten** attendre *qn/qc* **II3A,** 9
Warum? Pourquoi? **I6B,** 1
Was? *(ugs.)* Quoi? *(fam.)* **I2B,** 2
Was brauchst du? Qu'est-ce qu'il te faut? **III2A,** 2
Was für ein Durcheinander! *(ugs.)* Quel bazar! *(fam.)* **I2C,** 1
Was für ein Glück! Quelle chance! **II5A,** 2
Was gibt es? Qu'est-ce qu'il y a? **I3B,** 2
Was ist das? Qu'est-ce que c'est ? **I2A,** 1
Was ist denn das? C'est quoi, ça? **II1A,** 2
Was ist los? Qu'est-ce qu'il y a? **I3B,** 2
Was machen wir? Qu'est-ce qu'on fait? **I5B,** 1
Was macht ...? Que fait ...? **II4AP,** 2
Was tun? Que faire? **III2A,** 2
Was tun wir? Qu'est-ce qu'on fait? **I5B,** 1
das **Wasser** l'eau *(f.)* **I6B,** 1
Wasser mit Kohlensäure l'eau gazeuse **III3A,** 3
ins **Wasser** springen plonger **II4A,** 2
ein **Wasserfall** une cascade **III2AP**
eine **Wasserrutsche** un toboggan **I5B,** 1
weder ... noch ne ... ni ... ni **IV3A,** 4
der **Weg** le chemin **II2A,** 2
nach dem **Weg** fragen demander le chemin **II4A,** 2
wegen à cause de **IV4A,** 7
weggehen partir **III3A,** 1
Ihm/Ihr tut alles **weh**. Il/Elle a mal partout. **III4A,** 2
weil parce que **I6B,** 1
der **Wein** le vin **IV3A,** 10
weiß blanc/blanche **II1A,** 1
weit loin **II4A,** 1
jdm. etw. **weitergeben** passer *qc* à *qn* **III3A,** 9
weitergehen continuer **IV2A,** 7
weitermachen continuer **IV2A,** 7
welcher/**welche**/**welches** quel/quelle/quels/quelles **III4A,** 4
auf **welchen** Namen à quel nom **III4A,** 2
ein **Wellensittich** une perruche ***I2AC, 3**
die ganze **Welt** le monde entier **III5A,** 1
Für **wen** ist das? C'est pour qui? **II1A,** 2
ein **wenig** un peu **I6B,** 1
wenige quelques *(pl.)* **III5AP,** 3
weniger moins **I5A,** 7
wenn quand **III3A,** 3; si **IV1A,** 5; lorsque **IV3A,** 4
Wer ...? Qui ...? **II3A,** 3
Wer ist das? C'est qui? **I1A,** 1
werden devenir **IV1A,** 1
eine **Werkstatt** un atelier **IV3A,** 4
im **Wesentlichen** essentiellement **IV4A,** 1
westindisch antillais/antillaise **IV1AP**
das **Wetter** le temps **I6AP,** 3

Das **Wetter** ist schön. Il fait beau. **I5C,** 7
der **Wetterbericht** la météo **II4A,** 2; le bulletin météo **IV1A,** 1
die **Wettervorhersage** la météo **II4A,** 2
ein **Wettkampf** une compétition **III2A,** 2
wichtig important/importante **III5A,** 3
wie *(beim Vergleich)* comme **III3A,** 3
wie immer comme d'habitude **II5A,** 2
Wie? Comment? **II2A,** 2
wie viel(e) … combien de … **IV2AP,** 2
Wie alt ist er/sie? Il/Elle a quel âge? **I2B,** 2
Wie bitte? Comment? **II2A,** 2
Wie geht's? Ça va? **I1A,** 1; Comment ça va? **III2A,** 5
Wie heißt du? Tu t'appelles comment? **I1A,** 1
Wie sieht er/sie/es aus? Il est comment? **II3A,** 4
Wie viel kostet das? Ça fait combien? **I5C,** 1
Wie viel Uhr ist es? Il est quelle heure? **I5B,** 1
wiederholen réviser **II2A,** 2
Auf **Wiedersehen**! Au revoir! **I1A,** 1
das **Wild** le gibier **IV3A,** 4
ein **Wildschwein** un sanglier ***III2AP, 4**
Willkommen (in …)! Bienvenue (à …)! **II2AP**
der **Wind** le vent **II4A,** 8
Es ist **windig**. Il y a du vent. **II4A,** 8
der **Winter** l'hiver *(m.)* **II1A,** 6
im **Winter** en hiver *(m.)* **II1A,** 6
ein **Wirbelsturm** un cyclone **IV1AP**
wirklich *(Adv.)* vraiment *(adv.)* **III4A,** 4
die **Wirtschaft** l'économie *(f.)* **IV1AP**
wissen savoir **IV4A,** 1
Du machst wohl **Witze**! Tu rigoles. **II1A,** 2
witzig drôle/drôle **IV2AP**
Sehr **witzig**! *(ironisch)* Très marrant! **III1A,** 2
wo où **I4A,** 1
eine **Woche** une semaine **I3C,** 4
dreimal pro **Woche** trois fois par semaine **III4A,** 8
nächste **Woche** la semaine prochaine **II2A,** 2
ein **Wochenende** un week-end **II3AP**
Woher kommst du? Tu viens d'où? **II2A,** 2
wohin où **I4A,** 1
wohl quand même **II4A,** 2
wohnen habiter **I5A,** 2
ein **Wohnhaus** un immeuble **II3A,** 2
eine **Wohnung** un appartement **III3A,** 3
ein **Wohnzimmer** un salon **I4B,** 2
ein **Wolf** un loup **III2AP**
eine **Wolke** un nuage **IV1A,** 1
wollen vouloir **II5A,** 1
ein **Wort** un mot **II1A,** 6
ein **Wörterbuch** un dictionnaire **III1A,** 10
Das ist **wunderschön**. C'est magnifique. **III3A,** 3
jdm. etw. **wünschen** souhaiter *qc à qn* **IV4A,** 1
ein **Würfel** un dé **II4A,** 7
Wir machen ein **Würfelspiel**. On joue aux dés. **II4A,** 7
die **Wurst** la charcuterie **III3A,** 3
die **Wurstwaren** la charcuterie **III3A,** 3
wütend sein être en colère **III1A,** 2

Z

eine **Zahl** un chiffre **III5AP,** 3
die **Zahlen** les nombres **I2B,** 8
zählen compter **II5A,** 2
zahlreich nombreux/nombreuse **IV4AP**
ein **Zahn** une dent ***III2A, 10**
eine **Zeichnung** un dessin **IV1A,** 4
jdm. etw. **zeigen** montrer *qc à qn* **II2A,** 1
Zeig mal. Fais voir. **I4B,** 2
die **Zeit** le temps **II2A,** 2
Ich habe keine **Zeit**. Je n'ai pas le temps. **II2A,** 2
zu dieser **Zeit** à cette époque **IV3AP**
ein **Zeitalter** une époque **IV3AP**
ein **Zelt** une tente **II5A,** 2
ein **Zelt** aufstellen monter une tente **II5A,** 2
Er/Sie **zeltet**. Il/Elle fait du camping. **I6A,** 1
ein **Zentrum** un centre **II5AP,** 4
eine **Ziffer** un chiffre **III5AP,** 3
ein **Zimmer** une chambre **I4B,** 2
zu à la/à l'/au/aux **I5A,** 1
zu Fuß à pied **II4A,** 10
zu sehr trop **II1A,** 2
zu viel trop **II1A,** 2
zu *(Personen)* chez **I3C,** 1
Er/Sie/Es ist **zu**. Il est fermé./Elle est fermée. **IV4A,** 4
zubereiten préparer **I3C,** 2
eine **Zucchini** une courgette ***III5AP**
der **Zucker** le sucre **III3A,** 8
das **Zuckerrohr** la canne à sucre **IV1AP**
zuerst d'abord **II3A,** 1
zufrieden content/contente **III1A,** 1
ein **Zug** un train **III3A,** 3
den **Zug** nehmen prendre le train ***II4AC, 3**
Hat der **Zug** Verspätung? Le train a du retard ? **IV4A,** 3
zugunsten au profit de **II5A,** 2
zuhören écouter **I6B,** 5
zunächst d'abord **II3A,** 1
Ich komme **zurecht**. Je me débrouille. **III3A,** 3
zurück aus au retour de **II0**
zurückhaltend discret/discrète **II2A,** 2
zurückkehren rentrer **II0,** 2
zurückkehren (zu/nach) retourner (à) **II4A,** 2
zurückkommen revenir **III3A,** 3
zurücklegen *(Strecke)* parcourir **IV0**
zurzeit en ce moment **III1A,** 2
zusammen ensemble **II2A,** 2
eine **Zusammenfassung** un résumé **III5A,** 9
zweisprachig bilingue/bilingue **IV4AP**
Zwieback des biscottes *(f.) (pl.)* ***III3A, 8**
eine **Zwiebel** un oignon ***III5AP**
zwischen entre **IV1AP**

Illustratoren Wortschatz:
Friederike Ablang, Berlin; Athos Boncompagni, Arezzo/Italien; Vera Brüggemann, Bielefeld; Anke Fröhlich, Leipzig; Christian Hansen, Berlin; Klett-Archiv, Stuttgart; Hendrik Kranenberg, Drolshagen; Karin Mall, Berlin; Helga Merkle, Albershausen; Pawel Miedzinski, Kozieglowy/Polen; Liliane Oser, Hamburg; Bettina Reich, Zwenkau; Myrtia Rockstroh, Berlin; Vera Schmidt, Remshalden-Grunbach; Walter Uihlein, Lübeck; Martina Vollhardt, Kamenz; Sylvia Wolf, Wiesbaden

Révisions 1

1 Un jour, ...

Mme Irma: vous **ferez**
Jade: J'**irai** où?
Jade: je **serai**
Jade: Ce **sera**
Mme Irma: vous **aurez**
Jade: je **ferai** / Je **verrai** / elle **sera**
Mme Irma: L'eau **tombera**
Mme Irma: Ce ne **sera** pas / Les nuages **seront** / Les vents **seront** / La tempête **sera** / L'île **sera**
Jade: tout **ira** bien?
Mme Irma: Vous **perdrez**

2 L'été prochain

Olivia: Si tu **veux**, tu **pourras** dormir chez moi. / ... ils **seront** d'accord.
Olivia: ... j'**organiserai** une grande fête ... / On **mettra** de la musique créole et, si mes amis antillais **viennent**, ils nous **apprendront** des danses d'ici. Tu **verras**, c'est super cool.
Mathilde: Et nous **irons** à Pointe-à-Pitre?
Olivia: On **visitera** tous les marchés. Et en plus, si tu **viens** en août, tu **auras** la chance de voir la fête des cuisinières. Tu **verras**, c'est génial!
Mathilde: Mais mes parents ne **seront** pas d'accord.
Olivia: Ils ne **diront** pas non si tu leur **expliques** que tu dors chez moi. Je **viendrai** te chercher à l'aéroport.
Olivia: D'ailleurs, si tu **viens** en Guadeloupe cet été, l'été prochain, je **viendrai** en France.

3 Un peu de géographie

a Pour la superficie, Berlin est une ville **plus grande que** Paris, mais **moins grande que** Rome.
Pour la température, Berlin est **moins chaude que** Londres.
La Sprée est **plus longue que** la Tamise, **moins longue que** la Seine et presque **aussi longue que** le Tibre.
Le Berliner Dom est **plus haut que** Notre-Dame, **plus haut que** Saint-Paul, mais **moins haut que** St-Pierre.
Enfin pour le tourisme, Berlin est une ville **moins touristique que** Londres, mais presque **aussi touristique que** Rome et **plus touristique que** Madrid.

b Paris est une ville moins grande que Berlin.
Pour la température, Paris est moins chaude que Madrid, plus chaude que Londres et plus chaude que Berlin.
La Seine est plus longue que le Tibre et la Sprée.
Notre-Dame est plus haute que la cathédrale de Madrid, mais moins haute que le Berliner Dom et Saint-Pierre à Rome. Paris est une ville plus touristique que Londres.

c La ville la plus grande, c'est Londres.
L'église la plus haute, c'est la basilique Saint-Pierre.
Le fleuve le plus long, c'est la Seine.
La ville la plus touristique, c'est Paris.

4 Qui est meilleur en géo?

Mélanie: Facile! Les capitales **les plus touristiques**, c'est Paris et Londres!
Mélanie: ... les villes européennes **les plus grandes**, c'est Londres et Berlin!
Malou: Entre Paris et Berlin, quelle est la capitale **la plus froide**?
Malou: ... après la Volga, le fleuve **le plus long** d'Europe.
Malou: ... Avec 132 m, c'est l'église **la plus haute** d'Italie.

5 Cannes, un festival de cinéma international

Delphine: Je sais que Sophie Marceau, c'est une actrice **française** mais les autres, c'est pas facile.
Le père: Ce sont deux réalisateurs **américains**.
Delphine: ..., ils sont aussi **américains**, non?
Le père: ... C'est une actrice **anglaise**. Il y a d'autres acteurs **européens** dans le jury?
Le père: Rossy de Palma oui, c'est une actrice **espagnole**.
Delphine: Et il y a aussi un acteur **français**, Xavier Dolan.

6 La météo

a ... le **soleil** sera au rendez-vous ... il y aura quelques **nuages** et un peu de **pluie** dans la journée.
Les **vents** ne seront pas violents: ... Les **températures** seront ...

b *Proposition de réponse*
Demain, le soleil brillera au nord de la Réunion.
Dans le centre et sur les côtes sud et est, il y aura des nuages et un peu de pluie. A l'ouest de l'île, la pluie sera plus importante.
Les vents seront forts à l'ouest de l'île et moins forts à l'est.
Les températures seront chaudes: 30° à Saint-Denis, 29° à Saint-Pierre, 31° à Saint-Paul et plus douces au centre de l'île: de 16° à 24°.

7 La Martinique, une île qui fascine

Envie de soleil et de sable chaud?
... une île **où** on parle français mais **qui** se trouve à des milliers de kilomètres de Paris ...
... les magnifiques plages de sable chaud **où** vous poserez votre serviette ... la mer des Caraïbes **où** vous pourrez faire du kitesurf ou de la plongée pour observer les tortues **qui** vivent toute l'année dans les récifs de corail.
... c'est une île **où** on aime la fête: ...
Alors faites comme les 620 000 touristes **qui** ont visité la Martinique en 2012: **...**

Révisions 2

1 On y va?

a *Nathan:* Au Stade de France, **ton frère et toi, vous y allez dimanche après-midi, c'est ça?**
Nicolas: Non, **on y va samedi soir.**
Nathan: … et **j'y vais avec mon père.**
Nicolas: Moi, **j'y suis jamais allé.**
Nicolas: Oui et je **voudrais bien y retourner.**

b *La vendeuse:* Vous voulez **y** aller quand?
La vendeuse: … vous ne pouvez pas **y** aller samedi …
Nathan: Et on peut **y** aller vendredi?
Nathan: Non, je n'**y** suis jamais allé. …

2 C'était comment avant? Marco raconte …

… Quand elle **était** jeune, ma grand-mère **habitait** à la campagne. Sa famille **était** très pauvre. Elle **aidait** beaucoup ses parents et elle **n'allait pas** tous les jours à l'école.
Mon grand-père **vivait** dans une petite ville. Son père **travaillait** dans une boulangerie. Ses parents **n'avaient pas** beaucoup d'argent.
… c'**était** plus facile de trouver du travail en France
Quand nous **étions** petits, ma sœur et moi, nous **adorions** aller chez mes grands-parents. Quand on **arrivait**, ma grand-mère nous **donnait** toujours des bonbons, du chocolat…
Elle **préparait** aussi des pâtes et des pizzas délicieuses.
C'**était** super !
Mon grand-père **parlait** beaucoup de l'Italie. Il **rêvait** de retourner vivre dans la ville de son enfance. Mais ma grand-mère **n'avait pas** envie de quitter la France. Elle **aimait** bien la Lorraine et elle **avait** peur de nous voir moins souvent s'ils **retournaient** vivre là-bas. Et moi, j'**étais** bien content …

3 Ce serait grave!

JB2001: … le climat **serait** de plus en plus chaud…
Ninou: … ça **pourrait** être sympa …
Luc3: … Il ne **ferait** plus jamais froid!
Bobby: Ouais, mais il n'y **aurait** plus de neige et nous ne **ferions** plus de ski!
Cat: Ben, tu **irais** faire de la plongée. Imagine: il y **aurait** des tortues …
Clo: Et tu **pourrais** nager avec elles.
Ti'lou: Et les noix de cocos **pousseraient** dans ton jardin.
Lala07: Haha! Moi, je **préférerais** des bananes. Je **préparerais** des super gâteaux …
Cat: Tu nous **inviterais** à manger, bien sûr?
Mimi: … Ce **serait** terrible! Beaucoup d'îles **seraient** inondées et beaucoup de personnes **perdraient** leur maison.

4 Ah, si seulement!

a. Si je **devais** choisir une ville où habiter aux USA, ce **serait** San Francisco.
b. Si on **allait** en Afrique, tu **voudrais** visiter quels pays?
c. Si mon meilleur pote et moi **partions** en vacances en Martinique, on **ferait** de la plongée tous les jours.
d. Si vous **veniez** à Paris cet été, je vous **montrerais** la tour Eiffel.
f. Si **certaines** îles des Antilles **n'étaient pas** françaises, on **ne parlerait pas** français en Guadeloupe.

5 Vieux peut-être, mais beau et nouveau aussi!

Vous visitez Paris? Alors, venez visiter le Louvre!
… un **vieux** château / un **beau musée** / la **nouvelle** Pyramide / Ce **nouveau** monument / la plus **vieille** partie du château / de très **vieux** meubles / les **belles** galeries / beaucoup de **beaux** tableaux / des **vieilles** statues antiques / un **nouvel** évènement ou de **nouvelles** visites / un **bel** endroit

6 Des reines et des rois de France

a *Description 1:* Marie-Thérèse d'Autriche = Reine B
Description 2: Henri IV = Roi A

b Madame de Maintenon, deuxième femme de Louis XIV: C'est une personne jeune. Elle a les cheveux longs et bruns / châtains. Elle porte un foulard sur la tête. Elle porte un manteau bleu et une robe dorée.

Louis XIII, père de Louis XIV: C'est une personne jeune. Il a les cheveux longs et bruns. Il a une moustache. Il porte des gants. Il ne porte pas de chapeau.

7 La vie de Molière, une vie d'artiste

se réveille / **se lève** / **s'amusent** / **se repose** / **se retrouvent** / **se rencontrent** / **se couche** / **se préparent** / **se maquillent** / **se mettent** / **s'habillent** / **s'adresse** / **m'adresse** / **nous excusons** / **se promènent**

DELF 1

1 Compréhension de l'oral

Charlotte: Partons maintenant en Guyane où le carnaval vient de commencer. Un carnaval avec de la danse et de la musique, comme dans tous les carnavals mais aussi une tradition très particulière. Expliquez-nous Richard.
Richard: Eh oui, bonjour Charlotte. La grande fête populaire de l'année en Guyane, c'est bien le carnaval. Il commence début janvier avec l'arrivée de Vaval, le symbole du carnaval. Pendant cette période, c'est l'euphorie chaque week-end: dans les discothèques ou dans les rues, les gens se rassemblent pour danser et chanter pendant 5 jours de fête non-stop.
Charlotte: Parlez-nous à présent de ces personnages au nom étrange, les plus importants dans la tradition du carnaval de Guyane.
Richard: Les personnes les plus importantes du carnaval sont les Touloulous: ces femmes, déguisées et masquées, invitent les hommes à danser en prenant leurs mains sans un mot pour ne pas être reconnues. Leur identité ne doit jamais être donnée.
Les hommes attendent le long des murs et ne doivent jamais leur parler ni refuser leur invitation à la danse.
Après deux ou trois danses, les danseurs offrent une boisson à leur Touloulou. Les Touloulous connaissent la plupart des hommes invités. Les tabous n'existent plus et le patron devient comme tout le monde, on peut l'inviter lui aussi.
Avec le costume de Touloulou, le physique n'a plus d'importance: laides ou belles, jeunes ou vieilles, blanches ou noires, les Touloulous danseront et seront reines le temps d'une soirée.
Charlotte: Et vous avez déjà trouvé votre Touloulou pour ce soir Richard?
Richard: Pas encore Charlotte. Mais la soirée ne fait que commencer.
Charlotte: Et bien bonne soirée. On aimerait être avec vous.

1. **a** /2. **a** /3. Le carnaval /4. **b** /5. **c** /6. **b** / 7. Parce que les tabous n'existent plus et on peut inviter tout le monde à danser.

2 Compréhension de l'écrit

1. **c** / 2. Une bouteille avec une lettre. / 3. En français. / 4. **b** Avec l'aide de sa mère, Osin arrive à traduire le texte. / 5. Du Canada. / 6. **b** / 7. **b**

3 Production écrite

Salut Lilian,
L'année dernière, on est allés en Bretagne au mois de juillet. C'est génial! On était dans un camping au bord de la mer. Tous les jours, on allait à la plage et on faisait du volley. On allait aussi au marché à vélo dans la petite ville à côté. On a aussi visité le mont St Michel et St Malo. C'est vraiment très beau. Et un soir on a même participé à une grande fête où on pouvait manger beaucoup de crêpes. Il y avait aussi de la musique bretonne et on a appris à danser.
Alors propose la Bretagne à tes parents: il y a tout: la mer, la campagne, la ville, les musées … c'est pour ça que j'adore!
(123 mots)

4 Production orale

- Bonjour. Je voudrais [avoir] des informations sur le club de plongée.
- Oui. Tu veux savoir quoi?
- Ben, comment ça marche?
- Tu as quel âge?
- J'ai 15 ans. C'est bon?
- Oui, pas de problème. On peut faire de la plongée à partir de 13 ans.
- Et c'est quand?
- Deux fois par semaine: le mardi et le vendredi matin.
- C'est où? C'est loin?
- On part avec le bus de l'hôtel à 9 h. On a ensuite 10 minutes de bateau. On commence à plonger vers 9 h 45.
- Je n'ai jamais plongé. Il y a un moniteur?
- Oui, bien sûr. Il va tout t'expliquer.
- Et il y a combien de personnes dans le groupe?
- Ça dépend: entre 4 et 10 personnes.
- Et on peut voir quoi?
- Beaucoup de choses: des récifs de coraux, des poissons exotiques, des tortues marines …
- Waouh, ça doit être super! Et c'est combien?
- Pour les jeunes, c'est 30 euros par semaine. Tu veux t'inscrire? Il y a de la place pour mardi prochain.
- OK.

DELF 2

1 Compréhension de l'oral

Patrick: Ce matin au château de Versailles, ambiance des grands jours. Et dans les jardins, les journalistes poursuivent un artiste américain. Mais que se passe-t-il Erika?
Erika: Oui, Patrick, c'est vrai. Il y a beaucoup de monde ici ce matin pour le début de l'exposition de Jeff Koons, cet artiste moderne qui présente 17 sculptures dans les salons et dans le parc du château pendant 3 mois.
Et, c'est vrai, beaucoup de journalistes sont autour de Jeff Koons pour lui poser des questions ou le prendre en photo.
Patrick: Mais j'ai aussi entendu que cette exposition ne plaît pas à tout le monde.
Erika: C'est vrai aussi. Si les professionnels de l'art sont très contents, les touristes, eux, ne sont pas tous du même avis. Pour quelques visiteurs, comme Martine, cette exposition n'a pas sa place à Versailles.
Martine: «Quand on visite les grands appartements, on voit ce gros chien rouge qui ressemble à un ballon posé au centre du

salon et c'est vraiment un choc! Cette exposition est trop moderne pour le château de Versailles.»
Erika: D'autres personnes sont plus ouvertes à ce mélange des cultures. C'est le cas de Pierre, un habitué du château.
Pierre: «Mais c'est plutôt amusant ce mélange d'ancien et de nouveau. Il ne faut pas avoir peur de l'art moderne. Il a sa place ici aussi.»
Patrick: Que pense Jeff Koons de son exposition?
Erika: Il explique qu'il a fait cette exposition en pensant à Louis XIV. Il dit que le Roi-Soleil aimerait ces sculptures parce qu'il aimait l'art moderne.
Patrick: Mais ce Jeff Koons, il est très célèbre?
Erika: Oh oui Patrick! C'est même l'artiste le plus cher du monde. Et ça, c'est sûr, le Roi-Soleil aurait vraiment adoré.
Patrick: Merci pour vos explications Erika. Grâce à vous, cette exposition est maintenant plus facile à comprendre. Autre forme de ballon maintenant avec le football et les résultats de la 5ème journée de ligue A …

1. **b** / 2. **Il est américain.** / 3. Les professionnels et Pierre aiment l'exposition. Martine ne l'aime pas. On ne connaît pas l'avis d'Erika. / 4. **c** / 5. **b**

2 Compréhension de l'écrit

1. **b** / 2. Intouchable / 3. **a** / 4. Le parapente. / 5. **a** / 6. **a** J'ai même revolé en parapente, avec mon fauteuil roulant. / 7. **c** / 8. **a**

3 Production écrite

Moi, je vais au cinéma deux fois par mois environ. Souvent, j'y vais avec mes amis parce que c'est plus sympa.
Avec mes copains, on aime bien les films d'action et les films fantastiques parce que ce n'est pas la vie de tous les jours. Je pense que le cinéma, c'est aussi pour rêver et voir d'autres choses. Mais je n'aime pas du tout les films qui font peur. Parfois je vais au cinéma avec ma famille. Ou on regarde un DVD à la maison. J'aime bien aussi passer des soirées comme ça avec mes parents. On regarde des films marrants, on mange des crêpes. C'est vraiment très sympa.
(111 mots)

4 Production orale

Salut. Je peux me mettre à côté de toi? La place est libre?
Oui, bien sûr.
Je m'appelle Dominique mais tout le monde dit Dom. Et toi?
Je m'appelle …
T'es pas français, si?
Non, je suis allemand.
Tu parles bien français! Tu as de la famille en France?
Non.
Et tu apprends le français à l'école? Depuis combien de temps?
Oui. J'apprends le français depuis … ans.
Waouh, c'est bien! Moi je parle un peu anglais mais c'est dur! Tu parles d'autres langues toi?
Je parle [anglais, italien, espagnol …]
Et là, tu vas où maintenant? Pourquoi tu es dans ce train?
Je vais à [Paris] chez mon corres.
Ah d'accord! Et sinon, tu fais quoi comme sport?
Je fais du foot [du tennis, du VTT, …]
Moi, je ne fais pas de sport. Mais j'aime bien le hockey sur glace. Et tu fais de la musique?
Non. / Oui. Je joue du piano, de la guitare …
Moi, je chante dans un groupe de rock avec des copains. J'adore le rock. Et toi?
Moi aussi. / Pas moi. Je préfère le reggae.
Et en Allemagne, c'est comment le collège? Tu as quoi comme matières?
J'ai des maths, du français, de l'histoire, de la géographie, du sport, de l'allemand, …
Et les profs sont sympas?
Oui, ça va!
Et tu connais quoi en France? Paris, Lyon, Marseille?
Je connais Paris. J'ai visité le Louvre, la tour Eiffel.
Moi, je ne suis jamais allé en Allemagne. J'aimerais bien. Si je vais en Allemagne, je dois visiter quoi?
Tu dois aller à Berlin. C'est très beau. Mais il y a d'autres villes sympas aussi: Hambourg, Munich, Stuttgart.
Bon, ben je descends à la prochaine gare. C'est bête! Tu as une adresse e-mail?
Oui, c'est …
Super. Merci. A bientôt, alors. Et bon voyage.
Salut!

○ Je m'entraîne ● En plus

○ 1 Informations sur le voyage

● le bus nous **attendra** / Nous **partirons** / Nous **ferons** / La cantine du collège **préparera** / A l'arrivée, les élèves **rencontreront** leurs correspondants et **iront** / Les élèves **prendront** / nous **achèterons** / On **visitera** / nous **ferons** / le collège **organisera** / vous **pourrez** lire / nous **arriverons**

○ 2 Il y a toujours une réponse

● S'il **fait** froid, tu **auras** besoin d'un sweat-shirt, mais s'il **fait** chaud, un T-shirt, ce **sera** bien. Alors, si tu **prends** les deux, ce **sera** parfait!
Oui, les élèves **seront** parfois seuls en ville. Mais ils **auront** mon numéro de téléphone s'ils **ont** un problème.
Mais si votre enfant n'**a** pas assez d'argent, je **paierai** pour lui et vous me **donnerez** l'argent au retour.
Oui, si vous **voulez** parler à votre enfant ou à la famille d'accueil, vous **pourrez** téléphoner le soir. Si vous **expliquez** les problèmes d'allergie de votre fils à la famille, elle **fera** très attention.

3 Tous différents!

○ a triste / content**s** / petit**s** / grand**e** / long**s** / bleu**s** / noir**s** / long**ues** / court**es** / jeune**s**.

○ b Baptiste est **moins content qu**'Anne-Sophie et Mourad. Anne-Sophie est **moins grande que** Lucille. Les pantalons de Baptiste sont **aussi longs que** les pantalons de Béatrix. Les yeux de Mourad sont **plus noirs que** les yeux de Lucille. Les chaussettes de Lucie sont **plus longues que** les chaussettes d'Alex. Les filles sont **aussi jeunes que** les garçons.

● c Alex est **plus petit que** Mourad. Les yeux de Lucille sont **moins verts** que les yeux d'Anne-Sophie. Béatrix est **aussi grande qu**'Anne-Sophie. Les cheveux d'Alex sont **plus courts que** les cheveux de Baptiste. Anne-Sophie et Mourad sont **moins tristes que** Baptiste. … les filles sont **aussi jeunes que** les garçons.

○ 4 Tu y vas?

● *Colas:* Non, je n'**y** vais pas.
Colas: Si, mais je ne peux pas **y** aller.
Colas: Oui, j'**y** vais une semaine.
Colas: Non, je vais **y** aller en train.
Colas: Bien sûr, je vais **y** aller tous les jours.

○ 5 Le saviez-vous?

● **vivaient** / **travaillaient** / **partaient** / n'**avaient** pas / **avait** / n'**allaient** pas / **avait** / **apprenaient**
passait / c'**était** / ne **faisaient** pas / n'y **avait** pas / ne **venaient** pas

○ 6 Entre amis – Enzo raconte

● 1. c'**était** / **avait** / **faisait** / **j'étais** / **traînait**
2. **était** / **avait** / **sommes passés** / **a eu**
3. **a pris** / **les a mangés** / **C'était** / **a sonné**
4. c'**était** / **passait** / **a proposé** / **était** / **ne pouvais pas**, **j'avais**
5. **a attendu** / **est arrivé**, **j'ai dit** / **suis rentré**
6. **est passé** / **les a laissés** / **m'a téléphoné**
7. **s'est retrouvés** / **est allés** / **faisait**
8. **est rentrés** / **C'était** / **j'étais**

○ 7 Tu sais pas quoi?

● a j'**étais** / on **était** / j'**ai vu** / je **suis entrée** parce que je **voulais** / Je **trouvais** / Je **suis sortie** / mes parents m'**attendaient** / j'**ai poussé**/ un homme qui **était** / j'**ai voulu** / j'**avais** / il **a proposé**

b tu **as rencontré** / il **était** / il **avait** / tu **as vu** que c'**était** / tu lui **as dit** / lui **as fait**

8 Il n'y a rien dans cette boulangerie!

○ 1. b / 2. a / 3. a / 4. b / 5. a

● *La vendeuse:* Désolée, nous **n'**avons **plus** de croissants. Il **n'**y a **pas** de pains au chocolat aujourd'hui.
La vendeuse: Non, il **n'**y a **ni** pain complet **ni** baguette.
La vendeuse: Il est seulement 10 heures. Les sandwichs **ne** sont **pas encore** prêts.
La vendeuse: … nous **n'**avons **rien**.

○ 9 La vie des ados

● 1. vous **vous** réveillez / vous **vous** couchez / Les jeunes **se** lèvent / Les garçons **se** réveillent / ils **se** couchent / ils **s'**amusent / vous **vous** reposez
2. vous **vous** déplacez / Vous **vous** promenez
3. Nous **nous** habillons / Les filles ne **se** maquillent / les garçons **se** mettent

Lulu: … je ne **me** lève …
Jeff: … tu ne **t'**habilles pas … tu ne **te** mets pas …
Ryan: Une fille qui **se** maquille …

○ 10 Le pays de mes rêves

● *Kat13:* … on **aimerait** … Vous **auriez** des idées?
Domi: … je **choisirais** …
Domi: Ce **serait** … Je **pourrais** … je **verrais** …
Domi: Il y **aurait** …
Kat13: … qui **auraient** …
Benji: … je **voudrais** …
Kat13: … tu **aurais** … tu **ferais** …
Benji: … je **ferais** … J'**inviterais** … nous y **passerions** …
Domi: … ce **ne serait pas** …

○ 11 Le Parlement européen des jeunes

● … Si tu **étais** au Parlement européen des jeunes, qu'est-ce que tu **proposerais**?
Franky: Moi, je **parlerais** de la culture parce que si les gens **connaissaient** mieux la culture des autres pays, ils se **comprendraient** mieux. Par exemple, si chaque année, les élèves **participaient** à un échange, ils **feraient** découvrir leur culture à d'autres élèves européens.
Clo: … Si on **apprenait** plus de langues, on **pourrait** plus discuter et on **rencontrerait** plus de personnes.
Madou: … Ce **serait** plus facile si on **participait** à plus d'échanges scolaires. Et en plus, on **aurait** des copains partout en Europe. Moi, si **j'avais** des copains dans plusieurs pays, je **me sentirais** plus européenne.
Kari: … Si les voyages **étaient** moins chers et plus efficaces, les jeunes **bougeraient** beaucoup plus.
Steph: … Moi, je trouve que si l'Europe **organisait** plus de stages à l'étranger, ça nous **aiderait** à mieux comprendre le monde …

○ 12 Offre d'emploi

● Faut-il avoir plus de 16 ans? Avez-vous besoin d'un livreur tous les jours? Y a-t-il un scooter à la pizzeria? Savez-vous à quelle heure on arrête le travail? Pouvez-vous me dire quelle est la rémunération?

○ 13 Gaëtan pourra difficilement venir

● Normalement / seulement / complètement / Heureusement / vraiment

14 A la gare des bus

○ a *La prof:* Venez, on part bientôt. Nous **pouvons** déjà aller attendre devant l'arrêt.
Emilie: Mais Madame, il fait chaud dehors. On **peut** pas rester assis ici plutôt?
La prof: Vous allez être assis dans le bus les 3 prochaines heures. Vous **pouvez** bien attendre debout quelques minutes, non?
Nadia: Madame, je **peux** aller aux toilettes?
Carine: Moi aussi Madame!
La prof: Oui mais vite! Ah, c'est dingue ça, ils ne **peuvent** pas rester tranquillement ensemble plus de 5 minutes!

○ b *Carine:* Bon, tu **sais** où sont les toilettes?
Nadia: Ben non mais on va demander. Pardon Monsieur, vous **savez** où sont les toilettes?
L'homme: Non, désolé, je ne **sais** pas.
Carine: Et la prof, tu penses qu'elle **sait**?
Nadia: Pas sûr! Mais je crois qu'au bureau d'informations, là-bas, ils **savent** ça. Viens, on y va.

○ c *Thibault:* Madame, c'est quel bus pour Nice? Vous **savez**?
La prof: Non, je ne **sais** pas. Mais il y a un chauffeur là-bas. Nous **pouvons** lui demander. Il le **sait** sûrement, lui.
Thibault: Mais c'est un bus qui vient de Grèce!
La prof: Et alors?
Thibault: Je ne **sais** pas parler grec, moi!
La prof: Mais le chauffeur, il **sait** sûrement parler anglais ou français, lui!
Thibault: On **peut** aussi aller demander au bureau d'informations. C'est sûr qu'ils **savent**, eux!
La prof: Bonne idée. Tu **peux** aller leur demander, s'il te plaît?
Thibault: Karim et Noah **peuvent** venir avec moi?
La prof: D'accord. Mais revenez vite.

● *La prof:* Venez, on part bientôt*. Nous **pouvons** déjà aller attendre devant l'arrêt.
Emilie: Mais Madame, il fait chaud dehors. On **peut** pas rester assis ici plutôt?
La prof: Vous allez être assis dans le bus les 3 prochaines heures. Vous **pouvez** bien attendre debout quelques minutes, non?
Thibault: Madame, c'est quel bus pour Nice? Vous **savez**?
La prof: Non, je ne **sais** pas. Mais il y a un chauffeur là-bas. Nous **pouvons** lui demander.
Il le **sait** sûrement*, lui.
Thibault: Mais c'est un bus qui vient de Grèce!
La prof: Et alors?
Thibault: Je ne **sais** pas parler grec, moi!
La prof: Mais le chauffeur, il **sait** sûrement parler anglais ou français, lui!
Thibault: On **peut** aussi aller demander au bureau d'informations. C'est sûr qu'ils **savent**!
La prof: Bonne idée. Tu **peux** y aller s'il te plaît?
Thibault: Karim **peut** venir avec moi?
La prof: D'accord. Mais revenez vite.
Nadia: Madame, je **peux** aller aux toilettes?
La prof: Tu **sais** où c'est?
Nadia: Non, mais je **peux** demander.
La prof: Vite alors! Ah, c'est dingue ça, ils ne peuvent pas rester tranquillement ensemble plus de 5 minutes!

15 Adverbes ou noms?

○ 1. heureusement, vraiment
2. évidemment, seulement
3. complètement, tranquillement
4. bêtement, normalement

● évidemment / bêtement / heureusement / quotidiennement / complètement / normalement / seulement / difficilement / tranquillement / vraiment

16 Dernières questions avant le départ

Judith: Monsieur, il faut être à quelle heure à la gare?
Le prof: Il faut que nous **soyons** dans le train à 9 h. Donc il faut que vous **soyez (o. veniez)** à la gare 30 minutes avant.
Carmen: Il faut venir avec ses parents?
Le prof: Oui, il faut qu'ils **viennent** aussi, il faut qu'ils **signent** un document.
Damien: Le matin, il faut aller au collège avant?
Le prof: Non, il ne faut pas que vous **alliez** au collège. Allez tout de suite à la gare.
Alice: Et il faut prendre quels papiers?
Le prof: Il faut que vous **preniez (o. ayez)** votre passeport ou votre carte d'identité* pour entrer au Parlement.
Victor: Il faut avoir quoi comme sac?
Le prof: Il faut que tu **prennes (o. aies)** un sac à dos. C'est plus pratique*.
Inès: Il faut préparer un pique-nique pour la route?
Le prof: Oui, il faut que tu **aies (o. prennes)** ton pique-nique avec toi!

17 Adieu Martin!

Bob: Vous savez que Martin va déménager cet été. Je voudrais que nous **organisions** une fête pour son départ.
Fiona: Ben oui, et il faut que ce **soit** une belle fête parce qu'il est trop sympa, Martin.
Bob: Je propose qu'on **invite** tout le monde chez moi, qu'on **écoute** de la musique et qu'on **danse** toute la nuit. Il faut que nous en **parlions** vite aux autres.
Luc: Je préfère qu'on **aille** passer une soirée sur la plage, qu'on **fasse** un grand feu et que tu **prennes** ta guitare, Bob.
Fiona: Oh oui, génial! Mais Bob a raison: c'est important qu'on **écrive** vite à tout le monde pour les inviter.
Bob: J'aimerais aussi que nous lui **offrions** un cadeau en souvenir du Sud. Je propose qu'on lui **achète** un CD de Massilia Sound System. Il adore! Vous êtes d'accord?
Fiona et Luc: Ça marche!

Bildquellennachweis

Samba, © Quad Productions/Ten Films/Gaumont/TF1 Films Production/Korokoro/DR, **40.3, 112.1**; (© Weinstein Company/courtesy Everett Collection), Hamburg, **40.2**; akg-images, **73.1**; (Erich Lessing), **64.2, 69.1**; (Jean-Claude Varga), **66-67.1**; (Marc Deville), **57.3**; (PictureContact), Berlin, **8.2**; Alamy Images (© robin chittenden), Abingdon, Oxon, **21.5**; Bayard Presse (Bayard Presse – Okapi Nr. 962, August 2013, S. 15 (Illustrationen: Buche et Tino)), Paris, **103.1**; BPK (adoc-photos), Berlin, **68.4**; Corbis (© BENOIT TESSIER/Reuters), **39.5**; (© CHARLES PLATIAU/Reuters), **37.4**; (© Christian Liewig), **39.1**; (© Gabous Yahya/Demotix), **41.3**; (© Oraito/Splash News), **41.1**; (© POOL/Reuters), **39.3**; (© VSummers/Splash News), **33.2, 37.5**; (© YOUSSEF BOUDLAL/Reuters), **41.2**; (Bob Daemmrich), **23.2**; (Dave G. Houser), **Vorsatz hinten.4**; (F. Subiros/photocuisine), **20.1**; (Frederic Soltan/Sygma), **10-11**; (Jose Fuste Raga), **Vorsatz hinten.3**; (Kevin Schafer/Minden Pictures), **11.1**; (Leemage), **56.1**; (Paul Tomlins/Lebrecht Music & Arts/Lebrecht Music & Arts/Corbis), **26.5**; (Peter Turnley), **19.3**; (Philip Gould), **12**; (Philippe Giraud/Goodlook), **23.1**; (Sergio Gaudenti/Kipa), **65.2**; (Splash News), **75.1**; (Tom Brakefield), **Vorsatz hinten.7**; (Wheeler), Berlin, **Vorsatz hinten.5**; courtesy of the Strasbourg Tourist Office, Strasbourg, **86-87, 88.1, 89.1**; ddp images GmbH (Patrick Bernard/ABACAPRESS), Hamburg, **107.1**; Dembski, Patrick, Stuttgart, **124.1, 172.1**; dreamstime.com (Ferdinand Reus), **9.1**; (Jiss), Brentwood, TN, **57.1**; Éditions Chèvre-feuille étoilée, Monpellier, **55.1**; eloa prod, Paris, **98.5**; Fotolia.com (bluesky6867), **76-77, 110.2**; (Brad Pict), **133.4**; (Damian), **68.2**; (Fabien R.C.), **27.1**; (foxo), **133.1**; (Frédéric Prochasson), **Vorsatz hinten.8**; (ladybird), **56-57**; (Sergey Yarochkin), **91.2**; (Stephan Baur), **133.2**; (ulistx), **57.2**; (WunderBild), New York, **92.2**; Getty Images (AFP PHOTO / NICOLAS DERNE), **106.1**; (2010 y. belahsene), **38.1**; (2012 AFP), **40.1, 146.1**; (2014 Rindoff/Charriau), **32.2, 37.2**; (De Agostini), **65.1, 68.3**; (DEA/A. DAGLI ORTI), **68.1**; (Photononstop), **31.1**; (Richard Bord), München, **74.2**; Glow Images GmbH (Heritage Images RM), München, **72.3, 72.6**; Notre Histoire, Bd. 1, nach einem Buch von Lilian Thuram, adaptiert von Lilian Thuram, Jean-Christophe Camus und Sam Garcia © Éditions Delcourt – 2014 © Lilian Thuram, Paris, 2015, Paris, **39.4**; Groupe France Cartes, Saint-Max, **92.1, 93.1-9, 97.1-8**; Imago, **39.2**; (Leemage), **72.5**; (ZUMA/Keystone), Berlin, **111.1**; INA - L'Institut National de l'Audiovisuel, Bry-sur-Marne, **81.1**; iStockphoto (Agnes Csondor), **10.1**; (almir1968), **41**; (Alphonse Tran), **Vorsatz hinten.1**; (BrettCharlton), **14**; (Brostock), **43-47**; (carton_king), **32-33**; (generacionx), **13.1**; (gerenme), **91-96**; (zennie), Calgary, Alberta, **21.4**; Prozentangaben nach: INSEE, recensement 2011, exploitation principale, © http://www.insee.fr/fr/themes/tableau.asp?reg_id=0&ref_id=immigrespaysnais, 30.06.2015, Freiburg, **31.2**; koezyon-glob.fr (JOMIMI), **19.1**; Kramer, Ilka, Lausanne, **77.1, 78.1-2, 79.1, 80.1, 82.1-2, 83.1-5, 84.1, 85.1-2, 105.1, 133.6, 161.1-8, 170.1-8, 78-79**; laif, **30.1**; (DENIS ALLARD/REA), **8.1**; (Nicolas TAVERNIER/REA), **64.1**; (Richard DAMORET/REA), **91.4**; (Stephane ALLAMAN/GAMMA-RAPHO), Köln, **32.1, 37.1**; Lingua-Video.com Medien GmbH (Masterkitchen), Bonn, **98.1-4, 99.1-3, 100.1-2**; Mauritius Images (Photononstop), Mittenwald, **19.2**; panthermedia.net (photobag), München, **9.2**; Parlement Européen des Jeunes – France, Paris, **164.1, 173.1**; Picture-Alliance (Didier Saulnier/MAXPPP France), **38.2**; (Golden Pixels), **34.1**; (maxppp), **72.4**; (ZB / Waltraud Grubitzsch), Frankfurt, **74.1**; Reis, Axel, Oberderdingen, **42.1-7, 90.1-9, 91.3, 91.5, 92.3, 94.1-7, 95.1-5**; Reuters (© CHARLES PLATIAU/Reuters), **33.1**; (Claudia Daut), Frankfurt, **15.1**; shutterstock.com (AridOcean), **8-9**; (Bikeworldtravel), **43.1**; (Carlo Zolesio), **91.1**; (Christian Bertrand), **72.1**; (Cigdem Sean Cooper), **21.1**; (cinemafestival), **26.1-3, 26.8, 33.3, 37.6**; (Elena Dijour), **72.2**; (Frederic Legrand - COMEO), **32.3, 37.3**; (GILLES BARATTINI), **133.3**; (Jaguar PS), **26.4**; (Leonid Andronov), **75.2**; (magicinfoto), **26.6**; (paul cowell), **29.1**; (Piotr Zajc), **56.1**; (s_bukley), **26.7**; (sopose), **11.2**; (Vlad61), New York, NY, **22.1**; Sipa Press (WITT), Paris, **107.2**; Thinkstock (anshu18), **21.6**; (Anton Prado PHOTOGRAPHY), **28.3**; (BellPhotography423), **21.2**; (Goodshoot), **Vorsatz hinten.2**; (iStock / Elena Fedulova), **133.5**; (iStock/JovanaMilanko), **13**; (La_Corivo), **21.3**; (Simeon), **Vorsatz hinten.6**; (Tomas_Handfield), München, **50.1**; Willy Rollé, Stuttgart, Stuttgart, **28.1, 28.2**; Zweierpasch (Tarik Neumann), **110.1**

Sollte es in einem Einzelfall nicht gelungen sein, den korrekten Rechteinhaber ausfindig zu machen, so werden berechtigte Ansprüche selbstverständlich im Rahmen der üblichen Regelungen abgegolten.

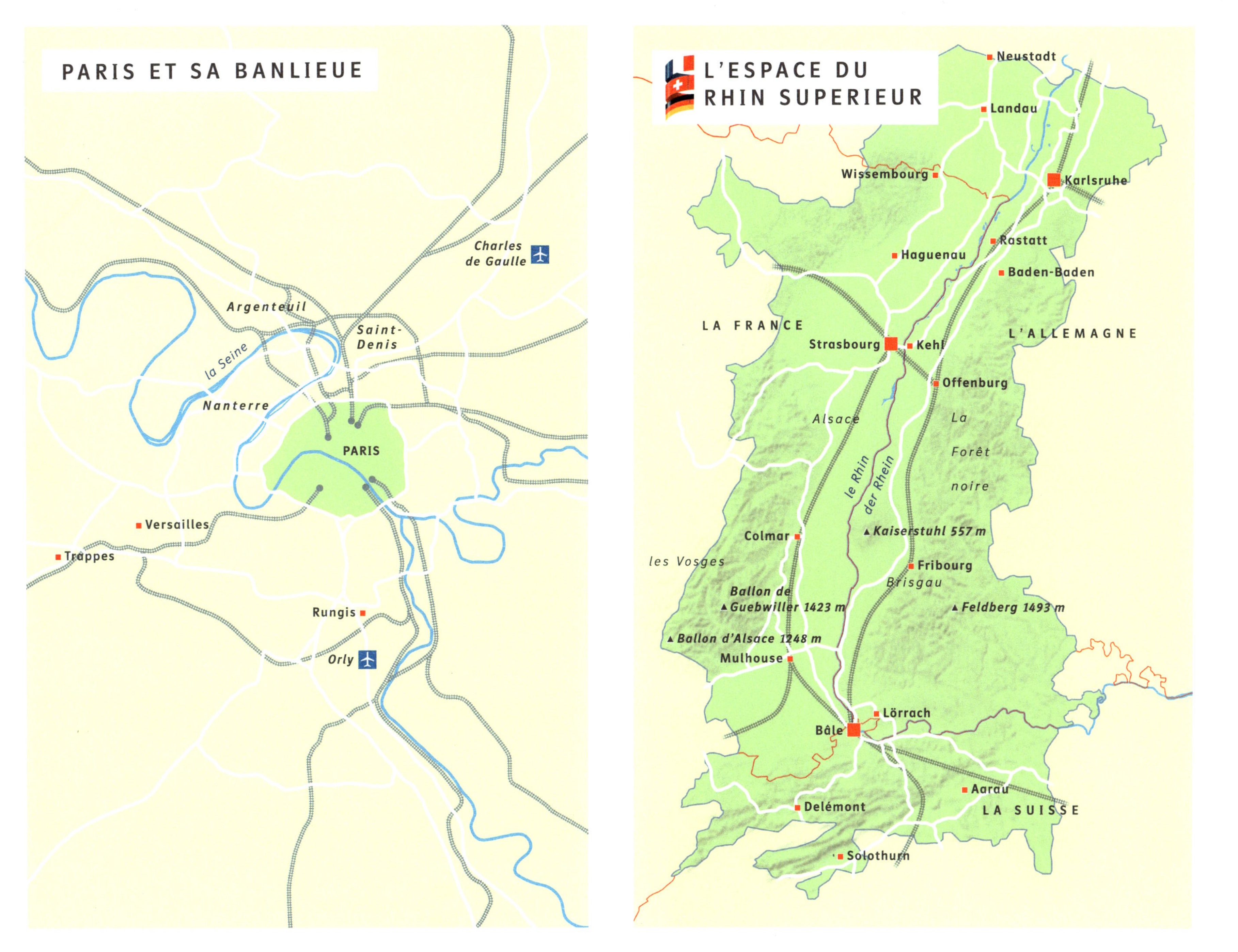
PARIS ET SA BANLIEUE
Charles de Gaulle
Argenteuil
Saint-Denis
la Seine
Nanterre
PARIS
Versailles
Trappes
Rungis
Orly
L'ESPACE DU RHIN SUPERIEUR
Neustadt
Landau
Wissembourg
Karlsruhe
Rastatt
Haguenau
Baden-Baden
LA FRANCE
L'ALLEMAGNE
Strasbourg
Kehl
Offenburg
Alsace
La Forêt noire
le Rhin
der Rhein
Kaiserstuhl 557 m
Colmar
les Vosges
Fribourg
Brisgau
Ballon de Guebwiller 1423 m
Feldberg 1493 m
Ballon d'Alsace 1248 m
Mulhouse
Lörrach
Bâle
Aarau
Delémont
LA SUISSE
Solothurn

La francophonie
Le Québec
Le Maroc
L´E
La
Le Canada
Le Québec
L´OCÉAN
PACIFIQUE
L´AMÉRIQUE
DU NORD
St-Pierre-et-Miquelon
Chef-lieu: Saint-Pierre
Le Maine
Le Michigan
Le Vermont
La France
Les États-Unis
La Louisiane
L´OCÉAN
Le Maroc
L´Algérie
La Guadeloupe
Haïti
les Antilles
françaises
La Mauritanie
Le Mali
Le Sénégal
La Guadeloupe
Chef-lieu: Basse-Terre
L'île Clipperton
La Guinée
La Guyane
française
La Côte d' Ivoire
Le Burkina-Faso
Le Togo
Le Bénin
La Guinée équatoriale
Le Cameroun
Le Gabon
Le Congo
L´AMÉRIQUE
DU SUD
ATLANTIQUE
La Polynésie française
Chef-lieu: Papeete
Le Sénégal
SAINT-MARTIN
SAINT-BARTH
LES ANTILLES
FRANÇAISES
LA DESIRADE
GUADELOUPE
Pointe-à-Pitre
MARIE-GALANTE
LES SAINTES
la mer des
Caraïbes
Fort-de-France
MARTINIQUE
l'océan
Atlantique